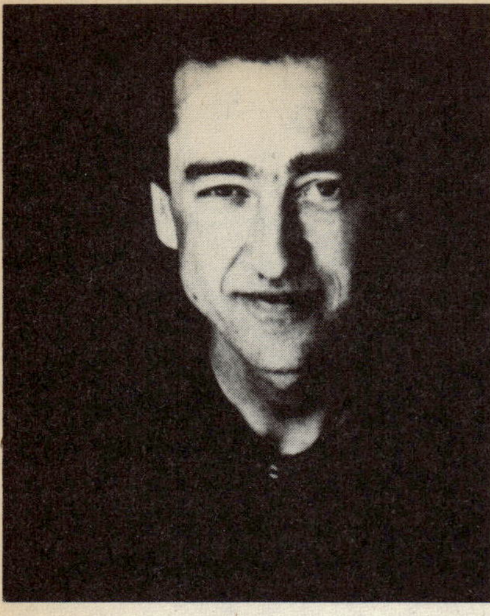

Copyright © Anton Corbijn

Charles Nicholl, geboren 1950 in London, ist freier Journalist und Schriftsteller.
1983 beauftragte ihn sein englischer Verleger, in Kolumbien die große Kokain-Story zu schreiben. Charles Nicholl ist daraufhin mehrere Monate lang auf der «Kokain-Fährte» durch das Land gereist. Er lebt heute mit seiner Frau und seinen drei Kindern in Herefordshire (England).

Charles Nicholl

Treffpunkt Café «Fruchtpalast»

Erlebnisse in Kolumbien

Aus dem Englischen von
Heinz Vrchota

rororo
Rowohlt

Deutsche Erstausgabe
Veröffentlicht im Rowohlt Taschenbuch Verlag GmbH,
Reinbek bei Hamburg, März 1990
Die Originalausgabe erschien 1985 unter dem Titel
«The Fruit Palace» bei William Heinemann Ltd., London

Umschlaggestaltung Walter Hellmann
(Foto: Pete Turner / The Image Bank)
Satz Trump (Linotronic 500)
Gesamtherstellung Clausen & Bosse, Leck
Printed in Germany
1480-ISBN 3 499 12582 x

Für Sally

Riohacha
Guajira
Santa Marta
Barranquilla
Nebusimague
P. Bello
Valledupar
Cartagena
LA COSTA
PANAMA
Atrato R.
LLANOS
Medellín
CHOCO
Quibdo
La Honda
Tensa
Istmina
Magdalena R.
Bogotá
San Juan R.
Buenaventura
Cali
Neiva
Popayan
La Vega
Valencia
S. Agustín
ECUADOR
PERU
R. Amazon
Leticia
0 100 200 300 km

Inhalt

EMPRESA NACIONAL DE TELECOMUNICACIONES

95 SMRTA CO

37 CARTAGENA C R 31 MAR 10 0941

MAR 10 11 20

OFICINA
STA MARTA

33

CARLOS NICHOLL
PALACIO DE FRUTAS
C A LLE 10C NR 249
SANTAMARTA

PLEASE BIND OUT PRICE AND CONDITION OF LUIS'S GOLD BROGS

INDESCREETLY LET ME KNOW CBGN YOU COME ROON 32

NANCY

37 10C 249 COHEN OK COHEN 32
909 CGENA CO

Vorwort

Es regnet in Europa. Dieser enge, neonbeleuchtete Raum hat keine Fenster, und trotzdem weiß ich, daß es noch immer regnet – so wie bei der Landung des Flugzeugs vor zwei, vielleicht auch drei Stunden. Einer der Zollbeamten ist gerade zurückgekommen. «Es pißt ganz schön da draußen», sagt er. Die Schultern seiner blauen, entfernt an die Marine erinnernden Uniform sind naß. Der andere Beamte, der Schotte, derjenige, der alle Fragen stellt, wendet sich mir zu und sagt: «Sieht ganz so aus, als täten wir Ihnen im Grunde einen Gefallen.»

Sie haben meine Aufzeichnungen überprüft, haben in meinen Darm geschaut, haben mich abgetastet von der Schuhspitze bis zur Hutkrempe. Außerdem haben sie mein Gepäck durchsucht, geschickt und sorgfältig, wie Archäologen. Es bleibt noch die Möglichkeit, daß ich es vielleicht mit Bodypacks versuche – in Kondome oder die Finger von Operationshandschuhen abgefülltes Kokain, das man im Magen transportiert –, doch glauben die beiden nicht so recht an diese Möglichkeit. Ich bin anscheinend sauber. Sie haben es hier mit einem lästigen Kerl zu tun, einem Exzentriker, einem Dummkopf, aber nicht mit einem Schmuggler.

Deshalb bleibt als einziges Problem diese Handvoll grünlichbrauner Blätter, die auf dem Kiefernholztisch vor mir liegen und zwischen mehreren Seiten einer Ausgabe des *El Bogotano* vom letzten Mittwoch hervorlugen. Es sind Kokablätter. Um exakt zu sein, sind es Blätter von *Erythroxylum novogranatense*, der Unterart von *Erythroxylum coca*, die in den klimatisch gemäßigten Bergtälern von Kolumbien gedeiht. Das alles habe ich auf das genaueste erklärt. Ich bin bloß Schriftsteller, ein armer, auf Bestellung arbeitender Autor, der nach einem Auftrag wieder nach Hause zurückkehrt. Die Blätter habe ich als Souvenir mitgebracht. Bekommen habe ich sie von den Arhuacos, den Indios aus den Bergen der Sierra Nevada. Diesen

Punkt baue ich ein wenig aus und sage, sie seien ein «rituelles» Geschenk. Nein, mir ist nicht bewußt gewesen, daß diese Blätter hier verboten sind. So ein schwaches Aufputschmittel, das sicher nicht stärker wirkt als Mateblätter oder Ginsengwurzeln. Ja, natürlich weiß ich, daß Kokain aus Kokablättern gewonnen wird, aber sehen Sie doch mal, die Blätter sind alt und verdorben. Sie sind mit weißen Schimmelflecken überzogen – *coca caspada* wird so was dort unten genannt, Schuppenkoka. Jeder Kokabenutzer, der etwas auf sich hält, würde die Blätter wegwerfen. Selbst der eifrigste *cocinero* auf der ganzen Welt könnte aus ihnen kein einziges Körnchen Kokain mehr gewinnen.

Meine beiden Vernehmungsbeamten, der dunkelhaarige Schotte und sein leise sprechender, lockenköpfiger Kollege, hätten die Sache wahrscheinlich auf sich beruhen lassen. Dieser Vormittag war für die beiden recht interessant. Sie hatten sicher schon tausend Leute mit kolumbianischen Stempeln im Paß durchsucht, doch noch nie zuvor ein Kokablatt gesehen. «Äußerst lehrreich», sagt der spaßige Schotte dazu. Nur haben die beiden ihren Vorgesetzten, einen gewissen Liggett, hinzugezogen, und an dessen Haltung ist überhaupt nicht zu rütteln. Im Gesetz ist eindeutig festgelegt, daß das Kokablatt eine zu kontrollierende Substanz ist, nach Artikel zwei des Betäubungsmittelgesetzes von 1971 eine Droge erster Ordnung. Deshalb stehe ich unter Arrest, und wenn sie die Zeit für gekommen sehen, werden sie mich in die Polizeistation von Heathrow bringen und dort Anzeige gegen mich erstatten.

Ich bin jetzt bloß noch müde. Anfangs, als sie aufhörten, mich mit «Sir» anzusprechen und mich hierhin brachten, hatte ich Angst. Dann war ich verärgert. Jetzt bin ich genauso leer wie dieser Raum. An Stelle eines Spiegels hängt über einem Waschbecken ein amtliches Schriftstück mit der Überschrift: «Richtlinien für den Umgang mit arrestierten Personen». Zwischen den Blättern liegen auf dem Schreibtisch Teile einer Zeitung aus Bogotá – das Foto eines Entführungsopfers, die Gewinnzahlen der Cundinamarca-Lotterie, eine kleine Anzeige, die die bestaunenswerten Fähigkeiten von Professor Johnny verkündet, einem *maestro en ciencias ocultas.*

Die Zeit vergeht langsam im Raum 1094 A. Schmuggler bezeichnen solche Räume als Endstation.

Der Schotte nimmt mir gegenüber am Tisch Platz, feuchtet einen Finger an und schlägt eine neue Seite in seinem Notizbuch auf. «Na, dann wollen wir Ihre Geschichte mal vom Anfang her aufrollen, ja?»

1 Im Fruchtpalast

Wenn man für die ganze Geschichte überhaupt einen Anfang finden kann, dann ist der wahrscheinlich im Fruchtpalast zu suchen, und zwar vor zwölf Jahren. Der Fruchtpalast war ein kleines, weiß getünchtes Café, wie es in Kolumbien Tausende gibt. Es lag ein paar Straßenzüge vom Hafenviertel Santa Martas entfernt, einer heißen, schmuddeligen Stadt an der Nordküste. Auf einem hölzernen Schild an seiner Außenwand konnte man lesen: «EL PALACIO DE LAS FRUTAS, Cafetería Refresquería Residencias». Die bunten, naiv gemalten Buchstaben leuchteten, und auf die untere Ecke des Schilds war ein kleines Stilleben gemalt – Orangen, Mangos, eine in Hälften geschnittene Ananas. Die Spezialität des Hauses war der *jugo*, ein Saft aus Tropenfrüchten, doch konnte man auch die übliche Palette an billigen Gerichten, Schnaps und Lebensmitteln und natürlich den allgegenwärtigen *tinto* bekommen, den schwarzen Kaffee in der kleinen Tasse, der die ganze Nation in Bewegung hält.

Der Fruchtpalast hatte immer offen und war nie überfüllt. Die Leute erzählten sich den neuesten Klatsch und erholten sich von der brütenden Hitze. Abends kamen vielleicht ein paar Hafenarbeiter und spielten *veinti-una*, was immer mit viel Geschrei, heftiger Kartendrescherei und vielen Gläsern Rum verbunden war. Ich glaube, daß es Julio, dem Besitzer und Wirt des Fruchtpalasts, in Wirklichkeit lieber war, wenn das Geschäft nicht allzu lebhaft war. Er träumte vom großen Geld und hatte genau ausgearbeitete Pläne, wie er zu Reichtum kommen würde, doch mit seinem täglichen Leben hatte das alles nichts zu tun. Während er auf seinen großen Tag wartete, hatte er mit dem Mischen seiner *jugos* eine Beschäftigung. «Wenn er ein bißchen was Süßes hat und ein bißchen was Saures», sagte er, «dann ist der Mensch glücklich.»

Sein liebster Traum vom großen Geld kreiste damals, wenn

auch nicht allzu intensiv, um den Verkauf von Versicherungen. Seit er einmal vom «Schadenfreiheitsrabatt» gehört hatte, war er überzeugt, daß er damit genau das Richtige gefunden hatte. «Es ist einfach wunderbar», sagte er. «Es funktioniert so, als würde ich dir einen *jugo* für fünf Pesos verkaufen und dann sagen: ‹Wenn du ihn nicht trinkst, verlange ich nur vier dafür.›»

Julio war ungefähr Mitte Dreißig, sah aber älter aus. Er war kein Samario, wie man die in Santa Marta Geborenen nennt, sondern gehörte zur zugewanderten Bevölkerung der Stadt. Wie eine Honigfalle wirkt Santa Marta auf die Glückssucher aus dem Landesinneren, die angelockt werden von dem Versprechen auf ein schönes Leben an der karibischen Küste und auf die fetten Profite, die man aus den verschiedenen Arten des Schleichhandels in dieser Stadt ziehen kann – und das heißt hauptsächlich, doch in keinem Fall ausschließlich, aus dem Geschäft mit Drogen. Julio stammte aus Boyacá, einer Gegend ungefähr achthundert Kilometer südlich in den östlichen Cordilleren der Anden. Mit seinen schwarzen Bartstoppeln, den schlechten Zähnen, den Koteletten und seinen verwaschenen karierten Hemden hatte er das typische Aussehen eines kolumbianischen *criollo*, des Mischlingstyps zwischen Spaniern und Indianern, der den Großteil der Bevölkerung des Landes ausmacht. Doch zeichnete ihn noch etwas anderes aus – eine gewisse Raffinesse, eine Geschliffenheit in seinem Auftreten und seiner Lebensphilosophie. Mit seiner spitz zulaufenden Nase und seinem mächtigen, leicht gezwirbelten Schnurrbart sah er irgendwie aus, als stammte er aus der *belle époque*, als wäre er ein französischer Dandy aus kleineren Verhältnissen, den es in eine Seitenstraße in Südamerika verschlagen hatte.

Julios Beitrag zu Santa Martas Schwarzmarkt bestand in einem kleinen, bescheidenen Handel mit Smaragden. Sein Vater war *esmeraldero* gewesen, und zwar zuerst Arbeiter in einer Smaragdmine in Coscuez und hinterher ein kleiner, unbedeutender Händler. Wie manche Leute gut mit Tieren umgehen können, so konnte Julio gut mit Smaragden umgehen. Er brachte immer ein kleines Sortiment an Kommissionsware in Umlauf, und jedesmal, wenn man im Fruchtpalast das Gesicht eines neuen Gringos zu sehen bekam, dauerte es nicht lange, bis die Unterhaltung auf die sagenhaften Eigenschaften der prachtvollen kolumbianischen Smaragde gelenkt wurde – *las más famosas en el mundo*. Und gleich darauf wurde das kleine Päckchen aus gefaltetem Seidenpapier ans Tageslicht geholt, das ein paar funkelnde Muzo-Steine oder einen Fingerhut voll ungeschliffener *canutillos* enthielt. Wie einen winzigen Würfel ließ Julio einen der Steine sanft über seine Handfläche rollen. «*Mire, mire, el fuego verde!*» Schauen Sie doch nur, sein grünes Feuer! Selbst gemessen am Schwarzmarktniveau hatte Julio immer gute Preise. Ich überlegte, ob er manchmal Imitationen verkaufte – er sprach fachmännisch über Fälschungen: Kandissteine, Vanadium, Dubletten und Tripletten und so weiter –, doch es gehörte sich nicht, ihn danach zu fragen.

Im Fruchtpalast wohnte auch ein Mädchen namens Miriam. Sie kochte und putzte. Julio hatte eine Frau und eine kleine Tochter, doch waren die beiden für einige Zeit irgendwo anders – Julio selbst äußerte sich eher unbestimmt –, und so teilte er sein Bett mit Miriam. Sie war ein molliges, launenhaftes Mädchen aus Cáqueta und noch keine Dreißig. Sie trug enge Röcke und eine Männerarmbanduhr. Während der Arbeit gab sie mit unmelodiöser und zischend pfeifender Stimme aktuelle Hits zum besten – ihr Lieblingslied war ein Schmachtfetzen mit dem Titel «*Volver Volver Volver*». Sie war keine große Schönheit, doch es war bei ihr das gleiche wie bei der Lily aus dem Lied – jedesmal, wenn sie lächelte, blitzte es in ihren Augen auf. Miriam flirtete heimlich mit allen Gringos. In meinen Träumen besuchte sie mich, und ihre Brüste schwangen dann immer im gleichen sanften Rhythmus, wie wenn sie zu den Songs aus dem Radio tanzte. Das leichte Aufflackern des *machismo* in Julios Blick genügte, um es bei den Träumen bewenden zu lassen.

Hinter dem Café gab es ein kleines Zimmer, das Julio vermietete – das waren die *residencias*, für die auf dem Schild an der Außenwand geworben wurde. Nach einer sich über fünfzehn Stunden hinziehenden Fahrt quer durch die Flußebenen des Magdalena war ich eines Tages direkt vom Zug aus Barrancabermeja kommend in das Café gestolpert, um ein Bier zu trinken. Das Zimmer war frei. Da ich zu müde war, mir ein Hotel zu suchen, nahm ich es für eine Nacht. Die selbstverständliche

Lässigkeit von Santa Marta übertrug sich auf mich, und drei Monate später war ich noch immer dort. Das Bett hatte einst Julios Großmutter gehört. Julio war auf das geschnitzte Kopfbrett aus Zedernholz überaus stolz, doch lag man auf dem Bett knochenhart, und nach einiger Zeit schlief ich in der Hängematte draußen im Hof. Als die lächerlich geringe Miete, die Julio für das Zimmer verlangte, für mich zur Belastung wurde, mietete ich von ihm bloß die Hängematte für ungefähr zehn Pesos pro Nacht. Meine Besitztümer brachte ich in einem großen rostigen Papageienkäfig unter, den Julio für diesen Zweck beschafft hatte. Den Hof teilte ich mit einer kleinen Auswahl an Tieren. In der Ecke neben der Küche lebten die Hühner, die über Nacht in ihrem winzigen Stall aus alten Obstkisten eingesperrt wurden. Ein Wachhund lief auf dem Hausdach des Nachbarn hin und her, ein paar Ratten lebten unter dem Betonboden des Laufgangs, und dann gab es noch den Kakerlak – ein Kakerlak von vielen, doch zweifellos *der* Kakerlak, glatt und fett und glänzend braun wie eine Kastanie.

Julio war begeistert von unserer neuen Vereinbarung. Sie hatte den wunderbaren Beigeschmack eines Einkommens, das er ohne Gegenleistung erzielte. Ich bezahlte weniger, und er bekam mehr, da das Hinterzimmer jetzt frei war und an andere Gringos – oder vielleicht sogar *gringitas* – vermietet werden konnte. Es waren immer Gringos in der Stadt, hauptsächlich Nordamerikaner, aber auch Frankokanadier, Italiener und ab und zu mal ein Brite. Die Touristen der besseren Kategorie wohnten in den Hotels am Strand oder draußen in Rodadero, dem modernen Neubaugebiet für Hotels, das hinter der Landzunge versteckt lag. Sie wohnten jedoch mit Sicherheit nicht in der 10th Street, wo der Fruchtpalast stand. Die 10th Street war wirklich die allerletzte «sichere» Straße. Gleich dahinter war man auf sich selbst gestellt, in einer Barackensiedlung, im *barrio* von San Martín, der sich über die trockenen Hügel oberhalb der Hafenanlagen ausbreitete. Nur die etwas zwielichtigen Reisenden, die mit wenig Geld, oder solche, die einen besonderen Grund für einen Aufenthalt in der Nähe des Hafens hatten, suchten ihre Unterkunft dort. Es gab damals unzählige, die in eine oder auch beide von diesen Kategorien fielen, und Julios Hinterzimmer stand selten über längere Zeit leer. Wenn ich heute an den Fruchtpalast zurückdenke, erinnere ich mich besonders an die süß duftenden Nächte. Julio kaufte seine Früchte immer in überreifem Zustand. Das war billiger, aber auch besser für die *jugos* und bot außerdem ein weiteres Beispiel für die geheimen finanziellen Regelwerke, an die er sich so liebend gern hielt. Der intensive Geruch von überreifen tropischen Früchten durchzog das ganze Café. Tagsüber hatte er neben den öligen Düften aus Miriams Küche zu bestehen, doch abends, wenn ich mich in meiner Hängematte im Hof wiegte, lag der süße Duft der Verderbnis wie eine Decke über mir.

Die Nächte waren voller Geräusche: Akkordeons, die unten in den Hafenbars miteinander im Wettstreit lagen, Hunde, die von einem niedrigen Dach zum nächsten hinüberbellten, Lastautos, deren Motoren für die lange Fahrt in den Süden hochgejagt wurden. Das summende Hafenviertel schien gleich hinter den Hofmauern zu liegen, war zugleich wunderschön und gefährlich. Man spürte einen Hauch von Bedrohung, wie in den Nächten der Kindheit. Sogar mitten in der Nacht, wenn alle in den Betten lagen und selbst die Tiere schliefen, wurde ich manchmal durch ein sonderbares Konzert aus Ächzen und Quietschen geweckt. Es waren die Geräusche des vom Meer kommenden Windes, der die hölzernen Aushängeschilder der Cafés und billigen Absteigen entlang der 10th Street hin- und herschwingen ließ. Dieser plötzliche Nordostwind, der sich nach Stunden oder sogar Tagen der Windstille von der Karibik her erhob, wurde hier «La Loca» genannt – die Wahnsinnige.

Der Fruchtpalast war auch der Ort, an dem ich zum erstenmal mit dem kolumbianischen Drogenhandel in Berührung kam. Verbotene Drogen waren schon immer die wirtschaftliche und kulturelle Lebensader von Santa Marta. Als ich zum erstenmal dort war, also in den frühen siebziger Jahren, ging es immer noch in erster Linie um Marihuana. Marihuana – in der Gegend selbst unter dem Namen *baretta, marimba* oder *mota* bekannt – wurde in der Umgebung angebaut. Auf den fruchtbaren unteren Ausläufern der Sierra Nevada, die im Südosten der Stadt lagen, wurden jedes Jahr Hunderte Tonnen Gras geerntet. Mittlerweile sind es Tausende Tonnen. Aufgrund der glühenden Hitze, der ausgezeichneten Bewässerung, der unzähligen versteckten Sackgassentäler und der Tatsache, daß die meisten Wege für alle Transportmittel, die größer als ein Maultier sind, unpassierbar sind, bildet der *macizo* ein ideales Anbaugebiet für Marihuana. Kolumbianisches Gras wird von vielen Kennern für das beste der Welt gehalten, und in neun von zehn Fällen gilt dieses Urteil für eine der Sorten aus der Sierra Nevada – Santa Marta Gold, Blue Sky Blonde, Red Dot etc. Es handelt sich dabei um helle, gelbbraune Gräser, die man auf den ersten Blick von den dunkleren, feuchteren, grünlich-schwarzen Sorten – Mango Viche, La Negra – unterscheiden kann, die im Süden Kolumbiens angebaut werden. Eine Handvoll Blattspitzen von Santa Marta Gold, *muños de oro*, sieht aus wie eine Art grob geschnittenen blonden Tabaks. Die allgemeine Regel lautet, daß das Gras um so intensiver wirkt, je heller seine Spitzen sind. Das hellste Gras wird am untersten Rand der optimalen Anbauhöhe angebaut, ungefähr fünfhundert Meter über dem Meeresspiegel, dort, wo die Sonne am heißesten ist (geht man auch nur ein wenig weiter hinunter, entzieht die Luftfeuchtigkeit den Pflanzen das entscheidende Harz). Unter Kennern weiß man, daß diese tiefer gelegenen Plantagen einem höheren Entdeckungsrisiko ausgesetzt sind, und man sagt, daß die Wirkung der *marimba* vom Wagemut und der Kühnheit des *marimbero*, des Marihuanapflanzers, abhängt. Die wahrscheinlich wirkungsvollste Sorte ist Punto Rojo oder Red Dot, das diesen Namen wegen der kleinen roten Tupfer auf den goldfarbenen Knospen trägt. Der legendäre Panama Red gehört zur selben Sorte, er wird allerdings in einem Nachbarland angebaut.

Der breite Markt für Marihuana in den Vereinigten Staaten wurde damals in erster Linie mit mexikanischem Gras versorgt. Kolumbianisches Gras wurde Ende der siebziger Jahre zum Marktführer, nachdem viele mexikanische Pflanzungen in einem massiven Feldzug mit amerikanischen Herbiziden vernichtet worden waren – und was dabei nicht zerstört wurde, verlor rasch seinen Marktwert, da die Raucher wegen ihrer Paraquat-Vergiftungen auf die Unfallstationen mußten. Die Profite waren damals schon hoch, doch bewegten sie sich noch nicht in den Millionen-Dollar-Kategorien, in denen heute gerechnet wird. Und so bekamen die findigen samarianischen *contrabandistas* nach und nach immer mehr mit einer anderen verbotenen Droge zu tun – Kokain.

Santa Martas Verwicklung in den Kokainhandel wird auf einfache, aber entscheidende Weise von seiner geographischen Lage bestimmt. Die Stadt liegt genau zwischen den Hauptproduzenten und den Hauptkonsumenten für Kokain, zwischen den *cocales* von Peru und Bolivien, wo die Kokasträucher dicht an dicht angebaut werden, und den Vereinigten Staaten, wo das raffinierte Endprodukt lastwagenweise geschnupft wird. Es gibt auf diesem Weg eine Unmenge Abzweigungen, doch heute wie damals ist der Haupttransportweg für die Droge so angelegt, daß sie soweit als möglich über das Festland nach Norden, das heißt also an die karibische Küste Kolumbiens geschleust und von dort per Schiff oder Flugzeug in die Vereinigten Staaten und nach Europa transportiert wird. Ein früherer kolumbianischer Präsident brachte es auf den Punkt und sagte, daß Santa Marta «ein Opfer seiner privilegierten geographischen Lage» sei.

Man steckte damals noch immer in der Anfangsphase des großen Kokainbooms. In Amerika und Europa war Koks das schicke neue Spielzeug aus der Chemie, der Fusel der Rockstars, Ziggy's Stardust. Unten in Kolumbien entstanden die großen Schmugglersyndikate, und die zwei wichtigsten *contrabandista*-Syndikate in Santa Marta – die Clans der Cárdenas und Valdeblanquez – kämpften bereits um die Vorherrschaft auf diesem höchst lukrativen neuen Markt. Doch es war immer noch Platz für unabhängige Unternehmungen, für die kleinen Pfuscher am Ort, die gelegentlich auftauchenden Gringos oder die Schmalspurhändler. Die kolumbianische Presse berichtete regelmäßig über Gringos, die bei der Zollkontrolle mit einem falschen Schuhabsatz voller Schnee entdeckt worden waren. Auf jeden, der geschnappt wurde, kamen neun, die unentdeckt blieben.

Das Dope und der Koks machten diesen Teil der kolumbianischen Küste rasch zu einem der Weltzentren für den Drogenschmuggel. Die wichtigste Rolle spielten dabei drei Städte – die industrialisierte Hafenstadt Barranquilla im Westen, Santa Marta im Zentrum und Riohacha draußen auf der Halbinsel Guajira. Ganz egal, wen man kennenlernte, ob nun Gringo, Samario oder herumziehender Goldsucher, in Santa Marta schien jeder seine Hand im Spiel zu haben und irgendeine Form des Gewinns aus irgendeiner Form des Drogenhandels zu ziehen. Eines Tages entdeckte ein Missionar, daß die Säcke mit Maismehl, die die *campesino*-Bauern zu ihm brachten, damit er sie mit seinem Lastwagen in die Stadt hinunterfuhr, in Wirklichkeit vollgestopft waren mit Punto-Rojo-Gras. Er kam mit den Bauern zu einer gütlichen Einigung, und die Mission erhielt einen Teil der Profite als Spende. Sogar der Herrgott wird in Santa Marta ins Geschäft hineingezogen.

In der Stadt herrschte die Atmosphäre eines tropischen Schmugglernestes. Es war eine kleine Hafenstadt, in der sich Liederlichkeit, Schäbigkeit und Habsucht ausbreiteten, die aber in der Art, wie sie ihren eigenen Gesetzen folgte, trotzdem irgendwie belebend war. Alles kam einem so vor, als wäre es ein Spiel. Es war schwierig, sich Santa Marta als das Weltzentrum für überhaupt etwas vorzustellen. Doch wenn ich nachts in meiner Hängematte lag, hörte ich oft das Auspuffknallen von Lastautos, und in solchen Situationen hielt ich immer den Atem an, denn manchmal folgten eine Art Druckwelle und hinterher im Wechsel Stille und Geschrei – was bedeutete, daß das Knallen Gewehrfeuer gewesen war.

Ein paar von den Gringos, die im Fruchtpalast wohnten, organisierten kleinere Händel. Am unverfrorensten ging dabei Nancy vor. Sie war ein Mädchen aus Toronto, das einen Schwanenhals hatte und permanent eine Sonnenbrille trug. Und mich damals an der Nase herumführte. Angeblich hielt sie sich an der Küste auf, um einige präkolumbianische Kunstwerke aus Gold zu kaufen und zu exportieren. Meistens war sie mit einem dicken Mann namens Luis zusammen, der über einen unerschöpflichen Vorrat an goldenen Statuetten und Schmuckstücken zu verfügen schien, die zweifellos aus Plünderungen von Begräbnisstätten der Tairona-Indios in der Sierra stammten. Auch das hat Santa Marta in seinem Repertoire.

Nancy war sehr viel unterwegs, doch das Zimmer bezahlte sie sogar für die Zeit im voraus, in der sie nicht in Santa Marta war. Julio war von ihr in den Bann geschlagen. Diese wunderbare *gringita*, die immer achtundzwanzig Tage im voraus bezahlte, war für ihn wie eine fleischgewordene Heilige. Eines

Tages erklärte Nancy, daß sie geschäftlich nach Cartagena reisen würde, und fragte mich, ob ich vielleicht Lust hätte, mich ungefähr eine Woche später dort mit ihr zu treffen. Mir blieb vor Entzücken der Mund offenstehen. Sie war ein schönes Mädchen, und Cartagena war eine schöne Stadt. Natürlich hatte ich Lust, mich mit ihr zu treffen.

Ein paar Tage später traf im Fruchtpalast ein Telegramm für mich ein. Es war von Nancy. Wenn man hinter den Schleier aus Schreibfehlern blickte, lautete die Nachricht: «BITTE STELLEN SIE DISKRET PREIS UND KONDITIONEN FÜR LUIS' GOLDFRÖSCHE FEST BERICHTEN SIE MIR WENN SIE ZIMMER 32 ANKOMMEN.» Pflichtschuldig machte ich Luis ausfindig. «Sagen Sie ihr, daß ich zehn Frösche bekommen habe und daß sie bereitstehen», sagte er. Er nannte den Preis pro Frosch.

«Geht das nach Pesos oder Dollars?»

«Sie kennt sich schon aus.»

Getrieben von Hoffnungen auf ein Liebesabenteuer in der alten weißen Stadt fuhr ich nach Cartagena. Als ich an meinem Ziel eintraf, schien Nancy sich mehr für Luis' Figurinen zu interessieren als für mich, und zu meiner Enttäuschung verließ sie an diesem Abend das Hotel sehr früh, ohne danach wieder zurückzukehren. Ich sah sie erst zwei Wochen später im Fruchtpalast wieder. Erst dann gab sie mir eine Erklärung. Ich erfuhr nie etwas über die Einzelheiten, doch ich mußte hören, daß die goldenen «Frösche» in Wirklichkeit Kilopakete von Santa Marta Gold gewesen waren und ich mich unwissentlich als Kurier für Informationen über einen Drogentransport aus Cartagena betätigt hatte, der inzwischen erfolgreich abgeschlossen war.

Ich war entsetzt. Wie konnte sie mich dermaßen ausnutzen? *Warum* hatte sie mich dermaßen ausgenutzt? Sie zuckte die Achseln. «Das Timing. Die Sicherheit. Ich benutze oft Kerle wie Sie, Orte wie diesen hier. Es ist genau so, wie immer gesagt wird – Unbedarftheit ist der beste Schutz.»

Vielen herzlichen Dank, Nancy! In Wirklichkeit hieß sie auch gar nicht Nancy. In einem Hotel unten an der Küste trat sie mit einem anderen Namen auf, und in Cartagena wahrscheinlich unter einem dritten. Ich glaube nicht, daß ich sie je ohne ihre Sonnenbrille gesehen habe.

Das Telegramm, das sie mir geschickt hat, habe ich noch immer. Es ist ein Erinnerungsstück an etwas, von dem ich gar nicht genau weiß, was es war. Man sollte vielleicht meinen, ich hätte daraus eine Lehre gezogen, doch schon ein paar Wochen danach war ich in die nächste Drogenschieberei verwickelt. Diesmal ging es um Kokain. Auf diesem Terrain geht es noch gefährlicher zu. Die Leute sind noch abgefahrener, und der Umgangston ist noch unangenehmer. Ich besitze keine Erinnerungsstücke an diese verrückte Nacht, und nur manchmal, wenn ich nervlich etwas überanstrengt bin, habe ich wieder alles vor Augen.

2 Eine Nacht mit Käpt'n Kokain

Es war Samstag abend, und ich hatte nichts Besonderes vor. Seit Nancys Abschied hatte das Hinterzimmer leergestanden. Touristen waren nur wenige in der Stadt. Es war April, der heiße, flaue Monat vor der kurzen Regenzeit. Bald nach Einbruch der Dunkelheit verließ ich den Fruchtpalast und machte mich auf den Weg hinunter ans Meer. Ich wollte im Pan-American ein oder zwei Bier trinken, denn am Samstagabend spielte dort regelmäßig eine Band. Ein praller, orangefarbener Mond, der erst seit zwei Tagen wieder abnahm, hing behäbig über den niedrigen Hügeln.

Schon als ich durch den Parque Bolívar ging, konnte ich die Musik hören, doch einer Gewohnheit folgend, die ich mir in dieser kleinen, räuberischen Stadt sehr bald zugelegt hatte, überquerte ich die breite Uferstraße und spazierte unter den hohen Palmen der Promenade. Aus dieser Distanz zu den Strandcafés konnte man prüfen, wer sich wo zum Trinken niedergelassen hatte, und sich sein Lokal entsprechend aussuchen.

Das Pan-American war Santa Martas schickstes Café. Seine weißen Tische standen unter einer blauen Markise, und der schmückende Hinweis «*Aire condicionado*» leuchtete in schwungvoller, roter Neonschrift. Als besondere Attraktion trat an diesem Abend auf der kleinen Bühne in der Ecke ein Trio aus Barranquilla auf – Bruno y su Jazz. Bruno war ein untersetzter *costeño* in einem karierten Hemd und hatte eine alte E-Gitarre von Gibson. Er spielte schnelle Stücke in hohen Tonlagen, die entfernt an Carlos Santana erinnerten. Seine Combo bestand aus einem wie ein Frettchen aussehenden Bassisten mit Uniformmütze und Sonnenbrille und einem energischen schwarzen Schlagzeuger, dessen ärmelloses blaues Unterhemd bereits schweißdurchtränkt war. Etwas seitlich von den dreien stand ein alter *negro* mit Hut, der sich selbst eingeladen hatte und mit dem hölzernen, *guacharaca* genannten Rhythmusstock spielte.

Die Kellner hätten ihn gern hinausgeworfen, doch stand er mitten im Bannkreis der Musikgruppe, und deshalb kamen sie nicht an ihn heran.

An einem der Tische saß ein einzelner Gringo, den ich noch nicht kannte – im Gegensatz zur europäischen Mischform wahrscheinlich ein «reiner» Gringo aus den Vereinigten Staaten. Er trug elegante leichte Kleidung, hatte einen Schnurrbart, war ziemlich massig und bekam langsam eine Glatze. Sein Alter war schlecht zu schätzen. Mit dem Rücken zur Musik saß er vor einem Bier. Voller Unruhe überflog er die Zeitschrift, die er vor sich liegen hatte – zweifellos *Time* oder *Newsweek* –, doch war deutlich zu erkennen, daß er auf jemanden wartete. Ich setzte mich an den Tisch daneben, und nach dem Ende des Songs kamen wir ins Gespräch. Wie ich erfuhr, war er aus New York City. Nein, er war noch nie zuvor in Kolumbien gewesen. Genaugenommen war er bis gestern noch nicht weiter im Süden gewesen als in Phoenix, Arizona. Ja, er war bloß zum Urlaub hier. Er trug beigefarbene Hosen und Strandschuhe aus Segelleinen. Sie sahen aus wie gerade vorgestern gekauft. Auf einen der Schuhe hatte er bereits einen Fleck gemacht, und jetzt verschüttete er während des Trinkens ein bißchen Bier, das er sich mit dem Handrücken aus seinem Walroßschnauzbart wischte. Seine hohe, ziemlich verschnupft klingende Stimme hatte den bei New Yorkern üblichen aggressiven Ton. Er schien sich durchaus unterhalten zu wollen, doch hielt er weiterhin Ausschau nach der Person, auf die er wartete. Wegen der Musik herrschte ziemlich reger Betrieb, und er reckte nervös den Hals, um den Gehsteig im Blick behalten zu können.

«Warten Sie auf jemand?» fragte ich.

«Das kann man wohl sagen», antwortete er und schaute verärgert auf seine Uhr. «Und es sieht ganz so aus, als würde er nicht auftauchen. Er sagte, er würde um sechs kommen. Dummes Gerede. Es ist doch schon sechs, oder?»

Ich stimmte ihm zu. Auf seiner Uhr war es beinahe acht. «Wenn ich raten darf», neckte ich ihn ein wenig, «warten Sie auf einen Kolumbianer. Was Pünktlichkeit angeht, sind sie hier nicht gerade Weltmeister.»

«*Mañana*, was?»

Er trommelte mit den Fingern auf den Tisch, trank sein Bier leer, sagte: «Ach, egal!» und gab mit einer Handbewegung zu verstehen, daß er sich weder um den Gehsteig noch um die Person, die sich auch jetzt nicht näherte, kümmern wollte. Ich bestellte noch zwei Bier. Wir besiegelten unser Kennenlernen in aller Form mit einem Händedruck. Seine Hand war kalt und feucht. Er hieß Harvey. Er sei jetzt seit vierundzwanzig Stunden in Santa Marta, sagte er, und der ganze Ort komme ihm reichlich abgedreht vor.

Wir tranken und rauchten, unterhielten uns über Kolumbien und musterten die *costeñas*, die betörenden Mädchen aus dem Ort, die in ihrem Samstagsstaat vorbeispazierten. Ich trug ziemlich dick auf, gab ihm Tips, klärte ihn über Kniffe auf und ließ durchblicken, daß ich den Bogen raus hatte. Meine wohlverdiente Strafe sollte ich schon bald darauf bekommen. Harvey bestellte noch zwei Bier. Auf englisch. Eines der Dinge, die ihm an Kolumbien nicht gefielen, sei die spanische Sprache. So wie das schlechte Wasser sei sie bloß eines der kleineren Übel, doch hätte ihn zu Hause jemand davor warnen sollen. Man merkte langsam, daß er betrunken war. Bevor ich mich zu ihm gesetzt hatte, hatte er bereits drei Flaschen Aguila-Bier geleert. Auf seiner Stirn standen ungesunde Schweißperlen. Unter all den lachenden Samarios sah er bleich und recht eierköpfig aus.

Mit hohen, an Möwengekreisch erinnernden Klängen brachte Bruno ein Gitarrensolo zum Höhepunkt und machte vor dem letzten Takt eine spannungssteigernde Pause. Doch wurde die Wirkung etwas beeinträchtigt durch den alten Mann mit der *guacharaca*, der weiterhin mit dem Stock gegen den Hals seiner Rumflasche schlug und mit geschlossenen Augen und einem breiten, weltvergessenen Grinsen vor sich hin tanzte.

Harvey beugte sich mit verschwörerischer Miene über den Tisch. Er sei froh, mich getroffen zu haben, sagte er, denn er schlage sich mit einem Problem herum.

Das überraschte mich wahrlich nicht. In Santa Marta kommt man bei zwei und zwei nicht in jedem Fall auf vier, aber bei einem nervösen, gerade erst in die Stadt gekommenen und verschnupft klingenden Gringo kommt man fast hundertprozentig auf «Kokain». Und ob!

«In Wirklichkeit bin ich gar nicht hier, um Urlaub zu machen», klärte er mich auf. «Ich bin wegen eines kleinen Geschäfts hier herunter gekommen. Sie verstehen schon» – er tippte sich mit einem Finger seitlich an die Nase – «Cousin Charlie.»

Ich nickte verständig, sagte jedoch nichts.

«Nur ein schnelles Tauschgeschäft, und dann gleich wieder weg hier», setzte er in scharfem Ton nach. Sein Blick ließ darauf schließen, daß seine baldige Abreise in diesem Moment noch nicht gesichert war.

«Dann gibt es also ein Problem?» sagte ich. Er nickte, sah sich um und beugte sich noch näher. In Erwartung einer langen und delikaten Geschichte sagte ich: «Warum zahlen wir nicht und machen einen Spaziergang über den Strand?»

Die Geschichte, die Harvey mir während unseres Strandspaziergangs erzählte, war einigermaßen einfach. Seit einigen Jahren, das heißt, seitdem er aus einem Provinzkaff irgendwo in Wisconsin nach New York gekommen war, hatte er so nebenbei ein bißchen mit Kokain gedealt. Er selbst liebte den Stoff heiß und innig, und die Dealerei diente in erster Linie dazu, ihn «auf Speed» zu halten und ihm das Geld wieder einzubringen, das ihn seine Sucht kostete. Er lebte in Queens, wo es eine Vielzahl von kolumbianischen Immigranten gab. Die Verbindungen waren leicht herzustellen. Er kaufte immer nur eine Unze auf einmal, streckte sie ein wenig mit Mannazucker und schlug das Zeug grammweise unter seinen Freunden los. Er hatte gewisse Beziehungen zur Musikszene und deswegen keine Schwierigkeiten mit dem Verkauf.

«Einige Zeit lief es ganz toll», sagte er wehmütig. «Eine Menge Stoff und eine Menge Kohle. Mit der Zeit wirst du dann aber süchtig. Du ziehst dir zwei, drei Gramm pro Abend rein, und das siebenmal in der Woche. Wenn du dann süchtig bist, ist Ärger angesagt. Du kommst nicht mehr los von dem Zeug. Und da stürzt du dann irgendwann mal ab.»

Und Harvey erlebte tatsächlich einen Absturz. Nachdem er angefangen hatte, größere Mengen zu verkaufen, zog eines Tages ein Straßendealer von der Lexington Avenue «eine Kanone raus und spuckte mir ins Gesicht» – raubte ihn, in anderen Worten, mit vorgehaltener Pistole aus. Ergebnis: Ein halbes Kilo noch unbezahltes Kokain war «im Arsch». Zu Harveys Glück bestand der Eigentümer des Kokains nicht auf einer gewaltsamen Bestrafung – «so was in der Art, daß sie dich zweimal in den Fluß schmeißen und dich nur einmal rausziehen». Statt dessen schlug er Harvey eine Abmachung vor. Er brauchte jemanden, der eine Verschiffung aus Kolumbien heraus organisierte. Wenn Harvey diesen Job für ihn erledigte, so wollte er die unerfreuliche Angelegenheit mit dem fehlenden halben Kilo vergessen.

«Mensch, ich hatte Fünfzehner-Schlagseite», sagte Harvey weinerlich. Ein halbes Kilo kostete Anfang der siebziger Jahre in New York fünfzehntausend Dollar. «Ich hatte keine Chance, ihm das Geld zurückzuzahlen. Der Kerl hätte mich wirklich in so viele Stücke schneiden können, wie er nur wollte. Statt dessen bietet er mir einen Handel an. Klar, daß ich da nicht ablehnen kann. Es hat alles einen recht guten Eindruck gemacht. Er gibt mir Tickets für die Air Florida: New York – Miami – Barranquilla – Santa Marta. Er sagt mir, wo ich hingehen und mit wem ich verhandeln muß. Er besorgt mir einen Koffer mit falschem Boden, in dem ein ganzer Haufen Hunderter steckt, und eine ganze Menge Spesengeld, und zur Krönung noch eine Unze Gratisstoff, wenn ich nach Hause komme. Ich muß bloß das Geld abliefern, das ganze Zeug auf Menge und Qualität prüfen und es dann auf das Schiff bringen. Anschließend fliege ich nach Hause und bin dabei so sauber wie ein abgenagter Knochen.»

Wir erreichten das Ende des Strandes, der zu Santa Marta gehörte. Nahe der Wasserlinie lag schwarzer Glimmer im Sand. Kleine Pyritstückchen glänzten im diffusen malvenfarbigen Licht, das von der Stadt kam. Ein Rettungswagen schlingerte mit großem Getöse um die Kurve von der Uferstraße in die 22nd Street. Er hielt vor einem beleuchteten Eingang, vor dem ein ganzer Pulk an Leuten herumstand. Zwei Männer stiegen aus und hoben einen dritten, in eine Decke eingewickelten hinten aus dem Wagen. Es wurde wieder einmal ein Patient in die Notaufnahme des Städtischen Krankenhauses eingeliefert.

Harvey wollte wissen, was da vor sich ging. Als ich es ihm erklärte, sagte er leise: «Mein Gott!» und rieb mit den Händen an seinen weißen Armen entlang, als ob ihm kalt wäre. Wir machten uns auf den Rückweg über den Strand.

Alles sei gut verlaufen, erzählte er, bis er am Nachmittag des Vortags in «dieses beschissene Santa Marta» gekommen sei. Seinen Kontaktmann sollte er um sechs Uhr in der Bar seines Hotels in Rodadero treffen – das war in Santa Marta das Viertel mit den Touristenhotels, das ein paar Kilometer vor der Stadt lag. Man hatte ihm versichert, sein Kontaktmann würde alles vorbereitet haben und fließend Englisch sprechen. Harvey wartete, doch niemand kam. Dann brachte ihm der Barmann das Telefon – «Ein Anruf für Sie, *señor.*» –, und jemand redete auf spanisch auf ihn ein. Letztlich konnte der Anrufer sich in den wesentlichen Punkten der Nachricht doch verständlich machen. Harveys Kontaktmann hatte mit der Sache inzwischen nichts mehr zu tun; Harvey sollte am nächsten Vormittag mit dem Taxi in die Stadt fahren; dort sollte er ins Hotel Venezuela gehen und nach einem gewissen Manolo fragen.

Am nächsten Vormittag, das heißt am Vormittag dieses Samstags, tat Harvey, was man ihm aufgetragen hatte. Diesen Manolo, «einen kleinen Trottel mit Sonnenbrille», traf er im Venezuela. (Ich sah mir dieses Etablissement später von draußen an: ein heruntergekommenes kleines Nepplokal mit vergitterten Fenstern, das oben in der Nähe des *mercado popular* lag.) Manolo teilte ihm mit, der Koks würde heute abend bereitstehen, und wollte das Geld sehen. Harvey sagte ihm, das Geld sei noch in seinem Hotel in Rodadero. Manolo meinte, er solle alle seine Sachen von Rodadero herüberholen, es sei hier im Venezuela ein Zimmer für ihn reserviert, der *portero* würde sich um ihn kümmern, und so weiter und so fort. Harvey gefiel dieses Arrangement nicht, hätte er dadurch doch «mit dem Rücken zur Wand gestanden». Andererseits weigerte sich Manolo, den *coco* nach Rodadero zu bringen. Die Verständigung war sehr schwierig. Sie trafen eine Art Gentlemen's Agreement und verabredeten sich für sechs Uhr im Pan-American. Harvey fürchtete schon, beschissen zu werden, und hetzte zurück nach Rodadero. Sein Geldkoffer war noch da. Er bewachte ihn den ganzen Tag über, saß da, rauchte Zigaretten und lauschte dem Klappern der Klimaanlage.

Harveys zweite Sechs-Uhr-Verabredung in Kolumbien verlief wie die erste. Er wartete auf einen «Freund», der nicht erschien, und so kam es, daß ich diesen Gringo mit der beginnenden Glatze, der mit ängstlichem Blick den Gehsteig vor dem Pan-American in beiden Richtungen im Auge behielt, ein paar Stunden später traf.

In groben Zügen war das Harveys Bericht über den bisherigen Verlauf seiner Unternehmung. Nach dem, was ich über das Kokaingeschäft wußte, hörte sich das an wie die übliche Versteckspielerei. Warum erzählte er mir das also? Und worin genau bestand das «Problem», von dem er gesprochen hatte? Das Problem, von dem er – ich argwöhnte es – in gewisser Weise erwartete, daß ich es löste. Ich fragte ihn danach.

«Das Problem?» fuhr er mich an. «Ich muß die Sache durchziehen, verdammt noch mal. Das ist das Problem!»

«Tut mir leid, aber ich verstehe nicht.»

«Passen Sie auf, Charlie. Bei diesem Spiel riecht doch alles nach Schiebung. Zuerst verschwindet mein Kontaktmann, und an seiner Stelle habe ich es mit diesem kleinen Gangster Manolo zu tun. Und jetzt taucht *er* nicht auf. Seit gestern nachmittag sitze ich hier rum und schlage die Zeit tot. Und dabei habe ich das Zeug noch nicht einmal probieren können. Das riecht alles nach Schiebung. Ja, sicher, in neunundneunzig von hundert Fällen kommt man davon. Kein Stoff und auch sonst nichts. Ich weiß auch ohne Wettervorhersage, woher der Wind weht. Aber das hier ist was anderes. Das ist Nummer hundert. Ich bin es dem Kerl schuldig. Ich stecke da mittendrin.»

Ich murmelte etwas Tröstendes. Wir saßen mit dem Rücken gegen eine Strandhütte gelehnt. Der Leuchtturm auf Morro Island war in Betrieb. Er muß repariert worden sein, dachte ich. Harvey sah mich nachdenklich an. «Und was haben Sie als nächstes vor?» fragte ich.

«Das hängt alles davon ab, wie wir mit Manolo umgehen ...»

«Moment mal, Harvey, *wir* werden gar nicht ...»

«Mensch, in dem Kerl kann ich lesen wie in einem offenen Buch! Er ist völlig scharf drauf, das Geld zwischen die Finger zu kriegen. Und ich muß bloß dafür sorgen, daß ich im Gegenzug auch den Stoff kriege. Wenn er keine Chance hat, das Geld zu packen und damit wegzulaufen, wird er das Zeug schon rausrücken. Da bin ich mir ganz sicher. Ich brauche jemanden, der unheimlich fit ist.»

«Sehen Sie mich dabei nicht so an, mein Freund», sagte ich entschieden. Ich bin wirklich nicht das, was man normalerweise «fit» nennt. Und Harvey erkannte das sicher auch.

«Ich brauche doch keinen, der körperlich fit ist, Mann. Ich rede von einem, der fit ist, wenn's ums Reden geht.» Er packte mich am Arm. Jetzt wurden die Karten endlich auf den Tisch gelegt. «Ich brauche zwei Dinge, Charlie, und bei beiden können Sie mir helfen. In erster Linie brauche ich Platz. Im Venezuela ziehe ich sicher keinen Handel durch. Das ist Manolos Terrain. Das Ding, wo Sie wohnen, dieses Fruchtschloß, das hört sich genau richtig an. Sie werden dabeisein, ich und dieser Kumpel von Ihnen, dieser Julio, alles hübsch und gemütlich, und dann wird der kleine *Manolo* mit dem Rücken zur Wand stehen. Wir legen den Schnee auf den Tisch, legen das Geld auf den Tisch, alles immer schön der Reihe nach und ohne faulen Zauber. Als zweites brauche ich jemand, der die Sprache hier spricht. Scheiße, Mann. Manolo und ich haben dort drüben gebrabbelt wie die kleinen Kinder. Und in dem Geschäft kann man einfach nicht arbeiten, wenn man brabbelt wie ein kleines Kind. Ich brauche einen Dolmetscher, Charlie, jemand, der bei dem kleinen Mistkerl Süßholz raspelt. Was sagen Sie dazu, Mann?»

Harvey sah mich mit glitzernden, ja funkelnden Augen an. Unabhängig davon, ob er mich überzeugt hatte, sich selbst hatte er in jedem Fall überzeugt. Sein Gerede hatte ihn richtig abheben lassen. Er war Harvey, der überlegene König der Straße, der alte Frontkämpfer aus hundert gewagten Deals. Ich konnte sehen, wie seine Phantasien seine hervorquellenden Augen zum Glänzen brachten. In Ordnung, dachte ich, er möchte den Käpt'n Kokain spielen. Aber will ich seinen dämlichen Offiziersburschen spielen?

Jetzt, Jahre später, sitze ich hier und kann auf die Vorteile nachträglicher Einsicht zurückgreifen. Es fällt mir leicht, zu erkennen, daß es besser gewesen wäre, Harvey höflich, aber bestimmt zu sagen, er solle sich auf den Weg machen und sich einen anderen suchen, der ihn um alle sprachlichen Klippen seines Kokain-Deals steuern konnte. Doch an dem Abend damals war es schrecklich warm, und solche Dinge haben eine eigene Logik. Die Sache barg natürlich Risiken, doch hatte sie auch unleugbare Reize. An erster Stelle der Lohn: Zweihundertfünfzig Dollar auf die Hand für mich, das gleiche für Julio. Zweitens die Geschichte: Irgendwie war ich doch so etwas wie ein Journalist, oder? Als drittes das allgemeine Szenario: Mit Banknoten vollgestopfte Koffer, Unmengen an Kokain, das jemand anderem gehörte. Kurz gesagt, kämpfte die Gier mit der Angst, und die Gier gewann. «Warum nicht?» sagte ich, und auf diese Weise wurde ich durch einen Händedruck zum schmalspurigsten aller Schmalspurkomplizen im Kokainhandel.

Von diesem Moment an funktionierte alles wie ein verhängnisvoll ineinandergreifendes Räderwerk. Wir gingen zurück zum Pan-American. Ich legte mich am Strand auf die Lauer, während Harvey von der Promenade aus die einzelnen Tische taxierte. Mit unbeholfenen Sprüngen lief er über den Strand zu mir zurück. «Mensch, er ist dort!» zischte er. «Die Sache läuft jetzt.» Ich mußte mich zunächst erst mal mit Julio beraten. Harvey wollte in der Zwischenzeit ins Pan-American zurückgehen und «den kleinen Scheißkerl bei Laune halten». Oben im Fruchtpalast hörte sich Julio die Geschichte geduldig an. Dann sagte er, daß er *coco* nicht ausstehen könne, daß er Manolo nicht ausstehen könne, daß er keine Schwierigkeiten haben wolle mit der Mafia oder der F-2 und sein Lokal deshalb konsequenterweise nicht für lächerliche zweihundertfünfzig Dollar hergeben könne. Er wollte fünfhundert.

Ich ging wieder zum Pan-American zurück. Manolo stand höflich auf, um mir die Hand zu schütteln. Er war ein kleiner Mann mit einem schmalen Lächeln und Goldplomben in den Zähnen. Sein nach hinten geklatschtes Haar glänzte wie feuchte Kohle. Ich war erleichtert, als ich sah, daß er allein und, nach dem Sitz seiner enganliegenden Kleider zu schließen, unbewaffnet war. Ich erzählte Harvey von Julios Preis. Er grummelte, doch hatte er, wie Julio zweifellos erkannt hatte, keine andere Wahl.

«Okay, okay», sagte er. «Los jetzt, Charlie. Ich möchte, daß Sie unserem Freund hier alles erklären, und zwar nett und freundlich. Sagen Sie ihm, daß er den Handel entweder zu unseren Bedingungen machen kann oder gar nicht. Wir treffen uns im Fruchtpalast um» – er blickte auf die Uhr – «um Mitternacht. Er kommt allein und mit dem Zeug. Fünf Kilo, wie abgesprochen. Irgendwelche faulen Tricks, und der Deal ist gestorben. Verstanden?»

Manolo hörte sich mein artiges Schuljungenspanisch höflich an. Die Sache geht klar, dachte ich. Er wird ganz einfach «nein» sagen, und die ganze Angelegenheit wird erledigt sein. Doch dieser Abend eignete sich anscheinend besonders gut für falsche Entscheidungen, und deshalb sagte er nach einem letzten langen Blick und einem leichten Schulterzucken zu uns: «Okay, ich werde da sein.»

Nachdem er unsere Verabredung bestätigt hatte, verschwand Manolo mit der Schnelligkeit einer Eidechse in der Menge. Harvey seufzte erleichtert auf und fuhr sich mit der Hand durch die Haare. Bruno legte mit einem verschärften Sambarhythmus los, und mein Herzschlag raste im gleichen Tempo dahin.

Um Mitternacht saßen wir vier – Julio, Harvey, Manolo und ich – rund um den «privaten Tisch» im Fruchtpalast. Es war heiß, und die Luft roch süßlich. Das Licht einer einzigen Lampe fiel auf den Tisch: Kaffeetassen, Aschenbecher, eine halbvolle Flasche Medellín-Rum. Die Tür zur Straße war verschlossen und verriegelt. Ein Passant hätte vielleicht das Licht unter der Tür sehen können, doch wäre er in jedem Fall weitergegangen, denn in der 10th Street galt das ungeschriebene Gesetz, daß man um Mitternacht in jedem Fall weiterging.

Harvey war vor einer Stunde mit dem Taxi eingetroffen und mit zwei Koffern hereingestolpert, von denen einer fünfzigtausend Dollar enthielt. Während er wartete, versuchte Julio, ihm ein paar Smaragde zu verkaufen, doch Harvey hatte seinen Kopf bei was anderem, seine Handflächen waren schweißnaß, und er ließ die Steine immer wieder fallen. Manolo war gerade erst aufgetaucht – doch hatte er statt der fünf Kilo nur eine kleine *muestra* mit, eine Probe.

Harvey gefiel das gar nicht. «Wo ist die ganze Ware, Mann?» sagte er in jammerndem Ton. «Ich will den ganzen Stoff sehen.»

Aus lauter Nervosität übersetzte ich ziemlich steif: *«Harvey quiere ver toda la mercancia.»*

«Ich kann ihn holen. Kein Problem. Eine halbe Stunde.» Manolo sprach mit ruhiger Stimme. Beim Reden blitzte das Gold in seinen Zähnen auf. «Vertraut Señor Harvey mir etwa nicht?»

Harvey sagte: «Verdammt, Mann. Ich kann es mir nicht leisten, irgend jemand zu trauen. Und das weiß er auch. Ich traue mir noch nicht einmal selbst.»

«Harvey ist ein bißchen nervös», übersetzte ich zur Beruhigung.

«Warum probiert er die *muestra* nicht aus? Das ist wirklich guter Stoff. Eine Reinheit von achtundneunzig Prozent.»

Harvey verstand den letzten Satz – *«pureza de noventa y ocho por ciento»* – und schnaubte gereizt. «*Das* habe ich in Spanish Harlem auch schon gehört. Ich habe es dort schon nicht geglaubt, und hier glaube ich es genausowenig.»

Ich sagte ihm, er solle sich beruhigen und die Probe versuchen. Manolo schob das kleine, rechteckige Päckchen aus gefaltetem Papier zu ihm hinüber. Es war billiges liniertes Papier von einem Schreibblock. Harvey nahm das Päckchen. Mißmutig, aber mit großer Sorgfalt öffnete er es und inspizierte das kleine, flachgedrückte Häufchen aus cremefarbenem Kokain. Er nickte geistesabwesend. Der Stoff schien ihm zu gefallen. Er nahm ein bißchen was auf die Spitze seines Zeigefingers und kostete davon. Er nickte erneut. Dann feuchtete er einen Finger an, tippte noch einmal hinein und sah zu, wie sich das Pulver auflöste. Er streckte mir den Finger entgegen. Graue, flockige Staubspuren waren darauf zu sehen. «Der Verschnitt», murmelte er. Ich weiß inzwischen, daß das ein recht unsicheres Testverfahren ist – mancher «Verschnitt», das heißt die Verfälschungsmittel, kann genauso löslich sein wie der Koks selbst –, doch damals machte es auf mich ziemlichen Eindruck. Harvey wirkte von Kopf bis Fuß wie ein Profi. Er befand sich jetzt endlich auf vertrautem Gelände.

Julio, der schon etwas außerhalb des Lichtkegels saß, schaukelte auf dem dünnbeinigen Kaffeehausstuhl nach hinten. Er wirkte wie immer gelassen und gleichmütig, doch seinen braunen Augen entging nicht die geringste Kleinigkeit. Ohne sich umzudrehen, rief er nach Kaffee. *«Hay tinto, Miriam?»* Ein ärgerliches und brummiges: «*Sí.*» war aus dem Schlafzimmer zu hören. Miriam watschelte in Richtung Küche und ließ ihre Zehensandalen über den Boden scharren. Sie würdigte uns keines Blickes, als sie an uns vorbeiging. Sie war überhaupt nicht einverstanden mit dem *narcotráfico*.

«Sieht aus, als wär's in Ordnung», sagte Harvey. Er zog ein kleines Stanley-Messer mit ausfahrbarer Klinge hervor und zerhackte etwas von dem Kokain auf der Tischplatte. Er fluchte, wenn kleine Kristalle unter der Klinge wegsprangen. Mir fiel auf, daß seine Hände zitterten. Ein kleines Häuflein Koks schob er zu dünnen Linien zusammen. Manolo löste einen Kokslöffel von einer silbernen Halskette unter seinem Hemd, doch Harvey schüttelte den Kopf – «Mm-mm!» – und zog eine frische Hundert-Dollar-Note aus der Tasche. Sorgfältig rollte er sie zu einem dünnen Röhrchen zusammen. «Ich mache das nach der Methode Wonder Warthog», sagte er kichernd. Die Vorfreude auf das Vergnügen, das ihm eine Nase voll Kokain bereiten würde, wischte all seine Unzufriedenheit und seine Paranoia beiseite und räumte in seinem Kopf so auf, daß sich darin eine Startbahn ausbreitete, von der er abheben konnte. Er beugte sich über den Tisch und sog mit einem einzigen heftigen Schniefen eine ganze Straße durch die Banknote. Er zuckte ein bißchen und warf den Kopf in den Nacken. Die Nase ragte in die Luft wie die Rückenflosse eines Hais. Seiner Befriedigung machte er mit einem lang dauernden, langsamen Pfeifen Luft. Es sah aus, als wäre das Kokain wie ein Nagel in ihn eingedrungen und als würde jetzt all die schlechte Luft aus seinem Inneren herausdrängen. Zwar öffnete er die Augen, doch schaute er noch immer zur Decke hoch. «Hübsch», seufzte er, «hübsch.» – «Hmmmm», machte er dann und ließ ein eigenartiges, mädchenhaftes Kichern hören. Er beugte sich erneut über den Tisch, um die Prozedur durch das andere Nasenloch zu wiederholen, nahm mit dem Finger noch etwas übriggebliebenen Staub von der Resopalplatte des Tisches auf und massierte ihn in sein Zahnfleisch ein.

Er hielt mir das kleine Saugrohr hin. Ich zog mir etwas rein, allerdings entschieden weniger als Harvey. Mein Nasenloch brannte, mein Mund gefror, und meine Adern pochten bis in die Zehenspitzen. Ich hatte Koks schon früher probiert, doch der hier war tödlich. Die Sache ist doch ganz einfach, redete ich mir selbst gut zu. Deine Pumpe kommt nur stärker auf Touren. Rasender Herzschlag, heftiger Adrenalinausstoß, und alles hetzt auf einen im Unbestimmten liegenden Höhepunkt zu. Und schuld daran ist natürlich bloß die Chemie. Man war nicht *wirklich* auf großer Fahrt. Man fiel nicht, man flog nicht, man stieß nicht herab wie eine weiße Eule über einem dunklen Feld.

Ich wedelte mit der zusammengerollten Banknote vor Julios Gesicht herum. Er schüttelte den Kopf. «Ich würde heute nacht gern noch etwas schlafen.» Manolo lehnte ebenfalls ab. Statt dessen fuhr er mit seinem Kokslöffel in die *muestra,* und wie ein Kaffeehausgeck seinen Tabak, so schnupfte er mit einer geübt wirkenden, hastigen Bewegung zwei gestrichene Löffel Kokain. Mit zitternden Händen zündete Harvey sich eine Zigarette an, deren Rauch sich unter der Lampe wölkte. Auf seinem Gesicht lag ein leichter frostiger Glanz. Und er sah aus, als hätte er einen Zahnschutz für Boxer im Mund.

«Puuuu-uuh!» platzte es aus ihm heraus. «Das Schneefieber!»

Ich spürte, wie der erste bittere Schleimgeschmack hinten in meiner Kehle nach unten drängte. Miriam kam mit einem Tablett voll *tintos* herein.

Es muß ungefähr drei Uhr früh gewesen sein, als Manolo schließlich mit «der Ware» zurückkam. Sie war in einem großen, verschnürten Karton verpackt. Harvey hatte inzwischen schon richtige Stielaugen. Er rauchte Kette und wackelte mit den Knien unter dem Tisch auf und ab. Den Rest der *muestra* hatte er mehr oder weniger alleine verputzt und dazu noch Rum und Kaffee getrunken. Er hatte bis zur Heiserkeit geredet, und jetzt war er ganz offensichtlich fest dazu entschlossen, sich den Schmelz von den Zähnen zu reiben. Ich hatte ihn nachdrücklich zur Vorsicht gemahnt, doch Manolos *coco* war das erste Angenehme, das ihm in Kolumbien widerfahren war, und ganz egal, ob es nun zum Geschäft kam oder nicht, er wollte es in jedem Fall auskosten.

Der Karton stand auf der Tischplatte, und Manolos juwelenbesetzte Hand ruhte obenauf. «Das wär's dann also, hmh?»

sagte Harvey, der einen bedauernswerten Versuch zu einem Lächeln unternahm. Er sah dabei aus, als hätte er eine Kiefersperre. «Dann wollen wir mal sehen.» Er machte Anstalten, nach dem Karton zu greifen, doch Manolo verstärkte seinen Druck darauf.

«La plata?» sagte er höflich.

Harvey lehnte sich zurück. «Das Silber?» sagte er verblüfft. Er kannte das Wort, hatte er doch einem Straßenhändler im Pan-American einen Silberring abgekauft.

«Er meint das Geld, Harvey», zischte ich. «Er will dein Geld in natura sehen.»

Das Geld – ein ganz schöner Batzen – befand sich in einem kleineren, leichteren Reißverschlußkoffer aus Schottenstoff und nicht im unhandlicheren Samsonite. Mit fliegenden Fingern räumte Harvey die oberste Lage ab – Hemden, Socken, Kulturbeutel. Da war es. Zehn saubere Geldbündel, die so frisch waren, daß man meinte, die Druckerfarbe riechen zu können. Jedes Bündel enthielt fünfzig Hundert-Dollar-Noten.

«Das haut einen um, Mann! Fünfzig Mille. Fünf Kilo zu neun Mille macht fünfundvierzig, und fürs Schiff kommen noch fünf dazu.»

Ich legte diese Zahlen erst einmal auf Eis und beschäftigte mich erst später mit ihnen. Harveys Auftraggeber würde seine Ware ziemlich schnell verkaufen, doch war dabei fast sicher, daß er sie davor noch ein bißchen «streckte». Selbst wenn er gar nicht mal viel zusetzte – fünf Kilo reines Kokain in sieben oder acht Kilo gestrecktes verwandelte –, so standen ihm nach meiner Rechnung bereits an die zweihundertausend Dollar ins Haus. Kein schlechter Schnitt für einen ziemlich bescheidenen Deal, bei dem ein anderer die ganze Drecksarbeit gemacht hat.

Die Einsätze sind hoch, aber in diesem Spiel geht es um alles oder nichts, und in der damaligen Situation stand der Einsatz des Geldgebers auf der Kippe. Harvey hielt den geöffneten Geldkoffer hin, und Manolo behielt den Karton mit dem Kokain noch in der Hand. Wie beim Agentenaustausch an der Grenze wollte keine Partei ihr Unterpfand als erste freigeben.

Das Geld hatte Harvey den Kopf wieder zurechtgesetzt. «Ich möchte die Ware prüfen, die er gebracht hat», sagte er.

«Quiere verlo.»

Manolo zuckte mit den Schultern und lächelte. Er zog ein schmales Schweizermesser mit schwarzem Griff aus seiner Gesäßtasche und wog es nachdenklich in seiner zarten Hand. Wie die Zunge einer Schlange sprang die Klinge heraus. Er durchtrennte die Verschnürung des Kartons und schnitt das Klebeband entlang der übereinandergeschlagenen Laschen durch. Mehrere Lagen Sackleinen kamen zum Vorschein, und darunter die in Polyäthylen eingeschweißten Kilopakete, die ungefähr die Größe eines kleines Kopfkissens hatten. «Welches?» fragte er. Harvey zuckte mit den Schultern. Manolo warf eines der Pakete auf den Tisch und schnitt einen kleinen Schlitz hinein. Harvey nahm etwas von dem Kokain auf sein Messer. Wie zuvor zerrieb und sichtete er das Pulver, kostete und prüfte es und schnupfte schließlich etwas von der Probe, wobei er die ganze Zeit vor lauter Konzentration die Stirn runzelte. Er sagte nichts.

Wir warteten in der Stille, im Rauch, in der heißen, abgestandenen Luft, die völlig übersättigt war mit dem üppigen Geruch nach Früchten. Manolo inspizierte seine Fingernägel und zog die Brauen hoch. Er war die Ruhe selbst. Ich wünschte mir nichts mehr, als an einem anderen Ort zu sein und nicht in diesem stickigen kleinen Raum, in dem zwei Messer auf dem Tisch lagen.

Harvey hatte seine Ware klassifiziert. Leise sagte er: «Du verdammter kleiner Ganove!» Manolo, der sich noch immer seiner Maniküre widmete, sah mich mit fragendem Blick an. Ich spürte, wie Julio neben mir erstarrte.

Harvey sprach leise und in scharfem Ton. «Sag's ihm, Charlie. Sag ihm, daß dieser Scheiß hier dermaßen gestreckt ist, daß er einen, höchstens noch einen Maulwurfshügel hochpusht.»

«Mein Gott, Harvey, bist du sicher?»

«Aber klar bin ich mir sicher. Es sieht anders aus, es schmeckt anders. Es ist der älteste Trick überhaupt. Mit so was legt man die Anfänger aufs Kreuz. Sie pushen dich mit einer fast reinen Probe hoch, und während du noch völlig aufgedreht bist, verkaufen sie dir eine ganze Ladung Mist. Sag ihm das, Mann.»

Als wüßte Manolo noch nicht, daß Harvey der *coco* nicht gefiel, erklärte ich ihm das. Er erstarrte in einer übertriebenen

Pose der Überraschung und des Bedauerns. Die Schultern nach oben gezogen, die Augenbrauen hochgeschoben bis zu seinem vor Brillantine glänzenden Haaransatz, verkörperte er eine einzige unausgesprochene Frage: Ja, kann das denn wirklich möglich sein, *señor*? Doch er sagte nichts.

«Sag ihm, daß das hier Mist ist, Charlie.»

«Nein, nein», sagte Manolo. «Das ist wirklich gute *perica*, sehr rein.»

«Frag ihn, ob das der gleiche Stoff ist wie vorhin.»

Manolo wog seine Worte sorgfältig ab. «Nein. Es ist nicht der gleiche. Es ist besserer!» Ich stöhnte innerlich auf. Der ist dazu fähig und lügt noch die ganze Nacht lang weiter, dachte ich. Ich hatte kaum den Mut, Harvey diese neueste Masche von Manolo zu übersetzen. «Allerbeste Ware», sagte Manolo drängend. «Erst heute abend frisch aus Bucaramanga eingetroffen.»

Harvey sah jetzt sehr schlimm aus. Sein Gesicht war weiß wie Papier und naß vor Schweiß. Seine Zigarette, eine von Julios filterlosen Pielrojas, brach auseinander, als er daran zog. Er wiegte sich leicht vor und zurück, spuckte Tabakkrümel von seinen Lippen und sagte: «Nein! Nein! Nein!» Er wandte sich direkt an Manolo und sagte zwei von den wenigen Wörtern, die er auf spanisch beherrschte: *«No quiero.»* Ich will das Zeug nicht haben.

«Si», sagte Manolo eisern. «Sie waren mit dem Handel einverstanden.» Über den Tisch hinweg starrten die beiden einander an.

Und genau an diesem toten Punkt geriet die Angelegenheit ernsthaft außer Kontrolle. Aus der völligen Stille heraus war von der Tür mit nur einem leisen Rascheln als Vorwarnung plötzlich ein lautes Klopfen zu hören. Mit einem gurgelnden Angstschrei, der ihm in der Kehle steckenblieb, sprang Harvey hoch. «Das sind die Bullen!» rief er. «Verdammt, das ist eine Falle!» Julio und Manolo waren ebenfalls aufgesprungen. Julio warf Manolo einen raschen fragenden Blick zu. Manolo schüttelte den Kopf. In aller Eile begannen sie, das Kokain wegzuschaffen. Es klopfte noch einmal, und man hörte ein gedämpftes Rufen. «Kommt nicht in Frage, Mann!» schrie Harvey.

Er packte den kleinen Koffer, klemmte ihn sich unter den Arm und hetzte an mir vorbei auf den Hof hinaus. Ich rief hinter ihm her, doch er rannte weiter und stieß auf der Suche nach einem Ausgang meine Hängematte beiseite. Als er keine Tür fand, warf er sich mit einem Hechtsprung auf den Hühnerstall und versuchte, auf die Hofmauer zu klettern. Prompt krachte der Hühnerstall in sich zusammen, was heftiges aufgebrachtes Gegacker auslöste. «O mein Gott, bitte», jammerte Harvey. Er versuchte es jetzt mit der seitlichen Hofmauer neben der Tür zur Küche, doch von der anderen Seite der Brüstung her schnappte und biß der Wachhund vom Dach des Nachbarn nach ihm. Ich hatte den Hund schon unzählige Male gehört, ihn aber noch nie zuvor gesehen – es war ein geschmeidiger schwarzer Schäferhund, und ich erlebte ihn zum erstenmal in vielen Monaten in Aktion. Harvey ließ mit einem Aufschrei los und stürzte auf den Boden zurück. Holz splitterte, und Federn flogen durch die Luft. Quer über den Hof lief Harvey zur gegenüberliegenden Mauer. Er sprang hoch, um sich an der Mauerkrone festzuhalten, und schrie vor Schmerz, als seine Hände auf eine dichte Reihe aus Glassplittern trafen. Er lief zurück, zwängte sich in den Hühnerstall und blieb still liegen. Er wimmerte leise und hielt seinen Geldkoffer an sich gepreßt wie einen Teddybär.

«Sag ihm, er soll die Klappe halten», sagte Julio. Sie hatten den Stoff in Julios Schlafzimmer versteckt. Bis auf den Zigarettenrauch und die Rumgläser war der Fruchtpalast sauber. Ein ruhiger Abend unter Freunden. Julio ging an die Tür und rief: «Wer ist da?» Von der anderen Seite der Tür war eine Stimme zu hören. Julio fluchte leise und rief zu uns nach hinten, wir sollten uns wieder beruhigen. Er entriegelte die Tür. Ein sturzbetrunkener Schwarzer torkelte herein. Es war der alte *guacharacero*, der unten im Pan-American Musik gemacht hatte.

«Verflucht noch mal, was willst du denn, Jo-jo?»

«Frühstücken», sagte der alte Knabe und ging schwankend zu einem Tisch.

Bald darauf setzte schlagartig die Dämmerung ein. Ein Sonntagmorgen in Santa Marta brach an, und ein weiterer heißer Tag stand bevor. Julio sagte Manolo, er solle sich verziehen. Einer nicht zu durchschauenden Hackordnung der Samarios folgend, machte sich Manolo mit seinem Karton voller verschnittenem *coco* unterwürfig auf den Weg. Miriam wusch die Hühnerscheiße von Harveys Gesicht und aus seinem Hemd, säuberte seine blutenden Hände und verband sie mit Stoffstreifen. Jo-jo schlief an seinem Tisch ein. Sein Kopf lag auf den Unterarmen, seinen Hut hatte er noch immer auf. In seinem Hutband steckten zwei *papagallo*-Federn, eine blaue und eine orangefarbene.

Julio mixte uns einen *jugo* «für den Morgen danach» – Papaya, Limonenwasser, zerstoßenes Eis. Es war immer ein Vergnügen, ihn bei der Arbeit zu beobachten. Selbst nach dem Fiasko dieser Nacht widmete er sich ihr mit der gleichen eingespielten, liebevollen Sorgfalt wie sonst auch. Er wählte genau die richtige Frucht aus der Vitrine mit der gläsernen Vorderfront, zerstückelte und zerhackte sie und sah aufmerksam zu, während er sie in der uralten Kenwood mit ihrer Art-Deco-Riffelung rund um den Fuß verrührte. In tranceähnlicher Ruhe zahlte Harvey uns unseren Lohn. Voller Mitleid machte ich Anstalten abzulehnen, doch Julio erinnerte mich sanft an das Geld, das ich ihm für Kost und Logis schuldete. Ich sah Harvey zum letztenmal, als ich ihn an der Uferstraße in ein Taxi setzte. Er war auf dem Weg zum Flughafen, auf dem Weg nach Hause. Seine nächste Aufgabe, um die er nicht zu beneiden war und die ihm nichts einbrachte, bestand darin, fünfzigtausend Dollar in die Vereinigten Staaten *zurück*zubringen – das war zwar nicht eigentlich illegal, doch sicherlich Anlaß für peinliche Fragen. Außerdem mußte er sich in New York auf einen wenig erfreulichen Zirkus gefaßt machen. Doch als er sich in das Taxi sinken ließ, schien er sich schon allein durch den Umstand, daß er in einem Auto saß, besser zu fühlen – obwohl es eine alte Schrottkiste war. Wie unangenehm der Zirkus in New York auch werden würde, in jedem Fall würde ihm der lieber sein als die verrückte Vorstellung, die er hier in Kolumbien erlebt hatte. Wir wollten uns gerade die Hand schütteln, als er zusammenzuckte und seine verbundene Hand zurückzog.

«Es tut mir leid, daß es nicht geklappt hat, Harvey.»

«So ist es halt im Showgeschäft», sagte Käpt'n Kokain. Das Taxi fuhr davon, und ich spazierte weiter zum French Corner, um dort zu frühstücken.

3 Der Auftrag

Zwölf Jahre später war ich wieder in Kolumbien, und zwar wegen etwas, das ich lächerlicherweise «Auftrag» nannte. Gegen das harte Berglicht anblinzelnd, stand ich vor dem Eldorado-Flughafen von Bogotá. Ein kleiner, stämmiger, orientalisch aussehender Polizist in einer graugrünen Uniform mit kurzen Ärmeln stritt sich mit einer Bäuerin, die einen Korb mit Schmalzgebäck unter dem Arm trug. Der Polizist hatte seinen weißen Pistolengürtel auf Cowboyart umgebunden. Er ging mit der *campesina* um wie mit einem Kind, lachte ihr in das runzlige Gesicht und riß immer wieder Witze mit ein paar Flughafenarbeitern, die etwas abseits standen, doch für den Fall des Falles umschloß seine gewölbte Hand die ganze Zeit den Griff seiner Pistole.

Wieder hatte ich den scharfen Geruch von Bogotá in der Nase, der einem alle Eingeweide zusammenzieht. Eine Dunstglocke aus menschlichen Gerüchen und Dieselgestank hängt über dem flachen, von Bergen gesäumten Becken, in dem sich die Stadt erhebt. Wenn man erst einmal höher als dreitausend Meter kommt, wird der Sauerstoff knapp, und man hat das Gefühl, der Kohlenwasserstoff würde niemals abgebaut. Von Mexiko City heißt es: «Fünfzehn Millionen Menschen, und es riecht, als hätten sie alle gleichzeitig gefurzt.» Bogotá ist nur halb so groß, und es stinkt nicht so, doch meint man auch dort die immerwährende Fäule zu spüren, die ihre fiebrigen Ausdünstungen in die kalte Bergluft schickt.

Zur Fahrt in die Stadt nahm ich ein *colectivo*-Taxi und saß dicht gedrängt neben einer dicken lächelnden Frau mit großen schwarzen Haarbüscheln unter den Achseln. Hinten waren wir zu viert und hatten ein Kind auf dem Schoß, vorne saßen noch zwei. Der magere Fahrer fuhr schnell und beschimpfte andere Fahrer heftig. Das Fahrgeld kassierte er nebenbei. Im Licht der gerade erst aufgegangenen Sonne stieg Nebel auf. Ein riesiger silbergrauer Eukalyptusbaum stand verloren inmitten der schäbigen, planlos dahingestreuten neuen Siedlungen mit ihren halbfertigen Gebäuden und eingezäunten Grundstücken, inmitten der langweiligen und öden Flächen, wie es sie um jeden Flughafen gibt und wie sie überall die Hoffnungen des Reisenden zum Platzen bringen.

Auf den ersten Blick hatte sich Bogotá in zwölf Jahren nicht besonders verändert. Der Stil, den man hier pflegte, schien sich immer noch an alte Hollywoodfilme anzulehnen. Die nach hinten geklatschten schwarzen Haare waren unverkennbar James Dean nachempfunden. Die wunderbaren alten chromblitzenden Autos, die Chevvies und Plymouths und Mercuries, stammten direkt aus *The Big Sleep*.

Wir fuhren an großen Bussen vorbei, die so überladen waren, daß die Leute aus den Türen hingen. Auf leeren Grundstücken weideten Kühe auf smaragdgrünem Gras. Das Taxi bahnte sich einen Weg über Fahrrinnen und Schlaglöcher, in denen schwarzes schaumiges Wasser stand. Das Wasser drang durch den Autoboden, und die dicke Dame hob schreiend ihre Füße: «*Ay! Mis zapatos!*» Darauf kam es zu einem neckischen Geplänkel über den Zustand des Autos, an dem sich alle beteiligten. Könnte er sich ein passables Auto leisten, schäkerte der Fahrer, würde er ganz sicher nicht solche Leute wie uns damit herumkarren. In einem Zustand zwischen Hochstimmung und Erschöpfung hörte ich dem Gerede der anderen geistesabwesend zu. Von einer kleinen, in Folie steckenden Karte, die am Rückspiegel baumelte, blickte ein Jesus, dessen leuchtend rotes Herz von einem Strahlenkranz umgeben war, auf uns herab.

Mit Schwung bogen wir in die 10th Avenue ein. Die Wolkenkratzer der Innenstadt – Hilton, Tequendama, Colseguros – hoben sich von hier aus gestochen scharf gegen die dunklen, steilen Hänge im Hintergrund ab. Eine Reklametafel verkündete den aktuellen Werbespruch der Stadt: «*Si usted quiere Bogotá puede.*» Frei übersetzt heißt das: «Wonach Ihnen auch der Sinn steht – Bogotá bietet es.»

Ich fand schließlich ein Zimmer in einem billigen *residencias* in La Candelaria, dem alten Viertel aus der Kolonialzeit, das sich von der großen Plaza Bolívar bis zu den Ausläufern des Monserrate-Bergs erstreckt. Es war ein großes, verstaubtes

Zimmer mit blankem Holzfußboden, einem Eisenbett und einer wunderbaren Aussicht über die roten Ziegeldächer nach Osten auf den Monserrate. Irgendwie roch alles nach der Frisiercreme des Besitzers. Eine dünne, traurig wirkende Frau bezog mein Bett mit frischer Wäsche und erklärte mir, das Fenster würde kaputtgehen, wenn ich es aufmachte, doch nachdem sie weg war, öffnete ich es trotzdem. Durch die schmale Straße vor meiner Pension, die Paloma Street, fuhren Lastautos. An der Ecke saß ein Mann mit einem weichen Filzhut auf einem Stück Sackleinen und band Kichererbsenpflanzen zu Büscheln. Aus dem kleinen Schusterladen gegenüber drangen hämmernde Geräusche. Musik aus einem Radio schlängelte sich nach oben. Ich schloß die Augen und hörte zu, und der erste *vallenato*, ein Wirbeln aus Akkordeonklängen und den getragenen Harmonien des kolumbianischen Rhythm and Blues, schlug über mir zusammen.

Während der ersten vierundzwanzig Stunden ging ich alles sehr gelassen an. Verglichen mit den Anden, nimmt sich die Höhenluft in Bogotá noch ziemlich bescheiden aus, doch auf Leute, die aus dem Tiefland kommen und sie nicht gewöhnt sind, kann sie verheerende Auswirkungen haben. Als ich zum erstenmal nach Bogotá gekommen war, hatte ich alle Regeln mißachtet und einen schlimmen Zusammenbruch erlitten. Auf dem Flug von Panama City hatte ich Jorge kennengelernt, einen kolumbianischen Journalisten. Er hatte mich zu sich nach Hause eingeladen, in das Haus, das seine Familie in einem der Arbeitervororte im Süden bewohnte. Dort wurde ich abgefüllt mit Aguardiente, Spiegeleiern, Guajava-Gelee und was so dazugehört. Geplagt von Vergiftungskopfschmerzen, verbrachte ich die nächsten beiden Tage schweißüberströmt bei Jorge auf dem Fußboden und entleerte mich aus allen Körperöffnungen in die neue Toilette mit Wasserspülung, auf die die Familie so stolz war. Ich hatte die akute Höhenkrankheit, die in den Anden als *soroche* bekannt ist. Und ich war selbst schuld daran. Wenn man die Höhenlage nicht gewöhnt ist, führt jeder harte Drink direkt ins Verderben, und Aguardiente – ein mit Anis versetzter Schnaps, der wie eine Mischung aus Paraffin und Schleimklumpen schmeckt und als Kolumbiens Nationalgetränk gilt – ist der schlimmste von allen.

Diesmal blieb ich streng auf dem Pfad der Tugend, und es passierte mir nichts Schlimmeres, als daß ich ein paarmal in Panik geriet, weil mir die Luft wegblieb. Doch an der Situation, in der ich am heftigsten nach Luft schnappte, war wirklich nicht *soroche* schuld. Als ich bei den Bücherständen an der 19th Street herumstrolchte, stieß ich auf eine kleine Menschenansammlung. Die Mittagsausgabe des *El Bogotano* war gerade erschienen, und die Leute stierten auf die Titelseite. Dort war in Farbe das Foto eines jungen Mannes abgebildet, der tot auf der Erde lag. Sein Hemd war bis zu den Schultern hochgezogen, so daß man eine Orgie aus Blut und Einschußlöchern sehen konnte. Die Schlagzeile lautete: «MATADO OTRO TRAFICANTE DE COCAINA».

Ich saß auf meinem Hotelbett und fragte mich, wie ich den Ball meiner Geschichte ins Rollen bringen konnte und wohin er wohl rollen würde, wenn ich ihn erst einmal aus der Hand gegeben hatte. Vor ein paar Wochen hatte alles noch ganz anders ausgesehen. Damals hatte der Verleger – der noch recht junge, auf sozialen Aufstieg programmierte Malcolm Goodman mit den rötlichbraunen Haaren – mich angerufen und mir gesagt, er sei auf der Suche nach einem Buch über Kolumbien. Arglos glaubte ich, er spreche von einem Reisebericht. Vor meinem geistigen Auge tauchte das Buch bereits auf – mutige Erkundungsreisen, malerische Einheimische, ein paar Fotos, auf der ersten Seite eine Landkarte in Schwarzweiß mit unterschiedlich gepunkteten Linien, die Auskunft gaben über die beschriebenen Routen.

Beim Mittagessen am nächsten Tag kam die Wahrheit ans Licht. Malcolm hatte das Kokain entdeckt. Er schob seinen Teller mit *fruits de mer* zur Seite und zog einen Stapel Zeitungsausschnitte und Farbbeilagen aus seiner Aktenmappe. «Die Sache hat eine kolossale Publicity», sagte er. Er hatte Artikel dabei über die ungeheure Beliebtheit – «epidemische Ausmaße» – von Kokain in Europa und den Vereinigten Staaten und schauerliche Berichte über den Krieg der Kokainbanden in Miami. Die Schlagzeile eines Sensationsblattes lautete: «TAGEBUCH EINES KOKS-SCHMUGGLERS». Ich sah ganze Passagen, die Malcolm mit seinem Filzschreiber unterstrichen oder mit Sternchen gekennzeichnet hatte. Kolumbien-Connection. Kolumbianische Mafia.

«Das ganze Zeug kommt aus Kolumbien, müssen Sie wissen.»

«Ja, ich weiß.»

«Und was Kolumbien angeht, da sind Sie doch ein alter Hase. Haben Sie selbst gesagt.»

«Na ja, schon.»

Wenn Malcolm einmal bei seinem Lieblingsthema war, gab es kein Halten mehr. Er war ein Mensch, der permanent auf der Suche war nach dem Heiligen Gral der Verleger – dem sagenumwobenen «richtigen Buch zum richtigen Zeitpunkt». Während er über das phan-*tas*-tische Betätigungsfeld sprach, das sich hier bot, und sich darüber ausließ, daß *das* Buch über den Drogenhandel erst noch geschrieben werden mußte, glitzerten seine Augen hinter der schicken großen Hornbrille. Er beschwor Bilder herauf von Zeitungsverlegern aus der Fleet Street, die mit dem Hut in der Hand Schlange stehen würden. Er sprach von Serienrechten, von Treatments für die Verfilmung, von der Ausstrahlung im gesamten Fernsehverbund. Und er sprach von Geldbeträgen, bei denen mir die Knie schlotterten.

Mir blieb absolut keine Wahl. Oberstes Prinzip eines jeden auf Bestellung arbeitenden Schriftstellers ist es, hinter jedem möglichen Auftrag herzulaufen und wie Molly Bloom zu schreien: «Ja, ich will, ja.» Man hat vielleicht hundert schlimme Vorahnungen, hundert Gründe, nein zu sagen, doch man setzt sich über alle hinweg. Möchte ein Verleger die Mondkugel haben, macht man sich natürlich auf die Reise. Später, wenn man statt dessen bloß einen runden Magermilchkäse zurückgebracht hat, bleibt einem immer noch genug Zeit, ihn deswegen über den Haufen zu reden. «Hautnah – aus der Unterwelt des Kokains» – der Titel, von dem Malcolm sprach, hörte sich unangenehm, gefährlich und wenig realistisch an, doch hatte ich keine Chance abzulehnen. Er bestellte noch eine Flasche billigen Frascati. Wir stießen damit an, als hätten wir etwas zu feiern. In aller Klarheit schoß mir ein Bild durch den Kopf – Harvey, wie er vollgeschmiert mit Blut, Scheiße und Federn in einem kaputten Hühnerstall lag und heulte.

Mein Aktionsplan, wenn man das überhaupt so nennen kann, sah vor, ein oder zwei Wochen in Bogotá zu verbringen, Hintergrundinformationen über den Kokainhandel zu sammeln und im Anschluß daran an die Küste zu reisen, in die Schmugglerzentren wie Santa Marta und Riohacha. Dort wollte ich mich meiner Hauptaufgabe zuwenden. «Ein abgebrühter Bericht direkt von der Front. Das Wer, das Wie und das Warum im kolumbianischen Kokainschmuggel. Das ist es, worauf wir scharf sind!» Auf die genauen Umstände, wie man an einen solchen Bericht kommen konnte, ging Malcolm nicht näher ein. Er entwickelte die Ideen, stellte das Geld und machte einen reisefertig. Der Rest war meine Sache, die des erfahrenen Fachmanns für Kolumbien.

Draußen vor seinem Büro in der Nähe der Park Lane verabschiedeten wir uns im Regen ein letztes Mal. Neben uns stand mit laufendem Motor ein schwarzes Taxi bereit, um ihn auf schnellstem Weg zu irgendeinem Termin zu bringen. «Und eins noch», sagte er während des Händeschüttelns. «Rufen Sie uns um Himmels willen an, wenn Sie in irgendwelche Schwierigkeiten kommen.»

Und so saß ich jetzt hier, der unerschrockene Reporter auf der Jagd nach der einzigartigen Kokain-Story. Ich fühlte mich jedoch eher wie ein Erstkläßler an seinem ersten Schultag. Verständnislos blickte ich auf das, was – mit Ausnahme der Dollars, die meine Brieftasche beinahe sprengten – Malcolms einziger Beitrag zur Logistik dieser Operation war. Das Empfehlungsschreiben. *«A Quien Se Interese»*, stach es einem unter dem geschmackvollen grünen Briefkopf des Verlegers ins Auge. Das Schreiben stellte mich als einen britischen Autor vor, der Material für ein Buch «über Land und Leute in Kolumbien» sammelte, und versprach allen, die mich bei der Ausführung meines «Auftrags» unterstützten, grenzenlose Dankbarkeit. Unterschrieben war es folgendermaßen: «Muy atendamente, Malcolm Goodman, Verlagsleiter.» Es gab dafür sogar eine eigene kleine Plastikhülle. «Ganz schön schlau, finden Sie nicht auch?» hatte Malcolm strahlend gefragt. «Völlig unverfänglich. Könnte Ihnen meiner Meinung nach eine wirklich gute Tarnung bieten.» Abgesehen von diesem absurden Schriftstück, bestand meine Ausstattung aus einem abgelaufenen

Presseausweis, einigen alten Visitenkarten, die mich als «beratenden Verlagsrechercheur» auswiesen, einem Alwych-Notizbuch mit dem unverwüstlichen Schutzumschlag, einer einfachen Spiegelreflexkamera mit feststehendem Objektiv, einem Kompaß und einem Schweizer Armeemesser. Das alles machte auf der wollenen Tagesdecke gerade ein kleines Häuflein aus.

Das Licht über den verrotteten Dächern wurde immer schwächer. Abgelenkt von meinen Ängsten und den unterschiedlichen Auswirkungen des Jet-lags, ging mir, sehr spät, ein Licht auf. Die ganze Angelegenheit war eine abgekartete Sache. Ich war ein Opfer auf dem Altar von Malcolms Neuerscheinungsliste für den Herbst. Diese glorreiche Idee war eine von denen, die glorreichen jungen Verlegern Aufmerksamkeit bescheren – man brauchte dazu nicht mehr als einen Einfaltspinsel, der sich auf den Weg machte und die Sache anging.

Schuldgefühle packten mich. Hatte ich diesen weiten Weg wirklich hinter mich gebracht, um eine Geschichte über Kokain zu schreiben? Keine Geschichte über die mißliche Lage der Indios, die Politik der Unterentwicklung, die Zerstörung der Wälder oder ein Dutzend anderer behandlungswürdiger Themen, sondern eine über Kokain. Über Habgier und Verrücktheit, geborgen in einer Handvoll Schnee. Ein ordinärer, einäugiger Blick unter die Röcke Südamerikas. *Darauf* sind wir scharf, Malcolm.

Malcolm hatte gesagt, er wolle «das Wer, das Wie und das Warum» im Kokaingeschäft herausfinden. Über das «Warum» hätte ich ihn auch ohne eine Reise nach Kolumbien aufklären können. Das «Warum» ist das Geld.

Es ist wichtig, sich vor Augen zu halten, daß es einem nichts einbringt, wenn man das Kokain am Ende der Kette kauft, auf dem Markt für den Endverbraucher. In London kostet heutzutage ein Gramm Kokain, das heißt Standard Punter's Toot, vielleicht irgendwas zwischen fünfzig und siebzig Pfund. Die Preise differieren je nach Angebot. Die Londoner Preise bilden keine Ausnahme: Für das gleiche Gramm zahlt man in New York, Amsterdam oder Paris auch so ziemlich das gleiche Geld. Dieses Gramm – ein Achtundzwanzigstel einer Unze, ein entscheidender Löffel voll Medizin, eine lange Nacht voller Spaß für vier – ist natürlich kein Gramm reinen Kokains. Es wird verschnitten worden sein oder «gestreckt», und das wahrscheinlich von verschiedenen Leuten auf verschiedenen Stufen der Handelskette. Man kann sich schon freuen, wenn dieses Gramm zur Hälfte Kokain ist. Ein Großteil davon besteht wohl aus einem Streckmittel, das einzig und allein mehr Gewicht bringen soll. Solche Streckmittel sind Milchzucker, Backpulver, Talkum, Borax – eigentlich alles, solange es nur irgendwie nach Kokain aussieht und keine sofort feststellbaren Nebeneffekte hat. Um einen Teil der durch die Verfälschung verlorengegangenen Wirkungskraft wettzumachen, enthält der Großteil des auf der Straße verkauften Koks zusätzlich einen «aktiven» Verschnitt. Es gibt zwei Arten aktiven Verschnitts, nämlich Speed und Freeze, und es ist gut möglich, daß dieses eine Gramm, das man gekauft hat, ein bißchen was von beidem enthält. Einen Schuß Amphetamin in Pulverform (Fenetyllin, Ritalin etc.), um dem Ganzen einen anregenden Kick zu geben, und etwas von einem synthetischen, mit dem Kokain verwandten lokalen Betäubungsmittel wie Novokain oder Benzokain (die Spritze beim Zahnarzt), mit dem das Taubheitsgefühl von echtem Kokain vorgetäuscht wird. Gemeinsam führen diese Verschnitte, die entschieden billiger und leichter zu besorgen sind als der Koks selbst, zu einer groben Annäherung an den echten Kokainhöhenflug.

Wenn man im Schmugglermilieu einen wirklich guten Freund hat, dann kommt man vielleicht in den Genuß, fast reines Kokain probieren zu können. Bei solcher Ware frisch vom Schiff wird man das Gefühl haben, die eigenen Nervenenden wären in Champagner gebadet worden, und man wird wissen, warum ein solcher Wirbel um diesen Stoff gemacht wird. Verschafft man sich den Stoff irgendwo in einem Torweg in der Gegend um die Shaftesbury Avenue, so besitzt man hinterher wahrscheinlich ein ganzes Potpourri an Verschnittsorten und überhaupt kein Kokain. Irgendwo dazwischen liegt das, mit dem man sich zufriedengeben muß. Nach einer Faustregel der britischen Zollverwaltung ist es unwahrscheinlich, daß Koks aus dem Straßenverkauf – und was anderes bekommt man ja kaum – zu mehr als dreißig Prozent rein ist. Einige Koks-Liebhaber sind den Verschnitt dermaßen gewöhnt, daß sie eigentlich Speed-Liebhaber sind und für ein paar Trips unverhältnismäßig viel zahlen, weil der Name «Koks» die Sache so viel interessanter macht. Speed bringt einen um, aber Koks ist hip, ist die Droge der Erfolgstypen.

Warum ist er so unglaublich teuer? Es gibt zwei naheliegende Antworten. Erstens ist er verboten. Deshalb ist es nicht der Koks, der so teuer ist, sondern es sind die hohen Risiken bei der Versorgung: Der kleine Konsument finanziert die Gewinne aller Zwischenhändler. Für das Kokain, das man wirklich in seinem Gramm Toot hat, bezahlt man ungefähr das Dreißigfache von dem Preis, den jemand beim Kauf einer größeren Menge in Kolumbien zahlt. Die zweite Antwort besteht in dem alten ökonomischen Grundsatz: Er kostet so viel, weil die Leute so viel dafür zahlen. Der Markt bleibt trotz der hohen Preise erhalten, und das selbst bis hinauf zu einem Preis von siebzig Pfund für ein Drittelgramm. In gewissem Sinn gefällt es den Leuten, wenn etwas teuer ist. Der Preis macht zu einem Teil die besondere Aura aus, die den Koks umgibt. Auf dem Parkett der Schickeria sorgt eine Phiole voller weißem Schnupftabak in jedem Fall für Ansehen. Früher hat man den Koks mit Rasierklingen kleingehackt, doch heutzutage nimmt man dazu Kreditkarten.

Die Leute erzählen einem auch, daß der hohe Preis für den Stoff seine Vorteile hat, daß er eine gewisse Sicherheit gibt, weil man weiß, daß all die Gefahren des chronischen Kokainmißbrauchs – eine angefressene Nasenscheidewand, heftige Verdauungsbeschwerden, die Weiterentwicklung zum Spritzen, ein ganzes Bündel an psychischen Erscheinungen, die ihren Höhepunkt in dem paranoiden Wahn finden, der gemeinhin «Kokainpsychose» genannt wird – ganz einfach jenseits der eigenen finanziellen Möglichkeiten liegen. «Probleme wegen *zuviel* Kokain? Was gäbe ich dafür, wenn ich mir solche Probleme leisten könnte!»

Mehr und mehr Leute kaufen jedes Jahr mehr und mehr Kokain. Den Schätzungen der US-amerikanischen Drogenfahndung zufolge haben zwanzig Millionen Amerikaner es «probiert», schnupfen fünf Millionen «regelmäßig» (wenigstens einmal im Monat) und sind ungefähr eine halbe Million «völlig abhängig». Die Zahlen sind aufgerundet und liegen möglicherweise etwas hoch, doch verschaffen sie einem einen generellen

Eindruck. Der Kokainkonsum ist nicht beschränkt auf einige wenige hundertfünfzigprozentige, degenerierte und hoffnungslose Junkies. Koks ist etwas, wofür Millionen von wohlhabenden jungen Westlern ihr Geld ausgeben wollen. Alleine in den Vereinigten Staaten blättern sie dafür pro Jahr ungefähr fünfunddreißig Milliarden Dollar hin.

Die Staaten sind *der* Absatzmarkt für Kokain, doch trägt auch Europa seinen Teil dazu bei. In Großbritannien hat sich die beschlagnahmte Menge Koks von weniger als einem halben Kilo 1968 auf über siebzig Kilo 1983 erhöht. Man rechnet damit, daß im Netz von Zoll und Polizei nur ungefähr fünf Prozent des Kokses, der ins Land kommt, hängenbleiben. Geht man von dieser Grundlage aus, dann liegt die in Großbritannien pro Jahr konsumierte Menge bei ungefähr eineinhalb Tonnen – ein Großhandelspreis von ungefähr fünfzig Millionen Pfund, und nach dem Verschneiden inklusive aller Preisaufschläge ein Straßenverkaufspreis von ungefähr zweihundertfünfzig Millionen Pfund. Die beschlagnahmten Mengen in Frankreich, Italien und Spanien – letzteres eine beliebte Zwischenstation auf dem Weg von Südamerika ins restliche Europa – liegen alle höher als in Großbritannien. Kurz gesagt, ist das Kokain eine der großen Wachstumsbranchen.

4 Der Fliegende Schotte

Mein erster Schritt in diesem Spiel ohne Regeln mußte die Wiederbelebung von ein paar Beziehungen aus der Zeit vor zwölf Jahren sein. Ich ging meine Liste mit alten Namen und Adressen durch. An manche Gesichter konnte ich mich nur verschwommen erinnern, manche waren mir völlig entfallen, doch an das von Augustus McGregor würde ich mich immer erinnern.

Gus war ein halbverrückter schottischer Zeitungsreporter. Ich stelle ihn als Schotten vor, und er gab sich auch als Schotte aus, doch in Wirklichkeit war er irgendwo in einem Londoner Vorort in Kent aufgewachsen, und wenn er seinen Stolz auf die Highlands geltend machte, so tat er das mit unverkennbarem Südlondoner Akzent. Er war in den sechziger Jahren nach Brasilien gekommen, hatte an der Universität von São Paulo studiert und als Lokalreporter für eine Nachrichtenagentur gearbeitet. Gus war einer von den Menschen, die sich nach Südamerika absetzten und sich keine Gedanken mehr darüber machten, woher sie gekommen waren und wohin es gehen sollte. Von Südamerika spricht man auch als dem Kontinent der Flüchtigen, dem Ort, an dem ein Mensch seinen eigenen Schatten verlieren kann, und es sind nicht nur die Kriegsverbrecher aus der Nazizeit und die Glücksritter, die in den Winkeln und Ecken dieses Landes verschwinden. Einige Zeit hatte Gus für den *Brazilian Herald* gearbeitet. Er war ein guter Journalist, jedoch schon zu lange in Südamerika, und die schweren Drogen hatten ihn in einen zwanghaften Phantasten verwandelt. Er erzählte, daß er den Subkontinent der Länge und der Breite nach durchwandert habe. Sowohl in São Paulo als auch in Paraguay habe er eine Ehefrau zurückgelassen, in Chile sei er den Todesschwadronen knapp entronnen, und in einem versteckten Tal südlich von Cuzco habe er die sagenhafte Bruderschaft der Sieben Strahlen ausfindig gemacht.

Wenn das alles überhaupt stimmte, dann lag es zu der Zeit, als ich ihn in Bogotá kennenlernte, lange zurück. Wir arbeiteten gemeinsam beim *Andean Echo*, einer englischsprachigen Wochenzeitung, die sich hauptsächlich an die Zirkel der nordamerikanischen Wirtschaftsleute und Diplomaten richtete. Das *Echo* bezahlte miserable Zeilenhonorare, doch in Verbindung mit einem bißchen Englischunterricht hielt Gus sich gerade so über Wasser. Er war ein großer, schlaksiger Kerl mit käseweißem Gesicht und langen, widerspenstigen, rötlichbraunen Haaren, und er sah ein wenig so aus, wie man sich den Pardoner in den *Canterbury Tales* vorstellt. Der Hausmeister für das Bürogebäude des *Echo*, der ihn wegen seiner roten Haare «El Rojo» nannte, hatte einen Narren an ihm gefressen und stopfte ihn in seiner kleinen Hütte hinter dem Bürogebäude immerzu mit gebratenem Kaninchen und kreolischen Kartoffeln voll.

Den Großteil seines Gelds gab Gus für Kokain aus – für «Peach», wie er es nannte. Mit einem wunderbaren, verdrehten Argument berief er sich auf seine angeblich calvinistische Erziehung. «Wir landen doch ohnehin alle einmal im Fegefeuer, warum sollten wir uns auf dem Weg dorthin also nicht ein bißchen Spaß gönnen.» Ich erinnere mich an die Abende, an denen wir ins Viertel La Perseverancia gingen, um ein Gramm Koks zu kaufen, das zur damaligen Zeit ungefähr zehn Dollar kostete. Es gibt ein Sprichwort über Perseverancia – «*Se sube a pie y se baja en ambulancia.*» Man geht zu Fuß hinein und kommt im Rettungswagen wieder heraus – doch war Gus dort überall bekannt, und wir hatten niemals Schwierigkeiten. Den Stoff beschafften wir in einem kleinen, von einer Glühbirne erleuchteten Raum, nur zwei Schritte abseits von der dunklen Straße. Ich sehe Gus jetzt in seiner grauen *ruana* – dem kolumbianischen Woll-Poncho – vor mir stehen, wie er von einer Ecke seines brasilianischen Presseausweises eine Nase voll hochzieht. «Das feinste Peach in der Stadt gibt's bei Alfonso!» sagte er immer und grinste dabei mit seinen grauen Zähnen wie eine streunende Katze. Ein andermal gingen wir wieder hinüber auf den Universitätscampus, wo er unter den Kadern des revolutionären «Movimiento 19» Freunde hatte und wo man sich darauf verlassen konnte, daß die dortigen Schuhputzerjungen Koks zu einem unschlagbaren Preis anboten. Man konnte von ihnen wirklich winzige Mengen kaufen, ein paar Lines für wenige Pesos. Das war wie bei den Zigarettenjungen, bei denen man seine Zigaretten ebenfalls einzeln kaufen konnte.

Die Sache war *aut Gus, aut nullus*. Wenn Gus mich nicht mit ein paar Hinweisen für die große Kokain-Story versorgen konnte, dann konnte das niemand. Ich hängte mich ans Telefon im Hotelfoyer und wählte Gus' alte Nummer. Die gehörte nicht zu seiner eigenen Wohnung, denn so etwas hatte er nie, sondern zum Apartment eines wohlwollenden italienischen Malers, das er als Postfach und Schlafstätte nutzte. Ich ließ es dreimal klingeln, doch das einzige, das ich zu hören bekam, war ein asthmatisches Seufzen. Ich versuchte es unter der Nummer des *Echo*. Eine Frau klärte mich kurz angebunden darüber auf, daß es die Zeitung nicht mehr gab. Das überraschte mich nicht. Solche im Ausland erscheinenden Zeitungen haben eine begrenzte Lebensdauer. Im Telecom-Gebäude bot mir das Telefonbuch von Bogotá keine neuen Erkenntnisse über McGregor oder über den Herausgeber des *Echo*, einen bebrillten Amerikaner namens Carson Askew. Außerdem war ich aus verschiedenen Gründen ohnehin nicht besonders scharf darauf, meine Bekanntschaft mit Askew zu erneuern.

An den Namen von Gus' Mentor konnte ich mich nicht mehr erinnern, doch hatte ich seine Adresse. Vielleicht wohnte er ja noch immer dort und hatte bloß eine neue Telefonnummer. Und vielleicht konnte ich von ihm Neuigkeiten über Gus erfahren. Auf dem Weg zu einer Bushaltestelle sah ich vor dem Avianca-Gebäude an der 7th Avenue einen kleinen braunen Hund in der Morgensonne liegen. Während er döste, bewegte sich sein Schwanz leicht, und mir ging durch den Kopf, wie großartig es doch war, daß er inmitten des Gedränges in der Sonne lag und schlief. Als ich näher kam, erkannte ich, daß der Hund tot war. Es war bloß der Wind, der die feinen, sandfarbenen Haare an seinem Schwanz bewegte.

Das Apartment des Malers lag im ersten Stock eines baufälligen Ziegelhauses abseits der 22nd Avenue in dem innerstädtischen Wohnviertel San Luis. Die Stabjalousien vor den Fenstern waren geschlossen. Ich drückte auf die Türklingel. Sie ließ kein vernehmbares Geräusch hören. Ich klopfte zweimal. Nichts. Gerade wollte ich wieder gehen, als ich hinter der Tür schwache Geräusche hörte, schlurfende Schritte, die eine Treppe herunterkamen, ein weinendes Kind und dann die schrille, alt klingende Stimme einer Frau, die direkt hinter der Tür fragte: «Wer ist da?»

«Guten Morgen, *señora*!» Schweigen. «Ich bin auf der Suche nach Señor McGregor.»

«Maggegar?»

«Señor McGregor», sagte ich deutlich artikuliert. «Der Schotte. Er hat früher hier gewohnt.»

«Schotte? Ich kenne ihn nicht. Hier ist er nicht.»

Ich drückte mich näher an die Tür und versuchte, abzuschätzen, wo die Alte ihren Kopf hatte. «Er war ein Freund des Malers, des Herrn aus Italien. Ist *er* vielleicht hier?»

«Nein, *señor*. Wir haben hier keine Ausländer.» Sie hörte sich verärgert an. Ich wollte noch etwas sagen, doch hinderte sie mich mit ihrer schrillen Stimme daran: «Sie müssen jetzt gehen. Mein Sohn kommt bald nach Hause.» Brummend zog sie sich wieder zurück. In einem Anfall von Gereiztheit schlug ich mit der flachen Hand gegen die Tür und rief ihr auf englisch eine Obszönität hinterher. Dann ließ ich von der Tür ab und kehrte zurück auf die Straße, wo mir ein kleiner, dicklicher Polizist auffiel, der zu mir herüberschaute. Ich verspürte dumpfe Schuldgefühle.

«Sie suchen nach Señor Bruno», fragte mich der Polizist.

«Nein, ich... das heißt, ja, ja, natürlich, Señor Bruno.» So hieß der Maler. Alessandro Bruno, der bärtige Modernist aus Bologna.

«Der wohnt nicht mehr hier. Er ist vor neun oder zehn Monaten ausgezogen. Ich kannte ihn sehr gut. Das hier ist mein Revier.» Ein ermutigender Umstand. Konnte er vielleicht sagen, wo Bruno jetzt wohnte? Er schürzte die Lippen und wackelte mit dem Kopf, als könnte er die Antwort damit losschütteln. «*Mas allá*», sagte er und machte dazu eine lebhafte Geste. Dort drüben. «Im Norden. Unicentro. El Chicó.» Sein Schlagstock stieß beim Gestikulieren leicht gegen seinen Oberschenkel. Es war deutlich, daß er es nicht wirklich wußte, doch war seine Antwort nicht willkürlich. Die Gegend, von der er sprach, war in jedem Fall anspruchsvoll. Anstelle einer Information heiterte er mich mit einem indirekten Kompliment auf. Ein solcher Austausch von Höflichkeiten zählt in Kolumbien eine Menge. Ich schüttelte dem kleinen Polizisten die Hand und bedankte mich bei ihm.

Im Telecom-Büro an der 22nd Avenue fand ich Brunos Namen im Telefonbuch und wählte seine neue Nummer. Am anderen Ende der Leitung hörte ich sein Spanisch mit dem italienischen Akzent, das sich für die dunklen und rauhen Betonungen des Spanischen allzu fließend und graziös anhört. Als ich ihm ein wenig auf die Sprünge half, erinnerte er sich an mich. Nein, er hatte Gus schon längere Zeit nicht mehr gesehen, doch soweit er wußte, war Gus noch in der Stadt. Wir plauderten ein wenig. Dann sagte er: «Hören Sie zu, Charlie, ich sage Ihnen das jetzt, weil ich weiß, daß Sie Gus' Freund sind. Ich glaube, daß er irgendwie in Schwierigkeiten steckt. Ich habe ihn schon seit Wochen nicht mehr gesehen. Es war jemand da und hat seine Sachen abgeholt, ein kolumbianischer Junge. Er hatte einen Zettel von Gus dabei, doch stand darauf nichts anderes, als daß ich mir keine Sorgen machen sollte. Wissen Sie, ich habe es ja schon längst aufgegeben, mir wegen Gus Sorgen zu machen, doch diese Geschichte paßt gar nicht zu ihm.»

Zusätzlich dazu konnte Bruno mir noch ein paar Namen nennen. Es gab da ein Mädchen, mit dem Gus zusammen war, eine gewisse Anita. Wo konnte ich sie finden? «Versuchen Sie's in den Straßen von Las Nieves – das Rotlichtviertel, ein Labyrinth aus Puffs am Rande des Geschäftsviertels.» Dann gab es da noch ein paar Bars und billige Eßlokale, in denen Gus verkehrte. Bruno gab mir drei Namen und drei Adressen. Wir wollten uns schon verabschieden, als ihm noch ein weiterer Name einfiel, und zwar der eines Straßen-Dealers mit Namen Julio Cesar. «Gus hat ihn ein paarmal erwähnt. Ich denke, daß er seine *perica* bei ihm gekauft hat. Er hat immer gesagt, daß Julius Caesar vor zweitausend Jahren die Engländer besiegt habe und jetzt an die Schotten Drogen verkaufe.»

Als ich das Paso Doble betrat, die letzte von den drei Bars, die Bruno mir genannt hatte, machte sich bei mir wirklicher Ärger bemerkbar. Die ersten beiden Bars hatten sich als Nieten herausgestellt. Sicher, Gus war dort bekannt – der eine kannte ihn als «El Rojo», der andere als «El Escocés», als den Schotten, doch niemand hatte ihn in der letzten Zeit irgendwo gesehen. Mit den Namen Anita und Julio Cesar konnten sie überhaupt nichts anfangen. Es war jetzt ungefähr vier Uhr. Ich war den ganzen Tag lang herumgelaufen, war in einem Gewitter völlig naß geworden und war kurz davor aufzugeben.

Das Paso Doble war eine kleine, finstere Café-Bar abseits der Caracas Avenue. Es war eines aus einer ganzen Reihe von baufälligen, ebenerdigen Häusern, die unter einem Gewirr aus Stromleitungen standen. Ein Autobus quälte sich die unbefestigte Straße entlang und hörte sich dabei an wie ein überladenes Boot. Ich war in einem schlimmen Stadtviertel. Bogotá ist nach einem Rastergrundriß gebaut. So wie in New York kann man die Gefahr in Zahlen ausdrücken, und dieses Viertel lag ein gutes Stück südlich der 12th Street, die eine der Demarkationslinien darstellt. Im Café war es ruhig. Drei vollgestaubte Arbeiter, die gemeinsam einen halben Liter Aguardiente tranken, eine alte Frau in Schwarz, die einen Becher Milchkaffee umschlossen hielt, zwei Eckenlungerer, die am Eingang lehnten, und die unvermeidlichen hinein- und herauslaufenden Kinder, die dunkeläugigen, schmuddeligen Kinder, die sich überall am Rand des Geschehens herumtrieben. Sie alle taxierten den Fremden, wenn auch ohne besonderes Interesse.

Ich bestellte ein Bier. Der Mann hinter dem Tresen war stämmig und sah mit den weißen Löckchen, die unter dem Kragen seines Hemds hervorquollen, aus wie ein Affe. Nach ein paar Freundlichkeiten spulte ich meine alte Leier ab, die ich schon längst leid war. Ich bin auf der Suche nach Gus, Señor McGregor, El Rojo, El Escocés, dem verdammten Fliegenden Schotten...

«Sie meinen Gustavo», sagte der Barmann. «Nein, ich habe keine Ahnung, wo er ist.»

«Ich bin ein Freund von ihm. Ich schätze, er könnte in Schwierigkeiten sein. Und deshalb möchte ich ihm helfen.»

Der Barmann blickte mich an. «Sind Sie vielleicht Schotte?»

«Aber natürlich», log ich.

Der Barmann nickte verständig. Anscheinend kam ich jetzt ans Ziel. Wir Schotten halten immer zusammen, erklärte ich ihm. Daraufhin rief er über die Schulter nach hinten, in Richtung einer Tür, die durch einen Vorhang verdeckt wurde: «*Oiga!* Julio Cesar!» Mit einer Promptheit, wie man sie aus dem Kaspertheater kennt, tauchte zwischen den Falten des Vorhangs ein Gesicht auf. Der Barmann deutete mit dem Kopf zu mir herüber und wandte sich dann auf eine Art ab, die deutlich machen sollte, daß er seine Hände in Unschuld wusch.

Julio Cesar kam näher – seine aufgesetzte Freundlichkeit konnte einen gewissen Argwohn nicht überspielen. Er sah aus wie ungefähr achtzehn, hatte einen bleistiftschmalen Schnurrbart und hellbraune Haare und trug ein schwarzes Jackett mit Straßstickereien, die goldfarben abgesetzt waren. *«Ola, hombre»,* sagte er mit einem festen Händedruck. Wir gingen an einen Tisch in der Ecke.

«Möchten Sie *perica*, Basuko, wirklich gutes Gras?» fragte er freundlich.

«Nein, eigentlich nicht, ich...»

«Smaragde?»

«Nein, ich...»

«Mein Vater arbeitet in den Minen.»

«Ich bin auf der Suche nach Gustavo, dem Schotten. Man hat mir gesagt, Sie wüßten, wo er zu finden ist.»

Einen Moment lang unterbrach er seinen Redeschwall. «Gus? Ach so, ja, Señor Gus. Ja, ich kenne ihn. Es ist sehr schwierig...»

«Aber Sie wissen tatsächlich, wo er wohnt?»

Julio Cesar zog die Schultern hoch, sehr hoch und äußerst langsam, und gleichzeitig gab er durch das Spiel seiner Hände zu verstehen, daß er sich nicht festlegte. Die klassische Geste in Kolumbien: Ja und nein, *señor*, Sie haben die Wahl. In diesem Fall: ja, ich weiß, wo er wohnt; nein, ich werde es Ihnen nicht sagen.

Es brauchte zwei Bier, einen neuen Hundert-Peso-Schein und eine Menge Gequatsche darüber, wie brüderlich eng ich mit Gus verbunden war – «mein Lehrer, mein *compadre*» –, bevor Julio Cesar einräumte, daß er wußte, wie man mit Gus in Kontakt kommen konnte. Nach weiteren hundert Pesos war er damit einverstanden, ihm eine Nachricht von mir zu bringen. Ich kritzelte sie auf einen Zettel. Zusammen mit den zwei

Scheinen verstaute er sie in der bestickten Brusttasche. Er sagte, ich solle am nächsten Abend wiederkommen. «Machen Sie sich keine Sorgen, mein Freund», meinte er, als wir uns trennten. «Señor Gus vertraut niemand außer Julio Cesar. *Niemand.*»

Es war jetzt dunkel. Leichter Regen fiel. Die Caracas Avenue glänzte, und in der Luft stand dick der Rauch aus den *fritanga*-Buden. An der Bushaltestelle an der 13th Street schrie ein Mann: «Arschgeige! Arschgeige! Arschgeige! Directo Arschgeige!» Ich setzte mich völlig erschöpft in den Nachtbus nach Facavita. Ich hatte einen langen Tag mit vielerlei Umwegen hinter mir – das alte Weib hinter der Tür, der Polizist und der Maler, drei Bars und schließlich noch Julius Caesar, der *conquistador* von der Straßenecke. Während ich geradewegs nach Osten fuhr in Richtung des dunklen Kolosses, des Monserrate-Berges, an dessen Spitze die weiße Kirche so hell leuchtete wie eine Fata Morgana, dachte ich über die letzte knifflige Frage an diesem Tag nach. Was, zum Teufel, hatte Gus mit dem ganzen Getue erreichen wollen?

Wie verabredet kehrte ich am nächsten Abend ins Paso Doble zurück. Es war Freitag abend. Die verschlafene und verstaubte Bar, in der ich gestern gesessen hatte, war kaum wiederzuerkennen. Sie war voller Leute. Die Tische hatte man an die Seite geschoben, über der Bar strahlten farbige Glühbirnen, und der Raum war erfüllt von Zigarettenrauch und Gelächter. In einer Lautstärke, daß es einem den Magen umdrehte, spuckte ein Paar uralter Lautsprecher *música trópical* aus. «Jede Nacht ist Fiesta-Nacht», wurde gesungen, und dazu erklang ein Gewirbel aus Trompeten- und verzerrten Schlagzeugklängen.

Ich konnte weder von Gus noch von Julio Cesar eine Spur entdecken. Ich arbeitete mich an den Tresen vor. Eine betrunkene Schwarze, die ihre blond gefärbten Haare wie eine Löwenmähne trug, packte mich am Arm – «Heh, Gringo!» –, doch jemand anderes zerrte sie wieder weg. Der Barmann begrüßte mich wie einen alten Freund und goß mir einen anständigen Schuß Aguardiente ein. Allem Anschein nach verkaufte er nichts anderes. «Ich habe heute Geburtstag», sagte er erklärend. Im Bewußtsein der verstärkten Wirkung von Schnaps in großer Höhenlage nippte ich bloß vorsichtig an meinem Glas. «Nein, *hombre*», rief er. «So macht man das.» Er leerte sein Glas in einem Zug. Mit einem innerlichen resignierenden Schulterzucken tat ich es ihm nach. Noch während ich gegen die darauf einsetzenden Verkrampfungen ankämpfte, füllte er unsere Gläser von neuem. Auch diesmal schütteten wir das Zeug gleichzeitig hinunter. Er wischte sich mit der Hand über den Mund und lachte. Dann rief er einer Frau, die in der anderen Ecke der Bar bediente, etwas zu. Sie kam herüber. Eine mächtige Frau mit langsamen Bewegungen, die mit einer gebieterischen Miene über den ganzen Trubel hinwegsah. Wie es bei kolumbianischen *señoras* oft der Fall ist, schien sie der Boß zu sein. Der Barmann legte ihr den Arm um die Hüfte. Neben ihrem massigen Körper sah er aus wie ein kleiner weißhaariger Affe. «Hier, sieh mal, *querida*», sagte er. «Das ist der Freund von Gustavo, von dem ich dir erzählt habe. Der Schotte.» Er schüttete mein Glas schon wieder voll. Aus halb geschlossenen Augen musterte sie mich. Sie ließ kurze, mißbilligende Töne hören, als würde sie über das, was sie da sah, in Rage geraten.

«Dann sind Sie also auch Schotte?» fragte sie. Ich nickte lebhaft. Es war zu spät, um in dieser Frage einen Rückzieher zu machen. Ihre Augenschlitze wurden noch einmal schmaler. «Ist das wahr, was Gustavo sagt, daß die Männer dort alle Röcke tragen?»

«Ja», sagte ich unsicher, «das heißt, einige tun das.» Ich hatte gar keine Lust, diese Merkwürdigkeit ausgerechnet jetzt in der Bar ausposaunt zu hören. «Bei uns heißen diese Röcke Kilts», fügte ich hinzu.

Sie versuchte sich an dem Wort, doch schließlich hakte sie es unter dem Begriff «unaussprechlich» ab. «Die Männer sind sehr stark», fuhr sie fort. «Die schmeißen dort Bäume um.» Ich brauchte einige Zeit, bis ich darauf kam, daß sie wahrscheinlich das Baumstammwerfen meinte. Sie schaute mich voller Skepsis an. Vielleicht hatte sie Schwierigkeiten mit der Vorstellung, daß ich mit Bäumen um mich warf. Ich selbst kam mir schon sehr betrunken vor. Ich wollte dieser gewaltigen Frau entfliehen, mich aus dem Staub machen und meine neuentdeckte schottische Herkunft unauffällig wieder ablegen.

Weiß Gott, welchen anderen schottischen Unsinn Gus noch zusammengesponnen hatte. Doch die Menschenmenge hielt mich am Tresen gefangen. Der Barmann kam zurück und goß mir noch mehr Aguardiente ein. Um auf dem Wissensgebiet Highlands nicht ins Hintertreffen zu geraten, fragte er: «Sie lieben doch sicher die *cornamusa*, oder?» Die Frage brachte mich völlig aus dem Konzept. Als er mich in meiner Verwirrung sah, hatte er eine von diesen glänzenden Ideen, wie man sie in besoffenem Zustand immer hat. «Warten Sie, ich habe so was da.» Er fummelte ein wenig unter der Theke herum und hielt schließlich eine Musikkassette in der Hand. «Sie gehört Gustavo», sagte er. «Sie bringt ihn immer zum Weinen.» Ich tippte jetzt darauf, daß die *cornamusa* Dudelsäcke sein sollten, doch es war schon zu spät. Die *música trópical* wurde abrupt unterbrochen. Die neue Kassette wurde eingelegt, und mir rutschte das Herz in die Hose, als das Dudelsackgepfeife eines bekannten Trauerliedes in höchster Lautstärke einsetzte. Andy Stewart sang das Lied «A Scottish Soldier». Die Leute rissen vor Überraschung die Köpfe herum, wobei man einigen ihr Mißfallen deutlich ansah. Rasch war ich als der Haupttatverdächtige in dieser Sache ausgemacht, da der Barmann doch tatsächlich voller Vergnügen rief: «*Música escocés* für unseren Freund hier!» und mit der Hand auf mich wies wie der Conférencier eines Nachtclubs. Wahrscheinlich hoffte er, ich würde auf den Tresen springen und auf dieser Tanzfläche einen oder auch zwei Dashing White Sergeant hinlegen. Alle Blicke lagen auf mir. Ich lief knallrot an, nickte mit dem Kopf und grinste wie ein Idiot. Als der Refrain einsetzte, legte mir der Barmann seinen Arm um die Schulter und zwang mich zu einem fürchterlichen Duett, bei dem er wortlos zum Takt der Musik dahinsummte und ich weniger an die grünen Hügel der Heimat dachte als daran, daß ich Gus den Hals umdrehen würde, falls ich ihn finden sollte. Noch nie zuvor hatte ich einen Song gehört, der dermaßen lang dauerte. Dann setzte ein zweiter ein – «Speed, Bonny Boat», glaube ich –, doch glücklicherweise wurden Protestrufe hörbar, und die Kassette wurde gewechselt. Die *música trópical* kam wieder an die Reihe, und ich torkelte vom Tresen weg.

Ich fand einen Platz und bemühte mich, etwas Anonymität

zurückzugewinnen. Den Aguardiente schwitzte ich aus, als wäre ich ein zusammengedrückter Schwamm. Es kam mir so vor, als wären nicht mehr so viele Leute da. Vielleicht hatte die Dudelsackmusik einige vertrieben. Als ich mich umsah, stellte ich fest, daß mein erster schwacher Eindruck tatsächlich stimmte und praktisch alle Frauen Flittchen waren. Einige hingen an der Bar, einige hatten sich zu anderen Leuten an die Tische gesetzt, und eine schnatternde Schar von einem halben Dutzend saß dichtgedrängt an einem Tisch in der Ecke – eine Orgie aus Lidschatten und schwarzen Lackschuhen. Eine davon blickte zu mir herüber. Sie sagte etwas zu den anderen. Sie drehten sich zu mir um und lachten krächzend los. Ich zerrte eine Zeitung aus meiner Jackentasche. Die Buchstaben verschwammen mir vor den Augen. Ich schaute zur Decke hoch. Mir war, als pochten die Dachbalken im Rhythmus der Musik. Das Mädchen schickte weiterhin lüsterne Blicke zu mir herüber – eine aufdringliche kleine *chulita* in einem engen roten Kleid. Immer wieder wanderten meine Blicke verstohlen zu ihr. Sie blinzelte mir zu und spitzte die Lippen zum Kuß, legte die Beine über Kreuz und öffnete sie wieder. Sie trug Strümpfe, die knapp oberhalb der Knie endeten. Ihr nußfarbenes Fleisch drängte sich unter dem Gummiband hervor, und wenn sie die Beine über Kreuz schlug, wackelte das Fleisch an der Unterseite ein wenig. Ich zündete mir eine Zigarette an und versuchte, mich auf die Zeitung zu konzentrieren. Mein Herz schlug allzu heftig. Sie stand jetzt auf und nahm ihren Stuhl mit, stützte ihre Hände auf meinen Tisch. Schwarzes Haar, das über ihr Gesicht fiel, schwarze Augen, die dick mit Wimperntusche umrandet waren. Sie sah jetzt älter aus und zerbrechlicher als vorher aus einiger Entfernung und durch den Rauch hindurch. Quer über den Oberkörper trug sie eine schwarze Lacklederhandtasche. Dort, wo der Riemen zwischen ihren Brüsten durchlief, war das Leder abgeblättert. *«Buenas noches, churro»,* sagte sie. Sie zog ein paar Lotteriescheine aus ihrer Handtasche und bat, meine Zeitung ansehen zu dürfen: «Ich glaube, das ist heute meine Glücksnacht!» Jemand, der am Tisch vorbeidrängte, gab ihr einen Stoß, und sie fiel nach vorne – sehr viel weiter, als es hätte sein müssen. Ihre Hand faßte mich am Oberschenkel, ihr Gesicht war nur ein Stück von meinem entfernt, und sie lachte mir billiges Parfüm, Tabak und Schnaps ins Gesicht. Dann stieß sie einen kurzen Überraschungsschrei aus. Jemand hatte sie um die Taille gepackt. Ein mit Straß besetzter Arm. Es war Julio Cesar. Er setzte sich auf ihren Stuhl, zog sie auf seinen Schoß und hielt sie fest wie ein widerspenstiges Kätzchen.

Aus der Tasche seines Jacketts zog er ein zerknülltes Stück Papier. Er reichte es mir. «Hier haben Sie's, mein Freund.» Es war die Nachricht, die ich gestern geschrieben hatte. Auf der Rückseite stand in krakeliger und schiefer Schrift eine Adresse geschrieben. Es war eine Straße mit einer hohen Nummer, irgendwo im Süden, in den wuchernden, schwer zu beschreibenden *barrios* hinunter in Richtung Soacha. «Señor Gus wohnt dort», sagte Julio Cesar. «An der Ecke zur Caracas steht gerade im Moment ein Taxi für Sie bereit. Der Fahrer bringt Sie an die Ecke von Gus' Straße. Von dort aus gehen Sie zu Fuß. Zehn Minuten, kein Problem. Gehen Sie einfach immer geradeaus, bis Sie die Nummer neunundneunzig finden. Und reden Sie unterwegs mit niemand.»

Wir gingen an den Tresen. Ich zahlte meine Drinks und kaufte eine Flasche Rum, die ich Gus mitbringen wollte. Julio Cesar verschwand durch die Tür hinter dem Vorhang. Als er wieder zurückkam, ließ er ein kleines Päckchen in meine Hand gleiten. «Für Gus», flüsterte er, während er meine Hand darum schloß. Der Barmann schüttelte mir herzlich die Hand und sagte, ich solle bald wiederkommen. Die dicke *señora* nickte mir hoheitsvoll zu und machte gegenüber jemand an der Bar eine Bemerkung, die wahrscheinlich auf den Umstand hinwies, daß ich Röcke trug.

Beim Rausgehen sah ich mich nach der *chulita* in dem roten Kleid um, doch die saß bereits an einem anderen Tisch, bei einem Mann mit einem Cowboyhut. Während ich in die kalte Nachtluft hinaustaumelte, schmiegte sie sich eng an ihn und steckte ihm ihre Zunge ins Ohr.

5 Willkommen im Krähennest

Es nieselte wieder, als ich dem Taxifahrer sein Geld gab. Ich mußte darauf vertrauen, daß er wußte, wo wir waren, denn es gab hier keine Straßenschilder. Bloß eine breite Straße ohne Anhaltspunkte und eine davon abgehende, schmale und dunkle Seitenstraße. Die meisten Straßenlampen waren zerbrochen. Wie ich hoffte, hatte Gus in der Nummer neunundneunzig der Seitenstraße seine Bleibe. Während der Fahrt hatte ich mich um Orientierung bemüht, doch der Taxifahrer schwieg sich aus, und ich fühlte mich elend und betrunken, so daß ich mich schließlich apathisch nach hinten lehnte und dankbar war für die kalte Luft, die über mein Gesicht strich.

Mit quietschenden Reifen und in deutlicher Schräglage machte das Taxi kehrt und brauste zurück in Richtung Stadt. Ich machte mich schweigend auf den Weg die Seitenstraße entlang. Es gab dort überhaupt keine Straßenbeleuchtung, und der Großteil der niedrigen Häuser wirkte baufällig. Leere Fenster starrten mich an wie die Augenhöhlen eines Schädels. Aus den Hauseingängen wucherten stachlige Pflanzen. Hinter mir bog ein Auto in die Straße. Bei seiner Fahrt über die Querrinnen bewegten sich seine Lichtkegel auf und ab wie Suchscheinwerfer. Ich versteckte mich in einem Hauseingang, bis es an mir vorbei war. Ich wurde langsam nervös. Es war kalt und spät, und es sah hier aus wie im Niemandsland. Hinter einer kleinen Kreuzung veränderte sich der Charakter der Straße. Zu beiden Seiten lagen Schrottplätze, und es roch nach Öl und Rost und alten Reifen. Windschiefe Werkstätten ragten aus dem Dunst. In einer sah ich den blausprühenden Widerschein eines Schweißgeräts. Wenigstens war hier jemand. Aber wo war Nummer neunundneunzig? Halten Sie sich einfach geradeaus, hatte Julio Cesar gesagt. An keinem der Gebäude konnte ich Zahlen erkennen.

An der Kurve, die die Straße ein Stück weiter vorne machte,

sah ich ein eigentümliches Leuchten. Als ich um die Ecke bog, lag vor mir ein Stück verschlammtes Ödland. Rechts von mir loderte ein riesiges Feuer. Rund um das Feuer erkannte ich Gestalten und Hunde und Kinder und sogar ein oder zwei kleine Schweine. Steif vor Angst zog ich mich in die Dunkelheit zurück. *Gamines? Gitanos?* Straßen-*bandidos*, die unter ihren Ponchos Messer verbargen? Die Straße lief als verschlammte Bahn zwischen dem Müll und den ausgeschlachteten Autos weiter. Man brauchte eine Minute oder vielleicht etwas weniger, um zu den nächsten Gebäuden zu kommen. Ich wappnete mich und machte mich auf den Weg. Die Hälfte hatte ich gerade hinter mir, als die Hunde meinen Geruch in die Nase bekamen. Kläffend liefen sie mit großen Sprüngen auf mich zu – langgliedrige, sandfarbene Köter, wie man sie in Bogotá überall sieht. Vom Feuer her rief jemand mit betrunkener Stimme zu mir herüber: «*Venga, hombre, venga!*» Ich winkte unbestimmt nach hinten und ging schneller. Gerade war ich an der Stelle angekommen, wo die Schlammbahn wieder in eine erkennbare Straße mündete, als plötzlich ein kleiner Junge vor mir auftauchte. Ich blieb stehen. Einer der Hunde kam mit wütendem Knurren angelaufen, doch der Junge lief schreiend auf ihn zu und schlug ihn auf die Schnauze, worauf der Hund jaulend zum Feuer zurücklief. Ich setzte meinen Weg fort, doch der Junge flitzte an mir vorbei und stellte sich erneut vor mich hin. Er streckte seine Hand aus und verlangte Pesos. Zuerst benutzte er das Wort *regalo*, mit dem er um ein Geschenk bat, doch dann fügte er ein anderes Wort an, nämlich *peaje*, was soviel wie «Wegezoll» bedeutete und mir nahelegte, lieber zu zahlen, wenn ich auf dieser Straße weitergehen wollte. Ich schätzte ihn auf ungefähr zehn. Er kaute auf einem Holzsplitter herum. Seine Haare waren kurz geschnitten, seine Augen wie kleine kalte Tümpel in der Dunkelheit. Er sah aus, als könnte er mir ein Messer zwischen die Rippen stoßen, bevor ich in der Lage war, «Juancho Robinson» zu sagen. In meiner Hosentasche wühlte ich nach Wechselgeld. Er nahm es schweigend und zog sich in die Dunkelheit zurück. Neben dem Gebäude erkannte ich jetzt eine aus Plastikplanen und alten Dachsparren grob zusammengezimmerte Hütte. Auf einer Kiste neben dem Eingang saß eine alte Frau. Der Junge drängte sich an ihr vorbei in die Hütte. Die Alte streckte ebenfalls die Hand aus. Ich ging zu ihr hinüber und gab ihr etwas Geld.

Es war tatsächlich so, als hätte ich Zoll bezahlt und eine Grenze überschritten, denn jetzt wirkte die Straße bewohnt, wenn auch sehr ärmlich. In einem schummrig beleuchteten Zimmer sah ich ein Kruzifix an der Wand und das Flackern eines Schwarzweißfernsehers. Und schließlich entdeckte ich auch eine Nummer: siebenundachtzig, neunundachtzig. Ich war nur noch fünf Türen von Gus' Schlupfloch entfernt.

Die Nummer neunundneunzig war ein altes, zweistöckiges Haus, von dessen Fassade sich politische Plakate schälten. Es hatte hohe, vergitterte Fenster, von denen viele zerbrochen waren, und neben der Tür stand in ungelenken Buchstaben: «CUIDADO CON EL PERRO». Ich klopfte, doch es rührte sich nichts. Der *perro* bellte heute abend offensichtlich nicht. An einem Stück Seil, das als Türklinke diente, zog ich die Tür auf und gelangte in einen dunklen Durchgang, in dem es elendig stank. Er führte auf einen unerwartet großen Innenhof mit einem durchgehenden, aber baufälligen Balkon. Etwas, das aussah wie Zementsäcke, lag überall aufgestapelt, doch an einigen Stellen konnte man die alten Pflastersteine eines ehemals feinen Patios aus der Kolonialzeit erkennen. Quer über den Hof war eine Wäscheleine gespannt. Zwischen den Bettlaken, die auf der Leine hingen, trat eine alte Frau hervor und wischte sich die Hände an der Schürze ab.

«Señor?»

«Guten Abend, *señora*. Ist hier die Nummer neunundneunzig?» Sie nickte. Sie war eine von diesen kleinen, puppenhaften *campesinas*, drahtig und voller Falten, und ihr Haar trug sie zu einem straffen Knoten frisiert. «Ich bin gekommen, um Señor McGregor zu treffen», sagte ich. «Er erwartet mich.»

Sie schüttelte den Kopf und gab vor, nichts zu wissen. So etwas hatte ich schon erwartet, und deswegen hielt ich den kleinen Zettel bereit, auf dem Gus' eigenes Gekritzel zu lesen stand. Ich streckte ihn ihr entgegen. Sie wagte nicht einmal, auch nur einen Blick darauf zu werfen – wahrscheinlich konnte sie gar nicht lesen. Wieder schüttelte sie den Kopf. Plötzlich war von irgendwo über uns eine zischende Stimme zu hören: *«Oiga, señora, tranquilo!»* Gleich darauf folgte in derselben Lautstärke, jetzt allerdings auf englisch: «Hier herauf, Kumpel!»

Wir drehten uns beide um. Ich konnte niemanden sehen. Zu ihrer Entschuldigung machte die alte Frau vor mir eine knappe steife Verbeugung und verwies mich dann durch Handzeichen auf eine Treppe, die auf den Balkon führte. *«Siga, señor»,* sagte sie, *«siga, no mas.»* Im oberen Stockwerk gab es rundherum Türen und mit Läden verschlossene Fenster, doch konnte ich nirgendwo Licht entdecken, und dort, wo die Türen offenstanden, sahen die dahinterliegenden Räume verlassen und heruntergekommen aus. Ich versuchte, herauszufinden, woher Gus' Stimme gekommen war, und plötzlich sah ich im Dämmerlicht eine dürre, bleiche Hand, die wie ein gefangenes Insekt flatterte. Nichts anderes, nur die Hand, und die ragte ganz offensichtlich direkt aus der Wand. Während ich über den Balkon darauf zuging, verschwand sie. Als ich mich bückte, entdeckte ich einen Schlitz in der Wand. Direkt unterhalb eines mit Läden verschlossenen Fensters war ein Ziegelstein entfernt worden. Wie durch den Briefschlitz einer Tür äugte ich in das Innere. Zwei Augen blickten zu mir heraus.

«Gus?»

«Willkommen im Krähennest, Kumpel. Es freut mich, daß du's geschafft hast.»

Die Augen hinter dem Guckloch verschwanden. In der Tür wurde ein Schlüssel herumgedreht. «Die Tür ist offen!» rief er.

Das Zimmer war klein und nur schummrig beleuchtet. Es roch schwach nach feuchtem Gemäuer, abgestandenem Essen und einem ungewaschenen Körper. Gus paßte den Ziegelstein wieder in sein Guckloch ein. Er sah entsetzlich aus. Seit ich ihn zum letztenmal gesehen hatte, waren ihm beinahe alle Haare ausgegangen. Der Rest hing ihm, kürzer als damals, wie gestutzte Rattenschwänze um die Ohren. Als hätte man ihn eine Straße entlanggeschleift, zog sich Wundschorf über eine Gesichtshälfte. Sein linkes Bein war vom Knöchel bis zum Knie mit einem auch nicht mehr besonders frischen Verband umwickelt. «Um Himmels willen, mach bloß die Tür zu!» sagte er. Ich gab ihr einen Stoß, doch sie schloß nicht richtig. Er humpelte an mir vorbei und schlug sie zu. Ein feiner Gipsregen rieselte zu Boden. Der Deckenputz fehlte zum großen Teil, man konnte das grobe Rohrgeflecht darunter sehen und außerdem die Drähte, die zu der einzelnen Zwanzig-Watt-Birne führten. Die löchrigen Wände schimmerten kalt und feucht. In der Außenwand war ein Loch, das mit rußigen Zeitungen und Plastik zugestopft war.

Gus ließ sich in einen Lehnstuhl sinken, die einzige Sitzgelegenheit. Der Stuhl stand neben der Wand, so daß Gus das Guckloch auf Augenhöhe hatte, wenn er saß. Er konnte jeden sehen, der den Hof betrat. Die Läden vor dem Fenster, das auf den Hof hinausging, waren verriegelt und vernagelt, in den Ritzen dazwischen steckten Lumpen. Auch rund um den Türrahmen lappten Stoffetzen. Vom Balkon draußen hatte ich keine Lichtstreifen sehen können. Es war das perfekte Schlupfloch. Als Gus sein bandagiertes Bein auf eine Kiste voller alter Kleider hievte, die ihm als Fußschemel diente, zuckte er vor Schmerz zusammen.

«Na», sagte er und lehnte sich seufzend zurück. Fast entschuldigend erklärte er: «Es ist nicht der achtzehnte Stock im Tequendama, aber... unter den gegebenen Umständen...»

Ich hielt mich zurück und fragte nicht, welche Umstände das genau waren. Nach dem Staub auf seinen verstreut liegenden Sachen zu schließen, war er bereits einige Zeit hier. Kisten mit Papier standen herum, ausgeleerte Koffer, eine bis zum Rand mit Zigarettenkippen gefüllte Konservendose. Auf einem behelfsmäßigen Tisch in der Ecke erblickte ich eine Schreibmaschine. Ich erinnerte mich sofort daran, daß sie Gus' stolzestes Besitzstück war, eine alte, schwarze, hohe Underwood, *zirka* 1940, ein altmodisches Modell à la: «Drei Finger hoch Jack Daniel's, und du schaffst es auf die Titelseite.»

Von seinem Lehnstuhl aus musterte Gus mich wie ein gichtkranker alter Richter den Angeklagten kurz vor der Urteilsverkündung. Ich reichte ihm die Flasche Rum. «Braver Junge», sagte er. «Hol zwei Becher rüber, und wir killen was davon.» Er schüttete die Becher gut voll. Wir prosteten uns zu. «Runter damit», sagte er, trank in einem Zug aus und schenkte sich gleich nach.

«Um was für eine Geschichte geht es denn eigentlich, Gus?» fragte ich.

«Na ja, Kumpel, weißt du, es tut mir ja leid wegen des ganzen Schmus. Ich muß meine Besucher momentan sorgfältig aussuchen. Muß mich etwas zurückhalten für eine gewisse Zeit.»

«Was ist mit deinem Bein passiert?»

«Das? Ach, nicht viel. Machetenunfall. Erzähl ich dir später.»

«Das Bein ist doch in Ordnung, oder? Solltest du es nicht untersuchen lassen?»

«Ach, ich hab doch die Tabletten hier.» Er schüttelte eine Dose, in der früher einmal Nestlés Kondensmilch gewesen war. «Das aufdringliche alte Weib da unten wechselt den Verband von Zeit zu Zeit. Weißt du, sie ist Julio Cesars Mutter. Ich zahle für das Zimmer und für ein Essen pro Tag. Und Julio Cesar hilft mir, den Lebensstil zu halten, an den ich gewöhnt bin... du weißt schon, Zeug zum Saufen und Drogen und so was. Ich *sehe* sonst wirklich niemand. Und genau darum geht's bei der ganzen Unternehmung auch.»

«Da fällt mir etwas ein», sagte ich und fischte das kleine Päckchen aus der Brusttasche. «Julio Cesar bat mich, dir das zu geben.»

So schnell, wie er sich aufsetzte, zuckte er auch zusammen. «Allmächtiger, Kumpel», sagte er geradezu beleidigt. «Das Wichtigste immer zuerst. Bring mir's rüber.»

Als Gus das vertraute spielzeuggroße Päckchen behutsam öffnete, sah ich, daß es kein Kokain war. Es war ein grobes Pulver, bräunlich pfirsichfarben wie festes Puder-Make-up. Es war Basuko, getrocknete Kokainbase. Basuko ist im wesentlichen ein Nebenprodukt, eine Zwischenstufe auf dem Weg von der Rohform Kokablatt zum Endprodukt Kokain. Ein paar einfache Bearbeitungsvorgänge im Labor hätten dieses Gramm Basuko in fast die gleiche Menge Kokain verwandeln können. Base von guter Qualität bringt es auf eine Reinheit von neunzig Prozent. Wenn überhaupt, dann findet man Basuko außerhalb von Südamerika in jedem Fall nur selten – alles andere als reiner Schnee ist für einen Schmuggler totes Gewicht. Doch in Kolumbien selbst wird Basuko mehr und mehr zur bevorzugten Droge, zu einer weniger feinen, schwächeren und – das vor allem! – entschieden billigeren Version des Kokses. Eine wirkliche Alternative zum Koks ist es nicht. Zum Beispiel wird Basuko eher geraucht als geschnüffelt. Nach einem *sucito* – einem Basuko-Joint – fühlt man sich vielleicht schwindlig, friedlich, man wird gesprächiger und aufnahmefähiger, doch insgesamt wird man dadurch eher gedämpft als hochgepusht. Basuko hat rein gar nichts von der Qualität des kristallinen Ice Nine, vom kühlen Fieber des wahrhaftigen Kokainhöhenflugs.

Gus streute ein paar Körnchen auf eine Prise Tabak und rollte diesen in ein Stück Papier, das er aus einem alten *Time*-Heft gerissen hatte. Zigarettenpapier ist in Kolumbien reiner Luxus. Er zündete an und inhalierte tief. Schweißperlen standen ihm auf der Oberlippe. Der Rauch hatte einen süßen, harzigen Geruch, ein bißchen sehr süßlich, aber angenehm. Er reichte mir den Joint, und ich hatte meinen ersten Basuko-Hit. Hinein in die Arme von *la morenita*, dem braunhaarigen Mädchen, der niedlichen kleinen Stieftochter von *la blanca*, der weißen Dame.

Gus zitterte ein wenig, als sich der Rauch in ihm ausbreitete. Er sah mich jetzt deutlich aufgeheitert an. «So», sagte er, als würde unsere Begegnung endlich ihren richtigen Anfang finden. «Es ist viel Zeit vergangen, Charlie. Was treibt dich zurück nach Bogotá?» Zum Spaß sprach er das Wort falsch aus, *à la gringo*, betonte es auf der ersten Silbe wie in «Bogey».

Mit vielen Worten klärte ich ihn über meine große Kokain-Story auf. Er lachte und sagte: «Denk dir was anderes aus, Freundchen. Da wird mit harten Bandagen gekämpft.»

«Mir ist es Ernst damit, Gus. Es ist ein *bona-fide*-Auftrag. Eine Geschichte direkt aus der Unterwelt des Kokains. Hautnah, eine ganz abgebrühte Sache.»

Seine Augen wurden schmal. «Du willst sagen, daß dich jemand dafür bezahlt?»

«Ja. Das heißt, sie blechen halt ein bißchen was dafür. Du weißt ja, wie Verleger sind.»

«Das kann man sagen. Die haben immer das Gefühl, sie hätten einem ihre ganze Brieftasche überlassen.» Er lachte von neuem. «Bei allen guten Geistern!» Ungläubig schüttelte er den Kopf.

«Und eigentlich», fuhr ich fort, «hoffte ich auch, du könntest mir vielleicht ein paar Hinweise geben. Weißt du …»

Er schnaubte höhnisch. «Hinweise? Ach ja, Hinweise! Das

kleine Hundchen muß wohl mal wieder raus, was? Weißt du, wenn du willst, leihe ich dir eine kugelsichere Weste. Denn die wirst du brauchen. Wenn sie natürlich mit den altbewährten Kokosnuß-Messern auf dich losgehen, dann brauchst du gleich eine ganze Rüstung.» Er blies den letzten Rest Basuko-Rauch heraus und drückte die Kippe mit verkrampften Bewegungen aus. «Vergiß das mit den Hinweisen, Kumpel. Du hast keine Ahnung, was sich da in der Zwischenzeit alles abgespielt hat.»

«Zum Teufel noch mal, Gus. Ich bin genauso ein Feigling wie jeder andere. Ich will doch keine harten Sachen. Nur ein paar Geschichten, ein paar Details vor Ort. Und du weißt, wie man an die rankommen kann.»

Er beugte sich ein kleines Stück vor. Sein Gesicht glänzte. «Hör mir mal zu, du Quatschkopf», sagte er ruhig und schaute mich ernst an. «Was glaubst du wohl, warum ich hier auf meinem Arsch sitze, während mir das verdammte Bein abfault? Nun, ich werd es dir sagen. Das mach ich deshalb, weil die Unterwelt des Kokains, wie du das nennst, Reporter nicht die Bohne ausstehen kann. Weißt du, die mögen es wirklich überhaupt nicht, wenn irgendwas an die Öffentlichkeit dringt. Und dazu haben sie ja auch allen Grund, das kannst du mir glauben.»

«Mein Gott, Gus. Meinst du wirklich, jemand ist hinter dir her, weil du deine Nase da hineingesteckt hast?»

Er schloß die Augen. «Schau mal da rüber!» Er deutete matt zu dem Tisch hinüber, auf dem die alte Schreibmaschine stand. «Siehst du die Kiste dort? Da ist alles drin, die ganze traurige Geschichte. Aber laß mich mit dem Zeug in Ruhe, Mann. Die Sache ist das wirklich nicht wert.»

Ich sah einen Pappkarton, der vollgestopft war mit eselsohrigen Papieren, mit billigen, von Gummibändern zusammengehaltenen Aktendeckeln. «Kann ich einen Blick darauf werfen?» fragte ich.

«Verdammt noch mal, nein, das kannst du nicht.»

«Dann sag mir doch, was drin ist.»

«Alles, was man über deine verdammte Unterwelt des Kokains wissen muß. Das ist da drin. Namen, Daten, Küchen, Schiffe. Ich nenn das Zeug mein «Who's who». Jeder beschissene Ganove, der was taugt, kommt darin irgendwo vor. Ich bin jeder kleinen Spur nachgegangen, mein Freund. Ich kenne alle Schachzüge. Und deshalb bin ich für bestimmte Kreise nicht gerade das Gelbe vom Ei.»

«Wieviel hast du bis jetzt geschafft?» fragte ich. «Kann es schon auf den Markt?»

«Du machst wohl Witze. Das ist alles, das Zeug dort im Karton. Zwölf Jahre, in denen ich dauernd die Ohren offengehalten habe, liegen dort drin. Mit dem Schreiben würde ich nicht anfangen, bevor ich nicht gut ein paar tausend Kilometer von Kolumbien entfernt wäre. Du weißt ja, was passiert, wenn man erst mal auspackt. Ich hab es ja schon gesagt, diese Leute können Öffentlichkeit gar nicht ab.»

So viele Jahre des Wissens, das direkt von der Straße kam, in einem Pappkarton. Selbst durch die allerfleißigsten Recherchen im Milieu würde ich nicht einmal ein Zehntel davon sammeln können. Ich beschloß, die Sache im Moment auf sich beruhen zu lassen. Es war nicht zu überhören, daß Gus auf dieses Thema gereizt reagierte. Außerdem machte mir etwas anderes Sorgen.

«Willst du wirklich sagen, Gus, daß jemand dir *das da* angetan hat?» Ich zeigte auf sein Bein.

Er nickte. «Vor zwei Wochen. Zwei von diesen Trotteln, oben in Perseverancia. Was soll's? Ich hatte Glück. Eigentlich waren sie ja nicht hinter meinem Bein her.»

Seit ich den Raum betreten hatte und der moderige Geruch des alten Mannes mir in die Nase gestiegen war, wurde ich das Gefühl nicht los, daß es dafür noch einen anderen Grund gab als bloß feuchte Wände und schmutzige Wäsche. Es lag ein schwacher, alles durchdringender Geruch in der Luft, den ich nicht recht zuordnen konnte. Ich dachte, daß es vielleicht verdorbenes Essen wäre – es standen ein paar Teller mit den darauf festklebenden Überresten von Hühnchen und Reis herum. Doch jetzt wurde mir immer klarer, daß es etwas Schlimmeres war. Ich ging zu Gus hinüber und blickte auf sein Bein.

«Sieht es sehr schlimm aus, Gus? Du riechst nämlich nicht allzu gut, mußt du wissen.»

Er murmelte, das sei seine Angelegenheit, doch gleich darauf nickte er. «Es steht nicht besonders gut darum», gestand er zu.

«Soll ich es mir mal ansehen?»

Er tat etwas ungehalten, doch machte er sich ziemlich bereitwillig ans Aufwickeln des Verbands. Ich hatte mit meiner Vermutung recht gehabt. Behutsam zog Gus die zerrupften Baumwollfetzen, die als Wundauflage dienten, zur Seite und enthüllte damit eine von oben nach unten verlaufende klaffende Wunde, die sich auf einer Länge von ungefähr fünfundzwanzig Zentimetern über seine linke Wade zog. So, wie man eine Hühnerbrust aufschneidet, so hatte man ihm mit einer Machete ein Stück seines Beins abgesäbelt. Die Wunde hatte ungefähr die Form und Größe einer sehr großen Bananenschale. Ihre Farbe war die eines Sonnenuntergangs in den Anden – violett, gelb und schwarz. An den Rändern sickerte dikker Eiter hervor. Ich bin kein Arzt, doch es war klar, daß Gus sich in einem schlimmen Zustand befand.

Als er auf sein Bein blickte, war nur ein schwacher Anflug von Stolz zu erkennen. «Es wird langsam besser», sagte er wenig überzeugend. «Es tut ganz schrecklich weh, aber es ist völlig klar, daß es besser wird. Der alte Schatz da unten gibt immer etwas drauf, wenn sie den Verband wechselt. *Polvo de la Madre Celestina* nennt sie das Zeug. Irgend so ein Kräuterzeugs mit Hokuspokus, was weiß ich.»

«Du solltest wirklich zu einem Arzt gehen, Gus. Ich meine, du kriegst Wundbrand und verlierst vielleicht noch dein Bein.»

Er lachte keuchend. «Du bist wohl ein kleiner Schlaumeier, was?» Schon ärgerlicher sagte er dann: «Verstehst du denn nicht? Ich hab es dir doch schon gesagt. Ich bin jetzt Freiwild. Hier haben die Wände Augen, und Ohren dazu. Wenn mich jemand draußen oder in der Umgebung zu sehen kriegt, wird es keine zehn Minuten dauern. Es stimmt schon, mit dem Bein sieht's nicht besonders gut aus, ich weiß. Aber das ist immer noch tausendmal besser als das, was passiert, wenn sie mich noch mal erwischen. Das Glück lächelt einem nur einmal zu, Kumpel. Die machen aus mir Hundefutter.»

«Was sind das denn genau für Leute, Gus?»

Er ging auf die Frage nicht ein und legte seinen Verband wieder an. Ich hakte nicht nach. Wir genossen noch mehr Rum, noch einen *sucito*, und wir redeten über alte Zeiten. Das Bein oder die Männer von der Mafia erwähnte ich mit keinem Wort mehr. Es wäre mir geschmacklos vorgekommen, ihn noch einmal zurückzubringen auf die harte Realität seiner Situation.

Der Schnaps und die Drogen forderten von seinem ausgelaugten Körper ihren Tribut. Gus nickte ein. Ich stand auf und überlegte, ob ich weggehen sollte. Mit weit aufgerissenen Augen schreckte er aus dem Schlaf hoch. «Geh nicht weg, Kumpel.» Einen Augenblick lang war es eine dringende Bitte, doch dann kaschierte er sie: «So spät am Abend kriegst du nie mehr ein Taxi. Und auf der Straße ist es gefährlich. Du kannst auf dem Bett schlafen.»

Ich zuckte die Achseln und setzte mich auf das Bett. Bald schon schnarchte Gus leise. Sein Kopf war nach vorne gesunken, und seine rötlichbraunen Haare hingen ihm von der Glatze herunter wie bei einem Mönch. Ich ging zu ihm hinüber und breitete eine Decke über ihn. Noch benebelt vom Basuko, legte ich mich auf das staubige und zerwühlte Bett. Ich fragte mich, ob die ganze Sache eine riesige paranoide Phantasievorstellung war, die Gus sich selber zusammengebraut hatte. Er brauchte immer ein Drama, von dem er zehren konnte. Blieb ein Mann in Bogotá zu viele Jahre im Drogenrausch, konnte es schon passieren, daß er verrückt wurde. Was war aber mit der Machetenwunde? Die war überaus real. Ich konnte riechen, wie sie gar nicht weit von mir in der Dunkelheit vor sich hin eiterte.

Irgendwo draußen – oder vielleicht auch bloß in meinem Kopf – hörte ich einen Hund heulen, und während ich durch den Tunnel eines unruhigen Schlafes dahintrieb, meinte ich, Gus draußen durch die im Mondlicht liegenden Straßen humpeln zu sehen. Die Hunde waren ihm auf der Spur, liefen gar nicht weit hinter ihm, und die Huren in den Hauseingängen trugen alle Kilts.

Als ich aufwachte, war es im Zimmer dunkel, doch durch die Läden vor dem Fenster fielen Lichtstrahlen. Ich fror bis auf die Knochen und fühlte mich im Kopf völlig benebelt. Was ich am Vortag zu mir genommen hatte, gurgelte in meinem Magen wie Gallensaft. Mit hängendem Kopf und offenem Mund lag Gus immer noch in seinem Lehnstuhl ausgestreckt da und schlief. Nachts mußte er einmal wach gewesen sein, denn die Decke lag auf dem Boden, und der Ziegel war aus der Wand gezogen worden. Ein schmaler Streifen Sonnenlicht, in dem Staubkörnchen tanzten, fiel durch das Guckloch schräg herein.

Ein leises Klopfen an der Tür hatte mich geweckt. Es klopfte ein zweites Mal, und eine Frauenstimme rief zögernd: «*Buenas dias, señores.*» Gus schreckte aus dem Schlaf hoch. Einen Augenblick lang schossen seine Blicke voller Panik quer durchs Zimmer. Dann fiel ihm wieder ein, wer er selbst war, wer ich war und zu wem die Stimme an der Tür gehörte, und er rief zur Erwiderung einen Gruß. Er winkte mich an die Tür. Der große Schlüssel ließ mich beim Aufschließen an ein englisches Kirchentor denken. Die alte Frau stand mit zwei Bechern *tinto* vor mir und fragte, ob ich etwas zum Frühstück haben wollte. Natürlich wollte ich etwas haben, antwortete Gus an meiner Stelle. Er humpelte an die Tür und blieb dort stehen. Er kratzte sich am Brustkorb und sog die Morgenluft ein. Es war noch früh. Der Himmel über den schiefen Giebeln des alten Hauses war rosig-grau. Unten in einer Ecke des Hofes stand ein Mann im Unterhemd unter einem halb abgestorbenen Mandelbaum und rasierte sich.

Der *tinto* wirkte rasch. Gus' Beschreibungen folgend, lief ich über die Treppe nach unten zum Klosett. Der Mann blickte von seiner Rasur auf und nickte mir in einer Beiläufigkeit zu, als hätte er mich während der letzten zehn Jahre täglich gesehen. Die Klinge seines Rasiermessers reflektierte das Sonnenlicht. Sein Spiegel hing an einem Nagel im Baumstamm. Das Klosett war dunkel und stank, und die Spülung funktionierte nicht. Wenigstens lag Zeitungspapier bereit. Die Alte kam mit einem Eimer Wasser, und wir unterhielten uns kurz über den oberen Rand der Holztür hinweg. Sie sagte, ich solle zum Spülen die Hälfte des Wassers in die Klosettschüssel kippen. Die andere Hälfte konnte ich für meine *abluciones* verwenden. Auf einem Ölfaß vor dem Klosett stand eine zerbeulte Blechschüssel bereit, und daneben lag als Handtuch ein fein säuberlich gefaltetes Stück Stoff. Diese einfache, würdevolle Gastfreundlichkeit ist Kolumbiens größtes Geschenk an einen Reisenden. Aus der Küche drangen das Geklapper von Schüsseln und der Geruch nach Holzrauch und kochendem Öl herüber. Was ich von Bogotá hören konnte, waren das Seufzen des Verkehrs in der Ferne und ab und zu das Kreischen einer Kreissäge irgendwo nicht ganz so weit entfernt. Kratzt man erst mal an seiner Oberfläche, wird über Bogotá gesagt, so findet man eine *ciudad de campesinos*, eine Bauernstadt. Und genau das Gefühl hatte ich hier. Die Morgensonne vergoldete den verfallenen alten Innenhof. Bei Tageslicht gefiel mir Gus' Schlupfloch entschieden besser.

Ein Junge, der eine Machete und mehrere Obstkisten trug, kam von der Straße her in den Hof. Er winkte mir flüchtig zu und machte sich daran, die Kisten in Brennholz zu verwandeln. Während ich mich wusch, konnte ich sehen, daß er mich beobachtete, und als ich zur Treppe zurückging, spazierte er herüber und stellte sich mir in den Weg. «Sie mit Señor Gus?» fragte er auf englisch. Ich sagte, daß ich das sei. «Gus mein Freund», sagte er und fügte dann auf spanisch hinzu, wobei er sich gegen die Schläfe klopfte: «Er ist verrückt, aber er ist unser Freund.» Er streckte mir die Hand entgegen und sagte, er heiße Alvarito. Wahrscheinlich war er Julio Cesars Bruder – die gleichen mauseartigen, gewellten Haare, die gleichen hageren und Eigensinn verratenden Gesichtszüge. In ein paar Jahren – er war ungefähr dreizehn – würde er wahrscheinlich mit dem gleichen geckenhaften dünnen Schnurrbart protzen.

Als ich wieder oben war, drehte mir die muffige Luft in Gus' Zimmer den Magen um. Er hatte die Läden vor dem Fenster an der Außenwand geöffnet. Der nachträglich eingesetzte Metallrahmen war zu kurz, und deshalb hatte man den Zwischenraum behelfsmäßig mit Pappkartonstücken geschlossen. Doch es fehlte eines dieser Stücke, und man konnte einen Streifen vom Himmel sehen. Für den Augenblick schien es in Ordnung zu sein, daß die Tür offenstand. Der Morgen sei eine «ungefährliche Zeit», sagte Gus. Jetzt würden *sie* auf keinen Fall kommen. Wie stechender Zahnschmerz überfiel mich wieder die Angespanntheit der vergangenen Nacht.

Gus schleppte sich hinunter zum *baño*. Aus Neugierde stieg ich auf das Bett und streckte mich nach oben, um aus dem offenen Stück Fenster zu schauen. Es führte auf einen Schrottplatz hinaus. Zwei Männer unterhielten, stritten sich vielleicht auch träge in der Sonne. Ein kleiner brauner Hund leckte sich sein Hinterteil. Etwas an diesem Trio erinnerte mich daran, daß es Samstag vormittag war. Auf der anderen Seite eines Wellblechzauns erhoben sich die Dächer einer anderen Straße, die parallel lief zu der, die ich letzte Nacht entlanggekommen war. Direkt unter mir sah ich einen Haufen verrottender alter Matratzen. Mir wurde klar, daß man sich aus dem Fenster hinausstemmen und ungefähr fünf Meter tief auf die Matratzen hinunterspringen konnte, wenn man die Pappkartonstücke entfernte. Wenn man eine schwärende Machetenwunde am Bein hatte, war das allerdings schwierig, doch es war möglich.

Gus verfügte also über einen Fluchtweg, wenn «sie» jemals die Treppe hochkommen würden. Die manische Findigkeit hinter dem Ganzen machte mich nervös.

Das Frühstück wurde gebracht. Zwei riesige ovale Platten mit Eiern, Paradiesfeigen, Yucca-Früchten und Reis und dazu große Schalen mit süßem Milchkaffee. Die *señora* blieb etwas unentschlossen stehen. «Bezahl die Alte doch, ja, Kumpel?» sagte Gus freundlich. «Zweihundert Mäuse müßten reichen.» Ich gab ihr das Geld. Mit verstohlenen taxierenden Blicken betrachtete er das Geldbündel, das ich bei mir hatte.

Gus machte sich über das Frühstück her und schaufelte sich sein Essen in den Mund. Er aß wie ein Hund, getrieben von Hast und Mißtrauen. Ich hatte gerade erst die Hälfte gegessen, als er seinen blankgeputzten Teller bereits zur Seite schob. Er rülpste laut, drehte einen *sucito*, goß sich einen Schluck Rum ein und lehnte sich in seinen mottenzerfressenen Thron zurück.

«Dann willst du also eine Story über den Kokainhandel schreiben», sagte er nachdenklich. «Ist ja auch klar. Was anderes kann man hier gar nicht schreiben. Wenn man wegen einer anderen Geschichte nur hart genug am Ball bleibt, kommt man immer wieder auf die *nosola* zurück. Die haben hier alle den Schnee im Blut.»

Draußen auf der Straße hatte ein Lastwagen eine Fehlzündung. Ich sah, wie Gus erstarrte und lauschte. Ich dachte an die verschiedenen Nächte im Fruchtpalast. Im Vergleich zu dem hier war das damals alles ein Kinderspiel.

Er lehnte sich wieder zurück. «Schuld und Todsünde, wer kommt damit nicht in Konflikt, Kumpel?» sagte er völlig unvermutet. «Mit der Todsünde werd ich schon fertig, aber die

Schuld schafft mich wirklich. Weißt du, diese Leute hier waren wirklich immer sehr gut zu mir, und ich kann ihnen nicht mal was bezahlen. Und dann sind da ja noch die Nächte, in denen mein Schnee-Mann nicht mehr kommt.»

Einen Moment lang konnte ich seinem Gedankengang nicht folgen. Durch den bräunlichen Rauch seines *sucito* sah er mich an. Es war schwer abzuschätzen, welche Gefühle sich in dieser bleichen, zerschundenen Visage spiegelten. «Begreif schon, Mann», sagte er. «Die Sache ist doch klar, oder? Hör zu. Ich brauch ein bißchen Geld, und du brauchst ein paar Informationen. Normalerweise würde ich sie dir mit Freuden auch gratis geben, aber...»

Das war nicht ganz das, was ich beabsichtigt hatte, als ich mich auf den Weg gemacht hatte, um mich mit Gus in Verbindung zu setzen, doch unter den gegebenen Umständen erschien es vernünftig. Wir schlossen so etwas Ähnliches wie einen Handel ab. Jahrelanges stürmisches Leben in Südamerika hatte seine finanziellen Ressourcen ernsthaft erschöpft. Alles, was er wenigstens für den Anfang wollte, waren «ein paar Blaue» – ein paar tausend Pesos – und ein Haufen Basuko. Das Basuko brauchte ich nicht einmal selbst zu holen. Julio Cesar würde es vom Paso Doble mitbringen, oder Alvarito würde es gegen eine kleine Vergütung holen. Ich brauchte nichts weiter zu tun, als Gus mit Pesos zu versorgen. Als Gegenleistung würde er seine Wundertüte öffnen, sein Who's who des kolumbianischen Kokainhandels. Das war wieder mal ein Angebot, dem ich nicht widerstehen konnte.

6 Who's who

Am nächsten Abend machte ich mich nach Einbruch der Dunkelheit wieder auf zu Gus' Krähennest. Auf meinem Weg dorthin mußte ich mich diesmal nicht durch den Straßen-Dschungel schlagen. Gus hatte mir eine raschere und leichtere Möglichkeit erklärt, um zu ihm zu kommen. «Beim erstenmal haben wir dich hintenrum hergeführt. Ein kleines Verwirrspiel, nur für den Fall des Falles. Tut mir leid.»

Ich brachte ihm Geld, Rum, eine Tüte voll Brot und Obst und Konserven und dazu noch ein paar Medikamente und Bandagen. Ich bot ihm sogar an, seinen Verband zu wechseln, doch das lehnte er ab. Seine Hand schloß sich um die frischen Tausend-Peso-Scheine. «Damit kommst du billig weg, Kumpel. Es lohnt sich, wenn man in diesem Geschäft weiß, mit wem man es zu tun hat, das kannst du mir glauben.» Alvarito brachte uns ein wenig Basuko, für das ich ihm Geld gab, und dann saß ich bis tief in die Nacht hinein zu Gus' Füßen, während er mir wie ein Guru einen Vortrag über das Wesen und die Philosophie der Kokainmafia hielt.

Gus' Who's who war ein großer Stapel aus Notizzetteln, Zeitungsausschnitten, Fotos und hingekritzelten geheimnisvollen Organigrammen. Im Lauf der Jahre hatte er die Dinge planlos, aber hartnäckig zusammengetragen. Zum Teil war die Sammlung ein Nebenprodukt seiner eigenen Kokainsucht. Für die niedrigeren Chargen des Kokainhandels von Bogotá gehörte er fast zum Inventar – Gus in seiner schmutzigen *ruana*, der immer mal wieder eines der kleinen Päckchen auf Kredit kaufte. Mit den Eckenlungerern tauschte er den neuesten Klatsch aus, er lauschte der Nachrichtenbörse auf den Straßen des Perseverancia-Viertels, er ließ sich durch lange Gespräche mit anderen Süchtigen treiben – und am nächsten Morgen fand das alles Niederschlag in seinem Who's who. Dieses war außerdem ein Produkt seiner journalistischen Fähigkeiten oder dessen, was davon noch übrig war. Er war allen Hinweisen nachgegangen und hatte sie in alle möglichen Richtungen überprüft. In dem Pappkarton lagen Firmenprospekte, Regierungsstatistiken und Lagepläne. Bis auf das Schreiben hatte er alle Arbeiten bereits erledigt.

Gus hatte als Zeitungsreporter auch die richtige Nase und war immer zur rechten Zeit am rechten Ort. Zum Beispiel aß er an einem Samstag im Juli 1977 gerade gemächlich in einem Café an der 59th Street zu Mittag, als er Maschinengewehrfeuer hörte. Einen Block weiter lag vor dem El Grill Canecao ein Mann tot auf dem Gehsteig. Gus' Exklusivmeldung wurde mit Nennung seines Namens auf der ersten Seite der Abendausgabe des *El Bogotano* abgedruckt, denn der Tote war einer von Bogotás größten Kokain-*capos*, Mario Gil Ramirez. Gus konnte sich an alle Details erinnern – das Blut auf dem piekfeinen weißen Anzug, das gräßliche Grinsen eines Mannes, dem der Mund weggeschossen worden war, die halb wahnsinnige Ehefrau namens Bersey, die nur überlebt hatte, weil sie das Auto holen wollte und das Restaurant deshalb durch einen anderen Eingang verlassen hatte. Die Erinnerung an dieses Ereignis inspirierte Gus jetzt zu einer ganzen Reihe von Ausflügen in sein Who's who. Einem nicht durchschaubaren System aus Querverweisen folgend, zerrte er die Namen und die Daten einer langen Vendetta zwischen den Banden der Gil-Espinosa und der Vargas-Rivera ans Tageslicht. Der Mord an Gil war nur ein Glied aus einer langen Kette. Daran anknüpfend zog er einen ganzen Packen mit eselsohrigen Zeitungsausschnitten über Veronica Rivera heraus, die «Kokainkönigin». Andere Frauen haben diesen Titel bereits vor ihr getragen – Gus nannte Martha Cardona und Marlene Orjuela –, doch Veronica Rivera war unter den vielen wahrscheinlich die Allermächtigste, *la reina auténtica*. Gus hatte sie schon einmal gesehen. Sie war klein und dunkelhaarig, sah aus wie eine dickliche kolumbianische Hausfrau, doch irgendwie konnte man den Geruch nach Geld und Tod wahrnehmen, der sie umhüllte.

«Du würdest dich wundern über die vielen Frauen, die ihre Finger in diesem Geschäft haben», sagte er. «Die Kokainköniginnen, die Geldwäscherinnen, die Gangsterbräute und die Maultiere. Vor allem die Maultiere. Es ist überall bekannt, daß

Frauen die besten Maultiere sind. Hier in der Stadt gibt's ein Mädchen, eine Spanierin, die hat so viel Schnee durch den Zoll geschleppt, wie er für einen ganzen Wintersportort gereicht hätte. Ich glaube, sie hat sich jetzt aus dem Geschäft zurückgezogen. Du solltest sie mal besuchen, Kumpel. Julio Cesar kann dir sagen, wo du sie findest. Sag ihm, du willst Rosalita treffen. Er verschafft dir dann einen Termin.»

Auf eine neue Seite meines Notizbuchs schrieb ich: Rosalita, das Maultier. «Und die größte Hurenkönigin», sagte Gus, «ist natürlich das Kokain selbst.»

Gus warnte mich noch einmal vor dem, auf was ich mich da «einließ», und sagte, daß sich viel verändert hatte, seit ich Anfang der siebziger Jahre zum letztenmal in Kolumbien gewesen war. Das waren damals noch «die guten alten schlechten alten Tage gewesen». Es hatte damals ein allgemeines Gerangel gegeben. Für jeden war damals viel Geld zu holen gewesen, und jeder, der über ein bißchen *chispa* und eine Menge Glück verfügt hatte, hatte sich einen Teil davon nehmen können. Der Deal, in den ich mich damals im Fruchtpalast für kurze Zeit verstrickt hatte, war ziemlich typisch gewesen. Jemand aus New York mit Geld, jemand aus Kolumbien mit Kokain und jemand – der arme alte Harvey –, der als Mittelsmann auftreten mußte. Kolumbien war damals nur ein Land von vielen, die Kokain lieferten. Ein großer Teil des Kokains kam direkt aus den Koka anbauenden Ländern, nämlich Bolivien und Peru, während der andere Teil in den Süden ging, wo er in Chile und im Norden Argentiniens raffiniert wurde, bevor man ihn von den Pazifikhäfen aus verschiffte. Auch in den Staaten waren die Kolumbianer nur an einem kleinen Teil des Geschäfts beteiligt. Abgesehen von den Leuten, die nicht an eine Organisation gebunden waren, gab es bloß zwei große Syndikate – kubanische Exilgruppen in Florida und die traditionelle *cosa-nostra*-Mafia.

Selbst später noch, als der Anteil der Kolumbianer zum Teil wegen der «privilegierten geographischen Lage» des Landes und zum Teil wegen der den Kolumbianern angeborenen Begabung zum *contrabando* größer wurde, war es noch immer eine einfache, altmodische Unternehmung. Man nehme das Beispiel von Paco. Mitte der siebziger Jahre war Miguel «Paco» Sepulveda drei Jahre lang einer der erfolgreichsten kolumbianischen *capos*, der jeden Monat Kokain im Wert von über einer Million Dollar in die Staaten brachte. Doch so wie früher ging der Schmuggel immer noch in kleinen Partien vor sich. Paco schleuste es fünf- und zehnpfundweise ein. Dazu bediente er sich einer Unmenge an «Maultieren», die den Stoff durch den Flughafenzoll trugen, und es gab dabei immer wieder neue Zwischenstationen: Puerto Rico, die Bahamas, Costa Rica, und so weiter und so fort. Außerdem setzte er eine Unmenge an Handelsmatrosen ein – die Flota Mercante Grancolombiana. Seine bevorzugte Route war die von Barranquilla nach Houston. Einer der Männer auf dem Schiff arbeitete für ihn, und der hatte den Stoff in einigen *mochila*-Paketen dabei. Das Schiff legte nachts in Houston an. Da die Suchtrupps der Zollverwaltung erst am Morgen an Bord kamen, um den Kahn flüchtig zu inspizieren, mußte die gesamte Besatzung bis dahin an Bord bleiben. Der Trick bestand nun darin, daß der Stoff noch in dieser ersten Nacht vom Schiff ging. Der Matrose warf die *mochilas* über Bord, und ein Taucher fischte sie aus dem Wasser. Es war so mühelos, so einfach. Paco zahlte jedesmal dreitausend Dollar, die sich der Matrose und der Taucher teilten. Seine Einkäufer bekamen den Stoff in Kolumbien zu Schleuderpreisen – sechstausend oder siebentausend Dollar pro Kilo. In Amerika schnellten dann die Preise auf dreißigtausend bis fünfunddreißigtausend Dollar hoch.

Doch heute, sagte Gus, heute ist alles anders. «Das sind keine Banden mehr, das sind richtige Konzerne.» Es passiert jetzt genau das, was die Wirtschaftswissenschaftler «vertikale Integration» nennen – die Kontrolle jeder einzelnen Phase der Unternehmung vom Rohmaterial bis zum Endabnehmer. Der Zwischenhändler wird ausgeschaltet oder wenigstens auf die eigene Lohnliste gesetzt, und seine Profite behält man selbst ein. Es sind immer noch Tausende Kolumbianer im Drogenhandel engagiert, doch wird das Geschäft von einer Gruppe von weitverzweigten mafiaähnlichen Syndikaten kontrolliert. Diese verfügen über riesige Produktionsanlagen im Süden Kolumbiens – vorrangig in den kaum besiedelten Regierungsbezirken im Südosten, wo die Grasebenen der *llanos* in die

Dschungel des Amazonasbeckens übergehen. Dort stellen sie das Kokain her, und zwar entweder aus roher Kokainpaste, die aus Peru und Bolivien ins Land geschmuggelt wird, oder – in immer stärkerem Maß – aus der Ernte ihrer eigenen Kokaplantagen. Zur Bewachung ihrer Pflanzungen haben sie kleine Privatarmeen aufgestellt. Etliche von ihnen haben eine unheilige Allianz mit den Splittergruppen der kolumbianischen Guerilla getroffen, dem Movimiento 19 und der FARC, die dort unten zahlreiche Mitglieder haben. Als Gegenleistung für deren Schutz versorgen sie die Guerilleros mit Geld und Waffen. Der fertige Koks wird in Privatflugzeugen und gleich in Schüben von mehreren hundert Kilo in den Norden befördert, an die Kais und die Landebahnen an der karibischen Küste, vor allem auf die Halbinsel Guajira. Dort werden die Flugzeuge aufgetankt, oder die Fracht wird auf ein anderes Flugzeug oder ein Schiff umgeladen und weiterbefördert in die Staaten.

In Florida haben die Syndikate ebenfalls alles selbst in die Hand genommen. Zwischen den Kubanern und den Kolumbianern hat es eine lang anhaltende Fehde um die Kontrolle über das Großhandelsnetz gegeben, doch haben sich die Kolumbianer inzwischen an die Spitze gesetzt. Mit ihren Drogendollars haben sie einen völlig eigenen, mit den allerneuesten technischen Mitteln ausgestatteten Geschäftszweig aufgebaut – Computernetze, elektronische Überwachungssysteme, Hubschrauberlandeplätze und so fort. Außerdem haben sie über die gesamte Länge der Handelskette eigene Leute plaziert, korrupte Polizisten und Zollbeamte, *representantes* in allen größeren Häfen und Flughäfen, kolumbianische Reisebürofachleute, die sich um die Reisepläne, und kolumbianische Immobilienmakler, die sich um die Büros und Apartments kümmern. Ihre Unternehmungen werden außerdem unterstützt durch eine Armee aus brutalen Killern, die sich im Eiltempo einen Ruf als die rücksichtslosesten Mörder in der gesamten Unterwelt verschafft haben. Die traditionellen *mafiosi* jagen jemandem vielleicht eine Kugel Kaliber zweiundzwanzig durch den Kopf und hinterlassen eine Nachricht für seine Frau, in der sie ihr übergroßes Bedauern zum Ausdruck bringen, doch Geschäft sei nun mal Geschäft, *omerta* und was sonst noch dazugehört. Die Kolumbianer geben sich mit so etwas gar nicht erst ab. Sie dringen gleich mit dem «großen Schlüssel» – einer Axt oder einem Vorschlaghammer – ein und pusten die ganze Familie mit M-16-Maschinengewehren aus.

Ganz oben an der Spitze des Schmuggelmarktes sind die Profite extrem hoch. Es fällt schwer, glaubwürdige Statistiken zu erstellen – niemand publiziert Jahresbilanzen –, doch einer groben Schätzung nach haben in den frühen achtziger Jahren pro Jahr ungefähr fünfzigtausend Kilo, fünfzig Tonnen reines Kokain Kolumbien verlassen, und der Großteil davon ging in die Vereinigten Staaten. Einer eher zurückhaltenden Rechnung nach bringt dies einen ungefähren Jahresgewinn von zwei Milliarden Dollar – mehr als der Gewinn aus dem wichtigsten erlaubten Exportprodukt des Landes, dem Kaffee. Rechnet man noch den blühenden Marihuanahandel dazu, so liegt man wahrscheinlich richtig mit der Aussage, daß jedem einzelnen Dollar aus Kolumbiens Exportgewinnen von ungefähr drei Milliarden Dollar jeweils ein Dollar Schwarzgeld aus dem Drogenhandel gegenübersteht.

Doch mit dem Geld fängt alles erst an. Das Entscheidende ist das, was mit dem Geld passiert – der Druck, unter den die Drogenmafia Kolumbien setzt. Ein Großteil des Drogengeldes findet niemals den Weg nach Kolumbien zurück. Es verbleibt in den Staaten, vor allem in Florida. Dort sagt man, daß die kolumbianische Drogenmafia keine Banken ausraubt, sondern sie kauft. Oder es wird auf ausländischen Bankkonten in Nassau, auf Curaçao, den Caymans-Inseln, in Panama und so weiter auf die hohe Kante gelegt. Doch ungefähr ein Drittel, das heißt eine Milliarde Dollar pro Jahr, fließt tatsächlich in das Land zurück. Dort erhöht es nicht nur den phantastischen Reichtum der Drogen-*capos*. Polizei, Justiz und Verwaltung werden damit bestochen, es fließt in alle möglichen legalen Geschäftsbereiche, wird zu einer der bedeutendsten Quellen für niedrigverzinsliche Kredite, erhöht den Anstieg des Banknotenumlaufs im Land enorm und treibt die Inflationsrate in die Höhe, die momentan bei ungefähr dreißig Prozent liegt. Doch das sind bloß die direkten wirtschaftlichen Auswirkungen des Drogenhandels. Es gibt noch andere Begleiterscheinungen. Dazu zählen die Staatsgelder, die unter dem Druck der

Vereinigten Staaten für die Finanzierung von Operationen gegen den Drogenhandel ausgegeben werden müssen. Dann die steigenden Ausgaben für Nahrungsmittelimporte, da die Marihuana- und Kokaplantagen die landwirtschaftlich genutzte Fläche verringern. Und dann noch die zurückgehenden Einkünfte aus dem Tourismus, da Kolumbiens Ruf als Bandenstaat die Urlauber verschreckt.

Doch diese Drogendollar machen nur einen Teil – wenn heutzutage auch den allergrößten – von Kolumbiens gesamter Schattenwirtschaft aus. Der Schwarzmarkt und die Interessensphären des Schleichhandels sind so breit gefächert, daß sie ganz einfach unter dem Begriff *la otra economía* bekannt sind – die andere Wirtschaft. Riesige Mengen an grünem Kaffee, an Zucker, Vieh und Zement werden für die illegale Verschiffung und den Schwarzhandel beiseite geschafft. Von diesen «schleichenden» Exporten heißt es, daß sie pro Jahr ungefähr fünfhundert Millionen Dollar einbringen. Außerdem spielt der Handel mit Smaragden eine große Rolle. Die offiziellen Exporte von Smaragdedelsteinen, die vom Banco de la República oder von anerkannten Konzessionären durchgeführt werden, erreichen pro Jahr einen Erlös von fünfzig Millionen Dollar, doch gelangt mindestens die gleiche Menge durch die Hintertür außer Landes, wird entweder von Kolumbianern hinausgeschmuggelt, oder Gringos kaufen sie bei den Tausenden kleinen Händlern, wie zum Beispiel Julio aus dem Fruchtpalast. Auf der anderen Seite der «anderen Wirtschaft» steht der Überfluß an Waren, die *in* das Land geschmuggelt werden – Autos, Zigaretten, Whisky, Elektrogeräte und alle anderen Verbrauchsgüter, deren Ladenpreis durch hohe Importzölle hochgeschraubt wird. Diese Waren werden in den Häfen gestohlen, in der Nähe von Maicao und Cucuta über die venezolanische Grenze geschmuggelt oder aus Brasilien über den Amazonas nach Leticia gebracht. Kolumbien ist ein Schmugglerparadies. Der Drogenhandel bringt das größte Geschäft, doch der überwiegende Teil der Drogen-*capos* hat seine Finger in anderen Geschäften und bedient sich im allergrößten Ausmaß der eingespielten «Networks» für Wuchergeschäfte, der *otra economía.*

Das Einströmen von Schwarzgeld in den nationalen Wirtschaftskreislauf hat auf diesen ähnlich gesundheitsschädigende Auswirkungen wie Anabolika, mit denen man einen Körper vollpumpt. Als Stärkungsmittel wirkt so etwas nur kurzfristig, schwächt jedoch auf längere Sicht, und die größte Belastung sind die Korruption und die Unredlichkeit der Beamten. Während meines ersten Aufenthalts in Kolumbien hörte ich immer wieder von dem Gerücht, daß es sich beim *Mister Big* des Kokaingeschäfts (und das war er schon, seit dieses Geschäft ungefähr um 1970 in Bewegung gekommen war) um niemand anderen handelte als den Obersten Befehlshabenden des DAS, General Ordoñez Valderrama. Der DAS – Departamento Administrativo de Seguridad – ist in der Hauptsache die Geheimpolizei der Regierung. Bei seiner Installierung hatte der DAS ursprünglich den speziellen Auftrag zum Kampf gegen die Staatsgefährdung übernommen: Linke Gruppierungen sollten infiltriert werden, Informationen über Guerillaverbände gesammelt, dann und wann ein lästiger Gewerkschaftler umgelegt werden etc. Mit dem Aufblühen des Kokainhandels wurde der Auftrag auch auf den Bereich Drogen ausgeweitet, und die Schiebereien begannen im großen Stil. Es kamen Geschichten in Umlauf über das mysteriöse Verschwinden von beschlagnahmtem Kokain aus Lagerhallen des DAS und über peinliche Schießereien, zu denen es kam, wenn die Zollbeamten feststellten, daß es sich bei ihren Gegnern nicht um Schmuggler, sondern um Agenten des DAS handelte. Im Mai 1973 wurde der Chef des DAS in Leticia – Kolumbiens Hafen am Oberlauf des Amazonas und der wichtigste Umschlagplatz für geschmuggelte Kokainpaste aus Peru und Bolivien – auf dem Flughafen von Bogotá mit neunzehn Kilo Kokain im Koffer festgenommen. Im Rahmen von offiziellen Untersuchungen hob man schließlich ein ganzes Schlangennest aus und gelangte dabei bis in die höchsten Ränge der Geheimpolizei. In Wirklichkeit war das gesamte «Network» des DAS einfach umgedreht worden und funktionierte als riesige Drogenhandelsorganisation, die durch den Wiederverkauf von beschlagnahmtem Kokain und durch Schutzgelder, die von ungestört weiterarbeitenden *traficantes* bezahlt wurden, enorme Gewinne abschöpfte.

Ordoñez wurde 1974 festgenommen und zog sich ins angenehme Halbdunkel der Ungnade zurück, doch gehen die Schiebereien zweifellos auf diskretere Weise weiter. Und das, was im DAS passierte, fand seine Wiederholung in allen anderen Ämtern, die am «Kampf gegen die Drogen» beteiligt waren – am wichtigsten zu erwähnen dabei die F-2 (die Spezialabteilung der Policia National, die in Zivil arbeitete), die Zollfahndung, die Streitkräfte und die Justiz. Die Verwicklung von Militärflugzeugen, unter kolumbianischer Flagge fahrenden Schiffen und nationalen Luftverkehrsgesellschaften in die Schmuggelgeschäfte ist erwiesen, und der Einsatz von kolumbianischem Diplomatengepäck in diesem Bereich gehört zum Grundwissen eines Schmugglers.

Die Korruption durchdringt alle Ebenen der kolumbianischen Politik. Mitte der siebziger Jahre wies der Finger des Verdachts bis auf Ministerebene. *Los tres reyes*, wie sie genannt wurden, die Drei Weisen – Verteidigungsminister Abraham Varon, Arbeitsminister Oscar Montoya und Außenminister Indalacio Liévano. Natürlich gab es nie irgendwelche Beweise. Der Gipfel wurde 1978 mit der Wahl von José Turbay Ayala zum Präsidenten erreicht. Turbays Amtseinführung im Nariño-Palast wurde überschattet durch einen ganzen Hagel von Anschuldigungen – einige davon beruhten auf durchgesickerten CIA-Erkenntnissen –, die auf seine reibungslosen Beziehungen zu bestimmten *costeño*-Schmugglersyndikaten anspielten. Am anderen Ende des politischen Spektrums sind die ortsansässigen Gouverneure, die Bürgermeister, Richter und Polizeichefs, die Bestechungen und Einschüchterungen ausgesetzt sind. In den Schlüsselregionen der Drogenwirtschaft – die Regierungsbezirke Meta, Caquetá und Cauca im Süden, wo das Kokain hergestellt und verpackt wird, und die nördlichen Regierungsbezirke an der Küste, nämlich Guajira, Magdalena und Atlántico – stehen ganze Verwaltungen auf der Lohnliste der Syndikate. In Barranquilla, der größten Stadt an der karibischen Küste, sind Enthüllungen über Schiebereien im öffentlichen Amt dermaßen an der Tagesordnung, daß während der siebziger Jahre nur ein einziger *alcalde*, das heißt Bürgermeister, seine volle Amtszeit von einem Jahr erreichte. Die Stadt wird allgemein als *un crematorio de dirigentes* bezeichnet, als ein Friedhof für Beamte.

Offiziell ist die kolumbianische Regierung natürlich dem Kampf gegen die Drogenmafia verpflichtet. Der seit 1982 amtierende Präsident, Belisario Betancur – «B. B.» für die Presse und das Volk – spricht trotz der Verwicklung seines Bruders Juvenal in kriminelle Geldwäschereien und trotz der Ermordung seines Justizministers Rodrigo Lara Bonilla durch ein Killerkommando der Kokainbosse sehr viel darüber. Der Apparat dafür ist auch vorhanden. Es gibt eine im Belagerungszustand stehende Legislative, die der Polizei das Recht einräumt, des Schmuggels Verdächtige ohne Vorwarnung niederzuschießen. Es gibt neue Auslieferungsabkommen mit den Vereinigten Staaten, die besonders auf die Drogenbarone abzielen. Es gibt von den Vereinigten Staaten ausgebildete SANU-Einheiten («Special Anti-Narcotic Unit» der Policia National) und ein ganzes Netz von bereits plazierten nordamerikanischen «U-cs» – Undercover-Agenten für die Drogenszene. Die Armee unternimmt regelmäßige Überfälle auf die versteckten Drogengebiete, bei denen sie alles beschlagnahmt und niederbrennt. Während der berühmten Operación Fulminante, die die Guajira-Halbinsel zum Ziel hatte, wurden dreitausend Tonnen Marihuana, fünfundachtzig Flugzeuge und sechsundsiebzig Schiffe beschlagnahmt und ungefähr tausendfünfhundert Menschen verhaftet. Bei einem Vorstoß auf eine Produktionsanlage in Caquetá wurden zwölf Tonnen Kokain beschlagnahmt, die nach den Endverkaufspreisen in den USA einen Wert von mehr als einer halben Milliarde Dollar hatten.

Solche Aufstellungen kommen einem immer schwindelerregend hoch vor, doch decken sie bloß einen Bruchteil ab. In Wirklichkeit ist die gesamte politische Machtbasis in Kolumbien durch Bestechungsgelder, illegale Provisionen und politische Fonds, die aus Drogengeldern gespeist werden, dermaßen tief verstrickt, daß jede konzertierte Aktion gegen den Drogenhandel schon aus Prinzip nicht allzu durchgreifend sein kann. Auf diese Weise droht immer die eine Hand mit dem Knüppel, während die andere einen Teil der Einnahmen in die eigene Tasche steckt. Die großen Razzien eignen sich gut für die Propaganda, doch es sind immer die kleinen Fische, die dabei gefangen werden, während sich *los peces gordos*, die «großen Fische», auf ihren befestigten Haziendas und im Miami-Barock erbauten Landsitzen weiter glücklich im Wasser tummeln. Die größten *capos* sind wohlbekannte und profilierte Personen – Männer wie Carlos Lehder, der wahrscheinlich Mächtigste von allen, der seine eigene Zeitung besitzt, den *Quindio Libre*; seine eigene neonazistische politische Partei, die MCLN; und seine eigene Insel auf den Bahamas, nämlich Norman's Cay. Alle wissen über Carlitos Bescheid, über «Joe Leather», der John Lennon und Adolf Hitler verehrt, und alle wissen genauso Bescheid über die vielen anderen milliardenschweren Drogenbarone wie Pablo Escobar, die Brüder Botero, Benjamin «Papa Negro» Herrera, Gonzalo «El Mejicano» Rodriguez und die großen *costeño*-Clans, die Ochoa, Valdeblanquez und Cárdenas. Diese Leute haben keine Anonymität nötig. Trotz aller Drohungen und Versprechungen von seiten der Regierung halten sie sich für unberührbar. Der Abzug des Mafiakapitals aus den Banken und Wirtschaftsunternehmen des Landes würde zu einem wirtschaftlichen Chaos führen, die Veröffentlichung aller auf ihren Gehaltslisten stehenden Namen würde die gesamte Verwaltung zerschlagen, und als letzte Möglichkeit verfügt die Kokainmafia über genügend Waffen, Flugzeuge, Menschen und hochrangige Freunde bei den Streitkräften, um von neuem einen Bürgerkrieg vom Zaun zu brechen, wie er in der neueren Geschichte des Landes schon mehrmals stattgefunden hat....

7 *Schneewittchen*

In groben Zügen dargestellt, waren das Gus' Erkenntnisse über den modernen Kokainhandel. Es war keine aufsehenerregend neue Sichtweise, doch in einer kalten Nacht in Bogotá, in der die Lampe wegen der schlechten Leitungen flackerte und eine Wolke aus Basukorauch in der Luft lag, traf sie genau den richtigen Nerv. Die «Botschaft» war klar. Vergiß den Fruchtpalast, vergiß die possierlichen Gaunereien von früher! Und vergiß vor allem die große Kokain-Story! Die völlige Absurdität meines Auftrags bedrängte mich immer mehr. Die Bilder von Malcolms naiven und übertriebenen Vorstellungen jagten mir durch den Kopf und verhöhnten mich. Hautnah – aus der Unterwelt des Kokains! Gus hatte eine deutliche Antwort darauf. «Der einzige Weg, wie du hautnah an die Unterwelt des Kokains rankommen kannst, ist der, daß sie dich runterschluckt, sobald sie dich zwischen den Zähnen zerrieben hat, Freundchen.»

Das klang überaus entmutigend. Doch getreu meiner Ankündigung tauchte ich am nächsten Abend wieder auf. Ich traf Gus in recht guter Laune an. Sein Bein war frisch verbunden. Einige Zeit plauderten wir über dieses und jenes. Dann fragte ich ihn, ob er gerade mit einer speziellen heißen Geschichte zu tun hatte.

«Weißt du, Gus, ich bin auf etwas aus, in das ich mich reinhängen kann.» Und – das hätte ich hinzufügen können – du sollst mir auch was bieten für mein Geld.

Er sah mich lange an und sagte dann: «Ja. Ja, hab ich. Das heißt, eigentlich mit einer *sehr* speziellen Geschichte.» Schon bei dieser Andeutung schaute er nervös zur Tür und zog den Ziegelstein aus dem Guckloch, um einen raschen Blick über den Hof zu werfen. Damit war mir klar, daß ich schließlich doch erfahren würde, warum er sich wie ein Tier auf der Flucht in diese abgelegene Gegend verkrochen hatte.

In Gus' Geschichte ging es um ein neues Syndikat, das sich mit aller Macht einen Weg auf den Kokainmarkt von Bogotá bahnte. «Das Syndikat ist überaus groß, überaus gut organisiert und überaus verschwiegen», sagte er. «Für das bißchen, das ich bisher rausbekommen habe, mußte ich mich drei Monate ordentlich ins Zeug legen.»

Das erste, das überall bemerkt wurde, war das plötzliche und unerwartete Auftauchen von äußerst reinem Kokain auf dem Markt. Hier und da gekaufter Koks ist in Bogotá meistens genauso verschnitten wie in London. «Der Stoff war stärker und reiner als alles, was wir seit Jahren zu sehen bekommen hatten. Schärfstes Peach, Kumpel. Alle haben aufgehorcht und wollten was davon haben, doch niemand schien so recht sagen zu können, wo das Zeug herkam.» Die einzelnen «Networks» im Drogenhandel sind alle sehr klar abgegrenzt, umfassen eine Reihe von Händlern, die in absteigender Rangordnung zwischen den Großhändler und den Endverbraucher geschaltet sind. Und jeder behält seine Geheimnisse für sich. Dein Gramm-Dealer stellt dem Unzen-Dealer, bei dem er selbst kauft, keine Fragen, der Unzen-Dealer stellt dem Pfund-Dealer keine Fragen und so weiter und so fort. Gus fragte überall herum, doch keiner wußte etwas, nicht einmal Julio Cesar, der wie eine sprudelnde Quelle war, wenn es um Drogentratsch ging. Die andere Möglichkeit war die, daß sie alle etwas wußten, aber nichts sagten.

Es gab noch andere Spuren und Hinweise. Neue Gerüchte über einen Konkurrenzkampf, kleine seismische Erschütterungen aus der Unterwelt. Für ein geübtes Ohr, wie Gus es hatte, fügten sich die regelmäßigen Informationen von Unterweltmorden, Entführungen, Raubüberfällen und Fluchten zu einer Art Muster zusammen. «Man weiß, wer wem auf die Zehen steigt. Und weißt du es *nicht*, dann fängst du an, dich zu fragen. A wird vom Sockel gestoßen, aber du weißt, daß es weder B noch C waren. Deshalb schlägst du dann eine neue Seite auf und schreibst ganz oben hin: ‹D›. Eine neue *banda* ist in der Stadt, und die schneidet sich ihr Stück vom Kuchen ab.»

Der erstklassige Koks und die unter der Oberfläche umlaufenden Gerüchte versiegten nicht. Gus blieb mit seiner gewohnten Neugierde am Ball. Und schließlich bekam er auch etwas zu fassen – das heißt, er erhielt mit einem Schlag zwei voneinander unabhängige Hinweise innerhalb von genauso vielen Tagen. Manchmal läuft es halt so. Der erste Hinweis war ein Name. «Es war pures Glück. Ich hörte ihn von jemand, der eigentlich überhaupt kein Recht hatte, irgendwas zu wissen. Er war bloß ein gewöhnlicher Nichtstuer an der Caracas. Aus den unteren Chargen. Ich hatte ihn vorher noch nicht einmal gesehen. Ich trank damals gerade mit ein paar Freunden in einer Bar. Da taucht er auf und fragt, ob jemand *perica* kaufen will. Ich wollte tatsächlich etwas kaufen. Ich weiß noch, daß Julio Cesar mich im Stich gelassen hatte. Wir gingen hinaus, und der Typ gab mir eine kleine *muestra*. Gar kein Zweifel. Es war schon wieder dieses erstklassige Peach.» Gus nahm seine Fährte auf und stellte es damals recht geschickt an. Er sagte zu dem Jungen: *«No sirve, no es pura.»* Der Koks hier taugt gar nichts. Der Junge protestierte. Er wußte, daß es guter Stoff war. Gus gaukelte noch ein zweites Mal Zweifel vor. Dann sagte der Junge: *«Si, hermano. Esa es la perica de Snow White.»* Er verwendete die englischen Wörter, sagte Snow White. Er meinte damit, das es Kokain von Schneewittchen war.

«Natürlich hatte ich keinen blassen Schimmer, was das heißen sollte. Doch er sagte es ja sehr deutlich. Es war Kokain aus einer Quelle – eine Bande, ein Ganove, ein Händler, jemand oder etwas –, die Schneewittchen hieß.»

Gus versuchte, mehr aus ihm herauszubekommen. Wer oder was war Schneewittchen? Doch für sein Alter war der Junge ziemlich klug. Das letzte, was er wollte, war, aus irgendwelchen Deals hinausgedrängt zu werden. Er sagte nur: «Wenn du mehr Stoff von Schneewittchen haben willst, dann besorg ich ihn dir.» Doch Gus hatte wenigstens so etwas wie einen Namen, und an Namen kommt man in dieser Branche schlecht heran.

Gleich am Abend darauf war er bei einem Amerikaner namens Kreitman, der in seinem Laden im Chapinero-Viertel Gold und Edelsteine verkaufte. Kreitman stand erst seit kurzem auf Gus' Liste annehmbarer Gringos, bei denen er sich ab und zu mal ein Abendessen, Drogen und eine Nacht auf dem Sofa erbetteln konnte. Gus ging nach einem Rotationssystem vor, um mit seinem unterhaltsamen Geplauder nicht zu weit vordringen zu müssen. Wenn ihm Leute gefielen – so wie Bruno, der italienische Maler –, dann blieb er bei denen wochenlang, doch für die meisten war Gus jemand, der eines Abends unverhofft auftauchte und am nächsten Morgen bereits wieder verschwunden war. Jedenfalls streute Kreitman für Gus an diesem Abend etwas *perica* aus, und es war wieder einmal dieses *premier-cru*-Peach, von dem Gus inzwischen wußte, daß es sich dabei um Kokain von Schneewittchen handelte. Kreitman hielt sich für etwas ganz Außergewöhnliches, weil er Nasenpulver in solcher Qualität da hatte. Er prahlte mit seinen Kontakten, mit seiner feinen Lebensart und mit dem Glanz, der auf ihn fiel, weil er einem alten Straßenveteranen wie Gus solch feinen Stoff hinlegte. «Deswegen hab ich gleich Klartext mit ihm geredet und meine Karten auf den Tisch gelegt. Ich hab gesagt: ‹Der Stoff kommt doch von Schneewittchen, oder?› Keine Reaktion. Er konnte gar nichts damit anfangen. Das nur mal zu seinen Kontakten.»

Doch brachte Gus von Kreitman trotzdem etwas in Erfahrung. «Weißt du, was das Wunderbare an diesem Stoff ist?» sagte Kreitman. Nein, das wußte Gus nicht. «Dann werd ich's dir sagen. Das Wunderbare daran ist, daß er niemals zu Ende gehen wird. Das weiß ich aus *äußerst* guter Quelle. Von dem Mann nämlich, der ihn mir verkauft. Diese Leute bringen pro Woche hundert Kilo nach Bogotá. So regelmäßig wie ein Uhrwerk. Jede Woche *hundert* Kilo!»

Mit einem Schlag hörte Gus zu sprechen auf. Unter dem Fenster an der Außenwand, unten auf dem Schrottplatz, klapperte etwas. Während er erzählte, hatte er seine Ängste vergessen. Als hätte man einen Schalter betätigt, stellten sie sich jetzt blitzartig wieder ein. Gleich darauf waren ein lauteres Geräusch zu hören und danach das jämmerliche Geschrei von auseinanderstiebenden Katzen. Gus atmete schwer aus. «Die verdammten Katzen sind wieder an den Tonnen», sagte er. Als er nach der Rumflasche griff, zitterte seine Hand. Nach einer Pause sagte er: «Tja, das ist die ganze Geschichte. Wirklich.»

Ich starrte ihn enttäuscht an. «Soll das heißen, das ist alles, was du herausgefunden hast? Du hast einen Namen rausbekommen... das heißt, eigentlich einen Decknamen... und du hast eine ungefähre Vorstellung davon, wieviel sie von dem

Stoff verkaufen. Damit kommt man aber nicht weit, meinst du nicht auch, Gus?»

Er sah mich verdrießlich an. «Na ja, es ist doch schließlich so, daß meine Nachforschungen unterbrochen worden sind, oder etwa nicht?»

«Du meinst deinen... Unfall?»

«Richtig. Das war die schlagfertige Antwort vom kleinen netten Schneewittchen. Als hätt ich auf einen Knopf gedrückt. Und dabei war ich Trottel noch selber schuld daran, da gibt's gar keine Diskussion. Samstag abend, eine Bar in Perseverancia. Nur ein paar Tage, nachdem ich mit Kreitman zusammengewesen war. Dieser Kerl war da, den ich kannte, dieser kleine Dealer. Ich war wirklich schrecklich scharf auf diese Schneewittchen-Story, und obwohl ich mich nicht mehr so recht erinnern kann, warum, war ich mir sicher, daß er was darüber wußte. Ich hab ihm blöderweise schrecklich viele dumme Fragen gestellt, ich hab überhaupt nicht mehr aufgepaßt und alle Regeln gebrochen. Ich hatte da schon schwer geladen. Und es waren Dutzende Leute da, die mir zuhören konnten. Wie ich dann aus der Bar hinausgehe, warten die schon auf mich. Zu zweit, auf der anderen Straßenseite, im Dunkeln. Am Anfang fielen mir die beiden gar nicht auf. Es waren ja noch andere Leute unterwegs. Aber ein paar Blocks weiter, wo alles ruhig war, hab ich verstanden, daß sie hinter mir her waren. Ich fing an zu laufen. Vielleicht jagten sie mir ja jede Sekunde eine Kugel in den Rücken. So was macht dich wirklich wunderbar wach. Gelaufen bin ich wie eine Gazelle. Ich bin runter von der Straße und hinein in eine schmale Gasse, einen Weg. Du kennst Perseverancia ja. Es ist dort wie in einem Dorf. Kleine Häuser mit einem Hof hintendran. Man kann sich nirgends verstecken. Und die Gasse war natürlich eine Sackgasse. Ich entdeckte eine Tür, hinter der noch Licht brannte. Ich trommelte gegen die Tür. Dann holten die Gorillas mich ein. Sie zerrten mich von der Tür weg in eine dunkle Ecke voller Mülltonnen. Einer von den beiden hatte eine Machete – nein, es war eher so was wie ein Fleischermesser, aber jedenfalls war es lang und scharf, und er war ein riesiger Kerl, und er wollte mir damit die Gurgel durchschneiden. Und das war dann für mich der wunderbarste Augenblick, Kumpel. Ich hab ihm einen wunderbaren Tritt direkt in die Eier verpaßt. Dabei muß er mir das Bein zerschnitten haben. Ich hab überhaupt nichts gespürt, erst später. Doch da macht dieser alte Kauz seine Tür auf... es wurde ja auch wirklich schon Zeit... und dann steht er in seinem Nachthemd da und hat eine Winchester Kaliber achtzehn in der Hand. Das Pärchen hat sich auf der Stelle verpißt, und das war's dann. Alles voller Blut, und mindestens acht von meinen neun Leben verbraucht.»

Das war's dann also. Ace McGregors letzte Geschichte. Unser Mann gefangen in einer Sackgasse in Perseverancia. Ich wußte nicht, was ich glauben sollte. Es ging auf drei Uhr früh zu, und ich fühlte mich völlig auf dem trockenen. Ich hatte jeden Maßstab verloren. «Aber was hast du jetzt vor, Gus?» fragte ich. «Du kannst doch hier nicht für immer bleiben.»

«Im Moment hab ich wirklich kaum andere Möglichkeiten. Du verstehst schon. Kein Geld, nur ein Bein und eine Menge Leute mit schlechten Manieren, die nach mir Ausschau halten. Da wird jeder Ausflug ein bißchen schwierig. Ich bin hier nicht sicher, aber ich bin so sicher wie nur irgend möglich. Julio Cesar ist in Perseverancia unbekannt. Er ist einer von der Caracas Avenue. Dort hat er sein Revier. Wenn ich's lang genug durchhalten kann und wenn sie nicht irgendwie auf Julio Cesar stoßen, dann denken sie wahrscheinlich, sie haben mir einen gehörigen Schrecken eingejagt, und glauben, ich hab mich aus dem Staub gemacht.» Er stieß sein mit roten Bartstoppeln gespicktes Kinn vor und fügte hinzu: «Der Langzeitplan sieht natürlich so aus, daß ich wieder in die Szene zurückgehe und sie festnagle.»

«Du willst sie festnageln?»

«Aber sicher. Ich muß an die Story ran, die Namen rausfinden. Ich muß der Welt doch die Geschichte von Schneewittchen und den hundert Kilo erzählen. Ein kleines kolumbianisches Märchen.»

«Und wie willst du das anstellen, verdammt noch mal?»

«Genau so, wie ich das immer mache, Kumpel. Ich such nach den Schwachstellen. Ich hab nachgedacht. Sonst hab ich ja den ganzen Tag nichts andres zu tun. Man könnte vielleicht sagen, ich hab Schneewittchen in seinen Kontext eingeordnet. Der Markt in Bogotá funktioniert nicht mehr so wie früher! Er ist noch immer groß, doch hat er auch einen großen Teil des Exporthandels verloren. Es gibt natürlich einen großen internen Markt. Die Jungs auf der Straße und die Bogotános aus der Mittelklasse und natürlich die Gringos konsumieren eine Menge Koks und Basuko. Und dann gibt's noch den Handel mit der Provinz, die Unzen-Dealer aus Girardot, Melgar und Tunja, aus all den mittelgroßen Städten rund um Bogotá, die immer wieder in die Stadt kommen, um die Vorräte zu ergänzen. Doch von dem enormen Großhandelsgeschäft, das noch vor zehn oder fünfzehn Jahren in Bogotá florierte, ist nicht mehr viel übriggeblieben. Damals, zur Blütezeit, waren eine Unmenge amerikanischer Händler in der Stadt. Im Hotel Tequendama gab es so eine Art permanent tagender Versammlung. Und viele groß angelegte Geschäfte wurden damals in Bogotá wirklich noch persönlich abgewickelt. Doch inzwischen hat sich der Trend längst dahin verschoben, daß die großen Mengen per Flugzeug direkt in den Norden transportiert werden, aus den Kokainraffinerien im Süden an die Ausfuhrstellen im Norden. Es ist nicht mehr nötig, daß es überhaupt noch nach Bogotá gebracht wird. Und warum bringt Schneewittchen dann pro Woche hundert Kilo von dem Stoff in die Stadt? Für den lokalen Markt ist das doch viel zuviel. Der Stoff kommt in die Stadt, *und* er geht auch wieder aus der Stadt raus. Zumindest ein großer Teil davon. Nun ja. Frage Nummer eins: Wo und wie bringen sie den Stoff herein? Da gibt es gar nicht viel zu überlegen. Wahrscheinlich eher auf vier Rädern als per Flugzeug. Frage Nummer zwei: Wo und wie kommt der Stoff wieder hinaus? Antwort: fast hundertprozentig per Flugzeug. Es macht überhaupt keinen Sinn, daß man das Zeug zuerst in die Stadt bringt, damit es dann auf dem Landweg wieder aus der Stadt rausgeht. Das heißt also, daß mit der Regelmäßigkeit eines Uhrwerks ein großer Batzen über einen der Flughäfen weggeschafft wird. Für Maultiere, die sie durch den Zoll bringen könnten, ist die Menge zu groß. Und sie ist wahrscheinlich auch zu groß, um die Sache per Diplomatengepäck zu erledigen. Der Stoff wird entweder als Fracht zurechtgemacht und geht so auf den Weg, oder es gibt eine Gaunerei, und man benutzt Luftwaffen- oder Armeeflugzeuge. Ich setze mein ganzes Geld auf den Frachtweg. Frage Nummer drei: Wohin geht das Zeug? Ich werd dir sagen, was ich mir dazu denke, mein Freund. Es geht nach Europa. Ich seh nicht recht, warum man's nach Bogotá bringen sollte, wenn es für die Staaten gedacht ist. Von der Nordküste weg gibt es doch dermaßen viele Versorgungswege. Natürlich, mit der Schmugglerei ist es wie mit dem Wasser. Da finden sich immer neue Kanäle. Vielleicht haben die ja auch wirklich eine gute neue Masche gefunden und fliegen den Stoff von Bogotá aus direkt in die großen Städte. Aber ich tippe auf Europa. Für die Kolumbianer ist Europa ein klitzekleiner Markt. Dorthin haben sie wegen der Entfernung nicht die Handelswege, wie sie sie zu den Staaten haben, und sie haben dort drüben auch noch überhaupt keine Organisationsstrukturen entwickelt. Eine Menge Koks kommt aus den Staaten rüber nach Europa, ein anderer großer Teil direkt aus Bolivien. Wenn ich ein gewiefter *capo* wäre, der sich auf einem äußerst knappen Markt nach ein bißchen mehr Ellbogenfreiheit umsieht, ich würde mit Sicherheit auf Europa schielen.»

Nachdenklich fuhr er sich mit der Hand über den Wundschorf auf seinem Gesicht. «Uhhh, ich hätte unheimlichen Spaß dran, diese verdammten Gorillas festzunageln. Wenn ich es erst geschafft habe, daß ich ihre Handelswege aufdecke, wie der Stoff in die Stadt rein kommt und wieder hinaus, dann schieb ich Schneewittchen einen Knaller so weit in den Arsch hinauf, daß sie nicht mehr weiß, wo links und rechts ist!»

«Und wie willst du das schaffen?» fragte ich. Ich konnte mir nicht vorstellen, daß er ernsthaft daran dachte, sich ein zweites Mal an diese Leute heranzumachen.

«Das liegt doch auf der Hand», sagte er. «Ich geh wieder zu Kreitman und versuche, rauszufinden, bei wem er seine *perica* kauft. Ganz egal, wer das ist, er wird in jedem Fall ein paar Kleinigkeiten über Schneewittchen wissen.» Er sah mich an. Gleich darauf sagte er nachdenklich: «Die Schwierigkeit dabei ist natürlich, daß ich im Moment nichts machen kann. Aber *du* kannst was machen, Kumpel. *Dein* Gesicht kennt niemand. Bei dir ist es das Normalste von der Welt, wenn du in Kreitmans Laden schneist. Du bist auf der Suche nach ein paar teuren Souvenirs, er ist ein unheimlich freundlicher Kerl, ihr werdet ins Gespräch kommen, er wird dir eine oder zwei Lines auslegen, und schon ist Bob dein Freund.»

In der anderen Variante, dachte ich, ist Bob dein Gorilla und steht dir mit seiner Machete in einer dunklen Gasse gegenüber. Nein danke, Gus. Auf Kamikazejournalismus bin ich nicht scharf. «Ich werde darüber nachdenken», sagte ich.

«Darüber nachdenken! Mein Gott! Ich schenk dir die Story, Mann, und die ist brandneu. Ein großes neues Syndikat, das Hunderte von Kilos Schnee nach Europa pumpt. Das ist deine Unterwelt des Kokains, Kumpel. Weißt du, solche Geschichten wachsen hier wirklich nicht auf den Bäumen.»

Als ich an diesem Vormittag wegging, hatte ich Kreitmans Visitenkarte in der Tasche stecken – Galeria Pecadillo: Daniel y Claudia Kreitman: Oro y Cerámica Precolombiano – und redete mir immer wieder vor: Niemand zwingt dich, du *mußt* es nicht tun!

Ich beschloß, Schneewittchen für eine Weile ruhen zu lassen, doch das mindeste, was ich unternehmen konnte, war ein Besuch bei Rosalita, dem Maultier. Ich ließ mich wieder einmal im Paso Doble sehen. Die dicke *señora* saß mit gespreizten Beinen auf einem Stuhl. «Ah!» sagte sie höhnisch grinsend. «El Meester Escocés!» Es war ein ruhiger Abend. Keine Geburtstage, keine Musik, keine *chulitas* in engen roten Kleidern.

Julio Cesar führte mich an den Tisch in der Ecke. «Haben Sie Señor Gus gesehen?»

«Ja, ich habe ihn gesehen. Irgendwie sitzt er ganz schön in der Tinte, nicht wahr?»

«Das Bein. Dem Bein geht's nicht gut, aber...» Der Satz lief in einem Schulterzucken aus.

Ich sagte ihm, ich wolle Rosalita kennenlernen. Er warf einen raschen Blick über die Schulter nach hinten. Die Weitergabe von Namen wird in diesen Kreisen nicht gerade geschätzt. «Sind Sie auch noch so ein dummer Journalist?» fragte er.

Jetzt lag es an mir, mit den Schultern zu zucken. «Ich habe gehört, sie hat ein paar interessante Geschichten zu erzählen.»

Es sei schwierig, sagte er – so, wie es schwierig gewesen sei, mit Gus in Verbindung zu treten. Die Schwierigkeiten kosteten diesmal fünfhundert Pesos. Er ging zum Telefonieren ins Hinterzimmer. «Sie haben Glück», sagte er, als er zurückkam, und grinste dabei übers ganze Gesicht. «Sie sagt, sie ist heute abend allein.»

Wir fuhren mit dem Taxi die Caracas hinunter. Zuerst wollten wir noch etwas *perica* organisieren, die ich zu Rosalita mitnehmen sollte, und hinterher würde er mich zu ihr bringen. «Wie ist sie?» fragte ich. «Das werden Sie ja sehen», sagte er.

Während der Fahrt sprachen wir über Gus. Julio Cesar erzählte, Gus sei zu ihm und seiner Familie sehr gut gewesen. «Vor ein paar Jahren, da waren die Zeiten schlecht, da starb mein Papa, und da hat Gus uns Geld geliehen. Als ich angefangen habe mit dem Dealen, da hat er mir viele Kontakte verschafft. Gus ist für mich ein ganz besonderer Mensch. Darum bringe ich ihm auch immer guten Stoff für hier oben» – er klopfte an seinen Kopf – «und darum helfe ich ihm jetzt auch.»

«Wenn Sie ihm wirklich helfen wollen, dann sollten Sie ihn zu einem Arzt bringen. Sein Bein muß unbedingt sauber zusammengeflickt werden.» Wieder ein Schulterzucken, wieder ein Zittern des bleistiftschmalen Schnurrbarts. «Es ist nicht klar», sagte er vage.

«Aber er könnte doch sicher zu einem Arzt kommen, ohne daß jemand etwas davon erfährt. Mit einem Taxi hin und zurück. Ich meine, ist er denn wirklich in so großer Gefahr?»

Er betrachtete mich nachdenklich. Aus seinem kalten Blick sprach die Weisheit der Straße. Sein Arm lag locker auf der Rückenlehne, hinter meinem Kopf. Er schien mich wegen irgend etwas abzuschätzen. «Hören Sie mal zu», sagte er. «Gus erzählt, was er erzählen will. Für mich ist das okay. Ich will gegen Señor Gus nichts sagen. Aber die Wahrheit... nun ja, in Kolumbien sagen wir: *La verdad es una puta y hay que pagar.* Die Wahrheit ist eine Hure, und man muß für sie bezahlen.»

Mir war nicht so recht klar, was er damit sagen wollte. Sein Atem roch unangenehm und süßlich. Er hatte eine *gaseosa* getrunken. «Wollen Sie damit sagen, daß Gus eigentlich nicht in echter Gefahr ist?»

«Bogotá ist immer gefährlich. Sehen Sie mal...» Er beugte sich vor und zog rasch sein Hosenbein hoch. Durch ein breites Gummiband festgehalten, trug er in seiner Socke ein Klappmesser mit Perlmuttgriff. «In Bogotá paßt man immer gut auf. Und man hat immer seinen kleinen Freund dabei. Okay, Gus stellt zu viele dumme Fragen. Er steckt seine Nase in alles rein. Aber ich glaube nicht, daß jemand seine Zeit damit verschwendet, ihn zu suchen.»

Das Taxi bremste plötzlich. Es hatte einen Unfall gegeben. Eine *buseta* war von der Straße abgekommen und lag jetzt umgekippt auf dem Grünstreifen zwischen den Fahrbahnen. In dem ganzen Durcheinander von zerbrochenem Glas und zersplittertem Holz lagen mindestens drei Menschen. Zwei junge Soldaten versuchten, eine kleine, aber recht lebhafte Menschenmenge zu beruhigen. Ich konnte keinen einzigen Polizisten entdecken. Unser Fahrer beugte sich aus dem Fenster, konferierte schreiend mit anderen Fahrern und versorgte uns dann mit der Nachricht, daß die *buseta* einen Mann mit einem Eiswägelchen getötet hatte und zwei weitere Männer, darunter der Busfahrer, verletzt waren. *«Carajo!»* sagte der Taxifahrer und spuckte auf die Straße. Er, der bis dahin kein Wort gesagt hatte, erfreute uns während der nächsten paar Minuten mit einer bitteren Schimpftirade gegen die *busetas* und ihre Fahrer, gegen ihr schnelles und leichtsinniges Fahren, ihr Cliquenwesen und natürlich darüber, wie sie guten und ehrlichen Taxifahrern wie ihm selbst die Kunden raubten. Und diese Tirade ging über in einen bewegenden, feierlichen Nachruf für den toten Eisverkäufer. Sein eigener Bruder war, wie er durchblicken ließ, ein *heladero*, und es war ein feines und anständiges Gewerbe, bei dem man an diesen heißen Vormittagen im Januar den Staub der Stadt in der Kehle hatte. Schließlich versank er in Schweigen, doch die Sache ließ ihm keine Ruhe, denn als wir ein oder zwei Minuten später an einer roten Ampel hielten, stieß er ein kurzes, grunzendes Lachen hervor und sagte zu sich selbst: *«Helado con sabor de sangre.»* Eiscreme mit Blutgeschmack. *«Carajo!»*

Ich dachte über Julios Bemerkungen nach, die letztlich meine Vermutungen in bezug auf Gus bestätigten. Aber das Bein! Was war mit dem Bein? Ich fragte Julio Cesar.

«Ich weiß es nicht», sagte er. «Gus hat Ihnen erzählt, daß sie ihn mit einer Machete verfolgt haben, oder? Er hat Ihnen erzählt, daß er hinter einigen großen *coqueros* hergeschnüffelt hat, und die haben ihm die Leute auf den Hals gehetzt, oder?» Ich nickte. «Tja, ich kann es nicht sagen. Das gleiche hat er mir auch erzählt. Alles, was ich weiß, ist, daß ich an einem Sonntag drüben im Paso Doble saß und im Fernsehen das Fußballmatch Millonarios gegen America de Cali anschaute, als mein kleiner Bruder Alvarito hereingelaufen kam und sagte, daß Señor Gus zu uns nach Hause gekommen sei, daß er wie ein Schwein blute, daß er in einen Kampf verwickelt gewesen sei und das ganze Zeug.» Er spielte die Aufgedrehtheit des Boten nach und ruderte dabei heftig mit den Armen. «Er sah wirklich ganz schön schlimm aus, das in jedem Fall. Na, Sie haben es ja gesehen, und vor zwei Wochen war es noch sehr viel schlimmer. Aber ich habe keine Ahnung, wer das getan hat. Ich meine, das mit der Machete sieht ihnen so gar nicht ähnlich. Die *coqueros*, die machen es mit der Waffe – Revolver, Schrotflinten, M-16-Gewehre. Die haben in solchen Sachen einen gewissen Stolz entwickelt. Kokain halt. Gus sagt, es ist drüben in Perseverancia passiert. Okay. Er war dort schon früher in Kämpfe verwickelt. Er hat sein Mädchen dort droben, seine *putita*. Sie ist ein wirklich schlimmes Mädchen – sie hat ihn ganz schön reingelegt und ihn wirklich arg an der Nase herumgeführt. Soll ich Ihnen sagen, was ich glaube, wie es wirklich passiert ist? Okay. Es war Samstag abend in Perseverancia, jemand hat eine schlechte Karte gezogen, und dieser Jemand war Gus. Morgen sind das vielleicht Sie oder ich. *Así es en Bogotá.*»

Er ging strikt logisch vor und zählte die einzelnen Punkte an den Fingern ab. Ich mußte zugeben, daß sich alles schrecklich plausibel anhörte. Doch gerade die Logik führte mich wieder zurück auf die eine Frage. «Wenn also *tatsächlich* niemand hinter ihm her ist», sagte ich, «warum kann er dann, verflucht noch mal, nicht zum Arzt gehen?»

Julio Cesar rieb Daumen und Zeigefinger gegeneinander, machte das allgemein verständliche Zeichen für Geld. «*Plata, hombre. Falta la plata*. Der Doktor kostet Geld. Zehntausend, vielleicht auch fünfzehntausend Pesos für die Behandlung. Und das ist dann erst der Anfang. Señor Gus hat nichts mehr.»

«Könnte ihm nicht jemand das Geld leihen?»

«Wer? Wollen Sie es ihm leihen? Alle haben Gus schon Geld geliehen. Er hat jetzt keinen Kredit mehr. Das Geld, das er uns damals gegeben hat, haben wir ihm schon zwanzigfach zurückgezahlt. Wir sind arme Leute, *hombre*. Ich glaube, Sie verstehen die Sache mit Gus nicht ganz. Er lebt schon ungefähr ein Jahr nicht mehr anständig. Er arbeitet nicht, er macht nichts anderes, als daß er *perica* schnorrt. Er nimmt zuviel *perica*, ich kaufe ihm Basuko. Wenn er kein Basuko bekommt, dreht er nach und nach durch. Ich kenne viele, viele Leute, die so sind wie er. Die werden hier ganz verdorben. Sie wollen nichts anderes machen als schnupfen und rauchen. Und nach einiger Zeit will niemand mehr mit ihnen zu tun haben, verstehen Sie? Aber wir halten zu ihm, selbst wenn er ein bißchen *loco* ist. Nur fertig werden muß er mit der ganzen Sache selbst.»

Er beugte sich nach vorne und sagte dem Taxifahrer, er solle an der nächsten Ampel eine schöne Spitzkehre hinlegen. Wir blieben vor einem Club namens El Gose Pagano stehen. «Aber was hat es mit diesem Schneewittchen auf sich?» fragte ich. Er gab keine Antwort. Er machte sich an der Tür zu schaffen und wollte aussteigen, wobei er das Bezahlen ganz selbstverständlich mir überließ. Ich packte ihn am Arm. «Was ist mit diesem Schneewittchen los?» wiederholte ich.

Er blickte auf meine Hand, die um seinen straßbestickten Ärmel lag, dann in mein Gesicht. Ruhig schob er meine Hand beiseite und sagte: «Von Schneewittchen habe ich noch nie gehört außer von Señor Gus.» Er schlüpfte zur Tür hinaus, zog die Aufschläge an seinem Jackett straff nach oben, klatschte sein Haar mit zwei raschen Handstrichen nach hinten und spazierte mit leichtem, rhythmischem Gang auf die Menschenansammlung vor dem Club zu.

8 Rosalita

Vielleicht lag es an der munteren Leichtigkeit der Silben, vielleicht auch am Song von Bruce Springsteen:

Rosalita, step a little higher
Señorita, come sit by my fire

daß ich mir vorstellte, sie habe Feuer und strahlende Augen und wäre bereit war, im Mondschein einen oder zwei *bambucos* hinzulegen. In Wirklichkeit war sie übergewichtig und träge und hatte ein Mopsgesicht. Die Anforderungen des Lebens hatten ihre Mundwinkel weit nach unten sinken lassen. Sie trug eine Brille und Hosen, die an den Oberschenkeln zu eng waren. Hinter all dem war noch ein Anflug ihrer ehemaligen Schönheit zu erkennen, und so, wie in den Augen von Zootieren manchmal die Erinnerung an den Dschungel funkelte, so blitzte auch in ihren bläßlich violett umschatteten Augen immer noch eine gewisse Gerissenheit auf. Sie wohnte in einem erst halb fertiggestellten modernen Apartmenthaus draußen in Quinta Paredes, in Richtung Flughafen. Es roch nach Gips und Ölfarbe. Die neuen Türen hatten sich verzogen und schlossen nicht richtig.

Ich gab ihr die *perica*. Im Moment schien das meine Standardausrüstung zu sein – in der einen Hand ein kleines Notizbuch, in der anderen ein kleines Päckchen Schnee. Ich erklärte ihr, daß ich ein Buch über den Kokainhandel schrieb. Sie lachte: «Aber klar!» Auf die erste deftige Prise Koks ließ sie einen Schluck zum Nachspülen folgen, und als sie die dritte Straße auslegte, war alle Trägheit aus ihrem Gesicht und ihren Händen verschwunden, und sie nuschelte nicht mehr. Sie sprach fließendes Englisch mit yankee-spanischem Akzent. Ihre Stimme war wunderbar. Wenn man die Augen schloß, hörte sie sich schön, intensiv und prickelnd fremd an. Sie war

Rosalita, das Maultier, die Beste im Geschäft, die dreiundvierzigmal Kokain durch den US-amerikanischen Zoll transportiert hatte, ohne je geschnappt worden zu sein. Wenn man seine Augen wieder aufmachte, sah man eine blasse, verwelkte Frau in einer wollenen Strickjacke, die neben einem elektrischen Heizgerät mit einem einzigen Glühstab saß. Im Schmuggelgeschäft nennt man so etwas wahrscheinlich gute Tarnung.

Sie stammte aus Oviedo, einer kleinen Stadt im Kantabrischen Gebirge im Norden Spaniens. Ihr Vater war dort Rechtsanwalt. Erst in den sechziger Jahren war sie in die Vereinigten Staaten gekommen. Ein Cousin hatte es mit dem Import von Kleidern aus Mexiko in San Francisco zu etwas gebracht. Einmal im Jahr kehrte er nach Oviedo zurück. Er war von der Aura des Erfolges umhüllt und brachte den Kindern übertrieben große Geschenke mit. Er hatte immer versprochen, daß Rosalita eines Tages zu ihm nach Frisco (wie er es nannte) kommen und für ihn arbeiten würde. Dort würde sie auch die Cable-cars und die Brücken und die tiefblaue Bucht von *la ciudad mas hermosa en el mundo* sehen. Eines Tages war es wirklich soweit. Cousin Bartolomeo schrieb in einem Brief, er könne für sie Papiere besorgen, sie könne kommen und als Verkäuferin in einer seiner Mexiko-Boutiquen arbeiten. Zwei Tage vor ihrem siebzehnten Geburtstag landete sie 1967 in San Francisco.

Die Cable-cars waren schön und die Golden Gate Bridge ebenso, wenn ihre Farbe auch eher an Scheiße erinnerte als an Gold, doch Cousin Bartolomeo wurde ihren Erwartungen überhaupt nicht gerecht. «Er redete immer groß daher und glänzte mit seinen feinen Anzügen, doch in Wirklichkeit war er gemein und hinterhältig. Mich wollte er haben, weil ich billig war. Ein Jahr lang bekam ich überhaupt keinen Lohn, nur das Zimmer und das Essen. Ich tat nichts anderes als Putzen und andere unangenehme Arbeiten für ihn. Er nannte mich seine *china*. Und außerdem versuchte er, mich zu anderen Sachen rumzukriegen. Sie verstehen schon, zu schmutzigen Dingen...» Mit forschendem Blick sah sie mich an. Mein Stift schwebte recht unentschieden über dem Papier. «Ich war damals hübsch», sagte sie und fixierte mich dabei mit einem entschiedenen Blick, der mich dazu herausforderte, murmelnd zu sagen, daß sie das noch immer war.

Obendrein hatte sie aber auch ein helles Köpfchen, und schon bald merkte sie, daß Cousin Bartolomeo noch andere Interessen hatte als nur mexikanische Kleider im Folklorestil. Zum einen handelte er mit «Wetbacks» – illegalen mexikanischen Einwanderern, die deswegen so hießen, weil sie, um die Grenze zu überwinden, durch den Rio Grande schwimmen mußten. Er verkaufte den Übertritt in die Vereinigten Staaten, er verkaufte falsche Papiere – wahrscheinlich hatte er auf diesem Weg auch die Papiere für Rosalita besorgt –, und er beschaffte billige illegale Arbeitskräfte für seine Geschäftsfreunde. Er hatte noch ein anderes Eisen im Feuer, und das war etwas, das Rosalita wirklich die Augen öffnete – Pornographie. Billiges und einfallsreiches Hard-core-Zeug, das in Tijuana produziert, über Bartolomeos Lieferwege ins Land geschmuggelt und dann am Broadway, San Franciscos Sexmeile, unter dem Tresen verkauft wurde. «Ich habe ja so einiges gesehen», sagte Rosalita, «aber das war wirklich Schmutz.» Wie die Ranke einer Pflanze legte sich ihre Stimme rund um das Wort «Schmuutz».

«Deshalb bin ich dann eines Tages zu Bartolomeo gegangen. Ich habe gesagt: ‹Ich will eine Stelle und ein festes Gehalt.› Und bevor er noch nein sagen konnte, habe ich gesagt: ‹Wenn nicht, erzähle ich der Familie zu Hause etwas von den Pornos.› Er konnte es gar nicht fassen, daß ich ihm auf die Schliche gekommen war. Es war tatsächlich so, als hätte er mir nicht zugetraut, daß ich überhaupt ein Hirn habe.»

Bereits am nachfolgenden Montag stand sie in einem von Bartolomeos Läden für mexikanische Kleider hinter dem Tresen. Es war der Laden im schicken Sausalito, auf der anderen Seite der Golden Gate Bridge. Sie bekam ihr eigenes Apartment und führte ein angenehmes Leben. Von den Haschbrüdern, den Acid-Freaks, den Blumenkindern von Haight-Ashbury, den Love-ins und Be-ins, von all dem, was San Francisco zum Mekka der späten sechziger Jahre machte, hielt sie sich fern. «Mit dem ganzen Scheiß wollte ich wirklich nichts zu tun haben. Ich war damals so stinknormal. Angepaßt bis zur Selbstaufgabe, wie man so sagt.»

Sie machte ihre Arbeit gut, und als Bartolomeo ein paar Jahre später im Bereich seiner legalen Geschäfte expandierte, übertrug er ihr die Verantwortung für einen neuen Laden. Dort wurden für die gehobene Kundschaft Kleider, Webereien und *tipicos* aus Guatemala verkauft. Von dem Zeitpunkt an reiste sie regelmäßig nach Guatemala City, um in den dortigen Läden, bei den ortsansässigen Händlern und auf den Indio-Märkten in der Umgebung einzukaufen.

Sie hatte bis dahin auch gegen kein einziges Gesetz verstoßen. «Okay, ich wußte, daß hinter der Guatemala-Boutique schmutziges Geld steckte, aber ich selbst war sauber. Alles verzollt, alles einwandfrei, jeder Cent Importsteuer bezahlt.»

Dann lernte sie im Herbst 1970 Chick kennen. Chick war ein Junge aus Kolumbien, ein *paisa* aus Medellín. Sein wirklicher Name war Ernesto – «genauso wie Ché» –, doch seine Familie hatte ihn immer Chico gerufen, und diesen Namen hatte er in Chick amerikanisiert. «Das war etwas ganz Typisches für Chick», sagte sie. «Er konnte sich jeder Situation anpassen wie ein Handschuh. Deshalb war er auch ein so verdammt guter Schmuggler.» Doch *davon* ahnte Rosalita natürlich überhaupt nichts, als dieser junge, hübsche und geschniegelte Kerl in den Laden spazierte. Die beiden kamen ins Gespräch. Ganz besonderes Interesse zeigte er, als sie ihm von ihren Reisen nach Guatemala erzählte. Er meinte, er verfüge über sehr gute Kontakte nach Kolumbien, und diese Leute könnten sie mit den Waren beliefern, die sie im Laden verkaufte. Eine Woche später kehrte er mit Visitenkarten, Adressen, einer Liste von Läden für Kunsthandwerk und all solchem Kram in den Laden zurück. Anscheinend besaß er wirklich gute Verbindungen. Rosalita war verliebt, Cousin Bartolomeo war einverstanden, und ein paar Monate später unternahm sie ihre erste Reise nach Bogotá. Am Abend vor ihrer Abreise schenkte Chick ihr einen wunderschönen ledernen Reisekoffer. Als Glücksbringer, sagte er und küßte sie zärtlich auf die Wange.

Sie flog nach Bogotá, traf Chicks Kontaktleute, kaufte eine beeindruckende Auswahl an verhältnismäßig preisgünstigen *ruanas*, Kleidern, Wandbehängen etc. und flog zurück nach San Francisco. Wie immer nahm sie soviel wie möglich als persönliches Gepäck mit und schickte den Rest per Luftfracht nach Hause. Nach ihrer Rückkehr überhäufte Chick sie mit Fragen. Wie war es mit dem Zoll gelaufen? Hatte es irgendwelche Probleme gemacht, die Sachen, die sie dabeigehabt hatte, durch den Zoll zu bringen? Lauter Fragen in dem Stil. Rosalita erzählte, sie habe tatsächlich sehr viel mehr Fragen beantworten müssen als bei ihren Einreisen aus Guatemala. Damals, also in den frühen siebziger Jahren, kam Kokain erst in winzigen Mengen aus Kolumbien, doch beim Marihuana war das schon etwas ganz anderes, und Kolumbien stand beim Zoll unzweifelhaft auf der Liste verdächtiger Ausgangsländer.

«Aber sie haben dich nicht durchsucht?» fragte Chick.

«Nein, natürlich nicht», sagte die unschuldige Rosalita. In Wirklichkeit kannte sie den Zöllner ziemlich gut.

Chick tanzte umher und küßte sie und sagte: «Du bist ideal, Baby! Du hast uns gerade zu *millonarios* gemacht!» Er griff nach dem Reisekoffer, den er ihr geschenkt hatte. Als er die vier kleinen Gummiknöpfe an der Unterseite losgeschraubt hatte, löste sich die Bodenplatte, und dahinter kam ein hübsches kleines Fach zum Vorschein. Einen Moment lang dachte sie, sie wäre reingelegt worden. Doch das Fach war leer. Chick sagte: «Du hast jetzt bloß dünne Luft aus Kolumbien in die Staaten getragen. Beim nächstenmal wirst du fünfundzwanzigtausend Dollar mitbringen, Baby.»

«Du willst, daß ich *Geld* mitnehme?»

«*Plata de polvo*», sagte Chick lachend. Pulvergeld.

Rosalita war schockiert. Mit dem Dope kam sie ja gerade noch so zurecht. Ein paar von ihren schicken Freunden rauchten. Aber Kokain! Das lag für sie am äußersten Rand der Drogenwelt, war etwas, das sie verschwommen in Verbindung brachte mit Junkies, Schwarzen und Jazzmusikern. Chick sagte: «Vertrau mir!» und er sagte auch: «Probier doch mal was davon!» Rosalita tat beides. Zwei Monate später flog sie mit drei Pfund Huanaco-White-Kokain, das als großes flaches Päckchen im Bauch ihres Reisekoffers versteckt war, aus Bogotá zurück. Es war Rosalitas erster Einsatz, und es klappte alles wie am Schnürchen. «Wissen Sie, ich bin mir gar nicht sicher, was mich euphorischer gemacht hat. Die erste *perica*, die Chick mir gegeben hat, oder dieser erste Transport durch den Zoll.»

Die ganze Operation war sehr straff organisiert. Der Lieferant in Bogotá war einer der Textilgroßhändler, mit denen

Chick sie in Verbindung gebracht hatte. Er besaß ein Lagerhaus voller *ruanas*, und er betrieb regelmäßig Handel mit hochwertigem Kokain. Rosalita wollte mir über ihn nichts erzählen. «Er ist immer noch im Geschäft, und da ist es besser, Sie wissen gar nichts über ihn.» Das Kokain packte er während ihres legalen Geschäfts in seinem Lagerhaus ab. Dabei wechselte kein Geld den Besitzer. Chick schickte es aus San Francisco – ein perfekt aufgezogener Geldtransfer. Sobald Rosalita die Ware nach Hause gebracht hatte, streckte Chick den Stoff etwas mit Mannazucker und gab ihn mit einem Gewicht von vier Pfund an einen Großhändler in San Francisco weiter. Der war ebenfalls Kolumbianer und stammte aus dem Regierungsbezirk Huila im Süden. Der «Huila-Dealer», wie Chick ihn nannte, bezahlte achttausend Dollar pro Pfund. Chick bezahlte dafür in Bogotá viertausend Dollar – für die damalige Zeit ein ziemlich hoher Preis, doch waren darin das Verpacken enthalten und die Garantie, daß es mit dem Stoff keine Probleme gab. «Es war nichts Großes», sagte Rosalita. «Wir waren nicht gierig. Es war der ganz einfache, klassische Ablauf – kaufen, transportieren, verkaufen. Ein Minimum an Leuten, ein Maximum an Tarnung.» Es mag wirklich nichts Großes gewesen sein, doch innerhalb von ein paar Jahren machte Rosalita diese Tour zehnmal, und das brachte jedesmal ungefähr zwanzig Riesen. Die Aufwendungen waren natürlich gleich Null. Cousin Bartolomeo trug unwissentlich alle Reisekosten und war zufrieden mit den Profiten, die er aus seiner Kolumbien-Boutique «Andes» einen Stock über seiner Guatemala-Boutique in Sausalito schlug.

Damit es ihr Glück brachte, änderte Rosalita ab und zu ihre Masche. «Manchmal transportierte ich den Stoff *en el conejo.*» Ich blickte überrascht hoch. In einem Kaninchen? Sie lachte und warf die Lippen auf. «*Si, hombre. El conejo.* Ich habe den Stoff in mir selber ins Land gebracht.» Natürlich – *conejo* ist das südamerikanische Äquivalent zu «Muschi». Die Jungs vom Zoll nennen das «Vaginalverstecke». Ich unterließ es, sie danach zu fragen, welche Mengen sie bei dieser Methode transportierte. Wahrscheinlich aber keine drei Pfund. Eine andere Möglichkeit war die, daß sie den Stoff in die Rippen ihres BHs eingenäht transportierte.

So was wie der Koffer mit dem falschen Boden gehört zu den simpelsten Methoden, die einem als Maultier überhaupt zur Verfügung stehen. Man versteckt den Stoff ganz einfach an der Stelle, wo sie zuletzt suchen. Wenn sie wirklich Ernst machen, ist man dran, aber jede Suche oder Befragung, die sich in bestimmten Grenzen hält, übersteht man halbwegs leicht. Maultierarbeit dieser Art zahlt sich nur bei überaus verdichteter Schmuggelware mit hohen Gewinnspannen aus – wie zum Beispiel bei wertvollen Metallen, Juwelen und Kokain. Bei einem Pfund Gras zahlt sich so eine Methode kaum aus, und man würde ganz schön verdächtig aussehen, hätte man sich eine solche Menge in den BH gestopft.

Chick und Rosalita dachten an eine Erweiterung ihres geschäftlichen Wirkungskreises. Die andere Möglichkeit, die sich geradezu anbot, war die, das Kokain in einer der Kisten mit Wollwaren und Webereien zu importieren, die Rosalita als Luftfracht aus Bogotá mitnahm. Der Vorteil bestand darin, daß man eine entschieden größere Menge mitnehmen konnte. Der Nachteil lag darin, daß Kisten aus Kolumbien routinemäßig durchsucht wurden, bevor der Zoll sie freigab. Der Versand als Frachtgepäck war der hauptsächliche Schmuggelweg für Marihuana. Sie kamen zu dem Schluß, daß diese Form zu riskant war. Doch dann präsentierte ihnen der *ruana*-Mann in Bogotá eine ganz besonders gute Idee. Man konnte die *ruanas* mit einer Kokainlösung tränken. Wenn diese Lösung trocknete, lagerte das Kokain unsichtbar in der dicken Wolle der *ruanas*. Am Ziel angelangt, konnte man die *ruanas* wässern und das Kokain in gelöster Form zurückgewinnen.

Doch bevor sie diese Idee umsetzen konnten, erlebte Rosalita ihren ersten Beinahefehlschlag. Sie hatte das Kokain in dem Koffer mit dem falschen Boden, und sie wurde beim Zoll wirklich auf Teufel komm raus gefilzt. «Er hatte alle meine Sachen aus dem Koffer geräumt, und er zerrte an dem Ding und stocherte darin herum. Zu meinem Glück hatten wir gerade erst neue Gumminoppen auf den Boden gesetzt, und die hielten wirklich gut. Die Zöllner haben mich nicht verhaftet, aber sie haben mir auf jeden Fall eine Heidenangst eingejagt. Wissen Sie, wenn man Drogen schmuggelt, dann spielt sich alles im Kopf ab. Es kommt alles auf das eigene Köpfchen an. Wenn man von sich selbst überzeugt ist, dann hat man es schon zu drei Vierteln geschafft, die Männer vom Zoll ebenfalls zu überzeugen. Und ich war gut, da gibt's keinen Zweifel. Ich kannte mich aus, ich hatte jahrelang rechtmäßige Importe gemacht. Ich hatte das richtige Gefühl. Als ich dann anfing, eine Sonnenbrille zu tragen, fühlte ich mich sogar noch besser. Ich wirkte nicht besonders elegant und auch nicht besonders schlampig. Einfach so, wie ich tatsächlich war. Das ist das Geheimnis beim Schmuggeln – eine große Lüge mit einer Unmenge von kleinen Wahrheiten drum herum. Doch wenn man erst mal auf die andere Seite gesehen hat – wenn man erst mal denkt: ‹Jetzt bist du dran!› –, dann kriegt man wirklich die allerheftigsten Probleme im Kopf. Alles hängt davon ab, was man sieht, wenn man in den Spiegel schaut. Sieht man eine junge Geschäftsfrau, die Waren für eine Boutique in Sausalito einführt, oder sieht man ein Maultier für Kokain, das sich vor Angst in die Hosen macht? Genau in dem Moment und genau an der Stelle habe ich dem ganzen abgeschworen. Chick versuchte, mich noch einmal zu überreden. Ich sagte: ‹Du kannst gern weitermachen.› Chick blieb immer furchtbar cool, vielleicht weil er immer alles verteilt hatte. Verschiedene Bankkonten, mehrere Wohnungen, verschiedene falsche Firmennamen für die Überweisungen nach Bogotá. Man muß sich immer ein Hintertürchen offenlassen, so lautete Chicks Motto. Ich sagte: ‹Das ist ja in Ordnung, wenn du den Stoff verkaufst. Aber wenn du ihn durch den Zoll trägst›, sagte ich, ‹dann gibt es keine Hintertür mehr. Du mußt immer geradeaus. Es gibt für dich keinen Rückweg, der einzige Ausgang liegt vor dir. Und mir reicht's jetzt.›»

Chick und Rosalita verhielten sich damals für einige Zeit ganz ruhig. Doch die Schmugglerei wirkt selbst wie eine Droge, sie geht einem ins Blut, und nach einiger Zeit lechzten die beiden wieder nach einem Einsatz. «Es ist einfach eine Frage der Statistik», erklärte sie. «Ganz egal, wie gut die eigene Tarnung ist, es kann gar nicht anders sein, als daß dich der Zoll ab und zu einmal filzt, wenn du aus Kolumbien anreist.» Sie hatte beim letzten Transport eine schlechte Karte gezogen und hatte es trotzdem überstanden. Beim nächstenmal würde es vielleicht nicht so glimpflich ablaufen. Mitte der Siebziger war der Boden für Reisende aus Kolumbien wirklich heiß. Die Vereinigten Staaten wurden mit Dope und Koks regelrecht überschwemmt. Schmuggler jeder Art und jeden Kalibers versuchten es mit allen nur möglichen Tricks.

Rosalita reiste zwar nicht mehr nach Kolumbien, doch sie flog noch immer regelmäßig nach Guatemala. Warum kümmerten sie sich eigentlich nicht um jemand, der die Ware von Bogotá nach Guatemala City brachte? schlug Rosalita vor. Von dort könnte sie den Stoff dann selbst weitertransportieren in die Vereinigten Staaten. Wenn man im Paß einen Stempel aus Guatemala hatte, lief die Sache doch wie geschmiert. In Guatemala selbst gab es kaum etwas, für das sich der Schmuggel gelohnt hätte. Jedenfalls nichts, das man selbst transportieren konnte.

Diesmal zierte sich Chick. So etwas ging nur, wenn man jemand Neuen beteiligte, wenn man auf die Kaltblütigkeit von jemand anderem vertraute. «Wenn du die Kette um ein Glied verlängerst», sagte er, «erhöhst du das Risiko, erwischt zu werden, gleich mindestens um das Doppelte.» So etwas verstieß gegen ihren bisher so erfolgbringenden Grundsatz «Small is beautiful».

Doch dann entwickelten sie im Sommer 75 einen neuen Trick. Dieser Trick räumte alle Vorbehalte aus, die sie beide hatten. Rosalita brauchte nicht mit kolumbianischen Stempeln im Paß einzureisen, und Chick konnte ruhig schlafen, weil er sich keine Sorgen zu machen brauchte um die Risiken, die ein weiteres Maultier mit sich brachte. Es war ein Trick, der damals allerdings noch nicht bis ins letzte ausgefeilt war. Sie nannten ihn den Trick mit dem Wundersamen Radiergummi.

Eines Tages kam Chick in Begleitung eines Fremden in ihre Wohnung in Sausalito. Der Fremde war Engländer. Er hatte blonde, hinten zu einem Zopf zusammengebundene Haare, und er trug eine Brille mit Drahtgestell und einen teuren Anzug. «Er war so was wie ein schicker Hippie, so was wie ein Professor. Chick hat ihn mir vorgestellt. ‹Das ist Doktor Richard›, sagte er. ‹Dr. Richard kennt sich mit Kunststoffen aus.› Mein Gott, dachte ich… *Kunststoffe*. Wie aufregend! Chick war aber *wirklich* aufgeregt. Er stand richtig unter Strom, war hinter etwas Neuem her. Er sagte: ‹Dr. Richard möchte dir etwas zeigen, Rosalita.› Also hat der Kerl seine Aktentasche aufgemacht. Herausgeholt hat er ein Stück Papier, einen Stempel und zwei Spraydosen. Die Dosen waren nicht beschriftet. Eine war schwarz, eine weiß. Die Art, wie er diese Dinger auf den Tisch legte, erinnerte mich an einen Zauberer, den wir in Oviedo immer zu Weihnachten gesehen hatten, und genauso hat Dr. Richard sich auch genannt. Ein Zauberer der Technik. Er nahm eine Dose, nämlich die schwarze, und sprühte etwas auf das Papier. Es roch nach neuen Autositzen. Das Papier glänzte leicht, doch nach ein paar Sekunden war es trocken und sah genauso aus wie vorher. Nur wenn man es in die Hand nahm, war es etwas steifer und vielleicht auch etwas schwerer. Dr. Richard feuchtete den Stempel an und drückte ihn auf das Papier. ‹Downstream Enterprises› stand jetzt darauf. Das war Dr. Richards Firma. Sie beschäftigte sich mit allen Arten sonderbarer raffinierter Dinge, die man mit Kunststoffen anstellen konnte. Chick rannte in einem fort um mich herum, packte mich immer wieder und sagte: ‹Baby, ist das nicht wunderbar, man hat bis jetzt gar nichts gesehen.› Dann nahm Dr. Richard die andere Dose und sprühte damit über das Papier. Ein anderer Geruch. Wie Bleichlauge. Binnen Sekunden war die Oberfläche des Papiers mit weißer Farbe überzogen, sah aus wie gefroren. Oder wie eine zersplitterte Windschutzscheibe. Er schüttelte das Zeug in Fetzen vom Papier herunter und kratzte den Rest sorgfältig mit einem kleinen Messer ab. Das Papier war schließlich völlig sauber. Es klebte nichts darauf, und es war auch kein Stempel zu sehen. Es sah genauso aus wie vor dem Beginn seiner Prozedur. Dr. Richard erklärte es mir. Es ist einfach nur ein besonders dünner transparenter Kunststoffilm. Lineares Polyäthylen-Laminat mit geringer Dichte, so heißt das Zeug. Er hatte jahrelang dafür geforscht. Die Überwindung der Mikron-Grenze hat er das genannt. Das Vordringen zu wirklich winzigen Molekulargrößen. Ein ganzer Haufen technisches Zeug, das ich nicht verstanden habe. Er bot Chick die beiden Spraydosen zu je fünftausend Dollar an. Ich hatte die Sache ja nicht so ganz durchschaut. Dann sagte Chick: ‹Denk doch mal nach, Baby. Überleg doch mal, was man mit dem Zeug anstellen kann, wenn man es in deinen Paß sprüht!›»

Chick und Rosalita brachen zu einem verlängerten Wochenende auf und machten die Probe aufs Exempel. Nachdem sie den Wundersamen Radiergummi in ihre Pässe gesprüht hatten, fuhren sie mit dem Auto nach Mexiko. Sowohl bei der Einreise als auch bei der Ausreise erhielten sie einen Stempel. Außerdem wurden sie bei der Ausreise vom Zoll gefilzt und nach Gras oder Heroin durchsucht. Natürlich waren die beiden sauber. Und das gefiel Chick ganz enorm. Auf jeden warten überall Fallen. Doch diese hatte ihnen nichts anhaben können. Ihre Freude war noch sehr viel größer, als sie sich in einem Motel außerhalb von El Paso mit dem Lösungsmittel aus der weißen Dose über ihre Pässe hermachten. Die Plastikhaut wurde sichtbar und weiß wie Milchglas, sie kratzten sie ab, und – hurra! – es gab absolut keinen sichtbaren Nachweis mehr für ihren Besuch in Mexiko.

Das war die Grundvoraussetzung für die Schmuggeltouren mit dem Wundersamen Radiergummi. Rosalita konnte jetzt nach Kolumbien ein- und wieder ausreisen, ohne daß in ihrem Reisepaß ein Nachweis darüber verblieb. Die Stempel im Reisepaß spielen nicht als einziges eine Rolle, doch ein Stempel aus Kolumbien erhöht zweifellos die Wahrscheinlichkeit, erwischt zu werden. Im Rahmen ihrer legalen Geschäfte flog Rosalita nach Guatemala City. Dort kaufte sie ein Hin-und-Rück-flug-Ticket nach Bogotá. Vor ihrer Abreise aus Guatemala City sprühte sie den Wundersamen Radiergummi auf, und wenn sie, wie gewöhnlich von ihrem *ruana*-Mann versorgt, mit dem Kokain zurückkehrte, löste sie den Plastikfilm ab. Bei der Rückkehr nach Guatemala gab es nie irgendwelche Schwierigkeiten, durch den Zoll zu kommen. Man war dort wirklich sehr locker. Wenn sie in die Staaten zurückflog, gab es keinerlei Hinweis darauf, daß sie irgendwo in der Nähe von Kolumbien gewesen war. Rosalita hatte inzwischen einen größeren Koffer, in den zehn Pfund hineinpaßten. Chick hatte auch ein neues Handelsnetz. Der Huila-Dealer war nach Los Angeles abgewandert, und Chick brachte den Stoff nun direkt bei den Verteilern unter. Oben in North Beach gab es einen Chinesen namens Jack, andere Leute in Berkeley und Oakland. Der Aufwand war größer, doch waren auch die Gewinne höher. Sie machten jetzt jedesmal einen Gewinn von fünfzig- bis sechzigtausend Dollar.

In seiner Handhabung war der Wundersame Radiergummi

etwas umständlich. Zuerst einmal mußte Rosalita jedesmal alle Seiten ihres Passes besprühen – man kann sich nie ganz sicher sein, wohin die Leute an der Grenze ihren Stempel knallen werden. Ein kleines Risiko bestand darin, daß sie bei jedem Flug nach Kolumbien und zurück ein Einreise- und ein Ausreiseformular ausfüllen mußte. Dafür hatte sie eine kleine Finte, einen von den gängigen Tricks der Maultiere. Jedesmal, wenn sie eine Bordkarte oder etwas Ähnliches ausfüllte, beging sie zwei geplante Fehler. Ihren Vornamen schrieb sie dorthin, wo ihr Familienname hätte stehen sollen, und umgekehrt. Ihr Familienname lautete Amparo, und das ist ein ziemlich gängiger Vorname für Frauen. Außerdem vertauschte sie zwei Ziffern ihrer Paßnummer. Wenn das jemandem an Ort und Stelle auffiel – was nie passierte –, so konnte man das leicht als Fehler erklären und die Angelegenheit damit aus der Welt schaffen. Das war nichts weiter als eine zusätzliche Versicherung, eine weitere lose Schraube im offiziellen Getriebe. Wenn jemand auf die Idee kam, die Formulare zu überprüfen, dann war die Chance ziemlich groß, daß man eine Amparo Rosa, Paßnummer 1234, nicht in Verbindung bringen würde mit der wirklichen Rosa Amparo, Paßnummer 1324.

Ein halbes Dutzend Mal funktionierte der Wundersame Radiergummi traumhaft gut. Doch Dr. Richards unsichtbares Laminat hatte eine bedeutende Schwäche – auf Hitze reagierte es empfindlich. Dr. Richard hatte die beiden ermahnt, die Pässe von jeder Hitzequelle fernzuhalten, denn sonst würde der Film genauso aufreißen, wie er es tat, wenn man das Lösungsmittel aus der weißen Dose darübersprühte. Als Rosalita wieder einmal in Bogotá war und dort wie immer im Hotel Tequendama wohnte, machte sie einen ihrer seltenen Fehler. Sie mußte ihr Zimmer überstürzt verlassen – der Termin mit dem *ruana*-Mann war vorverlegt worden –, und sie ließ ihren Paß auf einem Fensterbrett liegen. Für die Jahreszeit war es ungewöhnlich heiß, und das Fenster lag nach Süden, so daß der Reisepaß bei Rosalitas Rückkehr wie im Backrohr lag. Der wundersame Plastikfilm kräuselte sich von den Seiten ab, nur daß er sich nicht so sauber abschaben ließ, wie es mit dem Lösungsmittel möglich war. Die einzelnen Seiten sahen aus wie Spiegeleier, wenn sie gerade zu braten beginnen. Das Lösungsmittel hatte

Rosalita nicht dabei, und deswegen konnte sie auch nichts mehr retten. Die Spraydose stand in Guatemala. Und ihren kolumbianischen Einreisestempel abzulösen, *bevor* sie aus Kolumbien wieder ausreiste, war natürlich das letzte, was sie hätte tun wollen.

Rosalita mußte ihren Paß verschwinden lassen, zur spanischen Botschaft gehen – sie reiste noch immer mit einem spanischen Paß – und sich ein Übergangsdokument ausstellen lassen. Sie flog mit leeren Händen nach San Francisco zurück, und sie begruben den Trick mit dem Wundersamen Radiergummi.

Mit ihrer Beziehung zu Chick ging es bergab. Rosalita sagte das in recht nüchternem Ton, so, als wäre das für jeden ganz normal. Die beiden lebten sich auseinander. Sie kündigte ihre Stelle bei Cousin Bartolomeo und zog nach Los Angeles um. Doch dauerte ihre Schmuggelpause nicht lange. In Los Angeles, wo sie in Laurel Canyon wohnte, lernte sie zwei Leute kennen, die ihr einen neuen Trampelpfad für Maultiere anboten. Zunächst traf sie eine Schweizerin namens Ilse, die schon etwas Dope geschmuggelt hatte und ziemlich abgebrüht und verbittert war. Für Ilse, sagte Rosalita, war das Durchschleusen von Stoff durch den Zoll das gleiche, als würde sie zu allen Männern, die ihr Schlechtes angetan hatten, «Ihr Scheißkerle!» sagen. Die andere Person, die ihre Dienste anbot, war jemand mit einem breiten Angebot an falschen Pässen.

Ilse und Rosalita arbeiteten mit dem klassischen Zwei-Koffer-Trick. Diese Methode hat den großen Vorteil, daß man es sich beinahe *leisten* kann, erwischt zu werden. Für diesen Trick braucht man bloß zwei identische Koffer und eine Menge Nerven. Rosalita flog nach Bogotá. Ilse flog mit einem anderen Flugzeug an irgendeinen Ort auf der Strecke zwischen Bogotá und der Stadt in den Vereinigten Staaten, die sie sich als Ort ihrer Rückkehr ausgesucht hatten. Den Termin des Rückflugs hatten sie bereits vor dem Hinflug verabredet. Rosalita stieg in Bogotá an Bord und gab ihren Koffer, der mit Koks vollgestopft war, als Reisegepäck auf. Ilse stieg bei einer der Zwischenlandungen des Flugzeugs zu: in Panama, Costa Rica oder sonstwo. Ihr Koffer, der nichts anderes enthielt als das einwandfreie Handgepäck einer Frau, traf irgendwo im Laderaum mit dem von Rosalita zusammen. Natürlich taten sie während des Fluges so, als würden sie sich nicht kennen. Wenn sie die Staaten erreicht hatten, zog Rosalita Ilses Koffer vom Gepäckkarussell und trug ihn durch den Zoll. Wenn die Stempel aus Kolumbien dazu führten, daß sie gefilzt wurde, war sie völlig sauber. Blusen, Röcke, kurze Hosen und Kosmetik. Die einzige Gefahr lag darin, daß einem der Beamten auffiel, daß die Erkennungsmarke an ihrem Koffer nicht mit der in ihrem Ticket zusammenpaßte. Doch das war unwahrscheinlich. Etwas später – so spät wie möglich – war Ilse mit dem Koks dran. Wenn alles gutging, kam sie anstandslos durch. In ihrem Paß gab es natürlich keine kolumbianischen Stempel. Wenn man sie kontrollierte und das Kokain unter dem falschen Boden entdeckt wurde, fing sie einfach laut zu schreien an: «O mein Gott, das ist ein abgekartetes Spiel... Ich habe diese Sachen noch nie in meinem Leben gesehen... Sehen Sie nur, sehen Sie nur, die Kennmarke für das Gepäck ist falsch... Sehen Sie nur, der Koffer kommt aus Bogotá, und ich war nur in San José... Das Gepäck gehört *jemand anderem.*» Die Sache konnte äußerst unangenehm sein, doch im Endeffekt konnten sie ihr überhaupt nichts anhängen. Wegen des Gepäcks würde man Untersuchungen anstellen, doch alles, was man dabei herausfinden konnte, war der falsche Name, unter dem Rosalita reiste.

Ein andermal arbeitete Rosalita für einen Kolumbianer namens Juancho Leone – Johnny der Löwe. Leone behauptete, pro Jahr *perica* im Wert von zehn Millionen Dollar ins Land zu schmuggeln. Er hatte eine äußerst ausgeklügelte Fassade aufgebaut – die Santa Teresa Pan-American Bible Mission mit dem Hauptsitz in Fort Lauderdale, Texas. Bei ihr waren Unmengen von Leuten beschäftigt, sie handelte mit Tausenden von Bibeln in verschiedenen Indio-Dialekten und verfolgte mit missionarischem Eifer nur ein einziges Ziel – den Import von Kokain und Marihuana. Ableger der Santa Teresa Mission gab es in Kolumbien, Ecuador, Peru und Bolivien. Leone schmuggelte auf allen Wegen, doch in erster Linie setzte er Maultiere ein, die fast ausschließlich Nonnentracht oder die steifen Kragen der Geistlichen trugen. Die kolumbianische Station lag in der Nähe von Florencia im südlichen Regierungsbezirk Caquetá, was viele Vorteile bot. Und zwar einerseits wegen der Eingeborenenstämme aus dem Amazonasgebiet, deren Seelen gerettet werden sollten, und andererseits wegen der Kokainraffinerien, die im Süden im Dschungel verstreut liegen. Das Kokain, das Rosalita, alias Schwester Dominica, transportierte, war in lange und schmale Taschen auf der Innenseite ihres voluminösen schwarzen Habits eingenäht. Manchmal kam sie mit religiösen Gegenständen zurück, mit naiven Kreuzen, die die edlen Wilden geschnitzt hatten und die in den Hinterzimmern der Mission in Florencia ausgehöhlt worden waren.

Auf einem anderen Weg setzte Leone exotische Vögel ein. Dieses Geschäft lief über einwandfreie Papiere und absolut offen, doch leider waren bei der Ankunft in den Vereinigten Staaten stets einige Vögel gestorben. In Wirklichkeit waren die Vögel bereits bei der Verladung in Kolumbien tot gewesen – tot und mit Kokain ausgestopft.

Warum arbeitete sie jetzt nicht mehr? Warum machte sie nicht auch noch den vierundvierzigsten Zug, wenn alle anderen so hervorragend geklappt hatten? Auch das war wieder eine Frage von Liebe und Maultierarbeit. Zum Schmuggeln war sie aus Liebe zu Chick gekommen. Jetzt war sie mit einem kolumbianischen Rechtsanwalt verheiratet. «Der erste geradlinige Mann, den ich in zehn Jahren kennengelernt habe, und da blieb mir gar nichts anderes übrig, als ihn zu heiraten.» Auf sein Drängen schwor sie der Schmugglerei ab. Sie wollten ein Kind haben. Dann entdeckte sie vor einem Jahr – kolumbianische Steuerermittlungsbeamte machten die Entdeckung zur selben Zeit –, daß er in einen großen Betrug und in eine Geldwaschanlage mit dem Zentrum in Medellín verwickelt war. Im Moment saß er im Gefängnis von Ladera eine Strafe von drei Jahren ab. Rosalita hatte die Sache inzwischen verdaut. «Alle leben mit einer Lüge», sagte sie. «Sie doch auch, oder?»

Sie war müde. Ihre Stimme verlor langsam ihre Entschiedenheit. Weil sie sich schon zu viele Straßen hineingezogen hatte, lief ihre Nase. Sie schlang die Strickweste enger um den Körper und stand auf, um eine Schachtel mit Kleenex-Tüchern zu holen.

«Was ist mit Chick passiert, Rosalita?»

Über die Schulter hinweg sprach sie so leise, daß ich sie

kaum verstand. Doch ich hatte die Antwort schon halb erwartet: «Chick ist tot.»

Ich bereitete für sie auf dem Teller noch eine weitere Straße vor. Eine letzte Straße, eine letzte Geschichte. Sie stand neben mir und sah mich aus ihren umschatteten Augen an. «Sie sind ein Freund von Gustavo, nicht?» Als Gegenleistung konnte ich ihr mein eigenes schäbiges kleines Geheimnis nicht vorenthalten, obwohl Gus mich dringend ermahnt hatte, ich solle jede Verbindung zu ihm leugnen. «Das dachte ich mir schon», sagte sie. «Ihr blöden Briten stellt einfach viel zu viele Fragen.»

Sie hatte Chick zum letztenmal in Miami gesehen, und zwar 1980. Er war wieder dort gewesen, wo er angefangen hatte, und hatte sich in den unteren Chargen der Drogenmafia von Florida herumgetrieben. «Er hatte überlebt. Das war wenigstens etwas. Wissen Sie, was man in Miami über die Kolumbianer sagt? Kolumbianer sind wie Pappbecher – man benutzt sie einmal und schmeißt sie dann weg. Auf den unteren Stufen der Leiter ist die Sterblichkeit sehr, sehr hoch. Ich selbst habe nie in Miami gearbeitet. Dadeland County. Aber wir sprechen von Deadland County. Na ja, jedenfalls hing Chick immer noch dort rum. Mit einem falschen Paß schmuggelte er, und er machte kleine Jobs – als Fahrer oder als Aufpasser. Aber er war in einem schlimmen Zustand. Er hatte *la tia blanca* in allen Variationen kennengelernt. Er hing an der Nadel, er war Snowballer, und er war Free-baser.» Das sind die drei härtesten Arten, Kokain zu nehmen: das intravenöse Spritzen, das Einnehmen von Kokain zusammen mit Heroin oder Morphium und das Inhalieren der beim Erhitzen von Kokain entstehenden Dämpfe – alle drei Arten führen auf schnellstem Weg auf den Friedhof.

«Doch in erster Linie schmuggelte Chick auf die allerdämlichste Art, die es überhaupt gibt. Er machte es mit Bodypacks. Als ich mit ihm arbeitete, versuchte er, mich dazu zu überreden. Er sagte damals immer: ‹Die Sache ist narrensicher, Baby. Du transportierst das Zeug im Magen, und das ist der einzige Platz, wo sie dir mit ihren Taschenlampen nicht hinleuchten können.› Aber ich habe es nie gemacht. Chick dagegen hat gleich ein Pfund auf einen Schlag transportiert – hundert *uvas*...»

«Weintrauben?»

«So nennt man die Kapseln. Vier oder fünf Gramm *perica*, die in einen Pariser oder ein Stück Operationshandschuh gefüllt sind.»

Transportiert jemand Body-packs, so gibt es zwei Arten der Gefahr für ihn. Als erstes können die *uvas* durch Röntgenstrahlen ausfindig gemacht werden, und auf den meisten größeren Flughäfen setzt man Röntgenstrahlen bei verdächtig wirkenden Kolumbianern bereits routinemäßig ein. «Wenn man kein Geständnis ablegt», sagte Rosalita, «setzen sie dich auf den Pott und warten auf den Beweis.» Die andere Gefahrenquelle führt zum Tod. Dazu kommt es, wenn eine der Kapseln im Körperinneren ein Loch bekommt. Das kann nach dem Schlucken jederzeit passieren, doch der häufigste Fall ist der, daß sich eine der Kapseln im *caecum* festsetzt, dem Blinddarm, dem ersten Teil des Dickdarms. Derjenige, dem das passiert, weiß dann, daß die Uhr läuft. Weder mit Unmengen an Abführmitteln noch mit Einläufen gelingt es, diese Verstopfung zu lösen. Die Verdauungssäfte machen ihre Arbeit, und wumm – fünf Gramm unverdünntes Kokain werden auf einen Schlag durch die Darmwände absorbiert und treffen das Nervensystem wie ein Sturm mit Windstärke zehn. So etwas nennt man dann den Weißen Tod. Ein verrückter Herzschlag, eine Temperatur wie bei Tropenfieber, Blutungen, Lungenödeme, Krämpfe und Atemstillstand. Und mit all dem soll man fertig werden, während das Hirn mit immer höherer Geschwindigkeit auf den Zustand zujagt, den man eine akute toxische Psychose nennt.

In neun von zehn Fällen führt ein gerissenes Kokainpäckchen zum Tod. Wenn es der Träger rechtzeitig in ein Krankenhaus schafft und er richtig behandelt wird – Sauerstoff und eine Stützung der Atemwege, damit er weiteratmet, hohe Dosen rasch wirkender Barbiturate, um den Krämpfen entgegenzuarbeiten, eine Ladung psychiatrischer Sedativa und Blocker –, hat er vielleicht Glück und kommt durch.

Wie viele andere schaffte Chick es gar nicht bis zum Krankenhaus. Rosalita hörte eines Tages in New York von einem Freund, daß Chick tot war. Sie suchte die alten Nummern des *Miami Herald* durch, und tatsächlich fand sie die Nachricht unter den Kurzmeldungen. Mit der trauervollen Würde einer Mutter, die ein Foto ihrer toten Tochter herzeigte, überreichte sie mir den Ausschnitt:

Selbstmörder von Nine Mile Island stand unter Drogenverdacht
Ein Mann, der sich gestern in aller Öffentlichkeit erschossen hat, wurde als Ernesto Diaz Marcoletta, ein kolumbianischer Staatsangehöriger, identifiziert. Die Einkaufenden stoben auseinander, als der fünfunddreißigjährige Diaz in Nine Mile Island im zehnten Stock eines Wohnblocks am Fenster auftauchte und schreiend mit einer Pistole herumfuchtelte. Augenzeugenberichten zufolge schoß er sich in den Bauch und stürzte sich in den Tod. Nach Aussage der Polizei stand Diaz unter dem Verdacht des Schmuggels und anderer Verstöße gegen das Betäubungsmittelgesetz und wurde deswegen überwacht.

Das war es also. Chicks Abgesang – fünf Zentimeter in einer Zeitungsspalte. In feierlicher Stimmung übertrug ich ihn in mein Notizbuch.

«Aber wissen Sie denn nicht, was das heißt?» sagte Rosalita. «Selbst in der Situation kamen sie nicht an ihn ran. Er hat sich eine Kugel durch den Bauch gejagt, so daß sie die *perica* in seinem Körper nicht finden konnten. Das war typisch Chick.»

Als ich ging, hatte sie sich dem Heizstrahler zugewandt und hielt mit der Hand ein Kleenex-Tuch fest umschlossen. Ich bedankte mich noch einmal bei ihr, doch sie gab keine Antwort. Ich sagte: «Es tut mir leid.»

Sie sagte: «Ja, ja, schon gut.»

9 Der beste Koch von der Caracas Avenue

Julio Cesar war ein Fußballnarr. Eines Abends gingen wir gemeinsam zu einem Match ins El-Campín-Stadion. Es war ein Freundschaftsspiel der Cachacos gegen die Costeños. Die Cachacos setzten sich aus den Spielern der zwei Teams von Bogotá zusammen, Santa Fé und Millonarios, die Costeños aus den Teams von der Karibikküste, Junior de Barranquilla und Unión de Magdalena. Vor dem Match gab es ein Konzert. Für das *vallenato*-Duo El Binomio de Oro waren wir zu spät dran, doch bekamen wir Juan Piña noch mit, der im schwarzen Smoking «Cómo Quieres que te Olvide» und «La Morena» sang. Julio Cesar hatte uns die besten Plätze besorgt, die man mit meinem Geld bezahlen konnte – Occidental Numerada, das heißt, sie waren exakt nach der Mittellinie orientiert. Durch die Menge schlängelten sich die Verkäufer und boten Tüten mit *chicharronnes* – das war kroß gerösteter Schweinespeck – und sprudelnde *gaseosa* an. Aus Behältern, die sie auf den Rükken geschnallt trugen, leiteten sie die *gaseosa* durch einen Gummischlauch in die Becher. Der Rauch und der Staub aus der Menge lagen als silbriger Nebel über der mit Flutlichtlampen beleuchteten Arena. Das Gras glänzte wie ein Smaragd.

Gerade als die beiden Teams auf die Spielfläche liefen, flakkerten und krachten die Flutlichtlampen, und das Stadion wurde in Dunkelheit getaucht. Im ersten Moment war es still, dann folgte heiterer Beifall. Zwei Landrover von Radio Caracol, die an der Seitenlinie standen, schalteten ihre Scheinwerfer ein. Die Fußballer marschierten etwas verwirrt über die Spielfläche. Der Fahrer des vorderen Übertragungswagens – orangeweiß, «EL PERIODISMO ELECTRONICO» – jagte den Motor hoch, knirschte in den Gängen und fuhr prompt im Rückwärtsgang gegen den hinteren Wagen, dessen Scheinwerfer dabei zu Bruch gingen. Erneuter Beifall. Schließlich begann das Spiel dann doch und entwickelte sich so ausgelassen und kampflustig, wie Freundschaftsspiele meistens verlaufen. Das Spiel war ein Puzzle aus altbekannten und auf der ganzen Welt geläufigen Klischees des Fußballs. Die Costeños gewannen mit einem einzigen Tor, das sie zu Beginn der zweiten Hälfte durch William Knight, den schwarzen Stürmer der Juniors, erzielten. Die Cachacos konnten einen späteren Elfmeter nicht verwandeln. Daraufhin regnete es Bierdosen auf die Spielfläche. Die *carabineros* ließen ihre großen Rösser tänzeln und zogen die Pistolen aus dem Halfter.

Draußen vor dem Stadion waren die *fritanga*-Buden und die *arepa*-Grills in der Dunkelheit wie die Pilze aus dem Boden geschossen. Ein Mann aus der Menge winkte Julio Cesar freudig zu. Während er auf uns zukam, grinste er übers ganze Gesicht. «Dieser blöde Costeño», murmelte Julio Cesar, der über die Vorstellung des Gastgeberteams nicht besonders erfreut war. Der *costeño* hieß Jairo, stammte aus Santa Marta, war leutselig und aufdringlich. Wie mancher andere *costeño* hatte er arabische Züge. Ein Erbe der maurischen Händler, die im Gefolge der *conquistadores* ins Land gekommen waren. Mit verschwörerischer Miene schob er sich nahe an Julio Cesar heran und sagte: «Hast du etwas?»

«Natürlich», sagte Julio Cesar, «aber nicht hier.»

«Ich habe jetzt einen Wagen», sagte Jairo. Die beiden drängten sich durch die Menge. In der vagen Hoffnung, noch einen weiteren Fang für meine große Kokain-Story zu machen, hängte ich mich an sie dran.

Wir fuhren zum Gose Pagano an der Ecke Caracas und 78th, zum selben Klub, in dem Julio Cesar den Koks besorgt hatte, den ich zu Rosalita mitgenommen hatte. Das Gose Pagano – grob übersetzt bedeutet der Name ungefähr «zur heidnischen Vergnügungssucht» – ist eine *salsateca*, eine Diskothek, in der bloß *salsa*-Musik gespielt wird. An dem Labyrinth aus kleinen, dunklen Räumen, wo in einigen gar nichts, in anderen aber Tische und Stühle und auf Flaschen gesteckte Kerzen standen, konnte man noch immer ein altes Stadthaus erkennen. Unten gab es eine Bar, oben die Tanzfläche. Die Tanzfläche war leer. Es war ungefähr halb zehn. In ein paar Stunden würde hier der Teufel los sein, sagte Julio Cesar. Der schwarze Diskjockey saß völlig unbeeindruckt von seiner Umgebung in einer Nische und spielte die Schallplatten so laut, daß einem bei Kratzern fast der Schädel platzte. Salsa ist wilde und schnelle afro-spanische Musik, voll komplexer Synkopen und vielschichtiger Schlagzeugnummern und vermischt mit spanischem Singsang und Geschrei. Es gibt puertoricanische, kubanische und kolumbianische Spielarten, doch seinen Ursprung hat der Salsa in den Klubs und Studios der *chicanos* in Spanish Harlem in New York.

Wir bestellten teures Bier. Das war die Art, mit der hier Eintritt kassiert wurde. Julio Cesar arbeitete sich rasch durch alle Winkel und Ecken des Lokals, machte manchmal halt, um jemandem die Hand zu schütteln und ein paar Worte mit ihm zu wechseln, oder schickte ab und zu mit erhobenem Zeigefinger einen Gruß durch den Raum. Egal, wen er suchte, er war jedenfalls nicht da. Julio Cesar setzte Jairo und mich an einen Tisch und sagte, er würde *ahorita* zurück sein. Meinem Gefühl nach gehörte Jairo für Julio Cesar mehr zum Bereich Geschäft als zum Bereich Vergnügen. Jairo war ein verwöhntes Bürschchen. Zusammen mit seiner Familie wohnte er im exklusiven Vorort Santa Ana. Sein Vater war Chemieingenieur bei einer der großen Brauereien. Jairo stand kurz vor einem Architekturstudium. Leute seiner Art zeichnen sich anscheinend immer dadurch aus, daß sie gerade «kurz vor» etwas stehen. Die natürliche *alegría* der Kolumbianer von der Karibikküste hatte sich bei ihm zu einer etwas nervösen und aufgesetzten Gutmütigkeit entwickelt. Er lächelte wie ein arabischer Händler beim Abschluß eines Geschäfts, und sein Blick wanderte während unseres Gesprächs durch den Raum. Trotzdem war es für mich eine Freude, mich mit ihm über Santa Marta unterhalten zu können. Er versicherte mir, daß der Schmuggel und der Handel dort noch immer prosperierten. Doch das Allernützlichste daran war, daß er mir den Namen eines Händlers in Santa Marta gab – Waldino. «Er hat einen schwarzen Bart, und er versorgt Sie mit allem, was Sie haben möchten», sagte Jairo. *«Mit allem!»*

Julio Cesar kam mit einer *muestra* zurück. Der Reihe nach zogen wir ab aufs Klo. Das Klosett war mit Zeitungspapier verstopft, Bluttropfen klebten im Waschbecken, und an der Wand stand als Graffito: «JESUCRISTO NACE – UN PAGANITO

MAS». Jesus Christus ist geboren – noch ein kleiner Heide. Die ganze Nacht hindurch würden Leute aus diesem Klo kommen, einen gewissen Schmiß in ihren Bewegungen haben, einen neuen Glanz in den Augen und ein schiefes Grinsen auf dem Gesicht, von dem sie in einfältigem Optimismus glaubten, es wäre ein Lächeln.

Wir bestellten neues Bier. Die Tanzfläche füllte sich langsam. Die Musik wurde noch um ein Dezibel lauter gedreht, Schwarzlichtlampen gingen an, Augen und Zähne blitzten auf, und man spreizte seine Schwanzfedern. Spanish Johnny spielte auf zur Nacht. Unerklärlicherweise gingen wir plötzlich. Die Musik war zu laut, um den Grund dafür herauszufinden. Julio Cesar schrie, daß wir jetzt *el camino viejo* gehen würden. Den alten Weg? Welcher Weg war das, und wo führte er hin? El Camino Viejo entpuppte sich als Restaurant ein paar Blocks weiter, und wir gingen dorthin, um uns mit einem Mann namens Mario zu treffen, der den Stoff für Jairo bringen sollte. «Sie werden Mario mögen», sagte Julio Cesar zu mir. *«Es un perro viejo.»* Er ist ein alter Hund. In dem Restaurant im ersten Stock spielte eine Band *vallenatos*, und der kleine *negro* mit der Quetschkommode schwitzte heftig. Sie ließen gerade den Hit «Diana» von Diomedes y Colacho abrollen. Keiner von uns wollte etwas essen. Wir bestellten nur eine Flasche Aguardiente. Es stellte sich heraus, daß ich ohnehin der einzige war, der noch Geld ausgeben konnte. Jairo hob sein Geld für die *perica* auf, die er kaufen wollte, und Julio Cesars Taschen öffneten sich ohnehin ausschließlich in eine Richtung. Als wir die zweite Flasche bestellten, steckte ich in einem letzten klaren Moment elf Pesos in eine andere Tasche – genug, um mit dem Bus in die Stadt zurückfahren zu können – und opferte den Rest den Göttern der Nacht.

Später blieben im Restaurant nur noch die Feierabendtrinker übrig. Die Gäste an den einzelnen Tischen waren unbemerkt zu einer großen, weit auseinander sitzenden Festgesellschaft verschmolzen. Die Musiker ruhten sich aus und hielten leichte Mädchen im Arm. Nur der kleine Akkordeonspieler, ein Guajiro, spielte weiter, entlockte seinem Instrument im Rausch sich ewig wiederholende Melodien und starrte dabei wie ein blinder Bluessänger hinauf in eine Ecke des Raumes. Alle unterhielten sich. Verschiedene Leute setzten sich mir gegenüber oder neben mich, und manche unterhielten sich sogar in einer Sprache, die Sinn machte. Plötzlich tauchte Mario auf, der Mann, den wir hier hatten treffen wollen.

Er war sehr groß und trug einen schwarzen Bart mit grauen Strähnen. Irgendwie drückte seine langsame Art, sich zu bewegen, eine melancholische Stimmung aus. Mit ihm drang kalte Nachtluft in den durch die Sauferei aufgeheizten Raum. In einem schwarzen Paletot hätte er ausgesehen wie ein gewisser leichenblasser Gentleman aus der viktorianischen Ära. Hätte man ihm eine Kapitänsmütze aufgesetzt, wäre er zu einem Ebenbild von Käpt'n Haddock aus *Tintin* geworden. Seine Stimme klang tief und sonor. Er stammte aus dem Süden, aus Tulua, einer kleinen netten Stadt, die inmitten der Zuckerrohrfelder und Bambushaine des Cauca-Tales eingebettet lag. Ich schätzte ihn auf Ende Vierzig. Die Falten auf seiner Stirn lagen wie ein Kraftfeld um die zwei steil hochschießenden Konzentrationsfurchen. Seine Augen waren blau und hatten einen harten Ausdruck. Vom ersten Moment an wußte man, daß dieser Mann nicht mit sich spaßen ließ.

Die *perica*, die Jairo kaufen wollte, hatte Mario nicht dabei, doch er hatte ein paar *sucitos* mit – Marihuanazigaretten. Jairo wollte sich auf der Stelle eine anzünden. Nervosität und Gier lagen in seinem Blick. Er sah aus wie ein Kind, das Angst um seinen Schokoladekuchen hatte. Mario sagte, das Restaurant habe wegen Drogen Schwierigkeiten mit der Polizei bekommen. Wenn Jairo sofort etwas haben wollte, würde er es draußen rauchen müssen. Ich selbst hatte schon beinahe vergessen, daß in Bogotá jeglicher Drogenkonsum verboten ist. Man bekommt immer gesagt, daß in Kolumbien die Polizei das letzte ist, um das man sich Sorgen zu machen braucht. Die Polizisten sind überbeansprucht und unterbezahlt, und man muß schon sehr großes Pech haben, wenn man auf einen stößt, der nicht zu kaufen ist.

Als Jairo gierig nach seinem *sucito* griff und gehen wollte, sagte Julio Cesar zu mir: «Gehen Sie auch. Ich komme gleich nach.» Als wir das Restaurant verließen, unterhielt er sich angestrengt mit Mario. Julio Cesar machte überhaupt keinen betrunkenen Eindruck. Seine Haare wirkten vielleicht ein bißchen zerzaust, und seine Stirn glänzte leicht vor Schweiß, doch ansonsten wirkte er wie ein Mann, der die Fäden in der Hand hielt.

Auf dem Gehsteig schloß er sich uns kurz darauf wieder an. Es war ruhig auf der Straße. Wir rauchten den *sucito* in einer Telefonzelle. Zwei hielten Wache, während der dritte im Schutz des Hörers am Joint zog. Zwei Männer bogen um die Ecke. «Sprechen, sprechen!» zischte Julio Cesar. Als sie vorbeigingen, brabbelte ich etwas ins Telefon. Durch die Hörmuschel drang als Antwort ein leises, monotones Pfeifen. Plötzlich sah ich nur ein paar Meter entfernt im Eingang zu einem Laden eine zusammengekauerte Gestalt liegen. Dort schlief jemand auf ausgebreiteten Pappkartons. Das Wesen bewegte sich jedenfalls überhaupt nicht – war es doch auch zu kalt und für jede Bewegung zu unbequem – und schien in keiner Weise an unserem kicherigen Getue interessiert. Hätte man die Füße nicht gesehen, man hätte nicht gewußt, daß es überhaupt ein Mensch war.

Während Jairo rauchte, sagte Julio Cesar zu mir: «Mario gefällt Ihnen, oder?»

«Aber natürlich.»

«Er ist ein sehr interessanter Mensch. Wie ich schon gesagt habe – *un perro viejo*. Er kennt so etliche Tricks.» Der Rauch durchzog mich. Basukonebel, der sich über ein Meer aus Aguardiente legte. Ein sonderbares inneres Schweigen, durch das ich Julio Cesars Stimme hörte, die auf ganz bestimmte Weise schärfer geworden war. Jetzt ging es ums Geschäft. «Früher war er einmal ein *mano verde*, wie wir das nennen, wissen Sie.»

«Eine grüne Hand?»

«*Un cocinero, hombre*. Ein Koch. Er hat Kokain hergestellt. Von der Arbeit mit den Kokablättern bekommen die Leute grüne Hände. Wissen Sie, ich habe ihm gesagt, Sie könnten vielleicht... interessiert sein. Er kann Ihnen die Kniffe erklären, kann sagen, wie es dabei zugeht. Eins kann ich Ihnen versprechen! Mario war der beste Koch in ganz Kolumbien!»

Ich schnaubte skeptisch. Selbst zu dieser fortgeschrittenen Stunde mußte man sich bemühen, die Dinge noch im richtigen Verhältnis zu sehen. «Okay», sagte er und lachte leise. «Er ist heute abend jedenfalls der beste Koch von der Caracas Avenue. Er ist da, und er will sich für fünftausend Pesos mit Ihnen unterhalten.»

Ich hatte keine Lust. Ich war nicht fit genug für eine solche Unterhaltung. Doch ich hatte noch ungefähr fünftausend Pesos in meiner Brusttasche, und wie Gus mir deutlich zu verstehen gegeben hatte, wachsen solche Geschichten nicht auf den Bäumen. Nachdem ich den letzten Rest an Entschiedenheit, den es in meinem schwankenden, sich wie Gallert anfühlenden Körper noch gab, versammelt hatte, sagte ich: «Ich zahle aber erst nach dem Gespräch, okay?»

Julio Cesar überlegte. An die Stelle seines bleistiftschmalen Schnurrbarts trat ein breites, goldüberkrontes Grinsen. «In diesem Fall, Señor Charlie, zahlen Sie mir sofort tausend Pesos und Don Mario hinterher viertausend.»

Vergiß es! Es war Firmengeld, für den Verleger bloß Kleinmist. Ich spuckte den Kokainschleim auf den Gehsteig. Ich haßte Malcolm und haßte mich selbst, seinen unredlichen Unterhändler. Mit der Fingerfertigkeit eines Falschspielers schob Julio Cesar den Geldschein in die Tasche. Als wir an dem dunklen Ladeneingang vorbeigingen, hustete der Haufen Lumpen und murmelte etwas vor sich hin.

Es kam noch zu mehreren Verzögerungen und Umwegen, die vor allem mit dem Kokain in Zusammenhang standen, das der unglückliche Jairo zu kaufen versuchte. Es schien irgendein Problem zu geben. Mario hatte mit jemand Rücksprache zu halten. Es stellte sich heraus, daß dieser Jemand ein Mädchen hinter der Theke einer Rapido-Burger-Filiale an der 10th Avenue war. Dann mußten wir wieder zurück ins Gose Pagano, noch etwas länger warten, noch etwas mehr trinken – Jairo gereizt, Julio Cesar gelassen und ruhig, Mario als Anführer der Gruppe in grimmiger Höflichkeit. Mario stahl sich immer wieder zum Telefonieren fort. Niemand hob ab, und niemand kam. Mit Saufen und auch Rauchen vertrieben wir uns die Zeit, bis wir schließlich die einzigen Gäste im Lokal waren und der Barmann seinem Assistenten eine monströse Sperrkette zuwarf – «Da, nimm dein Tierchen!» – und uns erklärte, daß selbst der Salsa irgendwann mal ein Ende haben müßte. Wir sollten das ruhig glauben und morgen wiederkommen. Hinter dem Tresen stand ein Spruch aufgemalt: «QUIÉN NOS QUITA LO GOZAO?» Wer kann uns die schönen Zeiten rauben, die wir erlebt haben?

Draußen stürmte kalter Regen in heftigen Böen auf uns ein. Auf einem freien Grundstück stand ein Baum, und daran hing der Mond. Ein paar Taxis, die aber alle schon besetzt waren, fuhren an uns vorbei. Wir gingen zu Marios Wohnung, die ein paar Blocks nach Osten an der Caracas lag. Dort wollten wir den «Kampf», den wir mit Alkohol und Drogen führten, wiederaufnehmen. Irgendwann zwischendurch würde ich ein Interview führen können über die großen Geheimnisse der Kokainherstellung. Ich betete zu Gott, er möge mich nicht vorher ohnmächtig werden lassen. Während wir die unheimliche Straße entlangmarschierten, ruhte Julio Cesars Hand mit leichtem Druck zwischen meinen Schulterblättern.

Mario wohnte in einem Zimmer im Erdgeschoß, das gerade groß genug war für ein Doppelbett und zwei Stühle. Daneben lag ein kleines Badezimmer. Er schien nicht viel zu besitzen. Ein paar Kleidungsstücke, ein Spiegel, ein paar Bücher neben dem Bett – Castaneda, García Márquez. Die Wände drückten in den Raum herein, mit so vielen Zeitschriftenfotos waren sie gespickt. Vor dem Fenster hingen schwere Vorhänge. Wieder einmal ein Zimmer, aus dem man nicht hinaussehen konnte, wieder einmal eine Nacht in einem nur schlecht beleuchteten Schlupfloch in der Unterwelt des Kokains. Noch mehr Aguardiente, *sucitos* am Fließband. Es war wie in einer Tretmühle, eine anstrengende, mechanische Tätigkeit. Mario hätte keine Ablehnung geduldet. Man *mußte* rauchen und trinken. Man mußte da einfach durch.

Irgendwann sprach Mario plötzlich davon, man könne jetzt gleich ins türkische Bad gehen. Dieser Gedanke kam mir sehr unwahrscheinlich vor, doch ich wunderte mich längst über nichts mehr. Julio Cesar schaltete das Radio ein. Die *vallenatos*, die die ganze Nacht gespielt wurden, ertönten, und dazwischen dröhnende Werbesprüche: «Radio Santa Fé... *Siga gozando!*» – «Radio Santa Fé... *Radiando la alegría!*» Mario kam aus dem Badezimmer zurück. Das *baño turco* sei fertig, verkündete er. Hinter dem Duschvorhang im Badezimmer hatte er einen kleinen Verdampfer für den Hausgebrauch stehen. Jairo und ich bekamen von ihm je eine Badehose überreicht. Mit soviel Würde, wie sie noch möglich ist in einem engen und verrauchten Zimmer, wo auf dem Bett gegenüber zwei von Bogotás Straßendealern herumlungern, zog ich mich aus und schlüpfte in die Badehose. Sie war mir zu groß und hatte ein ausgewaschenes pastellfarbenes Wirbelmuster. Nach Jairo kam ich an die Reihe. Hinter dem Duschvorhang war es unerträglich heiß, doch die Zeitdauer, die man es im Dampf aushielt, schien Ehrensache zu sein, und Julio Cesar stieß mich immer wieder hinein, damit ich weitermachte. Mario hatte einen Haufen Eukalyptusblätter auf den Verdampfer gelegt. Der scharfe, nach Minze riechende Dampf kratzte mir in den Lungen, und aus allen Poren brach mir der Schweiß. Was tat ich bloß hier?

Später klopfte es an die Tür, und eine weiche, aufgeregte Stimme sagte: «Ich bin's, Ana.» Ana war ein großgewachsenes Mädchen in engen Jeans. Sie arbeitete als Tänzerin im Carousel Club, einer Animierbar in der Innenstadt. Sie setzte sich neben Mario auf das Bett. Als spendete er ihr die heilige Kommunion, hielt er ihr den *sucito* hin, damit sie daran ziehen konnte. Jairo lächelte sie mit einem albernen Grinsen an und machte eine Anspielung, wie geil man durch Basuko doch wurde. Mario gefiel das überhaupt nicht. Er fing an, Jairo zu beschimpfen: «Du bist hier mein *Gast*, ich behandle dich wie einen *Freund*, aber du hast wirklich kein *Recht*, so mit ihr zu *reden*!» Langsam, wie er war, drückte er seinen schmalen Körper schwerfällig vom Bett hoch. Die beiden Falten zwischen seinen Augenbrauen sahen aus wie eingebrannt. Zitternd vor Angst saß Jairo in seiner Badehose da und sagte wie ein gescholtener Schuljunge bloß «Ja» und «Nein». Julio Cesar sagte: «*Tranquilo!* Don Mario!» Ana musterte ihre Fingernägel. Die beiden kannten das schon. Ich schlich mich davon und gönnte mir noch eine Sitzung im türkischen Bad.

Als ich zurückkam, machte sich ein beleidigter Jairo gerade auf den Weg. Während er sich noch das Hemd in die Hose stopfte, fummelte er bereits am Türgriff herum. In gebieterischer Haltung ignorierte Mario ihn völlig. Die Tür fiel ins Schloß. Leichte Dampfwölkchen zogen über meine schwitzende Haut. Mario sagte zu mir: «Wir können uns jetzt unterhalten.» Ich legte mir eine Decke um die Schultern, holte ein paar Papierfetzen aus meiner Jacke und setzte mich ihm gegenüber hin.

«Die Kokainkocherei habe ich 68 oder 69 in Cali gelernt. Ein chilenischer Chemiker hat sie mir beigebracht. Die Chilenen waren damals die besten Kocher, und er verkaufte seine Geheimnisse. Damals gab es noch etliche andere, die wie er nach Kolumbien gekommen waren. Meine erste Küche habe ich selbst eingerichtet, oben in den Bergen über dem Rio Cauca, ganz in der Nähe von einem Dorf, das Las Animas hieß – die Geister. Das Land dort gehört den Gumbianos. Das sind Indios. Sie kauen die Kokablätter – das heißt, etliche von ihnen besaufen sich mit *chicha*, doch einige kauen immer noch die Blätter. Es gibt dort ein paar *cocales* und auf den Märkten Koka in Hülle und Fülle. Die Gumbianos sind gute, starke Leute. Keine großen Worte und viel Geduld. Sie stutzen den Kokastrauch immer zurecht, zirka auf einen Meter Höhe. Sie nennen ihre Büsche *ilyimera*. In ihrer Sprache heißt das ‹kleine Vögel›. Ich war der erste *blanco*, der in dieser Gegend eine Kokainküche eingerichtet hat. Zuerst hielten sie mich für verrückt. Ein Gumbiano, der die Blätter kaut, braucht pro Woche vielleicht ein halbes Pfund. Ich ging auf die Märkte und kaufte jedesmal auf einen Schlag vier *arrobas* auf – das sind hundert Pfund. Zur damaligen Zeit konnte man eine *arroba* Koka für fünfzig Pesos kaufen. Wenn man gute Blätter und gute Chemikalien hat, dann holt man aus hundert Pfund Blättern ein Pfund Kokain. Später habe ich dann mit einem der Pflanzer eine Abmachung getroffen und die Blätter direkt beim *cocal* gekauft. Die hellen, noch nicht getrockneten Blätter eignen sich am besten zum Kochen.»

Mario sprach langsam und überlegt. Seine Stimme verriet überhaupt nichts, doch in seinem Blick lag eine permanente Herausforderung. Sein Bart ragte etwas vor. So wie ein Stier aus einem Cartoon jagte er schnaubend kleine Rauchwölkchen durch die Nase.

Er erklärte, daß es beim «Einkochen» von Kokain im wesentlichen zwei Stufen gab: *«De coca a pasta, y de pasta a perica.»* Vom Kokablatt zur Kokainpaste oder -base, und von der Kokainpaste zu kristallinem Kokain. Die erste Stufe besteht in einem einfachen Extraktionsprozeß, durch den dem Blatt die entscheidenden pflanzlichen Alkaloide entzogen werden. «Das Kokain versteckt sich im Inneren des Blattes», sagte Mario. «Der *cocinero* muß in das Blatt hinein und das kleine bißchen Kokain herausholen.» Um diesen Prozeß noch zu verdeutlichen, machte er mit seinen schmalen Händen eine spiralige Bewegung.

Ein Kokablatt enthält viele Alkaloide, doch nur eines davon ist die psychoaktive Substanz, die in der organischen Chemie als Methylbenzylekgonin und ansonsten als Kokain bekannt ist. In der zweiten, komplexeren Stufe des Einkochens geht es darum, das Kokain von den anderen Alkaloiden zu trennen und es zu einem Salz auskristallisieren zu lassen. Bei den Kokablättern, die in Kolumbien und Peru vorkommen, dem Trujillo-Blatt (*Erythroxylum novogranatense*), ist der Anteil an Kokain im Verhältnis zu den anderen Alkaloiden etwas geringer als bei der bolivianischen Art, dem Huanaco-Blatt (*Erythroxylum coca*).

«Es ist sehr einfach, aus den Kokablättern die *pasta* zu machen. Man braucht etwas Benzin. Am besten ist Kerosin. Man braucht eine bestimmte Menge Schwefelsäure, und man braucht einen alkalischen Stoff. Als Alkali kann man Kalk oder Natriumkarbonat nehmen. Ich habe das Allereinfachste genommen, nämlich *potasa.*» *Potasa* oder Pottasche ist eine primitive Form von Kaliumkarbonat und wird aus pflanzlicher Asche gewonnen. «Doch vor allem braucht man Geduld», fügte er hinzu.

«Der erste Schritt bei der ganzen Unternehmung ist der, den wir *la salada* nennen, das Salzen. Dabei streut man die Pottasche über die Blätter und mischt sie dann unter. Wenn man mit einer großen Menge Blätter arbeitet, kann man das in einer Grube machen, die man mit Plastikfolie ausgekleidet hat. Bei kleineren Mengen macht man das in einem Ölfaß oder einem Plastikeimer. Nach dem Einsalzen läßt man die Blätter ein paar Stunden stehen. Die Pottasche bringt sie in der Zeit zum Schwitzen. Nach und nach löst die Pottasche die Alkaloide in den Blättern. Der zweite Schritt ist *la mojadura*, das Einweichen. Jetzt wird das Kerosin auf die Blätter geschüttet, bis sie völlig bedeckt sind. Man kann auch ein bißchen verdünnte Schwefelsäure dazukippen, damit die Blätter schneller aufgebrochen werden können. Hat man das erledigt, muß man alles mindestens einen Tag, besser noch sechsunddreißig Stunden durchweichen lassen. Während man wartet, entzieht die Pottasche den Blättern die Alkaloide. Und die schwimmen dann frei im Kerosin, das sie aufnimmt. Am Ende des zweiten Tages kann man dann mit *la prensa* beginnen, mit dem Pressen. Hat man keine Presse, dann arbeitet man mit den Füßen. So wie die Bauern, wenn sie *chicha* machen.» (*Chicha* ist Maisschnaps, ein traditioneller, von den *campesinos* schwarz gebrannter Schnaps, der in Kolumbien inzwischen offiziell verboten ist.) «*La prensa* hat den Zweck, soviel Kerosin wie möglich aus den Blättern zu holen. Das Kerosin steckt voller Alkaloide. Die Blätter sind jetzt tot, schwarz und verdorben. Das Kerosin füllt man in Fässer um, die Blätter wirft man weg. Der vierte Schritt ist äußerst heikel. Dem Kerosin werden dabei die Alkaloide entzogen und in Wasser gelöst. Das geschieht dadurch, daß man Wasser und Schwefelsäure dazuschüttet. Diese Mischung läßt man erneut einen ganzen Tag lang in absoluter Ruhe stehen. Die Säure arbeitet sich durch, nimmt die Alkaloide auf und löst sie im Wasser. Wir nennen diesen Teil des Prozesses *la guaraperia*. Ist alles fertig, schwimmt das Kerosin obenauf, und darunter befindet sich der *guarapo*. Der *guarapo* ist eine Mischung aus Kokain und den anderen Alkaloiden. In den *guarapo* schüttet man noch mehr Pottasche. Die Alkaloide fällen dadurch aus. Man sieht, wie der *guarapo* milchig weiß wird. Das Kokain ist jetzt zum erstenmal sichtbar. Wenn man welchen hat, nimmt man Ammoniak, denn der eignet sich am besten zum Ausfällen. Jetzt hat man alles für den letzten Schritt des Verfahrens vorbereitet – für *la secaderia*, das Trocknen. Das heißt, daß man die ausgefällte Masse filtert – dazu kann man ein Bettlaken nehmen – und sie in der Sonne oder unter Glühlampen trocknet. Man trocknet sie so lange, bis sie wie feuchter Lehm ist. Und damit hat man sie dann auch, *la pasta de cocaina*!»

So weit, so gut. Man hatte nach dieser Prozedur reine Kokainpaste, den grüngrauen Matsch, der die Basis für den gesamten Kokainhandel ist. Die Paste ist bereits eine wertvolle Ware.

Man kann sie weiter trocknen und als Basuko verkaufen. Sie ist chemisch stabil und kann durch jedes Klima transportiert werden, ohne daß ihre Wirkungskraft Schaden nähme. Wie hoch der Wert anzusetzen ist, hängt davon ab, wo man innerhalb der Kette steht, an wen man verkauft und in welcher Menge. Nach heutigen Preisen veranschlagt, kann ein Pfund *pasta* alles zwischen fünfhundert und zweitausend Dollar einbringen. Doch was ist mit der anderen Hälfte der Operation, der Umwandlung von *pasta* in reines Kokain, in den Schnee für die Schnupfer? Hier ist das wirkliche Geld zu holen. Ein guter Kocher kann dieses eine Pfund *pasta* in fast die gleiche Menge Kokain verwandeln, und die ist auf dem Markt in Bogotá ungefähr fünftausend Dollar wert. In dieser Frage mußte ich allerdings eine Enttäuschung erleben. Vielleicht erachtete Mario mich nicht als würdig, dieses geheime innere Heiligtum der Kokainchemie zu betreten. Vielleicht hatte ich nicht genug bezahlt. Vielleicht wurde er aber auch langsam selbst vergeßlich. Es war schon acht Jahre her, daß er mit der Kocherei zu tun gehabt hatte. Er war beinahe ums Leben gekommen, als ein Glasballon mit Äther in seinem Laboratorium in Las Animas explodiert war. Er zeigte mir die Verbrennungen auf seinem Rücken, wie marmoriert aussehende Wirbel aus Zellgewebe. Das Feuer hatte seine Arbeitsmaterialien zerstört und, was noch schlimmer war, den Großteil seines ersparten Geldes vernichtet. Daraufhin hatte er aufgegeben. Einer der großen, in Cali ansässigen Raffinierungsringe, die sich in den späten siebziger Jahren breitmachten, bot ihm an, ihm eine Hinterhofküche einzurichten, doch er lehnte ab. Er hatte das Einkochen aus Liebhaberei betrieben, sagte er, und nicht wegen des Profits. Er war ein *mano verde*, ein Kokain-Alchimist der alten Art. Er verachtete die Mafia, die gesichtslosen *peces gordos*, die sich jetzt im Geschäft tummelten.

Ich versuchte, ihm eine Beschreibung des Verfahrens abzuschwatzen, doch auf den vollgekritzelten Papierschnipseln mit meinen Aufzeichnungen aus dieser Nacht, kann ich nur bruchstückhafte Phrasen finden:

Kaliumpermanganat: scheidet die unwesentlichen Alkaloide durch Oxydation aus...

Organische Lösungsmittel: Aceton, Äther, Benzol, Toluol. Toluol am besten, aromatisches Harz von *tolú*, gewonnen aus einem Baum in der Karibik...

Benzinkristalle...

Salzsäure verbindet sich mit dem Kokain-Alkaloid und bildet ein kristallines Salz. Schnupfschnee ist Kokainhydrochlorid. Manchmal Verwendung anderer Säuren: Kokainsulfat, Oxalat, Hypochlorid...

Ausgewogenheit. Zuviel Säure, und der Koks wird *agrio*, sauer. Zuviel Karbonat, und der Koks wird *jabonoso*, seifig...

Für einen angehenden Drogenchemiker mag das ja vielleicht einen Sinn ergeben. Ich kann damit nicht besonders viel anfangen, und ich bin sicher, daß Mario das wußte. Er war meine Fragen leid und wurde immer unangenehmer. Als er seine Informationen mit deutlich erkennbarer Ungeduld herausstieß und sich mit der Hand über die dichten Augenbrauen fuhr, kam ich zu dem Schluß, daß es an der Zeit war, die Sache auf sich beruhen zu lassen. Für meine fünfzig Pfund hatte ich genug gehört.

Von dem Moment an, als ich diese Entscheidung traf, fühlte ich mich immer schlechter. Meine verzweifelte Bemühung um die allerletzte Konzentration hatte mich während Marios Vortrag noch aufrechterhalten. Doch Julio Cesar hatte die ganze Zeit in aller Ruhe *sucitos* herumgehen lassen und wie ein Butler permanent Aguardiente nachgeschenkt. Als ich mich zurücklehnte, spürte ich, wie das Blut aus meinem Gesicht wich und wie die lodernde Flamme des Schnapses in meiner Speiseröhre auf und ab wanderte.

Ana lag zusammengerollt auf dem Bett und schlief. Mario weckte sie und befahl ihr, aufzustehen und etwas *tinto* zu kochen. Im Badezimmer stand zu diesem Zweck ein kleiner Primuskocher. Als sie mühsam aus dem Bett kletterte, stieß sie gegen den schweren, grauen Vorhang vor dem Fenster. Für einen Augenblick fiel ein Lichtstrahl ins Zimmer. Mein Gott, dachte ich, draußen ist es schon hell. Das ist die wirkliche

Wir leben…

…nicht mehr im Zeitalter unserer Großeltern. Heutzutage weiß jedes Kind, daß man erspartes Geld auf die Bank bringt und es nicht irgendwo zu Hause scheinbar «sicher» versteckt. Geld muß «arbeiten», muß im Kreislauf des Geldes bleiben und dort Zinsen bringen.

Welt. Ich muß hier fort. Ich stand auf und stieg schwankend in meine Kleider.

Ich brauchte Ewigkeiten, bis ich mich endlich losgeeist hatte. Zuerst gab es einen Streit um das Geld. Ich gab Mario die vereinbarten viertausend Pesos. Doch er wollte auch für das Basuko, das wir uns die ganze Zeit über reingezogen hatten, Geld haben. Ich hatte vage angenommen, das Basuko wäre ein Geschenk des Hauses. Doch nein, die Summe wurde aufgeschlagen, und das führte zu einer großen Rechnerei in einem kleinen Zimmer. Bei zusätzlichen zweitausend Pesos war er zu einem Kompromiß bereit. Bis auf die elf Pesos für die Busfahrt zurück ins Hotel hatte ich kein Geld mehr. Julio Cesar griff vermittelnd ein. «Señor Charlie kann mir das Geld später geben. Heute abend, morgen, kein Problem.»

Doch auch jetzt wollte Mario mich noch nicht gehen lassen. Er wurde regelrecht aggressiv. «Sie müssen noch einen *sucito* rauchen. Das dürfen Sie mir auf keinen Fall abschlagen. Wir haben noch mehr zu besprechen. Sie sind mein geehrter Gast.» Mit seiner schmalen, kräftigen Hand packte er mich am Arm. Ich sagte, wie sehr es mir bei ihm gefallen habe, wie interessant alles gewesen sei, doch sei ich müde und fühle mich schlecht, und deshalb müsse ich gehen.

«Müde?» rief er. «Müde? Dagegen habe ich was.» Sein langer Arm verschwand in einem Schränkchen neben seinem Bett und tauchte dann mit einem Tablettenfläschchen wieder auf. Mario schüttelte eine Tablette heraus und reichte sie mir. Es war eine längliche weiße Kapsel. Meine getrübten Augen stellten sich auf den winzigen Stempel ein, den sie trug: «LEMMON-714». Es war eine Quaalude, ein extrem starkes Sedativ, das von Ärzten eingesetzt wurde, die es den abhängig machenden Barbituraten vorzogen, und von Vergnügungssüchtigen, die einen Hang zu Gummiknien und schizophrenen Zuständen hatten. «Mit der schlafen Sie wie ein Stein», bedrängte mich Mario. «Und wenn Sie aufwachen, sind Sie völlig sauber.» Wie eine sturmumpeitschte Kiefer stand er schwankend vor mir. Gus hatte mir schon von diesen Tabletten erzählt. Sie waren ein nur wenig bekannter Aspekt der kolumbianischen Drogenszene. Methaqualone-Base, die aus den Laboratorien des Ostblocks in den Hamburger Freihafen verschifft, von dort mit falschen Papieren nach Barranquilla oder Santa Marta importiert und in speziellen Labors zu schwarz hergestellten Quaaludes umgewandelt wurde. Die bekamen dann in nachgebauten Pressen Stempel aufgedrückt – Rorer und Lemmon – und wurden hinterher auf den US-amerikanischen Markt geworfen, wo diejenigen *aficionados* sie kauften, die auf ganz besonders starke Quaaludes standen.

Überaus interessant, aber nicht heute nacht. Nicht heute morgen. Die große Quaalude-Story konnte warten.

«Ich *muß* jetzt wirklich gehen», sagte ich und zerrte absurderweise meinen Ärmel hoch, um auf die Uhr zu schauen, die gar nicht da war, weil man keine Uhr trug, wenn man in Bogotá herumlief. Ana kam mit einer Kanne Kaffee ins Zimmer zurück. Natürlich! Damit der Körper erst mal etwas zu raten hat, spült man seine Quaalude mit kohlrabenschwarzem *tinto* hinunter.

Ich torkelte hinaus in die blendende Helligkeit des Tages, hinaus auf die wenig bemerkenswerte Straße, auf der alles in seinem gewohnten Gang ablief. Drei Männer werkelten unter der Motorhaube eines kleinen Lieferwagens herum. Verstohlen schlich ich mich an den dreien vorbei. Ich zog den Geruch von Zigarettenkippen und Schuldgefühlen hinter mir her. Eine Katze wühlte in einem Mülleimer – Arsch nach oben, Schwanz hoch in der Luft, ihr großes rosa Auge vorwurfsvoll auf mich gerichtet. In meinem Kopf hämmerte es wie verrückt. Ich legte meine Hand übers rechte Auge. Dort war der Schmerz am schlimmsten. Eine Mauer, die eigentlich einen Meter weit weg hätte sein sollen, kam näher und traf mich an der Schulter. Ich taumelte zurück und trat in einen Haufen Hundescheiße. Die Autos auf der Caracas Avenue fuhren in einem abgehackten, nervtötenden Takt vorbei. Jedes einzelne schien es ganz speziell auf meinen Kopf abgesehen zu haben. Ich schaffte es auf die andere Seite und stieg in einen Bus Richtung Süden. Fast im gleichen Moment wußte ich auch schon, daß mir schlecht werden würde. Ich taumelte den Gang entlang, schlug einem alten Mann dabei die Zeitung aus den Händen und drängte mich durch das Drehkreuz wieder nach vorne. Der Fahrer, der etwas vor sich hin murmelte über Leute, die zu faul waren, hundert Meter zu Fuß zu gehen, setzte mich ab. Ich flitzte in eine Seitenstraße und kotzte, als ich bratende *chorizos* roch. Der Schutzheilige der Verlierer hatte auf halber Höhe die Straße entlang ein Grundstück frei gelassen. Bruchsteine, Gras, Müll. Ich wankte in die hinterste Ecke und legte mich nieder. Jetzt kam die Reinigungsphase. Was in mir Platz gefunden hatte, mußte auch wieder heraus. Ich kotzte, ich schwitzte, ich kotzte wieder. Ich stöhnte und fluchte. Ich schwor beim lieben Gott, daß ich alles aufgeben würde – Sauferei, Zigaretten, Drogen, die verfluchten blöden Kokaingeschichten –, wenn er nur endlich diese letzten Reste Gallenflüssigkeit aus meinem Bauch heraufholte und mich schlafen ließ. Schließlich kam der herbeigesehnte unruhige Schlaf. Zusammengerollt lag ich auf all dem Dreck und wußte wenigstens, daß ich nichts dabeihatte, das mir jemand hätte stehlen können. Nur mein Hemd, und das konnten sie gerne klauen. Von weit her hörte ich den Lärm von Autohupen und Geschrei. Ein verworrener Fiebertraum, in den ich fiel, drehte sich in meinem Kopf und verschwand wie eine ertrinkende Spinne in einem Abflußloch.

Am späten Nachmittag kam ich ins Hotel zurück. Ich war ungefähr sechzig Blocks zu Fuß gegangen, nachdem ich mein letztes Geld für eine Fahrt von einem halben Block ausgegeben hatte. Der *portero* flitzte aus seinem winzigen Büro heraus. Der Geruch seiner Frisiercreme rüttelte in meinem Magen unglückliche Erinnerungen an Übelkeit wach. «Eine Nachricht für Sie, *señor*», rief er und wedelte dabei mit einem Fetzen Papier.

O nein, dachte ich. Nicht Gus, nicht jetzt. Ich las die Nachricht mit einigen Schwierigkeiten. Die hatten zum Teil mit der Handschrift zu tun, zum Teil aber mit meinen noch nicht richtig funktionierenden Augen. Ich las: *«Lola ha llegado y le pide telefonear.»*

Neuigkeiten aus einer anderen Welt! Eine Freundin aus London, Lola Aronson, eine fast schon schmerzhaft schöne Kolumbianerin, die mit einem Amerikaner verheiratet war. Wir hatten verabredet, uns zu treffen, wenn sie zusammen mit ihren Kindern wie jedes Jahr ihre Verwandten besuchen würde. Bei der Familie hatte ich nach meiner Ankunft in Bogotá die Telefonnummer meines Hotels hinterlassen, und jetzt war Lola hier. Als ich sie anrief, hielt ich meinen Kopf fest, denn wie

Tschaikowsky hatte ich doch tatsächlich Angst, er könnte jeden Augenblick abfallen. «Wir fahren morgen hinaus aufs Land, um meine Großmutter zu besuchen», sagte sie. «Sie lebt in einem kleinen Flecken» – sie sprach es aus wie ‹Flee-ken› – «in Boyacá. Das wird dir gefallen, Charlie. Bleib doch heute bei uns über Nacht. Wir fahren dann morgen früh los.»

Nachdem ich mich in ein Taxi hatte fallen lassen, ließ ich in gereizter Stimmung die Ereignisse der letzten Woche vor mir Revue passieren. Gus, Julio Cesar, Rosalita, Mario. Ich hatte mich in einen Zustand kurz vor dem Kollaps hineingesoffen, hineingeraucht und hineingeschnupft, und wofür das alles? Ein Ohr voll paranoider Phantasien, ein paar alte Schmuggelgeschichten, ein paar unvollständige Rezepte für die Kokainherstellung und das ewige stumpfsinnige Einerlei der Basuko-Abhängigen. War das der Stoff, aus dem die große Kokain-Story war?

In einem hübschen, modernen Haus in einer von Büschen gesäumten Straße der nördlichen Vororte lernte ich die Familie Cuadros kennen. Alle waren herzlich, höflich und normal. Ich hatte das Gefühl, als würde ich wieder einmal tief Luft holen.

«Mein Gott, Charlie, du siehst ja schrecklich aus», sagte Lola.

«Ein leichtes Fieber», sagte ich. «Morgen früh ist das wieder vorbei.»

Ihre Mutter machte sich ganz besondere Umstände und versorgte mich mit *manzanilla*-Tee und Aspirin. Dann wurde ich ins Bett gesteckt. Im Zimmer nebenan saß die Familie versammelt und schaute sich eine Quizsendung an, die *Cabeza y Cola* hieß. Jetzt war es wohl Zeit für einen kleinen Urlaub.

10 Die Rückkehr des Rapidero

Tio Juan fuhr den familieneigenen Renault. Seine großen Hände ruhten auf dem Lenkrad, als würden sie dort Siesta halten. Die Autopista del Norte, die Hauptverkehrsader des Landes und die einzige Straße, die die beiden größten Städte verbindet, verengt sich bereits wenige Kilometer außerhalb von Bogotá zu einer zweispurigen, von Schlaglöchern durchsetzten Teerstraße. Hier drängeln sich die Lastwagen, und alle stoßen sie unentwegt dicken, schwarzen Rauch aus ihrem wie ein Ofenrohr emporragenden Auspuff. Tio Juan brachte den Wagen auf eine angenehme Geschwindigkeit von ungefähr siebzig Stundenkilometer, und die behielt er bei – da mochte kommen, was wollte. Mit siebzig überholten wir ganze Lastwagenkonvois, und mit siebzig wichen wir auf den befestigten Standstreifen aus. Auch später sollten wir die Schotterstraßen nach Boyacá noch mit siebzig hinunterschleudern, und nur bei den allerschärfsten und steilsten der Haarnadelkurven sollte Tio Juan sich bequemen, mit dem Tempo etwas herunterzugehen.

Lola hatte mir schon zu Beginn der Fahrt gesagt, ich solle mir keine Sorgen machen. «Ist schon in Ordnung», meinte sie, «Tio Juan kennt die Strecke im Schlaf. Er hat auf der Route zwischen Tensa und Bogotá lange einen *rápido* gefahren.»

«Das erklärt einiges», sagte ich. Und das stimmte. Kolumbianische Busfahrer regieren die Straßen unangefochten, und daß Tio Juan momentan nicht hinter dem Steuer seines *rápido* saß – der Begriff steht für jeden Bus- oder Lastwagendienst, auch wenn er oft alles andere als rapide ist –, änderte nichts an seiner sturen und gebieterischen Fahrweise. Selbst einen Kabinenroller hätte er nicht anders gelenkt.

Flota del Valle de Tensa habe seine Buslinie geheißen, sagte Tio Juan. Vier Stunden Fahrzeit von Tensa nach Bogotá und vier Stunden zurück, sofern nicht Erdrutsche und Pannen dazwischenkamen. Er hatte seinen Bus täglich gefahren, sieben

Tage die Woche, feiertags und sonntags, und das zwölf Jahre lang.

Ich sah Tio Juan plötzlich in einem vollkommen anderen Licht. Als er mir am Morgen im Wohnzimmer der Cuadros vorgestellt worden war, hatte dieser Mann mit dem schlaffen Händedruck, den zurückgeklatschten Haaren und dem schäbigen weißen Acrylpullover auf mich einen traurigen, teilnahmslosen Eindruck gemacht. Solche vorschnellen Urteile werden auf Reisen fast zum Reflex. Man liegt damit, wie in diesem Fall, häufig daneben, doch für mehr bleibt oft gar nicht die Zeit. Jetzt sah ich Tio Juan mit anderen Augen. Ich sah einen König der Bergstraße im karierten Hemd, der seinen schlachtengezeichneten alten *rápido* beim Schalten durch die Gänge hochjagte, der das Lenkrad bewegte wie ein Steuermann bei schwerer See.

Er schonte mich und erzählte mir erst später, wie und weshalb die Flota del Valle de Tensa den Betrieb einstellen mußte. Eines Tages hatten während der Osterwoche in einer der Haarnadelkurven die Bremsen versagt, und der mit Dorfbewohnern und Kleinvieh vollbeladene Bus war durch eine enge Schlucht in den Muequeta-Fluß gestürzt. «Keine Menschenseele ist dabei umgekommen», sagte er, «nicht mal ein Huhn ist draufgegangen. Ein Wunder!» Betrübt dreinschauend, bekreuzigte er sich mit ölverschmierten Fingern. Der Bus war allerdings ein Schrotthaufen, und das war fast ebenso schlimm wie der Verlust eines Menschenlebens. Ich sah ihn vor mir, wie er traurig im Fluß stand und zuschaute, wie seine geliebte alte Blechkiste langsam in den Fluten versank. Mittlerweile lebte Tio Juan in Bogotá, wo er Lieferwagen und gelegentlich auch Taxis fuhr – ein König im Exil. In ein paar Jahren schon, versicherte er uns, würde er genügend Geld für einen neuen *rápidito* beisammen haben.

In dem Renault waren wir zu acht. Nimmt man Lola als Bezugspunkt für die Familienverhältnisse, dann waren da ihr Onkel Juan, ihre Mutter Ana und ihr Neffe Andrecito, ein stiller, dunkelhaariger Achtjähriger. Die drei saßen vorne. Ihre elfjährige Nichte Nydia, ihr fünfjähriger Sohn Sam und ihr Jüngster, der elf Monate alte Marco, saßen gemeinsam mit uns auf dem Rücksitz. Wir waren auf dem Weg zu Abuelita, zu Lolas Großmutter, zur Mutter von Juan und Ana. Abuelita würde in der kommenden Woche ihren dreiundachtzigsten Geburtstag feiern und lebte immer noch in Tensa. Dieses Dorf, aus dem sie selbst stammte und in dem sie ihre Kinder geboren hatte, lag in den Bergen der sehr ländlichen Region Boyacá – *el jardín de Colombia*.

Einige Zeit noch klebten die letzten schäbigen Ausläufer Bogotás wie Kletten entlang der Hauptstraße. Wir fuhren vorbei an Hütten aus Schlackensteinen, kleinen Fabriken, Blumenständen, *fritanga*-Buden und an einem nicht fertiggestellten Vergnügungspark. Lola deutete auf Altogrande, die Wochenendresidenz des Präsidenten draußen vor der Stadt. Hinter einem Wall aus Eukalyptusbäumen blitzten einen Moment lang weiß getünchte Mauern und rote Dachziegel auf. Vor dem Tor stand ein einziger Posten Wache. Sam kniete sich auf den Sitz, um das Maschinengewehr besser sehen zu können. Aus der Sicht eines fünfjährigen Londoners läßt Kolumbien zwar einiges zu wünschen übrig, doch Waffen gab es hier in Hülle und Fülle zu sehen. Schon bald weitete sich die Landschaft, durch die wir fuhren. Hier ließen die Großgrundbesitzer ihre Milchviehherden grasen, hier lagen ihre Zuchtfarmen und *haciendas*. Schwarzweiße Holsteiner Kühe weideten auf der leuchtend grünen Savanne. Zu beiden Seiten der flachen Talsohle erhoben sich flaschengrüne Bergketten mit schwarzen Graten. Eine Wolkenbank zog über die Bergkämme. An einer Weggabelung ging es links nach Zipaquira, und wir bogen nach rechts in Richtung Tunja ab. Beide Städtchen waren einst Residenzen der Chibcha-Könige, der *zipas*, die über die Hochebenen herrschten, ehe die Spanier kamen. Die Chibchas waren Bauern und Händler und beteten die Sonne an. Mit den Indios aus den Flußebenen und von der Küste tauschten sie Salz, Smaragde und gewebte Decken gegen Gold, Baumwolle, Papageien und Meeresmuscheln. Ihre *zipas* trugen Namen wie Saguanmachica und Nemequene, was soviel bedeutet wie «Bärenknochen». Die Vorliebe der Spanier für Kreuze verwirrte sie. Zwei gekreuzte Stöcke waren nach ihren Überlieferungen das Grabsymbol für einen Toten, der am Biß einer Giftschlange gestorben war. Die heutigen *campesinos* aus dieser Gegend, die zumeist eine ziemlich dunkle Haut und O-Beine haben, klein sind und weiche Filzhüte tragen, sind Nachfahren der Chibcha.

Manche verwenden für ihr Land noch den alten Chibcha-Namen Cundur-cunca – Land des Kondors. Cundinamarca, der heutige Name dieser Region, ist davon abgeleitet.

In blendendem Sonnenlicht fuhren wir immer höher hinauf. Die Luft wurde zusehends dünner und frischer. Wir waren jetzt im kolumbianischen Hochland. Gewaltige Berghänge, die mit Weiden und Eukalyptusbäumen bewachsen waren. Hohes *cajicá*-Gras, schwarze Felsen, sprudelnde Flüsse und der weite Andenhimmel. Gern hätte ich dabei die betörenden Klänge von Harfen und Panflöten gehört, doch Nydia hatte nur Kassetten von Menudo dabei, einer puertoricanischen Fünf-Mann-Kiddie-Combo, und von dem ebenso seichten Duo Enrique y Anna. Die ließ sie endlos laufen und sang eifrig jedes Wort mit, so daß sich die grandiose Landschaft zu Songs wie «Subete a mi Moto» und «Arriba!» entrollte.

Ein Stück unterhalb von uns dehnte sich der riesige Guatavita-Stausee im Sonnenlicht aus. Auf dessen Grund liegt das versunkene Dorf Guatavita, das vor einigen Jahren den Interessen der Stromerzeugung geopfert worden war. Die Behörden hatten ganz in der Nähe und in einer eindrucksvollen Mischung aus traditionellen Kolonialstil- und modernen Elementen das Ersatzdorf Nueva Guatavita errichten lassen, doch der Großteil der aus dem alten Dorf Evakuierten weigerte sich, dorthin zu ziehen, und deswegen ist der neue Ort hauptsächlich Schaustück und Souvenirmarkt für Wochenendausflügler aus Bogotá. Es gibt auch einen «alten» Guatavita-See, ein viel bescheideneres Gewässer, das nur wenige Kilometer weiter östlich in eindrucksvoller Lage hoch oben in den Anden liegt. Auf dem nicht ausgeschilderten Weg dorthin fährt man durch Mais- und Kartoffelfelder und über fette Hochweiden voller Fingerhut und Huflattich. Nach einiger Zeit wird der Weg für Autos unpassierbar und löst sich auf in tiefschwarzen Staub. Den Rest des Weges geht man zu Fuß, hinauf auf einen steilen bewaldeten Grat aus Sandstein. Und dort liegt sie dann vor einem – die Laguna de Guatavita oder auch der Lago de Amor. Ein See von einem knappen Kilometer Durchmesser inmitten eines nahezu vollkommen runden Kraters in den Bergen, so ruhig und ebenmäßig wie eine riesige Schale graugrüner Milch. In den südamerikanischen Mythen spielt die Laguna de Guatavita eine zentrale Rolle. Unter den geheimnisvoll spiegelnden Wassern liegen die Schätze Eldorados.

Obwohl die Legenden um Eldorado ins Kraut schossen und üppige Blüten trieben und Expeditionen sich auf der Suche nach der sagenhaften goldenen Stadt einen Weg durch die Dschungel Guyanas und Perus schlugen, hat die Geschichte ihren wahren Ursprung hier im kolumbianischen Hochland. Eldorado war ursprünglich kein Ort, sondern eine Person – *el dorado*, der goldene Mann. Bei einem Ritus der Chibcha, der an den Ufern dieses heiligen Sees vollzogen wurde, stand dieser goldene Mann im Mittelpunkt. Es handelte sich dabei um eine Art Krönungsfeierlichkeit, sobald ein neuer Häuptling, ein *cacique*, für eines der zum Chibcha-Reich gehörigen Gebiete ernannt worden war. Der Auserwählte wurde am Ufer entkleidet, mit klebrigem Harz bestrichen und mit Goldstaub bestreut. Ein extra dafür vorbereitetes Floß aus Schilfrohr wurde mit Schalen voll *moque*-Räucherwerk und Bergen von Gold und Edelsteinen beladen. Der vergoldete Häuptling legte sich auf das Floß und fuhr, begleitet von Flöten- und Trommelklängen, zusammen mit vier anderen bedeutenden *caciques* auf den See hinaus. Sobald das Floß die Mitte des Gewässers erreicht hatte, tauchte der Häuptling ins Wasser und wusch sich allen Goldstaub vom Körper. Die Opfergaben an Gold und Edelsteinen wurden dem See übergeben. Es ist unklar, wem diese Weihegaben galten – ob einem Sonnengott oder, wie es eine regionale Chibcha-Legende besagt, dem Geist einer treulosen *cacica*, die sich selbst und das Kind ihrer Liebe im See ertränkt hatte und von da an in Gestalt eines Seeungeheuers ihr Unwesen in den Tiefen des Wassers trieb –, doch unabhängig von seiner eigentlichen Bedeutung ist dieser Ritus historisch belegt, festgehalten von vielen spanischen *cronistas*, denen die Einzelheiten von Augenzeugen aus dem Volk der Chibcha erzählt worden waren. Ein kürzlich in Pasca entdeckter goldener *tunjo* zeigt ein mit Personen und Weihegaben beladenes Zeremonienfloß und stellt vermutlich die Krönungsfeierlichkeit von Guatavita dar.

Als die Spanier von den Riten um den goldenen Mann erfuhren, schlossen sie daraus, daß sich unter dem milchig-trüben Wasserspiegel des Sees ungeheure Mengen an Gold und wertvollen Gegenständen finden lassen müßten. Den ersten von vielen Versuchen zur Trockenlegung des Sees unternahm ungefähr im Jahre 1545 Hernán Pérez de Quesada, der Bruder des Jiminez de Quesada, des Mitbegründers von Bogotá und ersten Spaniers, der mit den Chibchas in Berührung gekommen war. Mit ausgehöhlten Kürbissen mußten Indios das Wasser abschöpfen und in einer Kette weiterreichen. Es gelang Quesada auf diese Weise, den Wasserspiegel um gute drei Meter zu senken und dabei ungefähr dreitausend Gold-*pesos* zu bergen. Doch ging die Arbeit mit einer Absenkung von einem Meter pro Monat nur langsam voran, und mit dem Einsetzen der Regenzeit füllte sich der See wieder. Vierzig Jahre später nahm der wohlhabende Kaufmann Antonio de Sepulveda aus Bogotá ein sehr viel ehrgeizigeres Projekt in Angriff. Mit einem Arbeitsheer von achttausend Indios schlug er eine gewaltige Kerbe in die Umrandung des Sees, um das Wasser auf diese Weise abzuleiten. Der Einschnitt ist noch heute deutlich zu erkennen. Es gelang tatsächlich, den Wasserspiegel um zwanzig Meter abzusenken, und Sepulveda barg zahllose goldene Weihegegenstände und Edelsteine, zu denen auch ein Smaragd «von der Größe eines Hühnereis» zählte. Doch stürzten eines Tages die Wände des Kanals nach innen und begruben viele Arbeiter unter sich, weshalb Sepulveda sein Vorhaben aufgab. Er versuchte, Geldgeber für einen zweiten Versuch zu finden, starb schließlich aber «verarmt und erschöpft». Er wurde im Dorf Guatavita beigesetzt, so daß die Ironie des Schicksals dazu führte, daß seine Gebeine nun unter dem Grund des neuen Guatavita-Sees ruhen.

Es folgte eine Vielzahl anderer Bergungsversuche, doch nahmen sie alle den gleichen unbefriedigenden Verlauf, so daß der übergroße Teil des Schatzes weiterhin in der Tiefe ruhte. Im Jahr 1825 wurde der Wert der ungehobenen Schätze auf eine Milliarde einhundertzwanzig Millionen Pfund geschätzt. Diese Summe beruhte auf den gefälschten Berechnungen eines französischen Wissenschaftlers, doch reichte ihre Veröffentlichung aus, das Fieber der Goldsucher anzuheizen. Erst zu Beginn unseres Jahrhunderts wurde der See vollkommen trokkengelegt, doch auch damals zeigte sich der Guatavita wie verhext. Im Jahr 1899 hatte die britische Aktiengesellschaft Contractors Ltd. die Ausbeutungsrechte für den See erworben. Man hatte einen einfachen Plan, mit dessen Realisierung anfangs auch alles klappte. Unter dem See wurde ein Tunnel bis zu seiner Mitte vorangetrieben, über den das Wasser wie durch ein gigantisches Abflußrohr abgelassen wurde. Alle wertvollen Gegenstände sollten in großen Metallsieben aufgefangen werden. Als das Wasserbecken des Sees jedoch trockengelegt war, zeigte es sich, daß man es nicht betreten konnte. Es war meterhoch überzogen mit weichem, glibberigem Schlamm, der ein Vordringen unmöglich machte. Innerhalb eines Tages ließ die Sonne den Modder steinhart werden. Auch mit dem aus Bogotá herbeigeschafften Bohrgerät war nichts auszurichten. Der Schlamm hatte die Schleusen verstopft und den Tunnel versiegelt, und langsam, aber sicher füllte sich der See erneut mit Wasser. Vor zwanzig Jahren erließ die kolumbianische Regierung ein Gesetz zum Schutz des Sees vor weiterer Ausbeutung. Das Kerngebiet rund um den See ist seitdem unberührt geblieben, und es kann sich jeder seine eigenen Vorstellungen davon machen, wie groß die Reichtümer Eldorados sind, die hier schlummern.

Von den windigen Höhen kamen wir herunter in die heißeren und trockeneren Hügelregionen im Westen des Regierungsbezirks Boyacá. Kleine, rosa getünchte *fincas* schmiegten sich im Schatten dunkler Mangobäume und umrankt von leuchtender Bougainvillea an die Hänge. Während der gesamten Fahrt die Straße hinab gab es direkt unterhalb von uns stets etwas zu sehen – ein Dach, einen Bauernhof, einen glänzend grünen Baldachin aus dichtstehenden Bananenstauden. Wegen der Hitze und des Staubs kurbelten wir die Fenster abwechselnd hinunter und dann wieder hinauf. Zwei schmutzige kleine Jungen liefen aus dem Haus, als sich unser Wagen näherte. Der eine hatte schon einen Stein zum Wurf gehoben, doch Tio Juan sprang auf die Bremse, drehte sich um und blickte den Kleinen derart grimmig und drohend an, daß der mitten in der Bewegung innehielt.

Wir befanden uns hier in der subtropischen *tierra templada*, der von der Natur gesegneten Andenzone zwischen den rauheren Hochländern der *tierra fria* und den feuchten Sumpf- und Dschungelgebieten der *tierra calida*. Es ist hier heiß, frisch und fruchtbar, und der Äquator ist nahe genug – Boyacá liegt auf dem fünften nördlichen Breitengrad –, um die Luft auch noch in einer Höhe von zweitausend bis zweieinhalbtausend Metern mild und warm sein zu lassen. Es gibt hier bloß zwei Jahreszeiten, und zwar eine neun bis zehn Monate währende Trokkenperiode und eine Regenzeit von zwei bis drei Monaten. In Boyacá setzt der Regen meist im Mai ein. Wir hatten jetzt Februar, die Trockenzeit ging zu Ende. Meinem Eindruck nach entwickelte sich die Vegetation prächtig, doch Tio Juan erklärte, es herrsche großer Wassermangel. Die höhergelegenen Hänge waren bräunlichgelb und trocken. Von den Bäumen im Tal hatten einige ihre Blätter abgeworfen, so daß die Wälder unter uns etwas grau wirkten und zwischen wirrem Gestrüpp immer wieder Flüsse aufblitzten, doch überall gab es den einen oder anderen blühenden Baum – eine scharlachrote *ceiba* oder einen leuchtend gelben *araguaney* mit den narzissenähnlichen Blüten. In diesen halbtropischen Wäldern herrscht ein ständiges Werden und Vergehen. Die Regelmäßigkeit, die wir in den nördlicheren Regionen mit den Jahreszeiten in Verbindung bringen, existiert hier nicht. Die Vorstellung, daß es in Europa oder Nordamerika vier Jahreszeiten gibt, verwirrt die Menschen aus heißen Ländern, und sie fragen immer wieder nach diesen rätselhaften Jahreszeiten Frühling und Herbst, in denen sich die Färbung und die Stimmung ganzer Landstriche mit einemmal ändern. Gelegentlich schwingt in den Fragen auch ein Unterton von Sehnsucht oder Groll mit. Der Wechsel der Jahreszeiten und das damit einhergehende sanfte Verschwimmen von Licht und Landschaft ist den Tropen vorenthalten geblieben. Hier sind die Farben schreiend oder verhalten und in jedem Fall eintönig. Selbst beim Wetter hat Gott die Gringos reicher beschenkt.

Wir machten in Guateque halt. Die Kirche in rosa-weißem Zucherbäckerstil stand auf dem Hauptplatz in gleißendem Licht. In einem kleinen Laden tranken wir *tintos* und aßen die bei den Kolumbianern überaus beliebten *bocadillos*. Das sind dicke Scheiben des dem Mozzarella ähnelnden weißen Boyacá-Käses, die mit Guajava-Gelee gefüllt werden. Draußen auf dem Platz flanierten Männer mit weichen Filzhüten und buntkarierten wollenen *ruanas* unter den gestutzten Bäumen. Bogotá fiel von mir ab, wurde weggespült durch diesen Schwall aus Licht. «Das ist das wahre Kolumbien», sagte Lola. Sam hockte auf einem Mehlsack und trank sprudelnde rote Limonade. Tio Juan reichte mir eine Flasche Bier. Als ich zahlen wollte, hielt er mich davon ab. «Wir sind in meinem Land», sagte er, «und hier sind Sie unser Gast.» Ich antwortete, daß ich es mit ihm in England genauso halten würde, worüber wir dann beide lachten, da uns klar war, daß es dazu niemals kommen würde.

Schließlich erreichten wir die kleine, unabhängige Ortschaft Tensa, ein tief eingekerbtes Raster aus staubigen, weiß getünchten Häusern und steilen Straßen. Es war Samstag nachmittag, und auf den Straßen wimmelte es wegen des Wochenendmarkts. Abuelitas Haus lag am unteren Dorfende, nur ein paar Straßen vom Markt entfernt, nur ein paar Straßen vom Hauptplatz entfernt, nur ein paar Straßen von allen übrigen Stellen entfernt. Sie kam an die Tür, und obwohl sie schon den ganzen Vormittag auf uns gewartet hatte, hob sie die Hände und tat ganz überrascht. Abuelita war klein und ein wenig schief, wirkte aber sehr kräftig. Bei jedem einzelnen ließ sie sich Zeit mit ihrer freudigen Begrüßung, bei ihren Kindern, Enkeln und Urenkeln. Die Händchen des verschlafenen Marco schüttelte sie mit ihren eigenen großen und breiten Händen. Ihre dichten schiefergrauen Haare hatte sie zu einem Knoten nach hinten gebunden, und sie trug ein braunes Kleid mit einer Brosche am Busen und Ohrringe aus Gold. Wenn sie lachte, blitzte auch in ihrem Mund das Gold auf. Nächste Woche würde sie dreiundachtzig werden. Sie war «*nacida con el siglo*», mit dem Jahrhundert geboren.

Das Sonnenlicht brach sich gleißend in den hellen Straßen. Vor der *tienda* an der Ecke standen drei Männer und tranken Bier aus der Flasche. Drei gesattelte Pferde standen aufgereiht daneben. Wir betraten das Haus durch die Vordertür, von der die dunkelgrüne, von der Sonne ausgebleichte Farbe blätterte, und folgten Abuelita durch einen dunklen Gang in einen kleinen, leicht abfallenden *patio*, in dem unzählige Töpfe mit Fleißigem Lieschen und Ackerwinden standen. Rings um den Hof zog sich ein Gehweg aus Steinplatten, der am oberen Ende knapp einen Meter über der Erde lag. Früher hatte man an dieser Stelle die Pferde versorgt, nachdem man durch den für diesen Zweck damals noch höheren Gang hereingeritten war. An dieser erhöhten Stelle stand auch eine Bank, von der aus man über den Hof und die weiter unten am Hang liegenden Dächer, über die Papaya- und Orangenbäume des Nachbargartens hinweg auf die weiten, gelbbraunen Hänge der anderen Talseite blickte. «Es ist alles recht einfach», sagte Lolas Mama, doch war ihr Ton nicht unfreundlich, sondern sie benannte einfach die Umstände, und Abuelita lachte und sah ihre Sippe dabei mit strahlenden Augen an. *«Si, aqui ya estamos como siempre»*, sagte sie. Hier bleibt immer alles beim alten.

Im Lauf der nächsten Stunde lernte ich ungefähr die Hälfte von Tensas Bevölkerung kennen, die tatsächlich mit Abuelita verwandt war, und dazu noch einige Dorfbewohner, die nicht zur Verwandtschaft gehörten, die aber trotzdem eben mal vorbeischauten. Jemand schleppte einen Kasten Bier heran, und Tio Juan verteilte es. Mama stellte mich ihrer dicken und fröhlichen Schwester Tia Cecilia vor, ihren Vettern Miguel und Maurizio, die beide Jeans trugen, und dann noch Señora Fadul, wenn mir auch nicht klar wurde, wer sie war. *«Ay! Rosalbita! Mi chiquitica!»* rief Mama und riß ein kleines Mädchen mit Zöpfen in ihre Arme. Ich schüttelte kräftige Hände und sanfte. Einige der Kinder verbeugten sich oder machten Knickse. Die Sonne brannte herab, das Bier floß, und da war auch noch Onkel Moises, ein Humpelnder mit scharfgeschnittenem Gesicht – *con mucho gusto señor* –, und das ist Charlie, der Engländer, ein Freund von Lola, aber nicht ihr Mann, und ich konnte regelrecht sehen, wie tief verankerte ländliche Vorurteile angesichts der allgemeinen guten Stimmung kurzerhand beiseite geschoben wurden, um diesem grinsenden Wesen, das mit den Ehefrauen anderer Männer auf Reisen ging, einen Gefallen zu tun.

Später lichtete sich das Gedränge, und aus der Küche roch es nach Essen. Eine Frau trug Teller heraus. Sie war mir als Clara vorgestellt worden, aber mir wurde erst später deutlich, daß sie keine Verwandte, sondern eine im Haus lebende Bedienstete war. Clara war Anfang Dreißig und alleinstehende Mutter. Sie stammte aus einem der Nachbarorte und war in Tensa ganz offensichtlich auf der Suche nach einem Ehemann. Unverheiratete Mütter gibt es auf dem Land ziemlich viele, und das gilt in den Dorfgemeinschaften kaum als Schande. Vermutlich war es nicht Claras Schuld, sondern die des Vaters, und wahrscheinlich nicht einmal seine, sondern die des Teufels. Sollte Clara heiraten, würde ihr Sohn ein *entenado* werden, ein Stiefsohn der Familie, jedoch weiterhin den Mädchennamen seiner Mutter tragen. Ihr Sohn war ein siebenjähriger Rabauke namens Henry. Obwohl es für diesen Namen die eindeutige kastilische Entsprechung Enrique gibt, ist er in Kolumbien aus unerfindlichen Gründen in seiner englischen Form überaus beliebt. Ich fragte mich, ob ein ganz bestimmter Henry für diese Tatsache verantwortlich war, doch mir fiel als einziges der Seeräuber Henry Morgan ein. Die Geschichten über seine Beutefahrten, die er im siebzehnten Jahrhundert entlang der karibischen Goldküste durchführte, sind in Kolumbien beim Volk auch heute noch im Umlauf. Ich fragte Clara nach einer möglichen Verbindung. Zwar hatte sie von Henry Morgan noch nie etwas gehört, doch ihr gefiel die Vorstellung, ihr Henry sei nach *un famoso filibustero inglés* benannt.

Da am Tisch nur vier Leute Platz hatten, aßen die Männer und Jungen zuerst. Es gab Huhn mit *ají*, einer scharfen Soße aus Chili und Koriander, und dazu Kartoffeln. Tio Juan aß mit großem Appetit und absoluter Hingabe und zerlegte sein Huhn mit aufgestützten Ellbogen. Dann schob er seinen Teller weg und erhob sich unter Einhaltung der üblichen Förmlichkeiten und mit *buen-provecho*-Wünschen. Schon jetzt, nach wenigen Stunden in Tensa, sah er irgendwie anders aus. Die Sonne und das Bier hatten seinen Wangen eine bräunlich-lederige Frische verliehen, und auf seine Hose hatte sich bereits der wohlvertraute Staub gelegt. Er saß in seiner Weste auf der Bank am oberen Ende des *patio*, stocherte nachdenklich zwischen seinen Zähnen herum und beobachtete das Treiben auf dem Hof mit trägem, selbstvergessenem und wohlwollendem Blick. Dieser Mann, der in diesem Vorortwohnzimmer in Bogotá einen solch müden Eindruck gemacht hatte, war hier zu einem Wesen großer Ruhe geworden. Der Junge aus Boyacá war aus der großen Stadt nach Hause zurückgekehrt, und seine großen Füße ruhten fest und entschieden auf den Steinplatten.

11 Das Tensa-Tal

Am Nachmittag spazierten Lola und ich über den Markt. Lola handelte eifrig die Preise für Granatäpfel, Mangos und Honigbeeren aus. In dem Gewirr aus Ständen unter dem hohen, alle Geräusche verstärkenden Blechdach konnte man sämtliche Köstlichkeiten aus *el jardín de Colombia*, dem tropischen Obstgarten, finden. Ich war verblüfft über die Vielzahl an Kartoffelsorten. *Papas de primera, tocanas, tuquerreñas* – es war alles vertreten von gewaltigen, findlingsförmigen Knollen bis hin zu winzigen, innen dottergelben Süßkartoffeln, den *papas criollas*. Die Kinder und alle möglichen Sachen mit uns schleppend, schoben wir uns durch das Gedränge und kauften mehr und mehr Obst. An den Fleischständen hingen Darmschleifen und abgezogene Meerschweinchen. Je später es wurde, desto ärger wurde auch der Gestank, und deshalb beeilten wir uns, zu den Wohlgerüchen der Gewürz- und Kräuterstände vorzudringen. Vor der Markthalle versammelten sich weitere Stände um ein kleines, staubiges Rund, die Stierkampfarena des Dorfes. An niedrigen, aufgebockten Tischen wurden *fritangas* serviert – kroß gerösteter Schweinespeck, Brat- und Blutwürste. Unter Rinderkeulen zischte die Glut. Inmitten des Rauchs, des Lärms und des allgemeinen Gewühls gab es Oasen der Beschaulichkeit. Hier eine bunt gekleidete Indio-*campesina*, die bewegungslos neben einem wackligen Turm aus Körben saß, dort ein schlafendes Kind auf dem Rücken seiner Mutter und dort am Stand des Vogelfängers ein gelangweilt auf seiner Stange hockender Papagei. Obwohl noch reger Betrieb herrschte, waren die wichtigsten Geschäfte, der Mengenverkauf von Weizen und Kartoffeln, bereits am frühen Morgen abgewickelt worden. Draußen, wo die großen Pritschenwagen mit ihren Lattenaufbauten beladen wurden, gab es vereinzelt noch Verkaufsverhandlungen. Ein Bauer und ein Großhändler stritten sich lauthals um das Gewicht von ein paar Sackvoll

Gerste. Der *romanador* wurde herbeigerufen, der vereidigte Wiegemeister der Gemeinde. Er war kaum anders gekleidet als die übrigen *campesinos*, doch nachdem er seine uralte Waage aufgebaut hatte, setzte er sich sozusagen als Amtszeichen eine Nickelbrille auf. Die Scheffel wurden gewogen und für ausreichend erklärt, und daraufhin zogen alle zu den *tronches* von dannen, zu den Getränkerunden, die man sich nach Geschäftsabschluß gegenseitig spendierte. Den überfüllten *tiendas* und Schnapsbuden nach zu urteilen, entwickelte sich der Nachmittag ohnehin mit zunehmendem Tempo zu einer einzigen ausgedehnten *tronche*.

Später gingen wir mit den Kindern zum Baden an den Fluß. Unter einem Baldachin aus hohen *palo-verde*-Bäumen führte ein langer, steiler, gepflasterter Weg vom Dorf zum Fluß hinunter. Von der anderen Talseite aus konnte man ihn für einen langen grünen Schwanz halten, der vom Dorf hinunterhing. Der Weg bestand aus grob behauenen Steinstufen, doch verlief parallel dazu ein etwas breiterer unbefestigter Pfad für die Pferde und Maultiere, denn die gingen an Hängen und besonders bergab nur äußerst ungern auf Pflastersteinen. Unten am Wasser standen die kleinen Sommerhäuser der Betuchteren. Ihre in dieser Gegend üblichen Strohdächer hingen so zerzaust über die Giebel herab wie einem Bobtail die Stirnfransen. Ein hellroter Pfad schlängelte sich durch das Grün zu einer kleinen Bucht, an der zwei mächtige Felsblöcke ein Becken bildeten. Drei Mädchen wuschen sich dort gerade. Als ich auftauchte, gab es Gekreische und Gekicher und hastiges Geknöpfe. Zum Glück hatte ich meine Badehose bereits an, denn die Bucht war winzig, und schon das Herunterlassen meiner Hose löste wieder gedämpftes Kichern aus. Wie die Teenager überall in der zivilisierten Welt waren auch diese Mädchen dabei, sich für den Samstagabend feinzumachen. Ich hoffte, daß ich nicht störte, und sagte: «*Espero que no les moleste.*», doch das führte nur zu neuem Gelächter und zu einigen kessen Bemerkungen. Eines der Mädchen war unglaublich hübsch. Sie wrang sich gerade die Seifenlauge aus dem Haar. Ich schwamm schnell an die tiefste und kühlste Stelle der kleinen Bucht, und dort traf ich die naßperlende, wie eine Flußgöttin glitzernde Lola, die mich atemlos anlachte. Später legten wir uns auf einem der Felsen in die Sonne. Die drei Nymphen hatten sich in ihre Handtücher gewickelt und waren nach Hause gegangen. Sam hatte für ein Piratenspiel einen halb unter Wasser liegenden Baumstamm ausfindig gemacht, und Andrecito und Rosalbita machten bei dem Spiel mit einer gewissen Verwirrung mit. Ich selbst hatte mich auf die Ellbogen gestützt und blickte in Lolas Gesicht. Sie muß die Alarmsignale erkannt haben. So etwas hatte sie schon Tausende Male gesehen – Männer mit diesem gewissen, ebenso erwartungsvollen wie hoffnungslosen Glitzern in den Augen. Sie schenkte mir ein bezauberndes Lächeln, rollte sich auf den Bauch und bemerkte, wie sehr sie doch wünschte, Luke – ihr Mann – könnte dabeisein, wo er doch so gern in Flüssen badete.

Am Abend fiel der Strom aus. Ich war mit Tio Juan in der *tienda* seines Schwagers Tio Moises, des Mannes von Tia Cecilia, um Biernachschub zu holen. Das ohnehin schwache Licht wurde noch schwächer und erlosch dann ganz. Sturmlampen und Kerzen wurden angezündet und auf den Tresen gestellt. Wir spazierten über die mondbeschienene Straße zurück. Überall standen die Türen offen, bewegten sich Schatten, brannten Laternen. Bei Abuelita war inzwischen noch ein weiterer Sohn eingetroffen, Tio Agustín. Den ganzen Tag war er oben am Berghang gewesen und hatte *estantillos* geschlagen. Das waren die Holzbalken, aus denen das Trägergerüst für die Häuser errichtet wurde, dessen Ausfachungen man danach mit luftgetrockneten Ziegeln verschloß. Er roch nach Sonne, nach Schweiß und besonders durchdringend nach unbehandeltem Eukalyptusöl. Dann gab es Musik. Erst spielte Tio Juan und bewies wieder ungeahnten *campesino*-Tiefgang. Lola hatte für Sam einen *capador* gekauft, eine Panflöte aus sechs zusammengebundenen Rohrstücken in verschiedener Länge. Wir konnten der Flöte kaum einen Ton entlocken. Tio Juan zeigte es uns schließlich. Er verzog die Lippen zu einem merkwürdig langgezogenen Schmollmund, über dem sein kleiner Schnurrbart schwebte, und blies dann kräftig von schräg oben über die Röhren. Er blies tiefe und getragene Trillertöne und dann eine einfache kleine Melodie aus den Bergen. Alle klatschten begeistert. Er verbeugte sich kurz und reichte den *capador* an Sam zurück, dem Kolumbien mit jeder Stunde besser gefiel.

Tio Agustín, der das Flötenspiel seines Bruders wohl als Auftakt begriff, rief nach seiner Gitarre. Sie wurde ihm auf der Stelle gebracht, und damit begannen die *coplas*, die musikalische Grundzutat einer jeden Feier in Boyacá. *Coplas* sind kleine vierzeilige Liedchen, die gesungen, hinausgeschrien oder im Sprechgesang vorgetragen werden und mit einem hochgezogenen *«Oh!»* enden, mit dem zur *copla* des nächsten Vortragenden übergeleitet wird. Es gibt Hunderte von *coplas*, und einzelne Textfetzen sind den Menschen hier so vertraut wie Kinderreime, obwohl die besten Sänger sie immer nur als Grundlage für neue Improvisationen nehmen. Der traditionelle Zusammenhang für die *coplas* ist der, daß man sie singt, während *el très* getanzt wird, eine bestimmte Variante des *bambuco*. Lola versuchte, auf dem kleinen, schräg abfallenden *patio* einen Tanz auf die Beine zu stellen, doch reichte der Platz nicht aus. Eine ihrer Cousinen, die siebzehnjährige Margarita, würde bald heiraten, und Tio Agustín sang für sie eine bittersüße *copla*, die mit dem Rat schloß:

Cómprate la mantequilla
Que harto cuero te han de dar

Geh und kaufe dir Butter, damit du die Prügel lindern kannst, die du erhalten wirst. Für die Kleinen, deren Augen aus Müdigkeit und Aufgekratztheit rollten, spielte er einen Ohrwurm mit dem Titel «A la Limon».

Später kam Wind auf, die Sturmlampen schwangen an ihren Haken unter der Traufe hin und her, allgemeine Müdigkeit machte sich breit, und Abuelita selbst sang nun die *copla*, mit der traditionellerweise ein Fest beendet wurde: «Das Bäumchen ist eingegangen, auf dem der Pfau einst schlief. Nun muß er auf der Erde schlafen wie die anderen Tiere auch.»

Sonntag morgen im Tal von Tensa. Glockengeläut vom Dorfplatz rief zur Frühmesse. Aus dem hochgelegenen, vergitterten Fenster eines Klosters drang merkwürdiger, sehnsuchtsvoller Gesang. Vom unteren Ende des Dorfes aus konnte ich sehen, wie auf der gegenüberliegenden Talseite spielzeuggroße Figuren über die Pfade nach unten stiegen, vorbei an den Wegkapellen und über die grün gesäumten Wasserläufe hinweg, die sich über den Hang nach unten schlängeln. Zumeist waren sie in kleinen Gruppen unterwegs. Ein paar Menschen, ein paar Pferde und Maultiere, und alle umhüllt von einer Staubwolke. Einige Gruppen waren bereits am Fluß angelangt, überquerten unter lautem Hufgeklapper die Holzbrücke und stiegen die steinerne Treppe unter den *palo-verde*-Bäumen hinauf. Es hatte etwas von der stillen Würde einer Prozession. An Feiertagen ziehen tatsächlich Prozessionen über diesen Weg. Erst vor einem Monat, am Dreikönigstag, hatten die Drei Weisen – *los tres reyes* – denselben Weg genommen und denselben mühsamen und staubigen Aufstieg hinter sich gebracht.

Auf dem Platz flanierten die Dorfbewohner in ihrem Sonntagsstaat. Die Männer trugen ihre liebevoll gefalteten *ruanas* über eine Schulter gelegt und nahmen den Hut ab, bevor sie durch das Portal in das weite Gewölbe der Kirche traten, deren verblassender gelb-weißer Anstrich an Zitronensorbet erinnerte und in der der Widerhall des Gemurmels und der Musik einen einzigen schwingenden Baßton erzeugte. Miguel, Maurizio und Margarita tauchten auf. Sie trugen ihre besten Jeans. Tio Juan war ebenfalls da. Er trug einen ausgebeulten blauen Anzug aus Sergestoff. Er war vollkommen verwandelt und stellte in seinem Aufzug den Prototyp eines festlich gekleideten *campesinos* dar – der Hemdkragen lag glatt über den Revers, die aufgesetzten Taschen waren fast so groß wie Satteltaschen, rund um den Bauch trug er einen braunen Ledergürtel, und die Hosenbeine hatten einen enorm breiten zerknitterten Aufschlag.

Als sich der Platz geleert hatte und das Kirchenportal geschlossen war, setzte ich mich in die Sonne und rauchte. Beherrscht wurde der Platz von einer *ceiba* mit einem kerzengeraden, glatten grauen Stamm, der wie ein Stahlrohr fünfzehn oder zwanzig Meter aufragte und sich erst auf dieser Höhe zu einer flachen Krone aus dunklen Blättern und leuchtend roten kamelienähnlichen Blüten verbreiterte. In einem stehenden Weiher schwammen ein paar Goldfische. Es hatten dort auch einmal zwei *caimanes* gelebt, kleine Alligatoren, doch eines Nachts waren sie verschwunden. Ein Rätsel, über das hier am Ort in den Kneipen oder auch zu Hause immer wieder mal

Mutmaßungen angestellt wurden. Wer hatte die Dorfalligatoren entwendet, und wozu?

Schon bald tauchten die Menschen wieder in ihren Alltagskleidern auf. Zwar waren ein paar Läden geschlossen, und man konnte viele Dinge nicht erledigen, doch sonst unterschied sich der Sonntag kaum von den anderen Tagen. Der Marktbetrieb lief, es gab zu tun, und das Mittagessen mußte auf den Tisch. Tia Cecilia erschien mit einem fetten weißen Hahn bei Abuelita. Der, verkündete sie, sollte der Sonntagsbraten werden, zu dem wir alle bei ihr eingeladen waren. Wie eine Einkaufstasche trug sie ihn mit dem Kopf nach unten an einer Schnur, mit der seine Beine zusammengebunden waren, doch auch diese unvorteilhafte Lage hinderte den Gockel nicht daran, seinen Kopf wie wild hin und her zu werfen und uns aus roten Augen mit bösartigem Blick zu fixieren.

Tio Moises und Tia Cecilia lebten mit ihren halbwüchsigen Kindern, den drei «Ms», in einem größeren Haus eine Querstraße von Abuelitas Haus entfernt, praktisch am Ortsende. Der Vater von Tio Moises war der örtliche Kirchenvorsteher gewesen, und das Haus erinnerte in einigem an ein Pfarrhaus, wie es in diesen Breiten üblich war, erwies sich als arg verwinkelt und mit seinen vielen heimlichen Ecken etwas unheimlich. Von der hellen, weiß gekalkten Straße kam man in einen dunklen, kühlen, blau gestrichenen Gang, der in eine kleine Kapelle führte. Auf dem Altar standen zwei Kerzenleuchter, ein paar verwelkte Blumen und eine Schachtel mit Streichhölzern. Direkt darüber hing ein billiger Druck aus dem Devotionalienhandel – der Jesus mit dem Strahlenkranz rund um das offenliegende Herz, mit geschminkten Lippen und kitschigen Augen. An allen Wänden hingen vergilbte Drucke – die ausgezehrten Gesichtszüge von Simon Bolívar, von *el Libertador*; ein Treffen des Weltkirchenrates im Vatikan; der Petersdom. Durch die schmutzigen Glasfenster fiel schwaches, gelblichbraunes Licht. Der quietschende Fußboden, die entlang der Wände aufgereihten lederbezogenen Stühle und der Geruch nach Möbelpolitur bewirkten, daß man sich wie im Wartezimmer einer Leichenhalle vorkam. Der Herr wird sie sofort empfangen...

Durch eine Tür gelangte man auf eine lange, wacklige Veranda, die sich vor dem oberen Stockwerk des Hauses über dessen gesamte Länge zog. Aus alten Speiseölkanistern schlängelten sich blühende Pflanzen empor. Tio Moises saß hier draußen auf einer Holzbank, über die braun-weiße Kuhhäute gebreitet lagen, und bearbeitete seinen weichen Filzhut mit einer feuchten Bürste. Ich hatte nicht das Gefühl, daß er mich mochte. Er hatte ein krankes Herz und ein lahmes Bein. Sein Gesicht war schmal und gerötet. Der vierzehnjährige Miguel war der jüngere Sohn und sehr freundlich. Er führte mich nach unten. Unter dem Haus gab es Lagerräume und leerstehende Ställe und ein vor sich hin rostendes altes Quetschwerk für Zuckerrohr, mit dem die kleinen Blöcke aus grobem braunem Zucker hergestellt wurden, die man *panela* nannte. Im Waschhaus stand eine Indio-Frau am Wasserbecken und bearbeitete einige Wäschestücke. Sie hatte lange, glänzende und tiefschwarze Haare wie ein siebzehnjähriges Mädchen, doch als sie sich umdrehte und auf uns zukam, sah ich, daß sie Falten hatte, wie eine Hexe aussah und halb blöde war. Im Vorbeigehen lächelte sie mit hängendem Unterkiefer, nickte als Antwort auf irgendeine innere Stimme vor sich hin und stieg dann die Stufen zur Veranda hoch. An einem Fußgelenk hatte sie eine verschorfte Wunde, die mit einem gelben Stoffstreifen locker verbunden war. Gus fiel mir wieder ein.

Der ummauerte Garten zog sich über den Hang nach unten. Ungefähr tausend Quadratmeter ungepflegte Obstbäume, großblättrige Avocados und schlanke Guaven mit glänzender, marmorähnlicher fondantfarbener Oberfläche. Die Bananen waren immer noch grün. Die vielen Bananen am Fruchtstand einer Bananenstaude hängen nicht von einem Ast, sondern von einer Art Stengel. Dieser Fruchtstand ragt einem Rüssel ähnlich zwischen den großen glänzenden Blättern nach unten und läuft in eine merkwürdige malvenfarbige und herzförmige Eichel aus. Als wir wieder auf die Veranda kamen, saß Tio Moises noch immer auf der Bank. Er hatte ein «Knopfkino» vom Boden aufgehoben, das eines der Kinder fallen gelassen hatte, einen kleinen Plastikprojektor mit Gucklöchern und einer runden Diascheibe, und er drückte sich langsam durch «Ein Tag im Zirkus» oder durch ein Abenteuer von Spiderman. Ich spazierte in die Küche, einen großen, mit Steinplatten ausgelegten

Raum, in dem es einen mit Holz beheizten Kochherd gab und einen Schleifstein, der im Boden verankert war. Abuelita, Tia Cecilia und Margarita saßen dicht zusammengedrängt. Drei Generationen von *campesinas* aus Tensa. Sie bekamen gar nicht mit, daß ich hereingekommen war. Um sie herum flogen kleine weiße Federn. Sie rupften dem Hahn gerade die letzten paar davon ab. Wie Hexen saßen sie rund um den bemitleidenswerten grauen Kadaver des Hahns, arbeiteten schweigend und packten mit blutigen Fingern zu. Als sie schließlich doch aufsahen, warf mir Abuelita einen Blick zu, der mir deutlich machte, daß ich nicht willkommen war. Sie stand auf, drehte sich halb zu mir um und streckte mir die verschmierten Hände entgegen. Ich spürte, daß ich in ein weibliches Reservat eingedrungen war. Lola erklärte mir später, daß es sich für einen Gast nicht schickte, während der Essensvorbereitungen die Küche zu betreten. Die dunklen Geheimnisse der Küche mußten gewahrt werden.

Das Abendessen stellte sich als eine ziemlich formale und schweigsame Angelegenheit heraus. Wir wurden in zwei Gruppen aufgeteilt. Tio Juan, ich selbst, Lola und ihre Kinder saßen als Ehrengäste mit Tio Moises im Eßzimmer, während der Rest der Familie in einem kleinen und überfüllten Raum irgendwo anders saß, in dem es sehr viel lustiger zuging. Das Fleisch war zäh und grau – die Rache des Hahnes –, und das verstimmte Tio Moises. Als Beilagen gab es Reis, Kartoffeln, Yucca und eine andere Knollenfrucht, nämlich gelbe *arracacha*. Wir tranken heiße Hühnerbrühe und ein Mischgetränk aus Bier und der rosafarbenen *gaseosa*, die «Colombiana» heißt. Die Kartoffeln und die *arracacha* stammten aus Tio Moises' eigenem Garten. Wir beeilten uns, ihm dafür Komplimente zu machen. *Arracacha* brauchen zwei Jahre, bis sie reif sind, fügte er brummig hinzu, als würde ihm das ganz besonders zusetzen.

Sam wollte es Tio Juan und seinem geschickten Umgang mit einem Hühnerflügel gleichtun und griff dermaßen heftig nach dem Fleischstück, daß dieses quer über den Tisch segelte und auf dem weißen Tischtuch eine Spur aus Reis und Bratensaft hinterließ. Lola wischte heftig mit einer Serviette herum, und Tio Juan beugte sich über sein Essen. Sam nagte zerknirscht weiter. Die Uhr tickte. Aus dunklen Holzrahmen blickten mehrere sepiafarbene Vorfahren auf uns herab. Von der Straße her hörte ich Pferdegetrappel, und vom anderen Ende des Flurs drang entferntes Frauengelächter.

Die Tage zogen dahin, strahlende Tage und trübere Tage, Picknicks an großen Flüssen, Orangen frisch vom Baum, Morgennebel und Abendspaziergänge und ab und zu sogar ein Ausritt auf dem Pferd. Wir machten einen Ausflug nach Garagoa, wo ich auf dem Markt einen der für Boyacá typischen schwarzen weichen Filzhüte erwarb. Mit Tia Cecilia fuhren wir nach La Capilla, wo ihr ein falscher Zahn eingesetzt werden sollte. Dieses Ereignis hatte schon dermaßen lange auf sich warten lassen, daß sich der Ausspruch «Tante Cecilias falscher Zahn» zu einer familieninternen Anspielung auf das langsame Tempo, von dem das Leben auf dem Land bestimmt war, entwickelt hatte. Ich saß im Bus köstlicherweise eingezwängt zwischen Lola und Tia Cecilia, ein scheckiges Schwein quiekte weiter hinten, der Gang war voll mit grimmig dreinblickenden *campesinos*, die nach Lehm, Leder, Pferdeschweiß und Stallmist rochen und kurzgeschorene Haare hatten. Ein Tag auf dem Bauernhof eines Cousins auf der anderen Seite des Tales, das sonnenüberglänzte Dorf klein und hübsch unter uns, Dächer und Gärten, Straßen und Plätze und etwas seitlich der staubige Friedhof, in geduldiger Erwartung. Auf dem Hof wurden gerade die *agave* geerntet. Die Blätter schälte man mit einer alten benzingetriebenen Maschine ab. Die *agave* ist die amerikanische Aloe, die auch unter den Namen *maguey* und *pita* bekannt ist. Ein Büschel grüner und gelbgeränderter, harter und stachliger Blätter, wie eine Kreuzung zwischen einer Schwertlilienstaude und einem Kaktus, mit einem einzelnen schlanken Trieb, der sechs Meter und noch höher wächst. Die Blätter liefern eine grobe, grünliche Faser, *fique*, die so lange eingeweicht und geschlagen wird, bis sie verarbeitet werden kann, und für alle Arten von Webereien verwendet wird. Es ist eine von diesen vielseitig verwendbaren tropischen Unkrautpflanzen, genau wie die Rohrpflanzen, die entlang der Wasserläufe wirr durcheinander stehen und deren verschiedene Arten für Zucker sorgen, für Webmaterial und für den Grundstoff beim Bau der Häuser, deren Flechtwerk später mit Lehm beworfen wird.

In Mexiko ist die *agave* der Ausgangsstoff für diesen schrecklich starken, *mescal* genannten Schnaps. Doch der wird in Kolumbien nicht getrunken. Das traditionelle Nationalgetränk – inzwischen offiziell verboten – ist hier die *chicha*. Abuelita, die im Ruf stand, eine Meisterin der *chicha*-Brauerei zu sein, verriet mir ihr Rezept. Mais, und zwar vorzugsweise von der Art, die *maiz blando* genannt wird, wird in einem Steinmörser zerrieben, eingeweicht in verdünnter Zuckerrohrmelasse (*aguamiel*, «Honigwasser»), in einem Holzfaß zwölf Tage lang fermentiert, eingekocht zu einer teigähnlichen Masse, die *masato* genannt wird, und noch einmal zwölf Tage lang in *aguamiel* fermentiert. Das Produkt, das bei dieser Prozedur entstand, war der feinste *chicha flor*, der *permier cru* des schwarzgebrannten Maisschnapses. Nach einem rascheren und einfacheren Rezept entstand der *chicha de mitaca* genannte Schnaps für jeden Tag, und es war permanent ein weiterer Destillierapparat in Betrieb, mit dem das schwache Maisbier *runchera* hergestellt wird, das für gewöhnlich mit Kräutern wie *anicillo* gewürzt getrunken wird. Alle *chicha*-Brauer haben ihre eigenen kleinen geheimen Zusätze. Abuelita gab immer Pfeffer und Limone dazu, um dadurch die Konsistenz des Gebräus zu verfeinern. Aus gesundheitlichen und hygienischen Gründen wurde *chicha* im Jahr 1948 offiziell verboten. Ganz unabhängig von den normalen Gefahren, denen man bei schwarz gebranntem Schnaps ausgesetzt ist, und den abstrusen Zutaten – geriebene Knochen, Rattenschädel, Kuhhaut –, die von einigen Schnapsbrennern bevorzugt eingesetzt werden, gibt es Fälle, in denen die *chicha* wirklich giftig ist. Wenn sich der Mais während der Fermentation auf eine bestimmte Weise auflöst, erzeugt der darin enthaltene pflanzliche Kleber eine toxische Substanz namens Ptomain. Man hatte große Schwierigkeiten mit der Durchsetzung dieses Verbots. Die *campesinos* aus Boyacá murren immer noch böse über *Ley Treinta-y-quatro* – das Gesetz Nummer vierunddreißig von 1948, das Prohibitionsgesetz –, und Tio Juan gab seine Meinung kund, daß die Prohibition weniger mit der Volksgesundheit zu tun hatte als mit dem Druck, der von den großen Bierbrauereien ausging.

Nachts schlief ich in der Casa de Campesinos am Dorfrand,

einem von der Kirche geführten Wohnheim, in dem man pro Übernachtung hundert Pesos zahlte. Eine tadellose, kleine, weiß gestrichene Zelle, zweieinhalb mal zwei Meter, ein schmales, hartes Bett, ein kleiner Tisch, zum Aufhängen der Kleider vier Holzzapfen an der Wand, und ein Kreuz, das mit hellblauer Farbe auf den weißen Verputz gemalt war. Rund um den Hof lag an drei Seiten eine Zelle neben der anderen, und alle, die ich gesehen habe, sahen exakt gleich aus wie meine, mit der Ausnahme, daß das Kreuz überall auf andere Art gemalt war. Meines hatte die Form von Untertassen, die aus drei konzentrischen Kreisen bestanden – fünf Untertassen für die horizontale Linie, sieben für die vertikale. Auf der halbhohen Mauer, die an der vierten Seite den Innenhof von der Küche abschirmte, befand sich ein düsteres Wandgemälde, auf dem Papst Johannes Paul II. dargestellt war, wie er glückliche Bauern segnete.

Als ich mich eines Abends schon früh in meine Zelle zurückgezogen hatte, hörte ich draußen vor meinem Fenster etwas, das wie Gewehrfeuer klang. Als ich mich hinausbeugte, sah ich, daß gerade ein *Tejo*-Spiel im Gang war. *Tejo* – auch *turmeque* und *sapo* (Kröte) genannt – ist die kolumbianische Version des Kugelspiels. Ich schlüpfte in meine Kleider und ging nach draußen, um zuzusehen. Zwei Mannschaften warfen Metallscheiben, die ungefähr die Form und die Größe eines Kiefernzapfens hatten, und zielten damit auf einen Eisenring am anderen Ende des Spielfelds. Der Ring hatte bloß einen Durchmesser von ungefähr fünfzehn Zentimetern, und sie warfen die Scheiben über vielleicht ebenso viele Meter. Alles war eine Frage des präzisen Werfens, doch gab es unter dem einen Dutzend Spieler keinen einzigen, der noch nüchtern war. Gewonnen hat bei jedem Spiel die Mannschaft, die als erstes auf neun Punkte kommt. Wenn alle geworfen haben und dabei keine einzige Scheibe innerhalb des Rings gelandet ist, erhält die am nächsten liegende Scheibe einen Punkt. Eine Scheibe innerhalb des Rings gewinnt sechs Punkte. So ein Wurf wird als *embocanada* bezeichnet. Der beste Wurf von allen ist eine *monona*, mit der man die Runde auf einen Schlag gewinnt. Eine *monona* erreicht man dann, wenn die Scheibe auf einem der vier kleinen Papiertütchen innerhalb des Rings landet. Die Tütchen sind mit Schießpulver gefüllt, und jeder Siegerwurf wird von einer scharfen Explosion begleitet. Während es dunkel wurde, knallte es immer lauter. Der scharfe Geruch nach Kordit mischte sich mit den süßen Tropendüften. Der Starspieler des Dorfes war ein schlanker *campesino* mit angegrautem Haar namens Francisco. Sobald er nach der Scheibe griff, kam es zu erwartungsvollem Geraune auf seiten der Zuschauer und zu Schreien wie: «Gib uns eine *monona*, Francisco!» und: «Mitten hinein in ihr Loch, Francisco!» Während ich zuschaute, brachte er es auf drei *mononas*. Er machte eine geschickte Bewegung aus dem Handgelenk heraus und ließ die Scheibe durch die Luft segeln.

Es mußte einmal zu Ende gehen. Am Morgen unserer Abreise wachte ich auf, weil unter meinem Fenster sehr laut ein Radio lief. Die Musik war etwas ganz Wunderbares – miteinander im Wettstreit liegende, schnell gespielte Gitarrenklänge unterlegten einen gesungenen Text aus langgezogenen Schreien. Diese wilde Melodie war Cowboy-Musik, *música llanera* aus den großen Grasebenen im Osten Kolumbiens. Boyacá liegt genau am östlichen Rand der östlichen Cordilleren – es türmt sich über den *llanos* auf, ist die Nahtstelle zwischen dem kargen Hochland und den üppigen Tiefebenen.

Es kam zu überschwenglichen Verabschiedungsszenen. Abuelita versicherte mir gnädig, daß ihr Haus immer mein *ranchito* sein würde. «Sie sind jetzt einer aus Boyacá», sagte sie und blickte dabei schelmisch auf meinen staubigen schwarzen Hut. Ein Kichern ging durch die Menge und verstärkte sich zu einem allgemeinen schallenden Gelächter. Der Engländer mit dem Hut hatte sich seinen kleinen Stammplatz in der Familienmythologie erobert.

Wir kamen am späten Nachmittag in Bogotá an. Von der *autopista* herunter gab es einen Verkehrsstau, Polizisten, die vor Wut fast einen Schlaganfall bekamen, bliesen heftig durch ihre Pfeifen, in der Luft hing schwer das schimmernde Kohlenmonoxid. Die Rückkehr in die Stadt des Zähneknirschens. Ein Siebentagesbart, ein komischer schwarzer Hut und ein Herz voll Cowboy-Musik waren alles, das vom Tensa-Tal blieb.

Viele Kilometer später hörte ich an einem Schwarzmarktstand für Musik in der Stadt Neiva den Song noch einmal. Die Band hieß Los Vaqueros, der Sänger war Rene Devia, und die Gitarren waren überhaupt keine Gitarren, sondern wie wild gespielte *Harfen* des Rock'n'Roll .

12 Rikki singt

Nur widerwillig machte ich mir jetzt wieder Gedanken über die große Kokain-Story. Meinen ursprünglichen Plänen nach hätte ich bereits an der karibischen Küste sein sollen, dort, wo sich die Schmuggler herumtrieben – in Santa Marta, in Cartagena, an den versteckt liegenden kleinen Buchten und Rollfeldern auf der Guajira-Halbinsel. Mit Sicherheit waren das die Orte, wo die *echte* Geschichte zu finden war. Es war an der Zeit, diese trüben, im Basukorausch erlebten Nächte in Bogotá zu vergessen und sie unter dem großzügigen Oberbegriff «Hintergrundrecherche» zu archivieren.

Auch diesmal stellten sich Lola und ihre Familie als ein Glücksfall heraus. Lolas Ehemann Luke würde schon in zwei Tagen nach Kolumbien kommen, und Lolas Bruder Alberto brauchte unbedingt ein bißchen Urlaub. Warum fuhren wir nicht alle gemeinsam an die Küste? Die Entscheidung fiel mir überaus leicht, bedeutete das doch noch ein paar Tage des Zusammenseins und der Sicherheit, und ich fand großen Gefallen an der Idee.

Zunächst mußte ich allerdings in Bogotá noch einem anderen Hinweis nachgehen. Ich hatte Gus nicht mehr gesehen seit der Nacht, in der er mir über Schneewittchen berichtet hatte, und, offen gestanden, hatte ich auch jetzt keine besondere Lust dazu, ihn zu treffen. Er hatte so eine Art, einen in seine übelriechende Welt des Drogenrauschs hineinzuzerren. Es war gut möglich, daß Julio Cesar recht hatte und daß Gus' Geschichte über das Schneewittchen-Syndikat bloß ein Produkt seiner paranoiden Delirien war. Wenn aber doch nicht? Ein großes neues Syndikat, das Kokain nach Europa pumpte. Das könnte genau die heiße Fährte sein, nach der ich suchte. Ich war es mir selber – ja, und auch Gus – schuldig, diesem Hinweis nachzugehen. Nur würde ich diesmal einen ungefährlichen Weg einschlagen, versprach ich mir selbst. Ich würde mir nichts zuschulden kommen lassen, meinen Absichten treu bleiben und soviel wie möglich herausfinden, ohne mich verdächtig zu machen. Wie hatte Rosalita es doch so schön formuliert? In dieser Welt lebt jeder mit einer Lüge.

Dan Kreitman war der Amerikaner, der nach Gus' Aussage eine Bezugsquelle für Kokain aufgetan hatte, die mit Schneewittchen in Verbindung stand. Sein Geschäft für Goldwaren und Edelsteine, die Galeria Pecadillo, lag in Chapinero, einem hübschen Innenstadtviertel mit vielen Modegeschäften und kleineren Stadthäusern. Architektonisch ist Bogotá ein völliges Mischmasch, und ich war überrascht, in diesem Viertel einen überwiegend englischen Baustil anzutreffen – roter Ziegelstein, Fenster mit Mittelpfosten und moosbewachsene Dächer. Ich fand den Laden in einem Souterrain an der 13th Avenue. Er wirkte erlesen und exklusiv. Ein kleines hübsches Mädchen öffnete mir die Tür. Im Laden selbst war es sehr still und kühl, er war zurückhaltend beleuchtet und bis unter die Decke mit präkolumbianischen Kunstgegenständen und Edelsteinen vollgepackt. Ein Amerikaner mit einer Brille auf der langen Nase inspizierte gerade ein paar Goldarbeiten, die eine dicke Kolumbianerin ihm zeigte. «Ich kümmere mich sofort um Sie», sagte er. «Meine Assistentin führt Sie schon mal herum.» Sie zeigte mir goldene Ohrgehänge und Anhänger für Halsketten, Nasenringe und Lippenstäbe, sonderbare kleine Pfeifen aus Stein, die wie Vogelköpfe geformt waren, phallische Figurinen – *«Es fálico, no¿»* – und viele wunderschöne Halsketten und Armbänder aus Schmucksteinen der Tairona – Achat, Jaspis, Jadeit, Quarz, Koralle und Türkis. Die kühlen, sicheren Bewegungen der jungen Frau und ihre sanfte Stimme gefielen mir. Hier sprach man nur im Flüsterton. Sie erzählte, daß sie vor einem Jahr in England gewesen sei, und sagte etwas, das ich als «Talkie» interpretierte. Wie ein Idiot antwortete ich ermunternd: «Yes, talkie English?», doch in Wirklichkeit sprach sie sehr gutes Englisch und erklärte, sie sei in Torquay gewesen. Sie sah überhaupt nicht wie eine Kolumbianerin aus. Sie trug eine elegante Bluse und hatte sorgfältig in kleine Löckchen gedrehte mausbraune Haare. Sie hieß Daniela.

Der Mann mit der Brille, Dan Kreitman, schlug ein riesengroßes Scheckbuch auf und füllte eines der Formulare aus. Die dicke Frau beobachtete ihn gespannt. Ihr Kinn hielt sie mit einer Hand umfaßt, und einen ihrer langen roten Fingernägel ließ sie nervös gegen den Fettwulst unter ihrem Auge klopfen. Sie verkaufte Nachbildungen aus Gold – drei Lagen Gold auf einer Kupferunterlage –, die man an die Halsketten aus Tairona-Edelsteinen hängen konnte. Nachdem sie gegangen war, plauderte ich mit Kreitman über seine Edelsteine und über das Buch, das ich «über Kolumbien» schrieb. Er war überaus redselig. Er lebte bereits seit fünfzehn Jahren in Kolumbien und kannte das Land bis in den letzten Winkel. «Am Amazonas habe ich schon Ameisenbäreneintopf gegessen, an der Küste Leguaneintopf und in Bucaramanga Stachelschweineintopf. Und ich habe alles überlebt, damit ich davon berichten kann», sagte er in jovialem Ton. Er sprach aus dem Mundwinkel heraus, und seine Augen hinter der Drahtgestellbrille waren schmale Schlitze. Sie funkelten nicht wirklich, es lag eher ein wissendes Schimmern in ihnen. Das rote Telefon auf dem Verkaufstresen klingelte. Er sagte ein paar Worte auf spanisch – fließend, aber mit einem jüdischen Akzent aus New Jersey. Dann sagte er auf englisch: «Herr Botschafter? Wie geht es Ihnen heute, Sir?»

Während seines Telefonats schlug die Türklingel an. Daniela öffnete die Riegel und Schnappschlösser, mit denen Bogotá in Schach gehalten wurde. Zwei Amerikanerinnen betraten den Laden. Die eine war blond, bleich und schwanger und hatte ihre Sonnenbrille auf den Kopf hochgeschoben, die andere sah raffiniert, sexy und magersüchtig aus. Es waren Diplomatengattinnen. Kolumbien ist ein «Dienstort mit Härtezuschlag», erklärten sie mir später – mehr Geld, eine kürzere Dienstperiode und Wohnungen, die besonders gesichert waren. Mit Kennerblick und vorsichtigem Griff begutachteten sie die Kunstgegenstände. Die Magersüchtige legte sich ein fünfhundert Dollar teures Halsband aus Koralle und Quarz um. «Ich muß unbedingt mit Bill hierher gehen», murmelte sie, während sie vor dem Spiegel verschiedene Posen ausprobierte. Aus einem der hinteren Räume des Ladens kam eine Kolumbianerin nach vorne. Das war Kreitmans Frau Claudia, eine großgewachsene Schönheit mit rabenschwarzen Haaren. Sie stammte aus Palmira, aus einer der Städte im Cauca-Tal, von denen in den

Liedern immer behauptet wird, daß dort die *chicas mas bonitas* herstammen. Sie hatte das breite und zähnebleckende Lächeln einer Kokainschnupferin und trug um Hals und Handgelenke ein wahres Dickicht aus Edelsteinen. Die magersüchtige Dame bewunderte ihr malvenfarbenes Kleid und sagte: «Aber ich glaube, Malvenfarbiges bedeutet, daß man sich unsicher fühlt.» Mit aufgesetzter Fröhlichkeit gesellte sich Kreitman jetzt zu den dreien. Er hob einen aus Stein gehauenen Fuß hoch, den letzten Rest einer Zeremonienstatue. «Man könnte sagen, daß ich einen Arm und ein Bein für einen Fuß gegeben habe», witzelte er. Die Damen lachten vergnügt auf und gaben ihm mit ihren hübschen Händen einen Klaps.

Kreitman ging erneut ans Telefon. «Ken? Bleiben Sie dran, ich lege Sie nach hinten.» Der Ken, um den es da ging, war Ken Bronkie, der Sohn des bekannten Willis K. Bronkie und Eigentümer des größten Handelshauses für Smaragde in Kolumbien. Die magersüchtige Dame erzählte: «Ich habe zu Bill gesagt, ich würde mir dieses Jahr vom Weihnachtsmann einen netten großen Smaragd wünschen, und daraufhin hat er gemeint: ‹Wünsch ihn dir nicht vom Weihnachtsmann, sondern gleich von Ken!›»

Ich lehnte mich zurück und genoß das plüschige Gefühl, das mir der Lehnsessel gab, genoß den sanften Hauch des Geldes, der mich umwehte. Die Diplomatengattinnen plapperten weiter dahin. Eine hatte eine neue Masseuse gefunden – «sehr billig». Das Wasser war diese Woche schon zum zweitenmal abgestellt worden. Die nationale Fluglinie nannten sie «Avinunca» statt Avianca – *nunca* bedeutete soviel wie «niemals». Ich sah Daniela dabei zu, wie sie Achate auf Draht aufzog – roten Karneol, orangefarbenen Sarder, apfelgrünen Chrysopras. Sie lächelte mir zu und setzte hinter dem Rücken der anderen eine konspirative Miene auf. Die Schwangere kaufte eine Tumaco-Figur, ein Valentinstagsgeschenk für ihren Mann. Er war Vizekonsul und als solcher bei der Botschaft zuständig für «Nettigkeiten», was für soziale Aktivitäten stand. Die Figur war ein Steingefäß mit einem menschlichen Gesicht und sah ungefähr so aus wie die Mischung aus einem Ochsenfrosch und einem Buddha. Ich fragte mich, ob der Vizekonsul das schmeichelhaft finden würde.

Was Kreitman betraf, so stellte sich immer deutlicher heraus, daß ich kein Glück hatte. Er hatte an diesem Tag viel zu tun, und am folgenden Morgen wollten er und seine Frau geschäftlich nach Miami fliegen. Ich hatte überhaupt keine Chance, ihm irgendeine Information über seine Bezugsquelle für Kokain abzuschwatzen. Mit so einer Frage rückte man nicht einfach heraus. Allerdings fragte ich Daniela, ob sie mit mir auf einen Drink weggehen würde. Nicht an diesem Abend, sagte sie, aber am nächsten. Im Teatro National wurde ein Stück gespielt, das sie gerne sehen wollte. Vielleicht konnten wir dort ja gemeinsam hingehen.

Daniela Duarte – sie trug den gleichen Mädchennamen wie Eva Perón – lebte mit ihrer Familie in einem hübschen weißen Apartmentblock mit getönten Fensterscheiben, und zwar am noblen Ende der 15th Avenue, in der Nähe des Unicentro. Empfangen wurde ich von einem jungen, gutaussehenden Kerl mit einem Schnurrbart – Danielas Bruder Ricardo. «Meine Freunde nennen mich Rikki.» Er trug Jeans und ein amerikanisches Bowling-Shirt, die Standardausrüstung für den jungen Bürger aus Bogotá, zu der auch das obligatorische Marlboro-Päckchen in der Brusttasche gehörte. Daniela sei immer noch dabei, sich zurechtzumachen, sagte er und warf dabei einen Blick zur Decke hinauf, als wollte er sagen: «Diese Frauen!»

Wir setzten uns schrecklich vornehm und ungemütlich auf ein weißes Sofa. Alles war auf Hochglanz gebracht und völlig akkurat, die Aschenbecher waren zu schick, um Asche aufzunehmen, die Kissen zu penibel zurechtgelegt, als daß man sich hätte draufsetzen wollen. Rikki würde bald aus Bogotá weggehen, erklärte er mir. Er wolle nach San Andrés, auf Kolumbiens Urlaubsinsel, fünfhundert Kilometer vor der karibischen Küste. Er habe einen Job bekommen als Regionalmanager für eine amerikanische Firma, die Luftkompressoren und Klimaanlagen importierte. Er würde ein Haus am Meer haben, eine Unmenge Sonne, Geld und Frauen. Doch seine wirklichen Ambitionen richteten sich auf einen Beruf als Pilot. «Alle meine Freunde sind Piloten», sagte er.

Daniela und ich fuhren mit dem Bus nach Süden und tranken Brandy in einem Café. Das Teatro National war in keiner Weise die altehrwürdige Institution im neoklassizistischen Stil, auf den der Name irgendwie schließen ließ, sondern klein und modern. Es roch nach Farbe und frischem Holz. Man spielte *The Hostage* von Brendan Behan, eine kolumbianische Produktion eines irischen Stückes mit einer rothaarigen argentinischen Schauspielerin namens Fanny Mikey, die eine schwungvolle Darstellung der Meg hinlegte. Die männlichen Schauspieler stellten das Irische an ihren Figuren durch ein leichtes Hinken dar. Während der Pause trafen wir einen Freund von Daniela, einen Maler namens Garzón, und nach dem Theater kamen wir mit in seine Wohnung, wo wir seine Frau und verschiedene Freunde kennenlernten und eine ziemliche Menge Chivas Regal Whisky tranken, der mit einem Preis von fünfzig Dollar pro Flasche so etwas wie ein Statussymbol war. Garzón war ein Künstler mit hochgezogenem «ü» und melodramatischem Getue. Seine Bilder waren große, schwülstige Ölgemälde auf Leinwand mit grotesken Wesen im Zustand des Schmerzes, der Verrücktheit oder der Bettelarmut. Daß ich ein Gringo war, vergab er mir, weil ich Schriftsteller und damit ein Künstlerkollege war. Er setzte sich sehr nahe zu mir und redete über *los sentimientos duros* und *la nueva sangre* Südamerikas. Er legte mir die Hand aufs Knie und sagte auf englisch: «Ich liebe das Leben, seine Tragödien und seine Komödien.»

Mit dem Taxi fuhren wir zu Danielas Wohnung an der 15th Avenue zurück. Sie kuschelte sich auf dem Rücksitz an mich. Ihr Atem roch nach Whisky, ihre Haare dufteten. Bei einem unverheirateten einundzwanzigjährigen Mädchen aus der Mittelklasse gab es im katholischen Kolumbien nur zwei Möglichkeiten – sie war entweder Jungfrau oder Hure. Wahrscheinlich würde es so ablaufen: ein Kuß, eine Umarmung, schönen Dank und gute Nacht. Mit der vagen Hoffnung auf einen anderen Verlauf nahm ich ihre Einladung zu einer Tasse Kaffee an. Der Pförtner schreckte unter seiner Decke hoch. In der Ecke seines Büros stand ein Gewehr. Oben in der Wohnung legte Daniela eine Kassette ein, spielte sie allerdings sehr leise, da sie Angst hatte, Mama und Papa aufzuwecken, die am Ende des Flurs schliefen. David Bowie sang «Back in Suffragette City». Wir hatten uns gerade gemeinsam auf das weiße Sofa gesetzt, als wir von draußen das dumpfe Zusammenschlagen der Lifttüren hörten. Ein Schlüssel wurde ins Schloß gesteckt, und Rikki kam schwankend herein.

Er machte einen ziemlich betrunkenen Eindruck, und wenn man danach ging, wie er mit den Zähnen knirschte, dann hatte er auch geschnupft. «Wie war's auf der Party?» fragte Daniela. Rikki zuckte die Achseln. Aus einem Schränkchen voller geschliffener Glaskaraffen nahm er eine heraus und goß sich einen großen Scotch ein.

«Ich war nicht bei der Party», sagte er. Er setzte sich zwischen uns auf das Sofa, leerte sein Glas und stand sofort wieder auf. Als er sich das zweite Mal einschenkte, machte er das recht ungeschickt und brach eine Kante aus der Karaffe.

«Rikki!» stieß Daniela in müdem und warnendem Flüsterton hervor. Sie war drei Jahre jünger und einen Kopf kleiner, doch es konnte gar keinen Zweifel geben, wer von den beiden die stärkere Person war. «Immer mit der Ruhe», sagte sie besänftigend. «Was ist los mit dir?»

Nervös schwenkte er das Glas in den Händen. «Das weißt du doch», sagte er ausweichend.

«Orlando?»

Rikki nickte. «Er hat heute abend angerufen, als du schon weg warst. Ich habe mich mit ihm getroffen. Er braucht das Geld wirklich ganz dringend, Dani. Er brauchte es schon gestern, hat er gesagt. Die machen ihm wirklich ganz schrecklichen Druck.» Er bremste sich. Einen Moment lang kam wieder sein oberflächlicher Charme zum Tragen: «Tut mir leid, Charlie. Geldprobleme. In England ist es doch nicht anders, oder?»

Ich versicherte ihm, daß er damit recht hatte. Er blieb unentschlossen stehen. David Bowie sang *sotto voce*: «Five years! My brain hurts a lot!»

Rikki verschwand über den Flur, um zu pinkeln. Ich fragte Daniela, um welches Problem es ging. Wehmütig schüttelte sie den Kopf. «Es ist nichts, wirklich. Eine dumme Schuld. Er möchte, daß ich das Geld von unserem Vater leihe. Papa gibt Rikki überhaupt kein Geld mehr.»

«Er hat mir erzählt, daß er auf San Andrés einen Job bekommen hat. Kann er die Schuld nicht dann abzahlen?»

«Es geht um eine schlimme Sache. Sie verstehen schon,

Drogen. Rikki hat auf Kommission gedealt. Er hat den Stoff von einem alten Freund bekommen. Immer nur wenig Stoff, aber es summiert sich trotzdem. Und jetzt muß sein Freund das Geld eintreiben. Ich habe Angst, Charlie. Rikki...»

Sie unterbrach sich. Rikki kam zurück. Doch er sagte bloß gute Nacht. «Ich werde morgen mit Papa reden», versprach sie ihm. «Irgendwie kriegen wir das schon hin.» Schwerfällig ging er zurück über den Flur. Die Tür zu seinem Zimmer fiel leise ins Schloß. In dieser Wohnung mit den dicken Teppichen verlief alles leise, in einer Stille wie unter Wasser.

Sie stand auf. «Es ist spät. Schönen Dank für den schönen Abend, aber jetzt muß ich schlafen gehen.» Sie machte sich an den Aschenbechern und den Gläsern zu schaffen. Ich zog meinen Mantel an. Dann kam mir plötzlich ein Gedanke.

«Es geht um Kokain, nicht?»

«Wie? Ach so, Rikki. Ja, er hat Kokain verkauft.»

«Hat er es an Dan Kreitman verkauft?»

Sie lachte verunsichert auf, schnaubte vor Überraschung. Sie hatte zwar keine Vorstellung, warum ich sie das fragte, doch antwortete sie trotzdem. «Ja. Dan hat von Rikki ein paar mal Koks gekauft. Aber...»

«Es ist nichts. Vergessen Sie's. Ja, es war wirklich ein schöner Abend. Ich rufe Sie an.» An der Tür küßten wir uns. Ein sehnsüchtiger Teenagerkuß. Doch als sich die stählernen Lifttüren mit einem Fauchen schlossen, war es Rikki, an den ich dachte, und nicht Daniela. War er meine Verbindung zu Schneewittchen?

•

Am nächsten Tag rief ich von einer Telefonzelle an der 15th Avenue aus gegen fünf Uhr nachmittags in der Wohnung der Duartes an. Wie ich gehofft hatte, war Rikki am Apparat. «Ist Daniela da?» fragte ich, obwohl mir völlig klar war, daß sie in Kreitmans *galeria* erst um fünf Feierabend machte. «Schade», sagte ich, als er mir mitteilte, daß sie nicht da sei. «Ich bin gerade hier in der Gegend, und ich dachte, ich könnte vielleicht... Haben Sie nicht Lust auf einen Drink?» – «Ja sicher, warum nicht», sagte Rikki. Er fragte, wo ich gerade sei. «15th, Ecke 102nd», erklärte ich ihm. Ein paar Blocks weiter nördlich, sagte er, würde ich auf der linken Straßenseite eine Cocktailbar namens The Place finden. Dort würde er sich in zehn Minuten mit mir treffen.

The Place paßte haargenau zu Rikki. Eine chromglänzende Bar im amerikanischen Stil mit gesalzenen Preisen, die auf kleinen, laminierten, auf dem Tisch liegenden Karten verzeichnet waren, mit Computerspielen in einer Ecke und mit lauter und seichter kalifornischer Rockmusik. Rikki kam hereinspaziert. Er war nett gekleidet, trug Jeans und eine Mütze auf dem Kopf. Er setzte sich zu mir an den Tisch in der Ecke. Er sah aus wie jemand, der erst spät aufgestanden war und sich in aller Ruhe angezogen hatte. Auf seinem von einem Grübchen geteilten Kinn hatte er einen frischen Schnitt vom Rasieren.

Wir tranken Jim Beam Bourbon. Er plauderte über seinen neuen Job auf San Andrés, über seine Absichten, das Fliegen zu lernen, über seine zahlreichen Freundinnen. Er hatte Spaß am Reden, daran, ein bestimmtes Bild von sich selbst zu entwerfen – der schicke und weltmännische Rikki. Ich ließ ihn reden. Je lockerer er war, desto besser. Ich konnte sehen, wie unterhalb seines Geplappers die Ängste der letzten Nacht weiterkochten. Seine Finger mit den abgebissenen Nägeln fummelten am Rührstäbchen herum, am Untersatz für sein Glas mit dem Spitzendeckchen aus Papier und am Aschenbecher. Ich bestellte noch zwei Drinks. Als er am Tresen Zigaretten kaufte, goß ich den Großteil meines Drinks in sein Glas. Ein Mädchen, das mir gegenüber saß, beobachtete mich dabei. Sie trug eine Sonnenbrille, doch ich sah, wie sich ihre Augenbrauen hoben. Wir lächelten uns gegenseitig schwach zu, und sie fuhr sich mit dem Finger seitlich über die Nase. Wenn ich den Drink meines Freundes ein bißchen pfeffern wollte, dann ging *sie* das überhaupt nichts an, sollte das heißen. *Así es en Bogotá.* Ihre Sonnenbrille und ihre langen Haare ließen mich einen Moment lang an die Nancy aus dem Fruchtpalast denken. Diesmal spielte ich mit gezinkten Karten. Der Betrogene war jetzt selbst der Betrüger. Es war nicht gerade viel, womit ich nach zwölf Jahren Arbeit aufwarten konnte.

Als ich die roten Flecken auf Rikkis Wangenknochen sah und zum drittenmal seine Meinung hörte, daß im Bett brasilianische Mädchen am schärfsten waren, entschied ich, daß die Zeit jetzt reif war. Schon bald kam eine günstige Pause. Ich sagte: «Haben Sie Ihre Geldprobleme denn schon lösen können?»

Seine Mundwinkel zitterten. «Nicht so recht. Es ist wirklich schrecklich. Eins kann ich Ihnen sagen, Charlie. Machen Sie nie Geschäfte mit einem Freund. Es tut mir leid wegen letzter Nacht. Die Sache ist mir einfach zu viel geworden.»

«Können Sie sich das Geld denn nicht leihen?»

Er schüttelte den Kopf. «Der einzige Mensch, von dem ich mir etwas leihen kann, ist mein Vater, und der Scheißkerl würde mir nicht einen *centavo* geben!»

«Vielleicht kann ja ich Ihnen helfen.»

Er zündete sich eine Zigarette an. Seine blauen, vom Bourbon leicht geröteten Augen sahen mich durch den Rauch hindurch an. «Mir helfen?»

«Wie groß sind Ihre Schulden?»

«Zweitausend US.»

Ich bemühte mich, so dreinzuschauen, als wäre das für mich bloß ein Klacks, ein Tropfen in meinem Ozean aus Geld. Tiefsitzende Vorurteile wirkten sich zu meinen Gunsten aus. Bis der Beweis für das Gegenteil erbracht ist, werden in Kolumbien alle Gringos für stinkreich gehalten. «Zweitausend», murmelte ich. Ich spielte die Sache herunter und warf eine flüchtige Rechnung auf eine Papierserviette. «Das sind ungefähr tausendvierhundert Pfund Sterling.» Er zuckte ungeduldig mit den Schultern. Die Zeiten sind vorbei, in denen Pfund Sterling in Südamerika noch viel bedeuteten. Er beobachtete mich weiter. Er würde sich schon bald selber kneifen, doch gerade im Augenblick genoß er seinen Traum.

Ich blickte ihm ins Gesicht. «Und... Ihr Job. Wann, haben Sie gesagt, fangen Sie damit an?»

«Nächsten Monat», sagte er.

«Und die Rückzahlung, wann...»

«Dann sofort», sagte er und spreizte in einer edelmütigen Geste die Handflächen. «Kein Problem, Charlie. Ich bekomme drei Monatsgehälter im voraus.» Wahrscheinlich log er, doch das war die geringste meiner Sorgen. «Es ist absolut nur für kurze Zeit, Charlie. Es ist ja auch nur wegen meines Freundes.

Er braucht das Geld wirklich ganz dringend. Es gibt da jemand, der ihm wegen des Gelds schon ganz kräftig auf die Zehen steigt. Wissen Sie, es ist wirklich nur wegen Orlando.»

Was waren wir beide doch für wunderbare Menschenfreunde, dachte ich mürrisch. Das Mädchen mit der Sonnenbrille ging. Ich war nicht ganz sicher, doch ich glaubte, daß sie mir zugeblinzelt hatte. Mit einem Entscheidungsseufzer sagte ich: «Rikki, ich werde Ihnen das Geld leihen. Ein Freundschaftsdienst. Sie wollen ja sicherlich Bares. Das geht dann erst morgen. Ich kenne da einen Mann im Tequendama. Der zahlt mir Dollars aus. Morgen mittag können Sie dann Ihre Schulden zahlen!»

Rikki schloß die Augen und ballte die Fäuste, bis die Knöchel weiß hervortraten. Überwältigt von Sentimentalität, packte er mich am Arm. «Mensch», sagte er. «Ich kann es gar nicht glauben. Sie sind so... Charlie, Sie sind wie ein Bruder zu mir!» Sein Gesicht verdüsterte sich für einen Moment. Er konnte die unbeantwortete Frage nicht offenlassen. «Sie wollen doch sicherlich Zinsen dafür haben?» sagte er. «Wie hoch ist der Zinssatz, den Sie...?»

Lächelnd schüttelte ich den Kopf. «Ich brauche keine Zinsen, Rikki.»

«Wirklich nicht?»

«Nein. Wie ich schon gesagt habe, wir sind Freunde. Nein, ich will mich bloß... unterhalten.»

«Unterhalten?» Er lachte nervös auf. «Aber sicher, Charlie. Wir werden uns unterhalten. Wir werden noch etwas trinken und uns unterhalten.» Er glaubte jetzt wirklich langsam, daß er einen Haupttreffer gelandet hatte – ein Gringo, der mit Dollars um sich warf und bloß ein bißchen *Gesellschaft* dafür verlangte! Während er in reizender Ungläubigkeit den Kopf schüttelte, legte er mir die Hand auf die Schulter. «Ich *liebe* es, mich zu unterhalten», rief er.

Jetzt war der Zeitpunkt gekommen «Gut», sagte ich. «Dann fangen wir mit unserer Unterhaltung doch gleich einmal bei Schneewittchen an.»

Seine Augen flackerten, und ein unerwarteter Schmerz ließ ihn zusammenzucken. Er schüttelte den Kopf und verzog sein Gesicht zu einem angestrengten und nichtssagenden Lächeln.

«Sie verscheißern mich jetzt, Charlie. Ich verstehe nicht, was Sie meinen. Nein, *hombre*. Ach so, Sie...» Bleich im Gesicht und mit vorwurfsvollem Blick unterbrach er sich. Ich wußte, daß ich recht hatte, daß Gus recht hatte. Schneewittchen war *nicht nur* ein Märchen.

«Ich schätze, Sie wissen genau, was ich meine, Rikki.»

«Nein, nein.»

«Kokain von Schneewittchen», sagte ich leise. «Ihr Freund Orlando arbeitet für das Syndikat, das Schneewittchen genannt wird. Er hat Ihnen kleine Mengen gegeben, die Sie dann auf Kommission verkauft haben. Und jetzt treiben sie die Rechnung ein. Darum geht's doch bei der ganzen Sache, oder etwa nicht?»

«Scheiße!» sagte Rikki etwas zu laut. Ein paar von den Kellnern schauten vom blitzenden verchromten Bartresen zu uns herüber. «*Hijo de puta!* Sind Sie etwa so ein verfluchter Rauschgiftfahnder?» Er stand auf, kippte dabei seinen Stuhl um, warf mir einen letzten erschreckten und ärgerlichen Blick zu und machte sich auf den Weg zur Tür. Ich sprang hinter ihm her. Ein Kellner vom Tresen und der große Kerl, der über die Kasse herrschte, setzten sich ebenfalls in Bewegung, waren sie doch angetrieben von dem Wunsch, uns an die sechs großen Bourbons zu erinnern, die wir ihnen schuldeten. An der Tür stießen wir alle vier zusammen. Die Leute blickten von den Tischen auf. Ich packte Rikki an seinem Jeanshemd. «Wollen Sie das Geld, Rikki, oder wollen Sie hier rausmarschieren? Sie haben die Wahl.» Ärgerlich riß er seinen Arm zur Seite, doch der große Kerl blockierte den Ausgang, und er konnte nirgendwohin. «Es ist alles in Ordnung, Rikki», sagte ich besänftigend. «Kommen Sie, setzen Sie sich wieder. Ich werd Ihnen alles erklären.»

Wir marschierten zurück an unseren Tisch, der große Kerl ging wieder an die Kasse, und der Kellner brachte uns noch zwei Bourbon und klatschte dabei demonstrativ die Rechnung auf den Tisch. Als ich mir eine Zigarette anzündete, bemerkte ich, daß meine Hand zitterte.

«Ich bin kein Drogenfahnder, Rikki», erklärte ich leise. «Ich bin bloß ein ganz einfacher, neugieriger Journalist. Ich weiß etwas über Schneewittchen, und ich will noch mehr darüber wissen. Es ist bloß eine Geschichte, sonst ist nichts dahinter.»

Rikki schüttelte den Kopf. «Sie bringen uns damit noch beide ins Grab. Sie haben doch *überhaupt* keine Ahnung von der Sache!» Er schüttete seinen Bourbon hinunter. Ein kleines bernsteinfarbenes Rinnsal lief über sein glattrasiertes Gesicht.

«Niemand wird etwas davon erfahren», drängte ich ihn. «Nur ein paar ganz einfache Fragen. Zweitausend Dollar, Rikki. *Moneda sonante* – Geld bar auf die Hand!»

Er sackte in sich zusammen. Er war geschlagen. Ich spürte Gewissensbisse in mir aufsteigen. Jemandem das Blut aus den Adern zu saugen und hinterher ohne Bezahlen davonzulaufen – wie tief konnte ich sinken?

«Was wollen Sie wissen?» sagte er düster und stocherte dabei mit seinem Rührstäbchen in unserem übervollen Aschenbecher herum.

«Das Wer, das Wie und das Warum», sagte ich. Wieder so eine von Malcolms Phrasen. Rikki schnaubte verächtlich und nannte mich zum zweitenmal einen Scheißkerl. Unbeeindruckt sagte ich: «Fangen wir doch mit dem Wer an, wenn's recht ist. Ja, Rikki? Wer *ist* Schneewittchen, zum Teufel noch mal? Wer ist der Chef von dem ganzen Unternehmen? Wer ist der Mister Big?»

Für den Anfang war das eine dumme Frage, denn es war diejenige, bei der es am unwahrscheinlichsten war, daß er sie beantworten konnte. Rikki reagierte zunächst mit dem allumfassenden kolumbianischen Schulterzucken. «*Hombre.* Woher soll ich das wissen? Wissen Sie, da haben Sie den Falschen erwischt. Okay, ich hab für Orlando ab und zu einmal eine Unze unters Volk gebracht. Es war der beste Handel in der Stadt. Aber wer der *Chef* von der ganzen Show ist? Sehen Sie mal, Charlie, die wirklich großen Leute, die *capos,* die haben keine Namen, und die haben keine Gesichter. Und wenn sie so was doch haben, dann vergißt man sie verdammt schön schnell wieder. Merken Sie sich das, *escritorzuelo*!»

«In Ordnung. Beschäftigen wir uns mit einer leichteren Frage. Wie wird gearbeitet? Wie funktioniert die Handelskette?»

Er schüttelte den Kopf. Er schien entschlossen, die Nichtwisserkarte noch einmal auszuspielen. Doch ich hatte einen Trumpf in der Hinterhand. «Sehen Sie mal, Rikki. Sie haben

Dan Kreitman erzählt, daß hundert Kilo pro Woche nach Bogotá gebracht werden, und zwar so regelmäßig wie ein Uhrwerk. Deswegen weiß ich auch, daß Sie etwas darüber wissen.»

Das machte Rikki zunächst sprachlos. Ich konnte sehen, wie es in seinem Hirn ratterte. Er mußte denken, daß Kreitman selbst mir diese Karte zugesteckt hatte. «*Carne*», sagte er mit matter Stimme.

«Fleisch? Was wollen Sie mit Fleisch sagen?»

«Das ist die Tarnung, Charlie, und zwar die ganze Handelskette runter.» Er zündete sich eine Zigarette an und beugte sich noch weiter über den Tisch. Endlich kam die Angelegenheit doch noch in Schwung. «Sie haben eine riesengroße Rinderfarm. Die Hacienda Alaska. Tausende Hektar, unten in den *llanos*, im Regierungsbezirk Meta. Die *pasta* kommt irgendwo in der Nähe von Leticia mit dem Flußschiff ins Land. Die *pasta* ist wirklich allerfeinste Ware, aus bolivianischen Blättern, Huanaco-Kokain aus den Yungas. Dann wird die *pasta* auf die Hacienda Alaska geflogen. Und dort wird sie raffiniert. Der Chefkoch ist ein Deutscher, ein brillanter Chemiker. Der Stoff von Schneewittchen ist der allerbeste, Charlie. *De primera calidad.* So stark wie ein Chemieprodukt, aber natürliche *perica*. In Viehtransportern wird sie dann nach Bogotá gebracht. Aus den *llanos* wird dauernd Vieh hierher transportiert. Sie haben ein Dutzend Lastwagen, und in jedem werden dreißig, vierzig Stück Vieh und ein paar Pakete Kokain von Schneewittchen transportiert.»

Die Musik hörte auf zu spielen. Rikki sah sich nervös um. Eine neue Platte wurde aufgelegt. Diesmal Daddy-cool-Disco-Musik.

«Wo kommt es in der Stadt an?» fragte ich, bemüht, seinen Redefluß nicht versiegen zu lassen.

«Matadero San Felipe. Das ist ein Schlachthaus oben im Norden der Stadt. Dort kommt das Zeug an.»

«Und was passiert dann?»

«Was Wunderhübsches. Der Stoff kommt mit den Rindern herein und geht mit dem Fleisch wieder hinaus. Tiefkühllaster, gefrorenes Fleisch, eine Menge an erlaubtem Schnee und Eis, um den Stoff darin zu verstecken. Ich weiß nicht, wie es genau gemacht wird, aber das ist die große Idee dahinter.»

«Der Stoff wird also zwischen dem gefrorenen Fleisch versteckt?»

«Ich schätze schon. Sehen Sie mal, Charlie, ich rede hier nur über Dinge, die Orlando mir erzählt hat. O Gott, wenn er je von dem Gespräch erfährt, werde ich...»

«Machen Sie sich keine Sorgen, Rikki. Ich habe Ihnen doch gesagt, daß niemand etwas davon erfahren wird.»

Wie war die Verteilung in Bogotá selbst organisiert, fragte ich. Er schüttelte den Kopf. «*Quién sabe?* Wahrscheinlich haben sie irgendeine Masche mit dem Fleischgroßhandel. Aber das ist bloß so eine Vermutung. Mein Gott, Charlie, man müßte schon Hellseher sein und so eine verdammte Kristallkugel haben, das können Sie mir glauben.»

Damit hatte er absolut recht. Ich versuchte, ein paar Namen aus ihm herauszubekommen. Ich wußte, daß es irgendeine Gesellschaft geben mußte, die als Tarnung diente – Fleischtransporter, Großhändler, Exporteure, was auch immer. Doch wenn er es wußte, so sagte er es mir nicht. Ich war auf dem Boden seines Fasses angelangt. Das ganze Lügengebäude wegen ein paar Kritzeleien auf einer Papierserviette...

Ich würde das hier heute nicht schreiben, wenn ich nicht immer wieder mal ein bißchen Glück gehabt hätte. An dem Abend damals hatte ich Glück, denn hätte ich mit meinem Betrug an Rikki auch nur zehn Minuten länger gewartet, so hätte ich nicht die kleinste Kleinigkeit über Schneewittchen in Erfahrung gebracht. Rikki und ich wollten damals zur Aufmunterung noch einen Drink zu uns nehmen. Ich hatte Rikki die Hundert-Dollar-Note gegeben, die ich unabhängig von meinen Pesos für Notfälle immer dabei hatte. Ich wiederholte meine leeren Versprechungen, daß ich ihm am nächsten Vormittag den Rest geben würde. Die gedämpften Schreie meines Gewissens, das ich geknebelt und gefesselt in der hintersten Ecke meines Gehirns verstaut hatte, wurden zusehends lauter. Dann sah ich draußen, wo es inzwischen dunkel war, zwei Männer, die vom Gehsteig aus durch die Glasfront der Bar hereinschauten. Um deutlicher sehen zu können, hatten sie die Hände rund um ihre Gesichter gelegt. Durch ihren Atem beschlug die Scheibe. Sie schauten eindeutig auf Rikki und mich.

Rikki folgte meinem Blick. Er stolperte hoch und murmelte: «Orlando!» Die beiden Männer kamen jetzt durch die Tür. Rikki drehte sich mit wildem Blick wieder zu mir um. «Und Sie halten gefälligst Ihr dummes Maul!» zischte er. Dann ging er den beiden mit ausgestreckter Hand entgegen: «Orlando, *qué tal, amigo*!» Ich schob rasch die Papierserviette in die Tasche.

Orlando war schick und elegant. Unter seinem Kamelhaarmantel, den er locker über die Schultern gelegt hatte, trug er ein weißes Hemd mit offenem Kragen. Er hatte kleine schwarze Löckchen und eine kaffeebraune Haut. Mit seinen Gucci-Schuhen und einem goldenen Armreif sah er nach einer Million Dollar aus, und jeder einzelne davon war Schwarzgeld. Hier hatte ich endlich das Kokaingeschäft in seiner feinen Variante vor Augen. Ich begriff, daß ich bisher nur die Opfer gesehen hatte, die Verlierer, die kleinen Mistfliegen, die immer nur den Abfallhaufen des Geschäfts umkreisten. Orlandos Begleiter sah schon etwas finsterer aus – dick, glänzende Haut, Schlitzaugen, wahrscheinlich ein Guajiro. Er trug einen ebenfalls teuren himmelblauen Leinenanzug, doch war der im Schritt zerknittert und an den Taschen speckig. Seine stacheligen schwarzen Haare trug er kurz geschnitten.

Oberflächlich betrachtet, machte alles einen freundschaftlichen Eindruck. Rikki stellte mich als «einen Freund von Dani» vor. Als wir uns die Hand gaben, schenkte Orlando mir ein blitzendes und aalglattes Spielbanklächeln. Den anderen schien Rikki nicht zu kennen, und Orlando stellte uns nicht vor. Ich streckte ihm die Hand entgegen, doch er nickte bloß. Ich spürte, wie er mich mit seinen zusammengekniffenen und undurchdringlichen Augen kurz abschätzte. Er sah aus wie Oddjob, der orientalische Schurke aus dem James-Bond-Film *Goldfinger*. Er sah aus, als würde er einem auf ganz leise und ausgefeilte Weise Schaden zufügen können. Ich dachte an die Situation mit Gus in einer Sackgasse in Perseverancia. Mein Kopf arbeitete wie wild. Konnten sie Bescheid wissen? Konnte man es irgendwie merken? Würde Rikki es ihnen erzählen? Ich schob die Hand in meine Jackentasche und drückte die Serviette in meiner Faust fest zusammen.

«Wir würden uns gerne mit dir unterhalten, Rikki», sagte

Orlando und lächelte erneut. Dieses Lächeln gehörte anscheinend zu seinem Aufputz.

«Ich wollte gerade gehen», sagte ich, stand allzu rasch auf, schnalzte mit den Fingern nach dem Kellner und wühlte in meinen Taschen nach Pesos, um die Rechnung zu bezahlen. Orlando legte mir eine Hand leicht auf die Schulter – ein Hauch Eau de Cologne, ein Smaragd für tausend Dollar an seinem Ringfinger.

«*Tranquilo, señor*. Trinken Sie doch aus. Rikki kommt mit uns mit.» Das Lächeln wurde noch breiter. «Wir gehen zu einer Party. Habe ich nicht recht, Rikki?» Rikki nickte. Ich blickte zu ihm hinüber. Seine Reaktion war schwierig einzuschätzen. Er sah aus, als hätte direkt neben ihm eine Bombe eingeschlagen. Oddjob starrte schweigend vor sich hin, doch war er darauf trainiert, Schwierigkeiten schon dann auszumachen, wenn sie noch gar nicht offensichtlich waren.

Rikki griff gehorsam nach seinen Zigaretten und war bereit zu gehen. Beiläufig, jedoch mit einem bedeutungsvollen Blick sagte er zu mir: «Dann treffen wir uns also morgen mittag hier?» Ich nickte benommen. Das Konfuzianerauge von Oddjob schien alle meine Geheimnisse zu kennen. Wir verabschiedeten uns. Orlando mit geübtem Charme, Rikki mit einem weiteren warnenden Blick, Oddjob mit der Andeutung eines Nickens, einer leichten Bewegung von Augenbrauen und Kinn. Ich sah zu, wie sie hinausgingen. Orlando ging als erster, und Oddjob bildete die Nachhut. Sein massiger Kopf ruhte bewegungslos auf breiten himmelblauen Schultern.

Einen Moment lang blieb ich sitzen, dann bezahlte ich und ging zur Tür. Ich sah die drei in einen weißen Mercedes steigen. Oddjob lenkte den Wagen vom Straßenrand in den rasch dahingleitenden Verkehrsfluß Richtung Süden.

Ein paar Minuten später stand ich noch immer da und spürte die kühle Luft auf meinem Gesicht, als Daniela auf mich zukam. Sie war völlig außer Atem. «Charlie!» sagte sie voller Überraschung. Und gleich darauf: «Ist Rikki hier bei Ihnen? Das Mädchen sagte, er sei weggegangen, um sich hier mit einem Freund zu treffen. Ich dachte, es wäre Orlando.» Ich sagte ihr, daß Rikki gerade gegangen war, und zwar mit Orlando und seinem Gorilla. «Scheiße!» sagte Daniela.

«Es wird ihm doch nichts passieren, oder? Der Freund, mit dem Orlando da war, hat mir gar nicht recht gefallen.»

«Ich hoffe. Ich meine, Orlando ist ein alter Freund, aber… Aber darum geht es ja gerade, wissen Sie. Ich wollte es ihm erzählen. Ich habe Papa überredet. Und das war ganz schön schwierig. Er wird Rikki noch ein letztes Mal aus der Patsche helfen. Sie wissen doch, oder? Diese Geschichte mit dem Geld?»

Ich starrte sie an. So würde Rikki, das Wiesel, schließlich doch noch zu seinem Geld kommen. «Das freut mich aber», sagte ich erleichtert.

Sie lachte und legte ihren Kopf auf ganz besonders hübsche Art schräg. «Sie sind vielleicht ein lustiger Kerl», sagte sie. «Ich hatte letzte Nacht wirklich nicht den Eindruck, daß Ihnen Rikki besonders sympathisch war.»

13 *Eine Arroba zuviel*

Gus McGregor war auf dem Wege der Besserung. Sein Bein war immer noch dick bandagiert, doch er bewegte sich bereits freier. Sein rötlichbrauner, noch nicht ganz voller Bart sah nicht gerade bezaubernd aus, half aber, die großen Wundschorfstellen in seinem Gesicht zu überdecken. Gus schien auch ruhiger geworden zu sein. Und er hatte sich schon ein paarmal auf die Straße hinunter getraut, um in der Kneipe an der Ecke zu telefonieren. Seiner eigenen Einschätzung nach stand er kurz vor der Entlassung aus der Quarantäne.

«Ich hab versucht, dich zu erreichen», sagte er. «Im Hotel haben sie mir gesagt, daß du eines Abends ganz plötzlich weggefahren bist. Da war was mit einer... Lola, oder? Hast du dir eine Mieze aufgerissen, Freundchen?»

«Das tut mir leid, Gus. Ich bin für ein paar Tage aufs Land gefahren. Ich hatte nicht vor, dich im Stich zu lassen oder so was.»

Er hielt seine Hand hoch. Der *sucito*-Fleck auf seinem Daumen sah aus wie eine leuchtend gelbe Brandblase. «Hör auf zu quatschen, Kumpel. Du hast doch den weiten Weg nach Kolumbien nicht gemacht, damit du hier bei mir Sozialhelfer spielst. Ich wollte bloß wissen, wie du vorangekommen bist, das ist alles.»

«Na ja, Gus, um die Wahrheit zu sagen, bin ich ziemlich gut vorangekommen. Ich habe für dich ein paar Sachen über Schneewittchen in Erfahrung gebracht.»

Er kniff die Augen zusammen. «Braver Junge», flüsterte er. «Dann laß mal hören.»

Ich erzählte ihm von Rikki und von dem, was ich von ihm erfahren hatte – die Raffinerie auf der Hacienda Alaska, die Anlieferung über das Schlachthaus San Felipe, die Tarnung mit dem Export von gefrorenem Fleisch. Er hörte konzentriert zu. «Fleisch», sagte er scharf. «Ich hatte also recht. Der Kerl hat *wirklich* versucht, mich mit so einem verdammten Fleischermesser auseinanderzunehmen.»

Gus war gleichermaßen erfreut wie enttäuscht. Wenn ich es doch wenigstens geschafft hätte, einen Namen, eine Gesellschaft oder etwas anderes herauszufinden, an dem man hätte ansetzen können. «Welchen Zug machen wir als nächsten?» fragte er sich leise selbst.

Ich fand es jetzt an der Zeit, es ihm zu sagen. «Hör mal, Gus, es tut mir leid. Ich bin gekommen, um dir das alles zu erzählen, allerdings auch, um mich von dir zu verabschieden. Zusammen mit ein paar Freunden fahre ich schon in einigen Tagen an die Küste.»

Er sah mich entsetzt an. «Du willst doch nicht etwa sagen, daß du die Sache fallenläßt? Du steigst doch nicht etwa *jetzt* aus der Geschichte aus, oder? Versteh doch, wir haben schon drei Viertel vom Weg hinter uns, aber mit drei Vierteln von einer Geschichte kannst du dir nur mehr den Arsch abwischen. Von nichts kommt nichts. Überleg dir das noch mal, Charlie, alter Knabe.»

«Na, ich weiß ja nicht so recht, was... Ich bin sicher, daß Rikki mir alles erzählt hat. Außerdem habe ich ein ganz schön schlechtes Gewissen, weil ich ihm das viele Geld versprochen habe.»

Verärgert wischte Gus meine Bemerkung sofort vom Tisch. «Eine berufliche Notwendigkeit, Mann. Das Handwerkszeug eines Auftragsschreibers. Völlig unvermeidbar.»

«Und wie sieht dein Vorschlag also aus?»

Es folgte eine unheilschwangere Pause. Kopfschüttelnd sah er mich an. Er schlug sich spielerisch auf die Wange, um festzustellen, ob er auch nicht träumte. «Mein Gott», sagte er. «Das ist doch völlig klar, oder? Du bewegst deinen Arsch zum Matadero San Felipe und schnüffelst dort ein bißchen rum!»

«Aber ich habe dir doch gesagt, daß ich an die Küste fahre», protestierte ich.

«Wann fährst du?»

«Freitag.»

«Na und? Wir haben doch erst... Tja, was für einen Tag haben wir heute eigentlich?»

«Dienstag», räumte ich ein.

«Genau», sagte er triumphierend. Er stöberte jetzt in seinem Who's who und zerrte stapelweise eselsohrige Blätter heraus. Ich stand da und schaute ihm bestürzt zu. Ein Flugzeug quälte sich dröhnend über dem Himmel.

«Verdammt, Gus. Es ist ein Schlachthof. Was sollte ich dort schon finden können?»

Er hörte mir nicht zu. «Da ist es ja!» sagte er und zerrte einen Stapel schlechter Fotokopien heraus. Es waren Kopien aus einer Art Handelsadreßbuch. Er ließ seinen Zeigefinger mit dem schwarzen Trauerrand unter dem Nagel die Liste entlanggleiten. «Da haben wir's. Damit sollte man doch schon weiterkommen. FCPC. Das ist die Vereinigung kolumbianischer Fleischproduzenten.»

Er ringelte die Adresse und die Telefonnummer ein und reichte mir das Blatt.

«Ach, fällt mir doch gar nicht ein, Gus. *Ganz ehrlich*, das fällt mir doch wirklich nicht ein.»

Der Schlachthof San Felipe lag hinter einem Supermarkt in dem Durcheinander der Vororte im Norden von Bogotá, wo die Stadt die ehemals außerhalb gelegenen Dörfer Suba und Nissa bereits vereinnahmt hat und ihr Strandgut aus Einkaufszentren und Neubauprojekten auf der leuchtend grünen Savanne ablädt. Ich meldete mich am Eingangstor und sagte, ich wünschte Señor Santander Gomez Cuartas zu sprechen, den stellvertretenden Vize-Direktor des Schlachthofs.

Bis hierhin war es tatsächlich ziemlich leicht gewesen. Ein Besuch in der Geschäftsstelle der Vereinigung Kolumbianischer Fleischproduzenten hatte mir zusammen mit zahllosen Informationen und Statistiken über den Fleischhandel auch den Namen von Señor Gomez gesichert. Als «Jefe de Relaciones Públicas» im Schlachthof war er der offiziell bestimmte Unglücksrabe, zu dessen Aufgaben es gehörte, sich mit manchmal zu Besuch kommenden Quälgeistern wie mir zu beschäftigen. Ich wedelte vor dem Sicherheitsbeamten mit meiner Visitenkarte. Darauf wurde ich als «beratender Rechercheur» bezeichnet, und darunter standen eine getürkte Geschäftsadresse und Telexnummer. Im Schnüfflergewerbe ist so etwas ein nützliches Hilfsmittel. Nach dem unbeeindruckten Gesicht des Sicherheitsmannes zu urteilen, hätte ich mich genausogut als ägyptischer Seiltänzer vorstellen können. Er telefonierte mit Gomez und erklärte ihm, daß am Haupttor ein Besucher auf ihn wartete.

Gomez erschien bald darauf. Er war ein kleiner, gequält wirkender Mann mit einem Spitzbart. Er trug einen weißen Mantel voller Blutspritzer und hatte einen zweiten über den Arm gelegt. Im Brustton der Überzeugung erklärte ich meine Mission. Ich stelle einen Bericht über «wirtschaftliche Möglichkeiten» in Kolumbien zusammen, sei sehr an der Fleischerzeugung interessiert, habe seinen Namen von Señor Soundso von der Vereinigung und wäre ihm überaus dankbar, würde er mich durch seinen fleischerzeugenden Betrieb führen, der ja einer der größten im Lande sei. Er sagte, es sei ihm ein Vergnügen, mich herumzuführen. Er überreichte mir den weißen Mantel, den ich anziehen sollte, und schon war ich drin. Wenn Rikkis Aussage stimmte, dann spuckte die Kokainpipeline von Schneewittchen hier pro Woche hundert Kilo Stoff aus. Ich wußte zwar nicht genau, wonach ich suchte, doch es würde sich mit Sicherheit etwas ergeben. Ich entdeckte die Lastautos, die an der einen Seite des Schlachthauses abgestellt waren, staubige Wagen mit niedriger Ladefläche und größere geschlossene Laster, die das Vieh von den riesigen Weiden im südlichen Tiefland brachten. Es müssen ungefähr dreißig oder vierzig Lastautos gewesen sein. Wie sollte ich da ein paar Pakete Koks ausfindig machen?

Doch zunächst stand die Führung durch den Schlachthof an. Die Vorstellung erfreute mich ganz und gar nicht. Wir sahen zu, wie das Vieh hinter dem Schlachthaus in die Pferche getrieben wurde. Der Großteil davon waren cebú-Ochsen – mächtige, ruhige, buckelige weiße Tiere, die südamerikanische Version der Ochsen der Brahmanen. Zu ihrem eigenen Unglück waren sie allerdings nicht mit der Immunität gesegnet, die ihren Hindu-Verwandten das Geschlachtetwerden ersparte. Gomez rieb sich die Hände und sagte, daß ein kräftiger und gutentwickelter *cebú*-Bulle mindestens dreißigtausend Pesos wert war. Ein jeder von diesen Kerlen würde über fünfhundert Kilo auf die Waage bringen und mehr als die Hälfte dieses Gewichts an Fleisch und ausgesuchten Innereien liefern. Das Fleisch wird in der traditionellen Einheit der *arrobas* – zwölfeinhalb Kilo – bemessen, und man sagt, daß ein gutes Tier immer *una arroba mas* bringt, eine *arroba* mehr als sein halbes Körpergewicht.

Als wir rund um die Pferche gegangen waren, blieb Gomez stehen. Dann gab er mir ein Zeichen, ihm zu folgen, und marschierte zu einer Gruppe von drei Männern hinüber, die um einen Kombiwagen standen. Ein vierter saß in der geöffneten Hecktür und zog sich ein Paar Gummistiefel an. Gomez stellte mich einem großen, traurig aussehenden Mann vor, dem Vize-Direktor des *matadero,* und dem jungen, bärtigen Leiter des Cafam Supermarkts gleich in der Nähe des Schlachthofs. Wir tauschten Small-talk aus. Ich erfuhr, daß pro Jahr sechzig Millionen Kilo Rindfleisch den Schlachthof verließen.

Der kleine, ältliche Mann, der in der Hecktür des Kombiwagens saß, besprach etwas mit einem Angestellten im weißen Mantel. Offensichtlich gab er ihm Anweisungen, denn der Angestellte sagte gerade: «Ja, *señor*, wie Sie wünschen.» und eilte davon. Dabei schaute er gehetzt auf die Uhr. Gomez setzte augenblicklich zu einer kriecherischen Begrüßung an. «Welch ein Vergnügen, Sie zu treffen, Don Rafael», rief er, während er herumtänzelte und sich wie ein Höfling verbeugte. Er zerrte mich hektisch am Ärmel. «Darf ich Ihnen Señor Rafael Vallejo Aragon vorstellen? Er ist hier bei uns in der Fleischwirtschaft eine der erfolgreichsten und berühmtesten Persönlichkeiten.»

Der kleine Mann nahm diese Auszeichnung als etwas, das ihm ohnehin zustand. Er trug einen schmucken Tweedanzug, ein kariertes Hemd und eine gesprenkelte Wollkrawatte. Seine Gummistiefel waren brandneu. Blau mit leuchtend gelben Sohlen. Señor Rafael Vallejo Aragon vermittelte den Eindruck eines gutgekleideten Gentlemans vom Lande. Er erhob sich, um mir die Hand zu schütteln. Seine Hand war hart und schwielig, der Körper unter dem Gutsherrentweed untersetzt und kräftig. Meiner Einschätzung nach gehörte er nicht schon seit seiner Geburt zur feineren Gesellschaft.

Ich stellte ihm rasch ein paar höfliche Fragen zu seinen geschäftlichen Interessen. Seine Antworten fielen vage und allgemein aus. Schon bald wandte er sich den anderen Männern zu, um mit ihnen über geschäftliche Dinge zu sprechen. Gomez blieb noch eine Weile dabei, spickte Vallejo dann mit noch weiteren Komplimenten und sagte schließlich: «Wir müssen Sie jetzt verlassen, Don Rafael, denn Sie sind schließlich ein vielbeschäftigter Mann.» In routinemäßiger Großzügigkeit sagte Vallejo zu mir: «Sie sollten mich einmal auf meinem Gestüt in Cundinamarca besuchen, *señor*. Dann werde ich Ihnen *alles* über die Fleischwirtschaft in Kolumbien erzählen.» Er lachte rauh. «Das Geschäft mit dem Fleisch läuft sehr gut. Wir sind eine Nation von Fleischfressern!» Er zog eine Grimasse und knirschte spaßeshalber mit den Zähnen. Alle anderen lachten übertrieben. Gomez rief: «Das stimmt, Don Rafael, das stimmt!» Vallejo legte einen Augenblick lang die Stirn in Falten. «Sie haben in England doch diese» – er suchte nach dem Wort und sprach es dann voller Abscheu aus – «*vegetarianos*. Wir in Kolumbien nicht. Das ist doch nicht natürlich. Für Kaninchen vielleicht.» Mit einemmal hatte seine Stimme einen brutalen Klang. Er überdeckte ihn mit einem lauten, gekünstelten Lachen, zu dem seine Entourage ein weiteres Mal das Echo abgab. Gomez krümmte sich vor Lachen, doch ich sah, daß er einen Blick zu mir herüberwarf, um zu sehen, wie ich diese Verunglimpfung meines Heimatlandes aufnahm. Ich überlegte, ob ich irgendeine klugscheißerische Entgegnung loslassen sollte, doch die Chancen standen eindeutig gegen mich. Aber ich schaute dem kleinen Mann einen Moment lang direkt in die harten, grauen Augen.

«Dann ist er also ein wichtiger Mann, wie?» sagte ich zu Gomez, als wir weitermarschierten.

«*Millonario!*» flüsterte Gomez und spitzte beim Gedanken daran voller Freude die Lippen.

Von einem höherliegenden Laufgang aus konnten wir die gesamte Pferchanlage überblicken. In einer Ecke gab es einen Pferch, in dem ein paar Ochsen unbeholfen auf der Erde lagen. Manche von ihnen bewegten sich und schlugen aus. Diese Tiere, die durch Krankheit oder eine Verletzung bewegungsunfähig waren, würden *in situ* getötet werden. Alle anderen Tiere näherten sich Stunde um Stunde, Pferch um Pferch dem *corriente*, der schmalen Rampe mit dem schwarzen Geländer zu beiden Seiten, die in das eigentliche Schlachthaus führte. Ein Tier nach dem anderen wurde dort von einem Mann mit Sicherheitshelm und weißem Overall hinaufgetrieben. Er benutzte dazu einen elektrischen Stachelstock, der über ein Kabel direkt mit einer stromführenden Leitung über dem Pferch verbunden war. Die Rampe führte auf einen Durchlaß mit stählernen Halbtüren zu, die aussahen wie die Saloon-Türen in einem Western. Die geduldigen Ochsen stapften hinauf. Der erste konnte einen flüchtigen Blick ins Innere werfen, auf das Geschehen hinter den stählernen Türen. Wenn Rinder eine Vorstellung von der Hölle haben, dann sah sie sicherlich so aus. Der Ochse an der Spitze rutschte nach hinten, doch die Tiere hinter ihm machten ihm den Rückzug unmöglich, und der Stachelstock trieb ihn voran.

Ohne nachzudenken, sagte ich: «Er will nicht hinein.»

Gomez lachte, als hätte ich einen kleinen Höflichkeitswitz gemacht. «Ja, es ist schon traurig, nicht?» sagte er wenig überzeugend. Wir gingen weiter und betraten den *matadero*, das eigentliche Schlachthaus.

Direkt hinter den Schwingtüren gelangte der Ochse in eine rechteckige, ungefähr sechs Meter lange Vertiefung. Hoch über ihm stand ein Mann mit einem langen, stählernen Stab, der mit seiner scharfen Spitze aussah wie ein überlanger Skistock. Sobald dem Tier der Weg in diese Vertiefung freigegeben wurde, hielt der Mann diese *pica* mit beiden Händen gerade in die Höhe und jagte sie mit einem raschen und harten Stoß direkt hinter den Hörnern in den Nacken des Ochsen. Das Tier fiel zu Boden. Es sah verblüfft und hilflos aus, seine Augen quollen hervor, und seine Beine zuckten heftigst. Gleich darauf stieg ein anderer Arbeiter in die Vertiefung und legte eine schwere Kettenschlinge um den rechten Hinterlauf des Tiers. Wenn eine halbe Tonne Fleisch und Knochen auf dem Boden lagen, mußte man für diese Arbeit sehr gewandt sein. Ein dritter Mann, der auf einer Ebene mit dem *picador* stand, drückte auf einen Knopf. Rasselnd setzte sich das Hebewerk in Bewegung und zog das Tier mit den Hinterbeinen voran nach oben. Dann hing es schaukelnd von der Schiene unter der Decke. Wie eine Geisterbahn zog sich diese Schiene mit mehreren Umwegen durch die verschiedenen Abteilungen des Schlachthauses. Mit einem raschen und geübten Streich schnitt der Mann neben dem *picador* dem aufgehängten Tier die Kehle durch. Das Blut schoß heraus wie Wasser, das man aus einem Eimer schüttet. Dickes, leuchtend rotes Blut, das sich dampfend über den feuchten Betonboden ergoß. Der nächste Mann schnitt den Kopf und die Füße ab, was mit diesen großen, blankpolierten Messern eine überraschend einfache Angelegenheit war. Die gesamte Prozedur vom lebenden Wesen hin zum kopflosen Kadaver dauerte nicht länger als eine halbe Minute. Im Schlachthaus San Felipe werden täglich achthundert bis tausend Rinder geschlachtet. Bei Einbruch der Dunkelheit werden die Scheinwerfer über den Pferchen eingeschaltet, und die Opferung läuft weiter.

Der Kadaver wurde über die Schiene unter der Decke weitertransportiert bis zu den Abdeckern. Enthäutet werden die Tiere mit einer Art abgewandelter Kettensäge. Nachdem man dem Tier damit den Bauch aufgeschnitten hatte, steckte man durch die Haut am Rücken einen Haken, den man über die Kettenwinde nach oben zog, so daß er die gesamte Haut mit sich nahm. Auf der Innenseite war die Haut rosafarben und elastisch und löste sich ab wie ein langer, heller Handschuh. Die Eingeweide drängten heraus –Schlingen in Weiß, Rot und Blau. Die Häute wurden in der einen Richtung abtransportiert, die Gedärme in der anderen. In einem weiteren Raum wurde das Zeug in große Bottiche sortiert – *viscera roja*, die Gedärme; *viscera blanca*, die Innereien, der Magen usw. Nichts ging verloren. Der Kadaver sah jetzt erkennbar aus wie ein Stück Fleisch vom Metzger, und in dem Zustand reiste er über die Schiene in die andere Hälfte des *matadero*, wo er als Ganzes in Tiefkühllastautos verladen oder zerkleinert und fertig verpackt wurde für die Metzger, die Restaurants, die Rasthäuser und die privaten Küchen dieser Nation von Fleischfressern.

Gomez war die ganze Zeit neben mir und erklärte alles mit einer Beiläufigkeit und Präzision, als wäre er Mephistopheles, der eine Führung durch die Hölle machte. Als er zu dem Schluß kam, daß ich genug gesehen hätte, führte er mich in sein Büro, das ein paar Stufen über dem Eingeweideraum lag. Als er die Tür hinter uns schloß, fiel mir auf, von welchem enormen Getöse das Schlachthaus erfüllt war. Die blutigen Bilder hatten mich mit einer solchen Wucht getroffen, daß ich den Lärm kaum bemerkt hatte. Ich fühlte mich angeschlagen und müde.

Meine Fingerknöchel wurden weiß, als ich mich auf den Metallschreibtisch stützte. Im Ablagekorb lagen ein Haufen S-förmiger Haken und ein Wetzstahl mit Holzgriff.

Als ich durch das vergitterte Fenster auf einen kleinen eingezäunten Hof hinausschaute, sah ich zwei Männer miteinander sprechen. Der eine war der kleine Fleischbaron, Rafael Vallejo. Er drehte mir den Rücken zu, doch das Tweedsakko und die weißen Haare schlossen jeden Irrtum aus. Der andere war der Speichellecker im weißen Mantel, mit dem er gesprochen hatte, als wir auf ihn zugegangen waren. Ich beobachtete die beiden ohne besonderes Interesse. Gomez suchte einige Statistiken für mich heraus und beklagte sich gereizt über das Fehlen einer Sekretärin, die seine Papiere hätte in Ordnung halten können. Ich hörte, wie sich eine Tür auf den Hof hinaus öffnete. Vallejo drehte sich um. Aus einem der Räume neben Gomez' Büro kam ein weiterer Mann in mein Blickfeld, blieb aber mit dem Rücken zum Fenster stehen. Die breiten, leicht buckligen Schultern, der kantige Kopf mit den stacheligen schwarzen Haaren. Ich hatte den Kerl schon einmal gesehen. Dann erinnerte ich mich schlagartig. Ich hatte ihn gesehen, als er vor ein paar Tagen abends aus dem The Place hinausgegangen war. Damals trug er einen himmelblauen Anzug. Es war Oddjob.

Rikki hatte recht, Schneewittchen gab es wirklich, und ich war mittendrin. Oddjob durfte mich unter keinen Umständen hier sehen. Er sah nicht aus wie ein Kerl, der was übrig hatte für lustige Zufälle. Ich schreckte zurück und war dankbar für den Schmierfilm auf dem Fenster.

Gomez hatte die Zahlen über die Jahresproduktion und die Aufschlüsselungen in Prozenten gefunden, die für meine Untersuchung über die Fleischwirtschaft so aufschlußreich waren. Er kam mit ein paar Ordnern an den Schreibtisch und fing an, die Daten herunterzuleiern. Während er redete, schrieb ich zwar mechanisch, doch die ganze Zeit über behielt ich das Trio draußen auf dem Hof im Auge. Vallejo redete und unterstrich das Gesagte mit entschiedenen Gesten. Oddjob hörte zu. Sein Kopf verharrte regungslos, und nur manchmal stimmte er mit einem knappen und scharf artikulierten Laut zu. Je länger ich zuschaute, desto gemütlicher sah die Sache aus. War das wirklich möglich? War ich wirklich mit einem Schritt ganz oben an der Leiter angekommen? Vallejo war kein harmloser Schieber. Wenn da draußen auf dem Hof über Kokain gesprochen wurde, dann war der vornehme Millionär und Fleischfresser Don Rafael ein ganz schön großer Fisch. Die Sonne glänzte auf seinen weißen Haaren. War er der *capo*? War er Schneewittchen selbst?

Als Gomez in seinen Aufzählungen eine Pause einlegte, sagte ich in möglichst beiläufigem Ton: «Sehen Sie, dort draußen ist wieder Señor Vallejo. Er macht hier viele Geschäfte, was?»

«O ja. Er besitzt in den *llanos* viele Rinderfarmen. Und wir verarbeiten seinen gesamten Bestand.»

«Und was ist mit dem Fleisch selbst? Verfügt er denn auch über Verteilernetze und so ein Zeug?»

«Aber natürlich. Transcarne. Eine der größten Transportgesellschaften für Fleisch in ganz Kolumbien.»

Das Bild setzte sich Stück für Stück zusammen. Vallejo und Oddjob waren jetzt alleine auf dem Hof. Der dritte Mann war gegangen. Oddjob hatte sein gemeines Katzengesicht mit den Schlitzaugen halb in meine Richtung gedreht. Er redete und bewegte dabei roboterähnlich seine großen Pranken. «Wer ist der Mann, mit dem Vallejo spricht?» fragte ich.

Gomez hatte zum Vorlesen der Zahlen seine Brille abgenommen und mußte sie jetzt wieder aus seinem weißen Mantel nesteln. «Der? Ach, das ist einer unserer Verladeleiter.»

Irgendwo schrillte eine Sirene. Gomez blickte auf seine Uhr und klappte seine Aktendeckel zu. «Mittag», verkündete er. «Die Frühschicht ist zu Ende. Möchten Sie ein Bier?»

Wie man es aus so vielen Komödien kennt, befanden sich die Saufutensilien im Erste-Hilfe-Schränkchen. Er nahm zwei Flaschen und zwei Gläser heraus. Vallejo und Oddjob besprachen sich noch immer, doch hatte ihre Unterhaltung jetzt etwas Hastiges und schien auf das Ende zuzugehen. Gomez wusch die Gläser im Waschbecken. Nein! Die Gläser standen auf dem Schreibtisch. Gomez wusch noch zwei *weitere* Gläser. Er ging zu der Tür, die auf den Hof hinausführte. Beim Öffnen kratzte die Metalltür kreischend über die Steinplatten des Fußbodens. Die zwei Männer dort draußen rissen den Kopf herum. Gomez verbeugte sich unter der Tür. «Don Rafael! Rodolfo! Möchten

Sie mit uns ein Glas Bier trinken?» Mit einer knappen Handbewegung antwortete Vallejo: «Wie freundlich, Señor Gomez.» Ein zustimmendes Nicken von Oddjob, alias Rodolfo. Gomez tänzelte glücklich in den Raum zurück und polierte eines der Gläser auf seinem Rockschoß. «Wir feiern gleich eine Party», zwitscherte er.

Nichts als Angst. Chaos im Kopf, unfähig zur Aktion, wie ein Hase im Gefängnis der Scheinwerfer. Ich hörte Bier zischen und das leise Klappern von Kronkorken auf dem Metallschreibtisch. Du verdammter Idiot, dachte ich. Diesmal hast du es wirklich geschafft. Während er weitersprach, marschierte Vallejo auf uns zu. Oddjob lief ärgerlich neben ihm her. Er würde in wenigen Sekunden hier sein. Er würde mich erkennen, er würde anfangen, Fragen zu stellen, und er würde so lange Fragen stellen, bis er keine Antworten mehr brauchte. Dann würde er mich wahrscheinlich an der Gleitschiene unter der Decke aufhängen und meine Gedärme mit einer dieser Enthäutungssägen freilegen.

Das Büro hatte nur einen Ausgang, und der führte zurück ins Schlachthaus. Ich krümmte mich zusammen, schlug mir die Hand vor den Mund und stieß hervor: *«Estoy enfermo! Voy a vomitar!»* Vallejo war gerade durch die Tür getreten, als ich aus dem Büro stürzte. Das letzte, was ich sah, waren Gomez' bestürztes Gesicht und das Bier, das am Glas vorbeilief.

Über die Stufen stürzte ich mich wieder hinein in das Zerstörungswerk im Schlachthaus, rannte durch den Eingeweideraum und drosselte meine Geschwindigkeit auf normales Spaziergehtempo, da ich auf keinen Fall auffallen wollte. Ich hielt mir weiter die Hand vor den Mund, damit alle denken würden, der Gringo *maricón* konnte das viele Blut und das Schlachten nicht vertragen. Ich hörte Gomez' Stimme hinter mir. «Hier herum, Señor Nee-col! Nicht dort, *señor*!» Ich flitzte einen Flur entlang, kam durch einen menschenleeren Raum, in dem in langer Reihe abgetrennte Kalbsfüße an Ketten hingen, überquerte einen Hof und gelangte in ein Gebäude, das offensichtlich zur Schweineabteilung des *matadero* gehörte. Draußen hörte ich Gequieke, doch in dem Raum, in dem ich mich befand, war alles ruhig. Ein Mann mit einer Gummischürze tauchte gedankenverloren ein paar tote Mastschweine in einen

Bottich mit heißem Wasser. Ein anderer Mann, von dessen Mütze wie bei einem Legionärskäppi hinten ein Stück Band herunterhing, kratzte einem aufgehängten Kadaver die Borsten ab. Ich verlangsamte meine Schritte wieder. Mit dem weißen Mantel und dem Notizbuch in der Hand war ich wohl bloß ein Angestellter auf dem Weg von der einen Tür zur anderen.

Ich gelangte in einen anderen Hof. In Lattenverschlägen drängelten sich Schweine, einen Menschen konnte ich allerdings nirgends entdecken. Ich versuchte, mich zu orientieren. Es gab so eine Art eingezäunten Auslauf, durch den die Schweine in die Verschläge getrieben wurden. Auf der anderen Seite sah ich abgestellte Lastwagen und Autos. Ich schätzte, daß ich mich auf der Rückseite des *matadero* befand, und wünschte sehnlichst, durch einen Hinterausgang entwischen zu können. Ich schob mich seitlich an den Verschlägen entlang und wollte gerade meine Deckung aufgeben, als ich Stimmen hörte. Ich machte ein paar Schritte rückwärts, doch vom Hof aus war ich immer noch voll im Blickfeld. Der Verschlag gleich neben mir war leer. Ich kletterte an der Seite hoch und fiel leise in eine dicke Mulch aus Stroh und Schweinemist. Nur ein paar Zentimeter von meinem Gesicht entfernt drückte sich ein Dutzend vor Angst fast verrückter Schweine aus dem Verschlag neben mir gegen die Latten und schnüffelte daran. Zitternd duckte ich mich, während die Stimmen an mir vorbeizogen.

Als ich am Rand des Lastwagenparkplatzes auf der Lauer lag, sah ich, daß es tatsächlich eine hintere Ausfahrt gab. Nur ein paar Meter von mir entfernt schloß ein Mann die rückwärtige Klappe eines alten Lastwagens ohne Aufbauten. Er trug einen blauen Overall und einen zerschlissenen Strohhut – ein Schweinehirt, dachte ich. Er stieg in die Fahrerkabine und ließ den Motor an. Mit ihm funktioniert's, dachte ich. Ich zog meinen mit Mist vollgeschmierten Mantel aus, warf ihn in eine Ecke und marschierte rasch auf den Lastwagen zu. «Entschuldigen Sie, *señor*. Fahren Sie gerade weg? Können Sie mich vielleicht mitnehmen?»

Der Schweinehirt kaute weiter auf seinem Zahnstocher und musterte mich von oben bis unten. Ich atmete schwer. Angst in allerhöchstem Ausmaß. An meinen Händen, meiner Krawatte und meinem Notizbuch klebte Dreck. In einer Mischung aus Freundlichkeit und Verwirrtheit fuhr er sich mit der Hand über die grauen Bartstoppeln. Vor lauter Nervosität verkrampfte ich mich völlig. Schließlich nickte er langsam und sagte etwas in einem starken *campesino*-Dialekt. Er hörte sich so an wie: «Ich fahre nach Zoggo.»

«Das paßt ausgezeichnet», sagte ich und kletterte in die Fahrerkabine. Er lächelte breit und entblößte seinen zahnlosen Mund. Dann fischte er eine zerknitterte Packung Pielroja heraus und bot mir eine Zigarette an. Um das Ganze etwas zu beschleunigen, tastete ich in meinen Taschen nach Streichhölzern. Gomez und Oddjob konnten jeden Augenblick um die Ecke biegen und ein großes Geschrei veranstalten. «Mein Wagen springt einfach nicht an», sagte ich. «Und ich bin so schrecklich spät dran.» Voller Gleichmut schüttelte er den Kopf und sagte noch einmal etwas, das ich nicht verstehen konnte. Zuspätkommen war ein Gedanke, der für ihn keine allzu große Wichtigkeit hatte. Schließlich klemmte er die Zigarette in den Mundwinkel und legte den Gang ein. Gemächlich tuckerte der Lastwagen an der rückwärtigen Ziegelmauer des *matadero* entlang. Meine Blicke schossen in alle Richtungen, hielt ich doch Ausschau nach den zwei vertrauten Gestalten, der großen und der kleinen. Der Lastwagen schien nur noch auf einem halben Zylinder zu laufen. Die Höchstgeschwindigkeit war bei zehn Stundenkilometern erreicht. Der Schweinehirt setzte sich bequem zurecht und stützte seinen Ellbogen im offenen Fenster auf. Mein Gott, dachte ich und schüttelte mich dabei leicht, da habe ich ja einen richtigen Siegertypen aufgetan.

Ich schüttelte mich innerlich noch mehr, als wir an den Fahrweg kamen und statt in Richtung auf das rückwärtige Tor nach rechts abbogen und in Richtung Vorderseite des *matadero* fuhren. So gelangten wir mitten auf die Hauptdurchfahrtsstraße – Büros, Kantine, Unmengen an Weißmänteln, die Mittag machten, Schlachter, Lastwagenfahrer. Fast auf den ersten Blick machte ich Gomez ausfindig, der auf einen Mann mit spitzer Mütze einredete. Der Mann sah aus, als würde er zur Wachmannschaft gehören. Gomez zerrte an seinem dünnen Bart und zerbrach sich wahrscheinlich den Kopf über das Geheimnis des verschwundenen Journalisten. Etwas weiter seitlich erblickte ich dann Oddjob, der sich schweigend umsah. Sein fettes braunes Gesicht drehte sich langsam herum wie eine Radarschüssel. Von dort, wo er stand, hatte er beide Ausfahrten vom Gelände des *matadero* im Blick. Er wartete darauf, daß ich aus meiner Deckung kam, und mußte mich zwangsläufig sehen, sobald wir an ihm vorbeifuhren.

Wir tuckerten friedlich in mein Verhängnis. Ich faltete die Hände zu einem stummen Stoßgebet. Dabei spürte ich die Streichholzschachtel, die ich immer noch in meiner schwitzenden Hand hielt. Mit einer hastigen Bewegung verstreute ich ihren Inhalt über den rostigen Boden zu meinen Füßen. *«Maldita sea»*, fluchte ich. Wie ungeschickt. Augenblicklich machte ich mich ganz krumm, um sie wieder einzusammeln. Ich hoffte inbrünstig, daß ich bereits unterhalb der Fensterkante und nicht mehr zu sehen war. «Das ist doch alles kein Problem, *señor*, ich hab ja noch Streichhölzer», sagte der Schweinehirt. «Nein, nein», rief ich aus meiner Klappmesserposition heraus nach oben. «Ich werde sie einsammeln.» Er zuckte die Schultern. Der Laster stotterte weiter in Richtung Ausfahrt. Ich wühlte im Dreck nach den kleinen weißen Wachsstreichhölzern. Mit Hilfe dieser dürftigen Tarnung tauchte ich unter Oddjobs Blick hinweg und gelangte an ihm vorbei.

Als der Laster anhielt, setzte ich mich wieder auf, da ich dachte, wir wären an der Ausfahrt. Doch wir standen immer noch gute zwanzig Meter davon entfernt. Der Schweinehirt war stehengeblieben, um sich mit jemandem zu unterhalten – noch ein *campesino*, noch ein zerknautschter Hut. Es sollte eine von diesen schleppenden grüblerischen Unterhaltungen voller Pausen werden.

Als ich mich nach allen Seiten umsah, sah ich Gomez und den Kerl mit der spitzen Kappe auf der Fahrstraße entschlossen in unsere Richtung marschieren. Es war völlig klar, daß sie zur Ausfahrt wollten. Dort würden sie den Mann von der Sicherheitstruppe warnen – ein verrückter Engländer war verschwunden. Der Schweinehirt redete über die Fleischpreise und erwärmte sich immer mehr für sein Thema. Wieder hörte ich den Fleischerausspruch, den Gomez benutzt hatte – *«una arroba mas»*.

O ja, hier sind alle auf diese kleine Beigabe scharf, auf diese eine *arroba* zusätzlich. Nur kommt sie uns manchmal teurer zu stehen, als wir es uns leisten können.

Jetzt oder nie. «Danke fürs Mitnehmen», sagte ich und sprang aus dem Führerhaus. Der Laster schirmte mich von Gomez ab. Diese zwanzig Meter bis zur Ausfahrt wurden zu einem geschwinden Marsch durch die Ewigkeit. Ich wartete auf den Schrei hinter mir, doch es kam keiner. Als ich durch das Tor ging, winkte der Sicherheitsmensch mir zu. Ich sah, wie er auf einem Klemmbrett etwas notierte. Ein Rechercheur, der seine Aufgabe erledigt hat, verläßt den Schlachthof. Er muß ein vielbeschäftigter Mann sein. Sieh nur, wie er läuft...

14 Medellín

Ich saß wieder im Haus der Cuadros, trank Tee und suchte Vergessen. Bei meiner Ankunft hatte der kleine Sam gesagt: «Bääh! Du stinkst.» Inzwischen hatte ich mich unter der Dusche vom Schweinemist befreit, und die Haushaltshilfe, ein vierzehnjähriges Mädchen aus Boyacá namens Maria Elena, hatte meine dreckigen Kleider zum Waschen mitgenommen. Für unsere Fahrt an die Küste, zu der wir am nächsten Morgen aufbrechen wollten, war alles vorbereitet. Lolas Mann – der schnauzbärtige, praktisch veranlagte und aus Neuengland stammende Luke – hatte seinen Jet-lag ausgeschlafen. Ihr Bruder Alberto regelte noch seine geschäftlichen Angelegenheiten. Und ich fühlte mich schon besser.

Das Telefon klingelte. «Es ist für dich, Charlie», sagte Lola. Ich tippte auf Gus. Er hatte die Nummer von mir bekommen. Ich ging mit dem Telefon in ein anderes Zimmer.

«Kumpel?» sagte die vertraute Stimme am anderen Ende.

«Okay, Gus, hör zu. Es gibt da einen Fleischmagnaten, der heißt Rafael Vall...»

«Vergiß es! Wir stecken in Schwierigkeiten.»

«Schwierigkeiten? Da hast du verdammt recht. Die haben mir da draußen im *matadero* fast die Eier abgesäbelt.»

«Ich bin am Flughafen.» Die Vorstellung, daß Gus sich irgendwo anders aufhielt als in seinem mottenzerfressenen alten Lehnstuhl im Krähennest, war alarmierend. Ich fragte, was passiert sei. «Sie haben Julio Cesar erwischt», sagte er. «Ich hab's gewußt. Sie geben niemals auf. Sie warten bloß, bis sich der Schweiß auf deiner Haut ein bißchen abgekühlt hat. Julio ist recht gerissen, und er hat denen einen ziemlichen Schmu vorgeplappert. Er hat gesagt, er glaubt, ich hab mich aus dem Staub gemacht und bin nach Europa zurück. Aber es ist wirklich nur eine Frage der Zeit, daß die vorbeikommen und an die Tür klopfen.»

«Aber wo fliegst du jetzt hin?»

«Darum geht's ja grade, mein Freund. Im Moment flieg ich gar nirgends hin.»

«Kein Geld», sagte ich.

«Kannst du kommen? Ich sitze in der Caféteria. Ich hab eine grüne Nelke im Knopfloch.» Er hängte ein.

Wieder einmal ein Taxi. Durch die dunkler werdenden Straßen zum Flughafen Eldorado. Gus trug einen verschmierten, durch das Tragen speckig glänzenden marineblauen Anzug. Sein einziges Gepäckstück war der Pappkarton mit dem Who's who. Er machte einen sehr nervösen Eindruck. Zwischen all dem schwarzen Plastik und den Topfpalmen wirkte er wie ein sehr exotisches Wesen. «Gott sei Dank», sagte er. «Hör mal zu! In einer Stunde gibt's einen Flug nach Medellín. Kannst nicht du das Ticket für mich zahlen?»

«Warum Medellín?»

«Dort hab ich Freunde», sagte er. «Außerdem muß ich zu einem Arzt und mir etwas Penicillin in den Hintern jagen lassen. Mit meinem Bein geht's wieder schlechter. Eine Infektion, schätze ich. Aber hier in Bogotá geht das halt einfach nicht. Schlechtes Klima, wenn du verstehst, was ich meine.» Er brach ab, um ein paar neu eintreffende Gäste zu inspizieren. «Und dann gibt's da noch jemand anderen, zu dem ich dort gehen will», fuhr er fort. «Ich erzähl dir gleich von ihm. Aber hol mir vorher das Ticket, ja?»

Als ich mich auf den Weg zum Avianca-Schalter machte, rief er mich zurück. «Natürlich nicht für McGregor. Kauf das Tikket nicht unter meinem Namen. Man kann sich hier nie so recht sicher sein, wer wem welche Sachen weitererzählt. Irgendein Gringo-Name reicht. Es ist ein Inlandsflug, da checken sie einen nicht durch.»

Ich kehrte mit dem Ticket zurück. Ausgestellt war es auf den Namen Malcolm Goodman. Gus stopfte es in seine Jackentasche. «Erzähl mir jetzt, was du heute rausgekriegt hast.» Ich erzählte ihm von Vallejo, dem großen Tier, von dem Mann mit den Rinderfarmen und dem Transportunternehmen, von dem Mann, den ich dabei beobachtet hatte, wie er mit dem bekannten Ganoven Oddjob alias Rodolfo gemütlich geplaudert hatte. «Es paßt alles zusammen, Gus. Er hat alle Verbindungen, die ganze Handelskette entlang. Ich schätze, daß er unser Mann ist, unser Mister Schneewittchen.»

«Schon möglich, Kumpel, schon möglich. Das hast du gut gemacht. Es gibt ja sonst Leute, die sich Journalisten nennen und nicht mal ‹Fuck› auf ein staubiges Fenster schreiben können.» Das Lob von Ace McGregor ließ mich aufblühen. Er war ja vielleicht verrückt, aber er war noch immer der alte Profi. «Andrerseits», sagte er grübelnd, «heißt das vielleicht auch gar nichts. Ich meine, Vallejo macht dort vielleicht einen ganz legitimen Job. Und dieser Rodolfo ist dort *tatsächlich* Verladeleiter, auch wenn er gleichzeitig ein Ganove ist.»

«Sicher», sagte ich. «Aber so machst du doch auch nichts anderes, als daß du ihre Cover-Geschichte einfach schluckst. Ich bin sicher, daß ich recht habe, Gus.»

«Wir brauchen den Beweis, Kumpel. Wir brauchen noch mehr Material, wenn wir wollen, daß die Geschichte Hand und Fuß kriegt. Und das ist genau der Punkt, wo dieser Kerl in Medellín ins Spiel kommt. Er ist zwar ein ziemlich gerissener Bursche, aber er kennt mich. Wir haben schon recht lang miteinander zu tun.» Die Erinnerung verdunkelte seinen Blick, doch er schüttelte sie ab. «Die entscheidende Sache ist bei ihm die, daß er alles weiß, was man über das Kokain-*Geld* nur wissen kann. Dir ist ja klar, daß Medellín das Finanzzentrum für die Schieber ist. Die Banken sind bis unter die Decke vollgestopft mit schmutzigen Dollars, und dann gibt's da ja auch noch die Industrie. Dort oben, das ist eine einzige große Geldwäscherei. Na ja, und Eduardo weiß einfach alles drüber. Du sagst zu ihm: Vallejo. Du sagst zu ihm: Transcarne. Und er erzählt dir dann alle schmutzigen kleinen Geheimnisse, die's dazu gibt.»

Knisternd schaltete sich eine Lautsprecheranlage ein, und der Aufruf für den Flug nach Medellín ertönte. Ein paar Leute erhoben sich von ihren Tischen. Ich stand auf, doch hielt Gus mich am Arm fest. «Du solltest diesen Burschen wirklich kennenlernen, Kumpel. Ehrlich, überleg dir das noch mal, denn für dein Buch, was du da schreibst, *kannst* du gar nicht anders.»

«Okay. Gib mir seinen Namen und seine Nummer, und dann seh ich mal zu, daß ich mich mit ihm in Verbindung setzen kann.»

Gus verzog sein bleiches Gesicht mit dem rötlichbraunen

Bartsaum. «Glaub ja nicht, daß der auf so was besonders scharf ist. Ich meine, ein Mädchen wie Rosalita, das ist eine andere Sache. Und für mich spielt es keine Rolle, ob ich dir einen oder zwei Namen sage. Aber der Kerl, der gehört wirklich in eine andere Kategorie. Dem würde der Gedanke gar nicht gefallen, daß er in meinem Notizbuch steht und ich das vielleicht überall rumgezeigt habe. Nein, da hab ich eine viel bessere Idee. Warum treffen wir uns nicht in Medellín?»

«Um Gottes willen, Gus, das hab ich dir doch erklärt. Ich fahre morgen mit meinen Freunden an die Küste.»

«Aber klar doch. Und das heißt, daß du in jedem Fall durch Medellín kommst. Kein Problem.» Er fischte einen Fetzen Papier aus seinem Jackett, kritzelte etwas darauf und überreichte ihn mir. El Ave Perdida stand darauf, und dazu eine Straßennummer. «Hier. Ich werde dort um... Sagen wir Samstag mittag? Wahrscheinlich bist du ja schon morgen abend in Medellín, aber wir sagen besser Samstag. Du sollst nicht um deinen Schönheitsschlaf kommen. Deine Freunde können dich in Medellín absetzen, und wir beide machen uns dann auf den Weg und halten einen kleinen Plausch mit Eduardo. Hinterher kannst du ja das Flugzeug oder den Bus nehmen und dich mit deinen Freunden an der Küste treffen.»

«Ich weiß nicht recht, Gus. Es ging heute im Schlachthof ja wirklich hart auf hart. Und da ist mir jetzt ganz nach einem Szenenwechsel zumute.»

«Medellín», rief er. «Die Stadt des ewigen Frühlings! Orchideen in den Gärten! Was könnt es da noch Besseres geben?» Ein zweiter Aufruf für den Flug. Wir standen auf. «Du hast die Wahl, Charlie. Ich werde dort sein. Der kleine Eddie kennt eine Unmenge Geschichten, und vielleicht liefert er uns ja auch die über Schneewittchen. Du hast in die Story doch schon so viel an Laufereien investiert. Bleib dabei, alter Knabe, halt dich ran bei der Sache!»

Das hübsche Mädchen am Abfertigungsschalter sagte: «*Buenas tardes*, Señor Goodman.» Gus sagte zu mir: «Es geht doch nichts über so ein reifes kleines Früchtchen in Blau, was, Kumpel?» Das Mädchen gab ihm das Ticket zurück. «Gefällt Ihnen meine Uniform?» sagte sie in perfektem Englisch. Gus stöhnte auf und blinzelte.

Wir schüttelten uns die Hand. «Danke für deine Hilfe», sagte er. «Du hast nicht nur eine gute Bildung, du hast auch gute Manieren. Bis Samstag!»

Von der Besucherterrasse aus sah ich zwanzig Minuten später zu, wie das kleine Grüppchen Passagiere über die windgepeitschte Rollbahn zur DC-10 der Avianca marschierte. Der vornübergebeugte, in schäbigen Kleidern steckende Gus überragte alle anderen um fast zwanzig Zentimeter. Die dünnen Aufschläge seines Jacketts hielt er am Hals geschlossen. Der Starjournalist, die Graue Eminenz der großen Kokain-Story. Mit seinem Hinkebein und seinem wertvollen Pappkarton sah er eher aus wie ein Tippelbruder, der um ein Bett in einer billigen Penne anstand.

Die Entfernung zwischen Bogotá und Medellín ist nicht besonders groß, ungefähr sechshundertfünfzig Kilometer Luftlinie. Sagt diese Rechnerei mit der Luftlinie auch sonst schon kaum etwas aus, so kann man damit in den Anden überhaupt nichts mehr anfangen. Wie ein zerfurchtes Rückgrat aus vorgeschichtlicher Zeit ziehen sich die Berge durch Zentralkolumbien. Es sind drei Gebirgszüge, die ungefähr in Nord-Süd-Richtung verlaufen und von den Flußtälern des Magdalena und des Cauca geteilt werden. Bogotá liegt auf über zweitausendsechshundert Metern Höhe in der östlichen Cordillere, Medellín auf tausendsiebenhundert Metern Höhe in der Zentralcordillere, und der einzige Weg zwischen den beiden Städten führt notwendigerweise den einen Berg hinunter und den anderen wieder hinauf. Da die neue Straße schon beinahe fertiggestellt war, rechnete Alberto mit ungefähr zwölf Stunden Fahrt. Weiter im Norden, sagte er, gab es Orte, die auf der Landkarte bloß einen Fingerbreit voneinander entfernt waren. Allerdings mußte man unter Umständen eine mehr als anstrengende Reise von einem ganzen Tag hinter sich bringen, um von dem einen Ort zum anderen zu kommen.

Alberto war Mitte Dreißig und der älteste von Lolas Brüdern. Seit dem Tod des Vaters leitete er das Familienunternehmen, die Construcciones Cuadros, das sich als Subunternehmer und in eigenverantwortlichen Bauprojekten betätigte. Die Erbanlagen, denen Lola und seine hübschen jüngeren Brüder ein wunderschönes Aussehen verdankten, waren bei Alberto nicht so recht zur Wirkung gekommen. Er hatte große, schon krankhaft hervortretende Augen und ein rundes Gesicht mit Hängebakken und einem dünnen Schnurrbart, der sogar noch schlapper nach unten hing. Die Haare, die geradezu künstlerisch in eine Spiralform gelegt waren, vermochten seine kurz bevorstehende Kahlheit trotzdem nicht zu verbergen. Er sprach mit ruhiger Stimme, war intelligent und humorvoll und – wenn das nötig war – genauso hartnäckig wie ein *cebú*-Ochse. Er war unentwegt auf der Suche nach einer geeigneten Ehefrau, schien dabei jedoch eine besondere Vorliebe für jugendliche und attraktive Frauen zu haben. Wenn Alberto freie Wahl gehabt hätte, so wäre er auf schnellstem Weg nach Cartagena geflogen und hätte seinen gesamten Urlaub damit zugebracht, sich auf dem Bocagrande-Strand herumzutreiben und die *sardinas* zu taxieren. Doch Luke und ich waren Gäste der Familie, wir wollten während der Reise etwas sehen, und die Verpflichtungen der Gastfreundschaft überwogen die Lockungen des Fleisches bei weitem.

Schließlich waren wir unterwegs. Alberto saß am Steuer des Renault. Im heftigen Regen fuhren wir durch Facavita, eine kleine, rauhe Stadt im Hochland, und dann durch hoch aufragende Kiefernwälder ins Tal. Wir kamen vorbei an Steinbrüchen und Zementfabriken, die schwarzen Rauch in die Andenluft spuckten. Der umweltbewußte Luke beklagte sich darüber. Der patriotische Alberto pries die hervorragende Qualität kolumbianischen Zements. Die Straße führte immer steiler nach unten, und mit einemmal gelangten wir aus einer Regenwolke in eine völlig andere Welt. Die Übergänge in den Anden sind verblüffend. Ganz unvermittelt wird die rauhere Landschaft des Hochlands sanfter und geht in subtropische Wälder über. Diese obersten Ausläufer der Wälder werden *la ceja de la selva* genannt, die Augenbraue des großen Waldes. Eine für Südamerika typische Landschaft aus verschlungenen Tälern und sonderbaren kegelförmigen Bergen, alles überzogen mit Grün, gesäumt von feinen Nebeln, dampfig und üppig. Auf gerodeten Hängen waren in exakten Reihen glänzende Kaffeesträucher gepflanzt. An den Straßenrändern standen Obstverkäufer und Jungen, die uns mit grünen Päckchen zuwinkten –

in Bananenblätter eingewickelter weißer Käse. Mit jedem Dorf, das wir hinter uns ließen, drangen wir immer weiter in die heiße Zone des Landes vor. Ein Holzschuppen mit einem handgemalten Schild: «CAFÉ ASÍ ES LA VIDA». Café, so ist das Leben. Ein Polizist auf einer Veranda, der in seinen Zähnen stocherte. Strohhüte, Maultiere, Staub. Die kleinen Hütten und Bauernhäuser schienen aus *Staub* gebaut zu sein.

Außerhalb von Villeta blieben wir an einer *gaseosa*-Bude stehen. Wir hatten unsere Wollsachen aus Bogotá schon ausgezogen, doch als wir aus dem Auto stiegen, schoß uns wegen der fürchterlichen Hitze der Schweiß aus den Poren. Ein Mann mit kaffeebrauner Haut und einem Panamahut auf dem Kopf bediente uns mit stoischer Ruhe. Wie ein betrübtes Kaninchen sah er uns aus einer kleinen Luke heraus entgegen. Wegen jeder einzelnen Flasche unternahm er eine Reise in den rückwärtigen Teil seines Ladens, wollte er doch das einzige Ereignis an diesem Vormittag in die Länge ziehen.

Die Fahrt führte uns immer weiter nach unten. Über uns staubige Hänge, unter uns verschwimmende Landschaft. Schließlich kamen wir an den Magdalena-Fluß, die Lebensader Kolumbiens, der aus den *páramos* des südlichen Cauca ungefähr eineinhalbtausend Kilometer bis zur karibischen Küste führt und sich an dieser Stelle bereits breit, träge, wasserreich und bräunlich dahinwälzt:

Para brindarle amplio regazo,
Se abre como un immensa hoja de tobaco.

Er bietet dir seinen breiten Schoß dar, entfaltet sich wie ein riesiges Tabakblatt. Wir überquerten den Fluß auf der Höhe der alten Stadt La Honda. Das ist der tiefstgelegene Ort, von hier aus geht es nur wieder nach oben. Braune Fluten, die ans Ufer schwappten, braune Einbäume, braunhäutige Jungen, die von großen Steinen aus fischten. Die *subienda* hatte gerade begonnen. Der Fluß schwillt dann an und trägt eine große Menge an Fischen mit sich.

Einige Zeit folgten wir dem Flußlauf am linken Ufer, dann überquerten wir auf der Stahlbrücke bei La Dorada erneut den Fluß. Es war heiß. Die schmale Straße führte kerzengerade über den Talboden in Richtung Puerto Libre und Puerto Triunfo. Zu beiden Seiten hohes Gras und Strauchwerk. Schuppen, vor denen Fischernetze verkauft wurden. Ab und zu ein Blick auf den gelbbraunen Fluß. Merkwürdige, wie auf Stützen ruhende vereinzelte Felsen ließen einen an die Wildnis in alten Fernseh-Western denken. Luke und ich schwelgten in Erinnerungen. Wie Pancho in *The Cisco Kid* gesagt hatte: «Let's went!» Wie Bronco Lane in Saloons immer Milch getrunken hatte – oder war es Sarsaparill-Extrakt? Und was bedeutete *kimo-sabe* eigentlich wirklich? Gegen drei Uhr hatten wir unbändigen Hunger. Wir waren schon an Hunderten von Rasthäusern vorbeigefahren, doch Alberto weigerte sich anzuhalten. Die seien gesundheitsschädlich, sagte er – *muy insanos*. Ein unerwartet auftauchendes Hotel, ein *club campestre* in der Nähe von Doradil, genügte seinen Ansprüchen schließlich. Dort wurde gerade ein Safaripark angelegt. Der Hoteldirektor erzählte uns stolz, daß sie Känguruhs aus Australien, Leoparden aus Afrika und Hochwild aus Schottland hierhin brachten. Es waren kaum Besucher da. Alberto fragte, ob man hier nicht etwas weit entfernt sei von allem. Wer würde hierhin kommen? «Wir entwickeln diese Region», sagte der Hoteldirektor ausweichend. Später erfuhr ich, daß der ganze Komplex Pablo Escobar gehörte, einem großen Kokain-*capo*, der von Medellín aus operierte. Wieder einmal ein Projekt, das mit Drogendollars in Gang gebracht wurde. Wie Gus bereits gesagt hatte – das ganze Land hat den Schnee schon im Blut.

Bei Puerto Libre kreuzten wir die Staatsstraße nach Antioquia. Bald darauf fuhren wir die steilen, bewaldeten Hänge der Zentralcordillere hinauf. Alberto saß noch immer am Steuer und hoffte auch noch immer, wir würden Medellín bei Einbruch der Dunkelheit erreichen. Wir waren auf der neuen Straße unterwegs, von der er gesprochen hatte, und verglichen mit der früheren Route über Manizales ersparte sie einem fünf oder sechs Stunden. Im Zickzack arbeitete sie sich nach oben, eine häßliche Schramme aus roter Erde, die durch die Wälder gesprengt worden war. Von einer Fertigstellung war sie noch weit entfernt. Sie war voller Löcher und hatte einige Tücken. Die vielen Lastautos wirbelten dichte Staubwolken auf. Nur langsam kamen wir voran. Während der Fahrt sahen wir immer wieder größere Gruppen von Männern, die mit der Schaufel arbeiteten. Manchmal riefen und pfiffen sie uns zu. Einmal, als wir darauf warteten, daß ein Bagger eine Drehung um hundertachtzig Grad machte, kamen ein paar Männer mit ihren Schaufeln zu uns herüber. Wir kurbelten die Fenster hoch und kamen uns vor wie Ratten in einem Käfig. «Sie wollen nur unser Bier», erklärte Alberto. Die Männer betrachteten uns mürrisch. Einer spuckte demonstrativ auf den Boden. Er war alt, zu alt für eine solche Arbeit. Unter einem zerlumpten roten Hemd konnte man die mageren, vor Schweiß glänzenden Rippen sehen. Er sah aus wie ein Vollblut-Indio. Er schaute mir direkt in die Augen und murmelte etwas vor sich hin. Ich fühlte mich sehr unwohl. Ein paar von den Männern trugen ihre Schals nach Banditenart über dem Mund. Und das machte auf Sam ziemlichen Eindruck.

Das Licht wurde weicher und perlmuttfarben. Über den Tälern und Berggraten ging die Sonne dramatisch unter, und nach einer Dämmerung, die nur zwei Minuten zu dauern schien, war es dunkel. Kurz darauf gelangten wir ins Lager der Straßenarbeiter, eine Hüttensiedlung aus Holz und Plastikplanen, die sich von einem Felsvorsprung oberhalb der Straße nach unten zog. Die Männer kehrten gerade von den Anstrengungen dieses Tages zurück. Frauen, die Zigeunerinnen ähnlich sahen, standen in Gruppen beisammen. Sturmlampen, Rauch von bratendem Fleisch, wühlende Schweine und barfüßige Kinder im Dreck – die Atmosphäre erinnerte stark an ein mittelalterliches Feldlager. Hier machte Alberto seinen allerersten Fahrfehler. Wegen der Dunkelheit und wegen des Gewühls auf den Wegen des Lagers erkannte er die Biegung der Straße einen Moment zu spät. Es nutzte nichts mehr, daß er das Steuer herumriß. Wir schlingerten von der Straße und verschwanden mit einem kratzenden Geräusch in einem breiten Graben. Alberto fluchte. Das Baby schrie. Der Wagen sprang nicht mehr an. Alberto schlug mit den Händen heftig gegen das Lenkrad. Sam, der auf Lukes Schoß lag, wachte auf, rieb sich die Augen und sagte: «Warum bleiben wir hier stehen, Onkel Alberto?» Als ich die Tür öffnete und ausstieg, versank ich ungefähr dreißig Zentimeter tief in Schlamm und Schotter. Die Temperatur war gefallen, und ich fror in meinem verschwitzten Hemd. Lola war nicht aus der Ruhe zu bringen. Sie saß im Auto und gab dem Baby die Brust, während wir beim Licht einer Taschenlampe die Lage abschätzten. Es sah nicht gut aus. Das Vorderrad auf der Fahrerseite steckte tief im Schlamm. Ein Haufen Bruchsteine – das kratzende Geräusch – bockte die Unterseite des Wagens regelrecht auf, so daß die Hinterräder über dem Boden in der Luft hingen.

Niemand schien unsere Zwangslage bemerkt zu haben. Es eilte jedenfalls niemand herbei, um uns zu helfen. Wir standen im Halbdunkel, außerhalb des Lichtkreises der Lampen und der Feuer. Ein paar Kinder beobachteten uns, doch als ich auf sie zuging, liefen sie weg. Autos und Lastwagen rollten an uns vorbei, und das Licht ihrer Scheinwerfer schwang gleichgültig über uns hinweg. Luke blieb beim Auto und bei seiner Familie, während Alberto und ich uns als reichlich nervöse Abordnung auf den Weg zum Lager machten, um dort Hilfe zu erbitten. Die Männer sahen total erledigt aus, saßen beisammen und reichten Flaschen mit schwarz gebranntem Schnaps in der Runde umher. Alberto sprach einen großen jungen Mulatten an und erklärte unser Problem. Er kam mit uns, um sich den Wagen anzusehen. Er lachte und wischte sich dann mit einem Tuch, das er um den Hals geschlungen hatte, über die Stirn. «Ich könnte Ihnen vier Maultiere verkaufen», sagte er. Kurz darauf kam er mit einem halben Dutzend Männer zurück. Einer von ihnen war ein Riese von Mann in einem karierten Hemd, das sich wölbte wie ein Brustharnisch. Ihm traute man ohne weiteres zu, daß er den Wagen mit einer Hand herausziehen konnte.

Schließlich brauchten wir jedoch eine schreckliche halbe Stunde, bis wir das Auto wieder auf der Straße hatten. Die einzige Möglichkeit, es im Schlepptau herauszuziehen, führte über den gleichen Weg zurück, und um das zu schaffen, mußten die Bruchsteine unter dem Wagen entfernt werden. Wir teilten uns in zwei Gruppen. Die eine stemmte den rückwärtigen Teil des Wagens hoch, während die andere darunter herumwühlte, um den Haufen aus Bruchsteinen beiseite zu räumen. Nach und nach drängten sich immer mehr Arbeiter und Lagerbewohner um uns, hielten Lampen hoch und riefen uns spaßige Bemerkungen zu. Unsere Kleinen bekamen etwas zu essen, und Lola wurde angestarrt. Aus dem allgemeinen Geplapper hörte ich das Wort «Gringos» heraus. Als die Hinterräder schließlich auf etwas festerem Boden standen, wurden Seile geholt. Anfangs versuchten wir, das Auto wie beim Tauziehen herauszuzerren. Das große Mannsbild stand ganz vorne und stemmte seinen Stiefelabsatz in den Schlamm, doch das half nicht viel. Während einer der Männer sich auf den Weg machte, ein Fahrzeug zu holen, verteilte Alberto Dosenbier. Der Mann kam mit einem Kipper zurück, und nach einem letzten Kraftakt stand das Auto endlich wieder auf festem Boden. Es sah trostlos aus und war mit Schmutz überkrustet. Die Menge jubelte. Jetzt, nachdem der beste Teil der Show vorüber war, gingen die Leute nach und nach wieder weg. Es dauerte noch mal einige Zeit, bis das Auto ansprang, woran hauptsächlich der Dreck im Verteiler schuld war. Als es schließlich röhrend zum Leben erwachte, schoß zwischen den Rippen des Kühlergrills ein Wasserstrahl hervor. Für das grenzenlose Improvisationsgeschick der kolumbianischen Mechaniker erwies sich dieses Problem als eine Kleinigkeit. Es wurde jemand weggeschickt, der in der *tienda* des Lagers mehrere Päckchen «Chiclets» kaufen sollte. Als er wieder zurück war, standen wir alle feierlich im Kreis und zerkauten die Kaugummistreifen. Sam war im siebten Himmel, wenn er von einer Geschmacksrichtung zur nächsten wechselte. Sobald ein solcher Streifen feucht und geschmeidig war, kam er mit denen der anderen auf einen Haufen. Ein Pfropfen aus *fique*-Fasern wurde in das Loch im Kühler gestopft und der Kaugummi als eine Art Kitt mit dem Daumen rundherum festgedrückt. Der Mechaniker versicherte uns, diese Lösung würde noch ein paar Stunden halten und die Fahrt bis zu einer Reparaturwerkstatt in Medellín überstehen. Wir bedankten uns bei allen überschwenglich. Alberto versuchte, ihnen Geld anzubieten, doch das wiesen sie entschieden und würdevoll zurück.

Gerade als wir uns wieder ins Auto zwängten, hielt ich überrascht inne. In der Menge stand der alte Indio, einer der Schaufelarbeiter, die vor ein paar Stunden unser Auto umringt hatten. Er sah mich jetzt mit dem gleichen Blick an wie zuvor, bloß lag diesmal ein halbes Lächeln auf dem Gesicht. Ich empfand eine tiefe Scham. Wir, die Reichen, hatten sie abgewiesen. Sie, die Armen, hatten uns geholfen. Eine ungeschminkte biblische Moral, nach der wir diejenigen waren, die nicht in den Himmel gelangen würden. Mich beschlich auch ein Gefühl der Angst. Auf dem Gesicht des alten Indio lag ein gewisses Glänzen, das seine Genugtuung über die Rache auszudrücken schien. Als ich mich selbst und die anderen ansah, durchweicht vom Schmutz und verschmiert mit Öl, wie wir dastanden, war ich mit einem Schlag froh, daß der Fluch des Schaufelarbeiters uns in dieser Form getroffen hatte. Ich nickte ihm zu, als wollte ich sagen: «*Touché!*» Er zeigte keine Reaktion.

Bis Medellín waren es immer noch zwei bis drei Stunden. In Hochstimmung über die Tatsache, daß wir wieder unterwegs waren und nicht mehr als ein paar neue Klappergeräusche am Wagen abbekommen hatten, machten wir es uns für den letzten Abschnitt unserer Reise bequem. Doch die Straße, die schon tagsüber schlimm genug war, wurde nachts mörderisch. Alberto hing krampfhaft über das Lenkrad gebeugt und starrte angestrengt durch den Nebel aus Staub, der im Scheinwerferlicht waberte. Die Straße schlängelte sich hierhin und dorthin, war zum Teil befestigt, zum Teil aus rutschendem losen Schotter. Mit Hilfe der Taschenlampe sah ich auf der Straßenkarte nach, doch die war nutzlos. Sie war vor Baubeginn dieser neuen Straße gedruckt worden. Irgendwann mußten wir ja an eine bereits früher existierende Straße oder an ein Dorf geraten, aber wo und wann – *quién sabe?* Wir waren irgendwo in der Zentralcordillere, quälten uns im zweiten Gang eine finstere Straße entlang, waren hungrig, müde und verdreckt. Als endlich ein Straßenschild kam, wies dieses auf den für uns wohl genau richtigen Ort hin – «El Santuario, 2 km».

Diese «Zuflucht» stellte sich als betriebsames antioquisches Dorf heraus. Wir fanden Zimmer im Hotel El Castillo, einem großen, heruntergekommenen alten Haus aus der Kolonialzeit mit einem Patio und einem Balkon. Die Zimmer waren klein und durch dünne Holzverkleidungen voneinander abgetrennt. Die Fenster waren mit dreckigem Hühnerdraht voller Spinnweben «vergittert». Alberto war überaus unzufrieden – so etwas hatte er sich als unsere Unterkunft wirklich nicht vorgestellt –, doch wir anderen waren alle glücklich, daß wir überhaupt irgendwo untergekommen waren. Ich für meinen Teil empfinde ja eine tiefe heimliche Liebe zu den schäbigen Hotels im kolumbianischen Hinterland, in denen man immer nur auf der Durchreise übernachtet. Es gab kein fließendes Wasser, doch bekamen wir uns mit dem in Eimern abgefüllten Wasser wieder einigermaßen sauber. In einem Eßlokal gleich um die Ecke aßen wir große Teller voll *bandeja antioqueña*, ein Gericht, zu dem wirklich alles gehörte – Steak, Eier, weiße Bohnen, Paradiesfeigen, Reis, Kartoffeln und große Mengen an kroß gebratenem Schweinespeck, den *chicharrones*.

Gerade rechtzeitig zu einem späten Frühstück erreichten wir am nächsten Vormittag Medellín. Als wir über den Paß kamen, lag die ausgedehnte Lego-Stadt aus Wolkenkratzern und Vororten tief unter uns, auf einem Bergsattel inmitten der dunklen, wie Sägezähne aufragenden Berge. In einem Rasthaus am Rande der Stadt aßen wir Eier und *arepas* und tranken dazu heiße Schokolade. Als ich Zigaretten kaufen wollte, schickte man mich auf die andere Straßenseite zu einer halb fertiggestellten, aus Schlackensteinen gebauten *chozuela*. Auf mein Klopfen hin öffnete eine recht mürrische *negra*. Ich schaute ins Innere der Hütte und sah mehrere Betten, zerwühlte Haufen mit Kleidern, etliche Kinder und zwei Füße, die aus einem Bett herausragten – wahrscheinlich die von Papa. Der Raum hatte keine Fenster. Der Boden war aus gestampfter Erde. *Das* war Armut – nicht das harte, karge Leben in den Bergen, nicht das schmuddelige, träge Leben in den tropischen Gegenden, sondern dieser schwer zu beschreibende Kampf am abfallübersäten Rand einer städtischen Ausfallstraße. Die Frau brachte mir das Wechselgeld von ein paar Pesos. Ich sagte ihr, sie solle es behalten. Sie zuckte die Achseln. Die Füße auf dem Bett bewegten sich und rieben sich aneinander. Es gab nichts, für das sich ein frühes Aufstehen gelohnt hätte. Die Kinder spielten auf eine ganz ruhige, lauernde und lustlose Art. Wie kleine Tiere in einem Zoo. Wesen ohne jede Perspektive.

Drüben im Rasthaus ließ ich mir sagen, von wo der nächste Bus ins Zentrum abfuhr. Ich verabschiedete mich von meinen Freunden und verabredete mich mit ihnen für ein paar Tage später in Cartagena. Eine letzte kleine geschäftliche Erledigung mit Gus, und dann würde ich an die Küste fahren. Dachte ich jedenfalls.

An Medellín kann ich mich kaum noch erinnern. Geblieben ist bloß der absurde Eindruck, daß die Stadt voller einbeiniger Männer war. Geduldige einbeinige Straßenverkäufer standen an den Ecken. Bettler hoppelten auf Krücken durch die Straßen. Einige zeigten amtliche Bestätigungen, andere wiederum wiesen auf gräßliche Bilderfolgen, die dokumentierten, wie sie bei einem Arbeitsunfall oder während ihres Dienstes in der Armee der Republik zu ihrem Gebrechen gekommen waren. Medellín ist tatsächlich eine ungestüme, unkomplizierte Stadt, deren Ursprünge – es ist eine Gründung geflüchteter spanischer Juden aus dem frühen siebzehnten Jahrhundert – zwischen Büroklötzen, modernen Kirchen, hübsch angelegten Parks und hell erleuchteten Caféterias verschwunden sind. Es ist Kolumbiens zweitwichtigste Industriestadt. Hier werden drei Viertel der Textilproduktion des Landes erzeugt. Darüber hinaus gibt es Stahlhütten, Chemiewerke, Zementfabriken, Maschinenhersteller und Produzenten von Glas, Farbe, Lebensmitteln, Zigaretten und Schnaps. Das Geld der Industrie und der traditionell vorhandene, auf Kaffee, Rindern und Ländereien beruhende Wohlstand haben die Stadt zu einem Banken- und Finanzzentrum werden lassen – und, wie Gus erklärte, zu einer Geldwäscherei für Drogendollars. Außerdem ist es Kolumbiens Schwulenstadt. Unter den Straßenlaternen der 45th Street promenieren am Samstagabend hübsche Jungs, Jeanstypen, Fummeltrinen und in Leder steckende Krypto-Nazis. «An eines mußt du hier immer denken», hatte Alberto mir grinsend gesagt. «Wenn du in Medellín einen Peso verlierst, bück dich bloß nicht, um ihn aufzuheben.» Dann hatte er gleich eine Erklärung für diesen Ausspruch finden müssen, denn Sam hatte ihm mit seinen Fragen heftig zugesetzt.

Mir gefiel die Stimmung dieser Stadt. Sie war nicht so düster und gedrückt wie in Bogotá. In diesen ganz durchschnittlichen, nicht besonders liebenswerten Städten sind die Leute oft am nettesten. Anscheinend erwarten sie nicht, daß man sich dort aufhält, und deswegen freuen sie sich, wenn man es tut.

Ich nahm ein Zimmer in einem vielstöckigen Hotel in der Nähe des Busbahnhofs, in dem auch Zimmer an Dauermieter vergeben waren, und um Viertel vor zwölf saß ich vor einem Glas braunen Medellín-Rums in der Bar mit dem kuriosen Namen El Ave Perdida – Der verlorene Vogel – und wartete auf Gus.

Er kam Punkt zwölf. Sobald ich ihn sah, wußte ich, daß etwas nicht stimmte. Die Schwierigkeiten, die er in die Bar mitbrachte, waren fast zu riechen. Er atmete schnell, und mit seinem Bein schien er wieder größere Probleme zu haben. In der einen Hand trug er das Who's who, in der anderen eine ziemlich hübsche blaue Sporttasche aus Plastik. Nachdem er mich erblickt hatte, schlängelte er sich leicht vorgebeugt und um Unauffälligkeit bemüht durch die Bar. So unauffällig, wie ein Gringo von einem Meter achtzig mit rotbraunen Haaren halt auftreten konnte.

«Ich wußte, daß du kommst», sagte er ächzend. Er ließ sich in den Stuhl neben mir fallen und streckte stöhnend sein lädiertes Bein aus. Auf dem dunkelblauen Hosenbein erkannte ich einen noch dunkleren Fleck. Ich hob die Hand, um den Kellner herbeizuwinken – zuerst ein Drink, dann die Fragen –, doch Gus drückte mein Handgelenk zurück auf die Tischplatte. «Keine Zeit», sagte er. Er schaute unter den Tisch. «Wo sind deine Sachen?» Ich erklärte es ihm. «Gehen wir», sagte er.

«Wohin gehen wir? Treffen wir uns mit Eduardo?»

«Erzähl ich dir alles im Hotel.»

Draußen war die Sonne durchgebrochen. Die Luft war mild – es herrschte die Atmosphäre dieses gemäßigten «Ewigen Frühlings», der in den Touristenprospekten immer beschrieben wird. Sekretärinnen, die im Parque Bolívar Baguette-Sandwiches aßen; eine Folk-Band, die peruanische Musik spielte; Blumenverkäufer. Gus humpelte wie jemand, der seine Grundausbildung in dem für Medellín typischen Einbein-Laufen absolvierte. Ich trug seine blaue Sporttasche. Sie fühlte sich leicht an, beinahe leer, doch ich konnte spüren, daß auf ihrem Boden etwas hin und her rutschte. Ich bot ihm an, den entschieden schwereren Karton zu tragen. «Nein, nein», wehrte er ab, «nimm du nur die Tasche.» Die *señora* des Hotels sagte: «Keine Gäste!» Ich selbst war sogar noch erstaunter als sie, als Gus ein Bündel Tausend-Peso-Scheine aus der Tasche zerrte. Er klatschte einen Tausender auf den Tresen. Sie wollte danach greifen, aber Gus drückte den Schein mit seinen schmutzigen Fingern fest auf die Platte. *«Nunca me viste»*, sagte er leise. Sie haben mich nie gesehen. Die *señora* lächelte beruhigend. «*Nunca, señor*», sagte sie. «Hier wohnen überhaupt keine Gringos», fügte sie hinzu. In der Hoffnung, daß ich mir ebenfalls Anonymität erkaufen würde, blickte sie mich bedeutsam an. Sie nahm Gus' Geldschein, faltete ihn klein zusammen und schob ihn unter ihr Uhrband.

Mein Zimmer lag im zweiten Stock. Dort oben waren andere Gäste weder zu sehen noch zu hören. Durch ein kleines, vergittertes Fenster blickte man auf eine glatte, graue Wand gegenüber. Gus schien das Zimmer für akzeptabel zu halten. Sein Karton plumpste auf den Boden, und er selbst ließ sich ganz behutsam auf dem Bett nieder.

«Okay, Gus», sagte ich ärgerlich. «Was für eine Geschichte ist es diesmal?» Er rollte sein Hosenbein nach oben. Beim Anblick der blutdurchtränkten Bandage zuckte ich zusammen. «Um Himmels willen, was ist passiert?»

«Bin gefallen», sagte er.

«Ach so, ja sicher.»

«Das ist wahr», rief er. «Großes Pfadfinderehrenwort.» Er streckte das Bein auf dem Bett aus und schmierte dabei Blut auf den groben weißen Drell. Gegen die Wand gelehnt, saß er da und fing an, in seinen Taschen herumzuwühlen und deren Inhalt zwischen seinen Beinen auf dem Bett aufzuhäufen. Mir gingen fast die Augen über, als er mehrere Handvoll zerknittertes Papiergeld zutage förderte – Pesos, Dollars und sogar venezolanische Bolivars. Es waren alles Noten mit hohem Nennwert. Ich wurde immer nervöser und auch ein bißchen wütend. «Verdammt noch mal, was läuft hier ab, Gus? Wo hast du das ganze Zeug her?»

«Das ist eine etwas traurige Geschichte, Kumpel, aber es ging nicht anders. Ich hab mich heute vormittag mit Freund Eduardo getroffen. Er hat ein todschickes Apartment in der Nähe vom Union Club. Und, na ja, ich werd die ganze lange Geschichte mal kurz fassen, da lag er dann halt. Der ganze Zaster lag in seinem Büro aufgestapelt. Wirklich Unmengen davon. Schon als ich in die Wohnung rein bin, hab ich das gleich gesehen. Wir waren dann auf dem Balkon draußen, haben *tinto* getrunken und geplaudert. Da läutet das Telefon. Während er telefoniert, frag ich: ‹Entschuldige, Eduardo, wo ist hier der *baño?›* Ich bin in sein Büro gesaust, hab mir soviel ich nur kriegen konnte in die Taschen gestopft, und dann nichts wie weg. Es war Samstag vormittag, verstehst du. Sonst war keiner da. Wie ein Bekloppter bin ich dann die Treppe runter – er wohnt im fünften Stock –, und da bin ich dann auf die Fresse gefallen. Das war's. So hab ich die Geschichte mit meinem Bein noch mal vermasselt.»

Ich starrte ihn an. Mir war so heiß, als hätte sich der ewige Frühling in tropischen Sommer verwandelt. Ich versuchte, das Fenster zu öffnen, doch es bewegte sich nicht im geringsten. «Dieser Kerl, dieser Eduardo», sagte ich und versuchte dabei, meine Stimme ruhig zu halten, «das ist doch ein... Finanzfachmann der Kokainleute, ein Geldwäscher... oder?»

«Tja, in gewissem Sinn ja. Der hat seine Finger aber sowieso in allem drin.»

«Aber es ist recht gut möglich, daß das Geld hier der Kokainmafia gehört?»

«Ich hab's dir doch gesagt, Mann. Da hat so viel Geld rumgelegen, man hätte ein ganzes Ölfeld kaufen können. Das da ist bloß ein Bruchteil davon.»

«Wieviel hast du mitgenommen?»

«Keine Ahnung», sagte er und raschelte mit den vielen Geldscheinen. «Hatte bisher keine Gelegenheit, es zu zählen.» Sein Mund verzog sich zu einem Grinsen. Er sah aus wie ein frecher Junge, den man beim Äpfelklauen erwischt hatte. Wir hatten es in dieser Sache allerdings nicht mit einem harmlosen wütenden Bauern zu tun. Schweigen. Ich marschierte im Zimmer auf und ab. Fünf Schritte hin, fünf Schritte her. Dann sagte Gus mit leiser, schuldbewußter Stimme: «Außerdem war das Geld nicht das *einzige*.»

«Wie?»

Er deutete auf die Sporttasche auf dem Fußboden. Ich lag mit meiner Vermutung zwar richtig, doch ich zog den Reißverschluß trotzdem auf. Ein kleines, flaches, in Zeitungspapier eingewickeltes Päckchen. «Peach?» Er nickte. «Wieviel?» Er zuckte die Achseln. Ein halbes Kilo vielleicht, er wußte es nicht genau. Es hatte auf dem Büroschreibtisch gelegen. Es hatte ihn sozusagen angesprochen und ihn angefleht, es doch mitzunehmen. «Du dämlicher Kerl, du verrückter», sagte ich, wobei allerdings nicht so recht klar war, ob ich dabei mit mir selbst oder mit Gus redete. Ich hätte jetzt schon den halben Weg zur Küste hinter mir haben können, hätte mit Lola und den anderen auf der Fahrt durch die grünen Hügel Antioquias sein können. Statt dessen war ich hier in einem stickigen Zimmer an der 45th Street mit einem ganzen Haufen heißem Geld auf dem Bett, einem Pfund gestohlenem Kokain in der Tasche und einem halb verkrüppelten Verrückten, der mir gegenüber saß und sagte: «Aber ich hab doch alles wunderbar geregelt, Alter, da gibt's wirklich keine Chance, daß die uns finden.»

Die abgestandene Luft im Zimmer machte ihn müde, und er hatte einen harten Vormittag hinter sich. Er schob seine unrechtmäßig erworbenen Besitztümer beiseite und machte es sich auf dem Bett noch etwas bequemer. Was sollte das heißen, fragte ich, daß er alles «wunderbar geregelt» hatte? Aus einer weiteren Tasche seines wirklich nicht besonders feinen blauen Anzugs zog er zwei kleine Stückchen weißes Papier. Er überreichte sie mir. Es waren Busfahrkarten für die Strecke von Medellín nach Quibdó.

«Quibdó?» sagte ich. «Du spinnst ja, das ist doch irgendwo im Dschungel.»

«Ganz genau. So richtig mittendrin im Chocó.»

«Aber es geht doch niemand in den Chocó, Gus. Dort ersäuft man ja in seinem eigenen Schweiß.»

«Na wunderbar, Mann. Da denkt doch keiner dran, daß man dort sein könnte. Überleg mal und schau der Wahrheit ins Gesicht. Eduardo macht wegen mir garantiert alle Leute scharf. Es hat keinen Sinn, daß ich versuch, per Flugzeug aus Medellín rauszukommen. Ich will auch nicht wieder nach Bogotá zurück – das ist dort nichts für mich. Und er hat mit Sicherheit Freunde an der Küste. Also, auf in den Westen, Jungs!»

«Und du willst, daß ich mit dir komme?»

«Bloß bis Quibdó», bettelte er. «Ich schaff es nicht allein, nicht mit dem Bein. Ich sorg schon dafür, daß du nicht zu kurz kommst. Geld, Peach, was du willst. Ich geb dir sogar das Who's who. Was Besseres kann man dir gar nicht anbieten. Nur noch einmal, zum allerletzten Mal, Kumpel. Du weißt ja, was die Leute sagen – zu zweit geht's immer besser als allein...»

«Und was kommt nach Quibdó?»

«Von dort aus geh ich runter nach Buenaventura. Und dann heißt's: ‹Auf Wiedersehn, Kolumbien.› Abgang durch die Hintertür. Da unten kann ich das Peach verkaufen. Mit dem Peach und der ganzen Kohle hab ich mehr als genug, damit ich eine Schiffsreise bezahlen kann.»

Er räkelte sich wohlig. «Mit dem Schiff nach Panama ... nach Mexiko, vielleicht ... wer weiß, vielleicht geh ich ja nach Kanada. Dort oben gibt's eine Menge McGregors!»

Ich zog meine Straßenkarte von Kolumbien heraus. Das Chocó-Gebiet war ein großer leerer Fleck zwischen den braunen Wirbeln der Berge und den blauen des Pazifischen Ozeans. «Mein Gott, Gus. Buenaventura liegt doch genau am anderen Ende des Chocó. Und es gibt dort überhaupt keine Straßen. Sieh dir das nur an.»

Ich streckte ihm die Karte hin. Er dämmerte jetzt langsam in den Schlaf hinüber und machte sich gar nicht erst die Mühe, die Karte anzuschauen. «Es gibt blaue», sagte er gähnend.

«Was heißt das, es gibt blaue?»

«Die Straßen durch den Chocó. Sie sind blau.» Er klappte ein Auge auf. «Flüsse, Mann, Flüsse. Auf dem San Juan kann man mit dem Schiff bis nach Buenaventura fahren. Mach dir keine Sorgen! Ich hab dir doch gesagt, daß ich alles wunderbar geregelt hab.»

Ein oder zwei Minuten lang starrte ich betrübt auf die Karte. Gus hatte mehr oder minder recht. Die einzige, die wirklich einzige Straße durch den Chocó war in einer kleinen Stadt im Dschungel, die Istmina hieß, zu Ende, doch die blaue Linie des San Juan lief geradewegs auf den Pazifik zu und mündete auf der Karte etliche Zentimeter oberhalb von Buenaventura.

«Ich will aber überhaupt nicht in den Chocó», jammerte ich. «Ich will an die Küste.»

Keine Antwort. Gus war eingeschlafen.

15 In den Chocó

Um sechs Uhr ging es los. Den Kopf noch voller Schnee, wankten wir durch die Straßen. Der Bus war bereits voll mit plappernden schwarzen Chocuanos. Abgesehen von den letzten Vertretern einiger Indio-Stämme – Waunana, Catio, Cuna –, sind die Einwohner des Chocó fast ausschließlich *negros*, Nachfahren der Sklaven, die auf den spanischen Zuckerrohrplantagen arbeiteten. Die Indios aus dem Chocó bezeichnen die *negros* immer noch als *los libres*, die befreiten Sklaven. Für die allermeisten Kolumbianer ist der Chocó gleichbedeutend mit Krankheit, Armut und Unterentwicklung, mit achttausend Quadratkilometern Regenwald, der in die mangrovenbestandenen Sümpfe der Uferzone am Pazifik übergeht. Die einzige Verlockung ist das Vorkommen an Gold und Platin im Sand der Flüsse, doch hat das heutzutage auch keine große Bedeutung mehr.

Die beiden Sitzplätze, die wir schließlich fanden, lagen ein paar Reihen auseinander. Ich saß neben einem zerlumpten alten *negro*, der eine Jacke aus dem Ramschverkauf trug. Noch bevor der Bus sich überhaupt von der Stelle bewegt hatte, klammerte er sich bereits an den Sitz vor sich. Seine Unterarme waren dünne schwarze Stäbe mit kurzen, weißen Haaren. Bis wir endlich losfahren konnten, mußte der Motor hochgejagt werden, es wurde heftig gehupt und oftmals gerufen: «Quibdó, Quibdó, *directo* Quibdó!» Es war einer dieser geradezu klassischen kolumbianischen Busse, ein Flickwerk aus gehämmertem Blech, das man rund um einen stupsnäsigen Ford-600-Motor herumgebaut hatte. In ähnlich schnörkeliger und beschwingter Schrift wie auf den Jahrmarktsbuden stand auf der Seitenverkleidung: «Flota El Progreso de Chocó» aufgemalt. Billiger Devotionalienkram schaukelte am oberen Rand der Windschutzscheibe hin und her. Durch den Fußboden drängten sich immer wieder graue Rauchwölkchen.

Über die Sitze hinweg konnte ich Gus' fettige rötlichbraune Haare sehen. Er hatte sich von mir einen Pullover geliehen und benutzte ihn jetzt als Kopfpolster, das er gegen die Fensterscheibe drückte. Wir waren die ganze Nacht lang aufgeblieben, hatten die geklaute *perica* probiert und das Geld gezählt – wenn man die Pesos und die Bolivars einrechnete, waren es etwas über zweieinhalbtausend Dollar. Sein Gesicht war grau, seine Bewegungen ruckartig und zittrig. Ich machte mir ernsthaft Sorgen um seine Gesundheit und kam zu dem Schluß, daß ich wahrscheinlich deswegen hier saß und auf dem Weg war in die schweißtreibendste Gegend, die Grüne Hölle, das Land der *zancudos*, die einen in der Nacht heimsuchen und einen beißen, und der wild dreinschauenden alten Goldsucher.

Wir verließen Medellín durch seine piekfeinen südlichen Vororte. Bungalows in gepflegten Gärten voller Orchideen, die dort genauso üppig wuchsen wie anderswo die Osterglocken. Über die Serpentinenstraße fuhren wir ins Cauca-Tal hinunter und arbeiteten uns auf der anderen Seite langsam die nur spärlich besiedelte westliche Cordillere hinauf. Um uns war Kaffeeland – Pflanzungen auf steil abfallendem Gelände, Bohnen, die am Straßenrand auf ausgebreiteten Säcken trockneten. Nach vier Stunden Fahrt – wir waren immer noch in den Bergen – überquerten wir die Staatsstraße in den Regierungsbezirk Chocó. In El Cármen waren alle auf den Beinen, um die Radrennfahrer zu sehen, an denen wir vorbeigekommen waren. Deshalb wurde dem Bus auch nicht der übliche Empfang bereitet. *El ciclísmo* ist Kolumbiens Nationalsport. Klappernd fuhren wir durch die staubigen Randgebiete der Stadt dahin – ein Gesicht in jedem Fenster, eine angelehnte Gestalt in jeder Tür, neben uns herlaufende Kinder. Ein letzter Eindruck von den Bergen – ein Autobus mit hölzernen Karosseriestreben, der ruckelnd eine Nebenstraße hochfuhr; eine Gruppe Leute in einer Eingangstür, in ihrer Mitte eine Frau, die sich weit vorbeugte; der Wind, der sich in ihrem farbenfrohen Kleid fing; die Farben, die sich vor den dunklen Bergen abhoben –, und dann sahen wir den Chocó in seiner gesamten Ausdehnung vor uns liegen wie ein in Dunst gehülltes grünes Meer.

Während wir nach unten fuhren, wurde die Hitze mit jeder Minute größer, legte sich die Luft drückend schwer auf uns.

Der alte Mann neben mir wurde zusehends schlapper. Sein Mund klappte auf, seine Augen wurden glasig. Er hatte ein Stück in Stanniol eingewickeltes *arepa*-Brot dabei. Lustlos biß er immer wieder davon ab, kleine Bröckchen feuchten Teigs, richtige Spatzenportionen. Er hatte keine Zähne. Brösel fielen auf seinen Schoß; und auf meinen. Ich gab ihm eine Orange, eine *empanada* und etwas Wasser. Ich roch seinen abgestandenen, leicht salzigen Schweiß. Ein Geruch wie der eines Kranken, *la catinga Chocuana*. Dort unten in diesen niedrig gelegenen sumpfigen Gebieten würde ich ihn noch unzählige Male riechen. Der alte Mann redete in abgehackten Schüben. Er kehrte nach Quibdó zurück, wo er geboren war, und würde dort mit seiner Schwester zusammenleben. Sie war Lehrerin. Bisher hatte er in Medellín gelebt. Wie lange? Zu lange, sagte er und lachte keuchend, so daß man seine zahnlosen Kiefer sah. In seinen jungen Tagen hatte er als Cowboy gearbeitet, und zwar oben auf den großen Rinderfarmen in Córdoba, auf den riesigen Weideflächen des Magdalena-Deltas. «Wenn die Sonne schien, sagten die *ganaderos* immer, daß es heiß war. Ich sagte zu ihnen: ‹Ihr kennt den Chocó nicht!› Wenn der große Regen kam, sagten die *ganaderos* immer, daß es naß war. Ich sagte zu ihnen: ‹Ihr kennt den Chocó nicht!›» Er hatte jetzt noch den weiten Himmel vor Augen, der immer wieder voller Aasgeier gewesen war. Ganze Schwärme von Silberreihern waren den Herden gefolgt und hatten sich auf die buckeligen Rücken der Tiere gesetzt. Wenn das Gras unter Wasser gestanden hatte, hatten die Rinder wilde Hyazinthen und Lilien gefressen.

Er verfiel wieder in sein umwölktes Alte-Männer-Schweigen. Immer wieder wühlte er in seinen Taschen nach seiner Fahrkarte, betrachtete sie und steckte sie in eine andere Tasche zurück.

Wir waren jetzt unten in der Ebene. Kleine Flächen mit Bäumen und Schilf unterbrachen das eintönige grüne Buschwerk, den grob zurückgehauenen Rand des Regenwaldes. In einem neuen Anflug von Klarheit zählte der alte Mann die verschiedenen Palmenarten auf, die zum Hausbau verwendet wurden. Ein Wissen, das er aus der Zeit seiner Kindheit im Chocó wieder an die Oberfläche holte. *Chontaduro* für die Stützen und den Fußboden, *guayacán* und *meme* für das Flechtwerk, *asaguara* für das Blätterdach. Ich sah das Weiß von Kinderaugen in den dunklen Hauseingängen leuchten und eine alte schwarze Mama, die eine Maiskolbenpfeife rauchte – ein leiser Klang des Blues.

Quibdó kündigte sich mit einem Durcheinander an Blechdächern, Stromleitungen und besudelten Reklametafeln an. Rasch waren wir im Zentrum. Es gab ein paar malerische Straßen, in denen alte zweistöckige, aus Holz gebaute Handelshäuser mit wackligen Balkonen standen, doch der Großteil der Stadt war aus grauem, verschmiertem Beton gebaut, der aussah, als hätte man ihn allzu schnell gegossen. Berge an Obst und Gemüse waren in den Straßen aufgetürmt. Ein dumpfiger, modriger Geruch, der an der einen oder anderen Stelle durch verfaulenden Fisch eine besonders pikante Note bekam. Der Schlick der Dschungelstadt, dieser graue Flußschlamm, der aussieht wie die Ablagerungen rund um ein verstopftes Kanalisationsrohr, lag überall. In einer Stadt im Gebirge fühlt man sich ungeschützt und geblendet. In einer Stadt im Dschungel fühlt man sich bedroht, kleingemacht, eingezwängt zwischen der schweren Luft und dem sich auftürmenden Schlick.

Der Bus blieb schließlich am Atrato-Fluß stehen, der so breit ist wie ein See. Ich weckte Gus auf. Während der gesamten Reise hatte er geschlafen. Er schreckte hoch und starrte mich einen Moment lang verständnislos an. «Wir sind da», sagte ich. Ich konnte die fiebrige Hitze spüren, die von ihm ausging. Er brütete etwas aus – das waren die Aufregungen der letzten Tage, die Anstrengungen der letzten Wochen, die Exzesse der letzten Jahre. Ein schlechtes Bein, schlechte Ernährung, schlechte Nerven. Die Liste hätte sich beliebig fortsetzen lassen. Seinem eigenen Körper gegenüber stand er bereits tief in der Schuld, und der Chocó war der Ort, an dem jeder Kredit auslief.

Der Bus war bereits leer. Der kleine glatzköpfige Fahrer wartete darauf, daß wir ausstiegen. «Wir sind da, Gus», wiederholte ich. «Das hier ist Quibdó.»

«Quibdó», sagte er stockend. «Der Zaster. Paß auf den Zaster auf.» Er drehte sich hastig um und griff nach seiner Sporttasche oben im Gepäcknetz. Er bewegte die Lippen und versuchte, seinen Mund anzufeuchten. Er schaffte es, sich wieder hinzusetzen. «Zaster in Sicherheit», murmelte er. Ich schob eine Hand unter seinen Arm, um ihm aufzuhelfen.

Als wir aus dem Bus stiegen, tänzelte ein kleiner schwarzer Junge in ausgebeulten Shorts um uns herum und rief: «Hotel? Hotel?» Er nahm meine Tasche und das Who's who und verstaute beides in einem wackeligen hölzernen Handkarren. Er versuchte, Gus die Sporttasche abzunehmen. Der ausgemergelte, verwirrte und zittrige Gus hielt sie fest. Es entspann sich ein absurdes Tauziehen zwischen diesen so schlecht zueinander passenden Gegnern. Sanft lockerte ich Gus' festen Griff. «Er bringt uns zu einem Hotel, Gus», erklärte ich in nachsichtigem Ton.

Ein paar hundert Meter vom Ufer entfernt duckte sich ein kleines, baufällig wirkendes Hotel – Residencias San Francisco – in den Schatten des häßlichen grauen Palacio Episcopal. In der Eingangshalle lungerten drei schwarze Jungen vor einem großen Schwarzweißfernseher herum. Die Zimmer waren kaum mehr als Verschläge, doch gab es davor so etwas Ähnliches wie einen Balkon. Sie boten außerdem einen Blick über den Fluß und hatten elektrische Ventilatoren. Die Luft war heiß und feucht. Vom Fluß her kam eine leichte Brise, doch auch sie war heiß und feucht. Gus ließ sich auf das Bett fallen. «Bring mir Whisky», krächzte er. Das Beste, was ich auftreiben konnte, war eine Flasche Bier aus der Hotel-Lobby.

Es war noch ein anderer Fahrgast aus dem Bus in den Residencias San Francisco untergekommen. Ein sonderbarer, blasser junger Mann mit glatten, nach hinten gekämmten Haaren. Als ich Gus zum Schlafen allein ließ und den Flur entlangging, saß er ein paar Türen weiter mit bloßem Oberkörper auf seinem Bett. «*Pues, paisa, qué tal!*» rief er mit heftigem Antioqueño-Akzent – die grobe Entsprechung zu: «Wie geht's, Kumpel!» – und winkte mich zu sich ins Zimmer. Er rollte gerade einen Joint aus dunklem *mango-viche*-Gras. Hatte er denn keine Angst, entdeckt zu werden? Er lachte höhnisch und entblößte dabei seine verfärbten Zähne. Den schwarzen Jungen in der Eingangshalle unten hatte er gerade etwas *marimba* verkauft. Rauchend saßen wir auf seinem Balkon. Die breiten und sanften Fluten des Atrato wälzten sich im Dunst des späten Nachmittags träge an uns vorbei.

Er hieß Alonso und wollte in Quibdó Lotterielose verkaufen. Auf seinem Bett lagen ganze Stapel davon. Die Lotterie gehört in Kolumbien zum täglichen Leben, ist so ungefähr die einzige verläßliche Form der Steuererhebung in diesem Land. Es gibt landesweite Lotterien wie das Cruz Roja, staatliche Lotterien, die von jedem Regierungsbezirk durchgeführt werden, und kleinere regionale Lotterien, die normalerweise Chance, ausgesprochen «Chancay», genannt werden. Ein Los kostet durchschnittlich so um die fünfzehnhundert Pesos, doch die meisten kaufen bloß eine *fracción* oder zwei – ein Fünfzig-Peso-Anteil an einem Fünfzehnhundert-Peso-Los verschafft dem Käufer Anspruch auf ein Dreißigstel aus dem Gewinn dieses Loses. Die gezogene Zahl, der *premio mayor*, gewinnt ein kleines Vermögen – bei einer durchschnittlichen staatlichen Lotterie ungefähr zwanzig Millionen Pesos. Außerdem gibt es kleinere Preise, *premios secos*, für die Nummern vor und nach der Gewinnzahl und für *approximaciones*. Das sind Lose, auf denen sich ein Teil der Zifferfolge aus der Gewinnzahl findet. Der Lotterieverkäufer lebt von seinem Glück. Er erhält nicht nur zehn Prozent von jedem Gewinnlos oder jeder *fracción*, die er verkauft. Er erhält außerdem zehn Prozent von allem, was das Gewinnerlos einbringt.

Alonso wollte wissen, was mich nach Quibdó geführt hatte. Ohne näher darauf einzugehen, erklärte ich, daß mein Freund krank sei und daß ich ihn auf seiner Reise nach Buenaventura begleitete. «Dann fährt er also den San Juan hinunter?» Ich nickte. «Und Sie?» Ich sagte, daß ich nach Medellín zurückkehren und von dort aus nach Cartagena weiterreisen würde. «Aber Sie brauchen gar nicht wieder zurück», sagte Alonso. «Sie können doch hier ein Schiff nehmen und den Atrato hinunterfahren. Auf dem Weg kommen Sie bis nach Cartagena.» Er deutete den Fluß entlang. Eine Reihe alter Frachtschiffe schaukelte sanft im rosafarbenen Wasser. Diese Neuigkeit hörte sich ganz wunderbar an. Ich habe eine tiefe Abneigung dagegen, ein und denselben Weg zweimal zu machen. Die Fahrt auf einem Tramp-Schiff den Atrato hinunter kam meinen Vorstellungen da schon entschieden näher. Vielleicht würde ich schließlich doch noch etwas haben von dieser Reise in den Chocó.

Nachdem es dunkel war, machte sich Alonso auf den Weg, um seine Lotterielose in den Bars von Quibdó an den Mann zu bringen. Seine *marimba* war ganz schön stark. Vor dem Abendessen wollte ich mich noch etwas ausruhen, ging in mein Zimmer und legte mich auf das Bett. Prompt fiel ich in tiefen Schlaf. Ich träumte, ich würde neben einem tosenden Fluß schlafen, doch als ich aufwachte, war es bloß das eintönige Dröhnen des elektrischen Ventilators. Die Morgendämmerung brach herein, und durchsichtige Schleier aus graugrünem Nebel hoben sich vom Wasser. Langsam erwachte der Fluß zum Leben. Großgewachsene *negros* stakten lange schmale Einbäume über das Wasser. Frauen mit üppigen Brüsten, die ihre drallen Körper in bunt gemusterte Kleider gezwängt hatten, schlenderten am Ufer entlang und trugen Blechtabletts mit Früchten auf dem Kopf – grüne Paradiesfeigen, Granatäpfel, Mamueys und Ananas.

Gus machte nach dem langen Schlaf einen erholteren Eindruck. Seine Haare waren verfilzt, und im Gesicht sah er ziemlich angeschlagen aus, doch er schien das Schlimmste schon ausgeschwitzt zu haben. «Unglaublich, was ich alles geträumt hab», sagte er. «Von dir auch, Kumpel. Ich hab geglaubt, du bist ein *curandero*. Du weißt schon, so ein komischer Medizinmann. So was gibt's hier nämlich noch, stell dir das mal vor. Ich hab wirklich geglaubt, der alte Papa Macumba kommt und holt mich.»

Ich riet ihm, auch diesen Tag noch im Bett zu bleiben. Dann ging ich weg, um mich um mein Frühstück und für Gus um etwas Brot und Obst zu kümmern. Es herrschte bereits wieder diese geballte Hitze. Schon nach fünf Minuten Gehen war ich von einem Schweißfilm überzogen. Die Luft selbst war so feucht, daß der Schweiß nicht verdunsten konnte. Nachdem ich zum Frühstück *pericos* – Rührei mit Tomaten und Zwiebeln – gegessen hatte, spazierte ich am Ufer entlang, um die Möglichkeiten für eine Schiffsreise flußabwärts auszuloten.

In der Nähe des Marktes lagen die Schiffe ruhig im Wasser, auf dem verstreut Abfälle schwammen. Es waren Einmaster mit geringem Tiefgang, die wie arabische *dhows* einen leichten

Schwung nach oben hatten. Das größte, ungefähr dreißig Meter lange, hieß *La Gaviota*, die Seemöwe. Ein paar Schwarze räkelten sich im Schatten des Sonnensegels, das über die hintere Hälfte des Schiffes gespannt war. Ich stieg auf das Fallreep. Unter dem *toldo* roch es nach aufgeheiztem Holz, altem Obst und Maschinenöl. Ein massiger *negro* in einer Weste erhob sich aus der Gruppe – in mittlerem Alter, die Haare kurz geschnitten. Er war der Kapitän. Ich fragte, ob er auf dem Weg nach Cartagena sei. Das war er. Ich fragte, wie lange die Reise dauern würde. Höchstens eine Woche, sagte er – drei Tage den Atrato hinunter, Auftanken in Turbo im Golf von Urabá, dann noch einmal zwei oder drei Tage bis Cartagena. Ich fragte, ob er mich mitnehmen würde. Mit Vergnügen, und alles zusammen für dreieinhalbtausend Pesos – Schlafkoje, Essen und Passage. Ich sah, daß die Schiffsleute sich ein breiiges Gemisch schmecken ließen, das sie aus Blechnäpfen löffelten. Der Kapitän stellte sich so, daß er mir die Sicht versperrte. «Für Sie dreitausend», sagte er.

So weit, so gut. Als nächstes fragte ich, wann sie abfahren wollten – ich konnte an Bord keine Ladung entdecken. Er wakkelte unverbindlich mit dem großen Kopf. *«Depende»*, sagte er. Wovon hängt das ab? Er fuhr sich mit seiner großen Hand über den Hinterkopf. Das Kratzen war deutlich zu hören. *«Pues... depende de Dios»*, sagte er. Ja, natürlich. Alle Dinge, und zweifellos auch die Abfahrt von Tramp-Schiffen, die den Atrato hinunterfuhren, hingen von Gott ab. Ein Mann aus der Besatzung, ein großer, gerissen aussehender *mestizo*, schlenderte auf uns zu. Mit einem Schweizer Armeemesser schnitt er eine Orange in zwei Hälften und reichte mir eine davon. Vom Regen, fuhr der Kapitän fort, hängt es ab. Nachdenklich blickte er zum Himmel hinauf. Der Regen ließ auf sich warten, sagte er. Der Fluß hatte Niedrigwasser, war an manchen Stellen nur drei Meter tief, zu seicht für das Schiff. Sie warteten bereits seit fünf Tagen. Er deutete auf die Flußmitte hinaus. Langgezogene Schlickbänke waren zu sehen. «Wie lange müssen wir warten?» fragte ich ohne große Hoffnung. Er zuckte mit den Schultern. Einen Tag, eine Woche, einen Monat – *quién sabe?* Ich spürte, wie mir der Schweiß über die Brust hinunterlief. Der *mestizo* streckte seine Hand mit der leergegessenen

Orangenschale vor, spießte einen Holzsplitter hinein und sagte lachend: «Sie werden wohl da drin nach Cartagena segeln müssen!»

Verärgert kehrte ich ins Hotel zurück. Der Gedanke gefiel mir überhaupt nicht, daß ich eine ganze Woche oder sogar einen Monat in Quibdó festsitzen und auf den Regen warten mußte. Gus aß mit großem Appetit. Die Sonne stach aus einem eintönigen, verwaschen blauen Himmel herunter. Ich setzte mich ermattet in den Luftwirbel des Ventilators.

«Sieht ganz so aus, als hättest du etwas Medizin nötig, mein Freund», sagte Gus und griff unter dem Bett nach seiner Sporttasche. «Ich glaub, wir knallen uns etwas Peach rein. Damit kommen wir ein bißchen auf Touren.»

Ich machte mich auf den Weg, um von den Jungen in der Lobby wieder einmal warmes Bier zu kaufen, doch ich war auf dem Flur noch nicht weit gekommen, als ich von hinten aus dem Zimmer einen sonderbaren erstickten Schrei hörte und dann den Ausruf: «Scheiß Pfaffen!» – einer von Gus' besonderen Flüchen. Als ich ins Zimmer zurückkam, sah ich Gus gerade vom Bett wegtaumeln. Sein graues Gesicht war zu einer Fratze des Entsetzens verzerrt.

«Gus! Was ist passiert? Was ist los?»

Mit einer Hand fuchtelte er wild in Richtung Bett. Dort sah ich auf dem Zeitungspapier das Kokain liegen. Wenigstens war es nicht gestohlen worden – ein Gedanke, der mir als erstes durch den Kopf geschossen war. Dann sah ich es. Die feinen weißen Flocken waren grau, feucht, klumpig, eine klebrige Masse. Mit ihr hätte man die Wände verputzen können. Es war ganz klar, was da passiert war. Ein extrem lösliches Pulver, das schlecht verpackt in eine Gegend mit hoher Luftfeuchtigkeit gebracht worden war. Der Dschungel hatte seinen Tribut gefordert. Handelsware im Wert von fünftausend Dollar war zu einem klebrigen Etwas verkommen.

«O Gott, o Gott», sagte ich mit schwacher Stimme.

Gus' Mund bewegte sich. Ein trockenes Reiben in seiner Kehle. Ein bißchen was von dem Stoff klebte an seinen Händen. Er knetete ihn und hielt ihn sich knapp vor die Augen. «Kaputt», ächzte er. «Ein Pfund vom Feinsten. Kaputt. *Kaputt!*»

«Ach, beruhig dich schon, Gus», sagte ich munter. «Ich bin sicher, daß wir etwas machen können.»

Er ließ sich auf einen Stuhl fallen. «Klar», sagte er verbittert. «Wir können das Zeug in diesen verdammten Mühlteich da draußen schmeißen.»

«Nein. Ich bin ganz sicher, daß wir es trocknen können.»

«Trocknen? Bei der Luftfeuchtigkeit? Sieh dir das Zeug doch an. Es sieht aus wie ein halbes Kilo Rotz!»

Ich versuchte, mich an etwas zu erinnern – an etwas, das Mario der Koch mir erklärt hatte. Damals in dieser verrückten Nacht an der Caracas Avenue. Man trocknet den Stoff in der Sonne oder *unter Glühbirnen*. Das war's! Wir konnten den Stoff unter Glühbirnen trocknen. «Ich habe eine Idee, Gus. Warte hier.»

Es war schon fast Mittag. Ich mußte mich beeilen, bevor überall für die Siesta geschlossen wurde. Nach einer kleinen Anstrengung, die mich durch die Geschäfte von Quibdó führte und bei der ich ganz schön ins Schwitzen kam, kehrte ich mit meinen Requisiten zurück – ein paar Meter Elektrokabel, etwas Isolierband und mehrere leere Pappkartons. Gus und ich hatten in unseren Zimmern je eine Glühbirne hängen. Sie war hoch oben befestigt und umkränzt von Spinnweben und Insektenleichen. Wenn wir einen Stuhl auf das Bett stellten und Gus mich hielt, konnte ich gerade hoch genug greifen, um die Stromzuführung abzutrennen. Die Glühbirne aus meinem Zimmer brachte ich mitsamt der Fassung in das von Gus. Auf völlig wackeliger Unterlage stehend und heftig herummurksend, richtete ich dort einen behelfsmäßigen Trockenschrank ein. Zwei lange Drähte führten vom Deckenauslaß nach unten, zwei Glühbirnen wurden in der Unterseite eines Pappkartons fixiert, und der wurde dann wiederum auf den anderen Karton gestellt, in dem die plattgedrückte Masse aus feuchtem Kokain lag. Darum betend, daß wir damit nicht die gesamte Stromversorgung von Quibdó lahmlegen würden, drehten wir den Schalter an der Wand. Es funktionierte. Den ganzen langen Nachmittag hindurch sahen wir zu, warteten und prüften den Stoff immer wieder nach. Nach und nach wurde das Kokain trockener. Als die Dunkelheit hereinbrach, konnte man es gerade wieder identifizieren – klumpig, grau, ein bißchen feucht, doch in jedem Fall einsatzfähiges, schnupfbares Peach. Da wir den Stoff während seiner gesamten Behandlung schnupften und rauchten, waren wir high wie Flugdrachen. Wahrscheinlich war mit dem Stoff in Buenaventura, wo Gus ihn verkaufen wollte, kein besonders guter Preis mehr zu machen, doch wir hatten das Schlimmste verhindert.

Am Abend tranken wir zusammen mit Alonso, dem *lotero*, und einer wechselnden Gruppe aus lachenden Chocuanos und Chocuanas in einer etwas schiefen, in einem Holzhaus eingerichteten Bar namens La Vírgen Negra literweise Bier. Weit nach Mitternacht torkelten wir im Zickzackkurs zum Hotel zurück und mußten dort auf der Straße nach den Jungen rufen, damit sie uns die Tür aufschlossen. «*Abre, abre, nos acalabazamos!*» rief Gus. Aufmachen, aufmachen, sonst schlagen wir hier noch Wurzeln...

16 Wenn man in die Scheiße fällt

Am nächsten Vormittag – strahlend blauer Himmel, alle Schiffe immer noch am Ufer vertäut, keine Anzeichen für Regen – entschied ich, daß es jetzt an der Zeit war, meinen Plan aufzugeben und mit dem Bus nach Medellín zurückzufahren. Gus brach an diesem Vormittag ebenfalls auf, und zwar nach Istmina im Süden. Dort war die Straße zu Ende, und dort wollte er sein Glück mit einem Schiff versuchen, das ihn den San Juan hinunter nach Buenaventura bringen würde. Der San Juan hatte natürlich ebenfalls Niedrigwasser, doch die Strecke von Istmina an den Pazifik war entschieden kürzer als die von Quibdó an die karibische Küste, und vielleicht würde es ihm gelingen, die Fahrt auf irgendeinem kleineren Schiff zurückzulegen, auf der *lancha* oder *panga* eines Fischers.

Gus fühlte sich an das Versprechen gebunden, das er mir in Medellín gegeben hatte. Als Gegenleistung für meine moralische Unterstützung während seiner Flucht bot er mir das Who's who an. Doch ich konnte deutlich erkennen, daß ihm die Vorstellung, sich von ihm trennen zu müssen, Schmerzen bereitete, und ein letzter Rest an Wohltätigkeit in meinem Herzen – «die Ehre eines Auftragsschreibers» hätte er das genannt – ließ mich ablehnen. «Du könntest es noch brauchen», sagte ich.

«Wenn ich drin bin in der Unterwelt des Kokains, was?» sagte er lachend. «Na ja, man weiß ja nie, nicht?»

Am Flußufer, von wo aus jeden Vormittag ein Lastwagen nach Istmina abfuhr, verabschiedeten wir uns. Ich wünschte ihm Glück. «Mach dir um mich keine Sorgen, Kumpel», sagte er. «Ich komm schon durch. Wenn du im Dschungel unterwegs bist, heißt das oberste Gesetz: Ganz egal, wo du in die Scheiße fällst, du findest immer einen, der dir ein Paddel verkauft.»

Säcke, Hühner und Kinder wurden aufgeladen, und dann rollte der Lastwagen davon. Ein Dutzend schwarze Chocuanos und der dürre Mann mit den rötlichbraunen Haaren in ihrer Mitte.

Vielleicht eine Stunde später schlenderte ich an den Schuppen des Busdepots von Quibdó entlang, um dort meine Fahrkarte für den Mittagsbus nach Medellín zu kaufen. Der Mann hinter dem Schaltergitter schüttelte den Kopf. *«No hay.»*

Keine Fahrkarten nach Medellín? Es warteten kaum Leute, und der Bus stand auf der Straße. Wie konnte es dann keine Fahrkarten geben? Ganz offensichtlich war es ein Versuch, mir ein bißchen Bakschisch abzuluchsen. Um den Preis einer kleinen Gegenleistung würde er mich sicher noch in den Bus lassen. Ich blieb beharrlich.

«Wir haben Fahrkarten, *señor*», erklärte er ungehalten, «aber es fahren keine Busse nach Medellín.»

«Und warum nicht, verdammt noch mal?»

«Derrumbe.» Das Wort, das in Südamerika alle Reisenden zu fürchten lernen. Erdrutsch. «Es ist letzte Nacht passiert», fuhr er fort. «In der Nähe von El Cármen. Und eine Brücke ist auch noch eingestürzt.» Meine Stimmung sank rapide. In solch entlegenen Regionen können blockierte Straßen und eingebrochene Brücken tagelange Verzögerung bedeuten.

Ich stellte die zwecklose Frage: «Wie lange?» und erhielt als Antwort das *mañana-mañana*-Schulterzucken.

Es schien mir keine andere Alternative als das Fliegen zu bleiben. Im Norden der Stadt gab es so etwas Ähnliches wie ein Rollfeld. Vielleicht konnte ich einen Flug direkt nach Cartagena bekommen. In dem kleinen Coturismo-Büro in der Innenstadt bekam ich wieder eine schlechte Nachricht. Es gab keine Flugmöglichkeit nach Cartagena, nur eine nach Medellín. Den Flug von heute vormittag hatte ich verpaßt, und das nächste Flugzeug würde erst wieder Freitag abend starten.

Ich setzte mich auf eine Bank. Mir war heiß, ich war niedergeschlagen und hatte einen Kater. Ich saß in Mosquito City fest. Ein Fluß zur Küste und keine Schiffe. Eine Straße nach Medellín und keine Busse. Eine Flugmöglichkeit und bis dahin noch drei Tage und acht Stunden. Es blieben mir zwei weitere Möglichkeiten. Ich konnte die Sache in Quibdó aussitzen, oder ich konnte den einen Weg nehmen, der mir noch offenstand – in den Süden nach Istmina. Dort konnte ich mich mit Gus zu einer gemeinsamen Schiffsreise nach Buenaventura zusammentun. Zu meiner Entscheidung brauchte ich nur ein paar Sekunden. Wenn du Zweifel hast, dann *bewege* dich, selbst wenn es in die falsche Richtung geht.

Am nächsten Vormittag war ich am Flußufer und quetschte mich in den Lastwagen nach Istmina. Es war heute ein anderer Laster als gestern. Auf die Ladefläche hatte man Holzsitze geschraubt, und über uns war ein halbrundes Blechdach befestigt. Darunter war es düster und drückend eng. Wie bei einer Fahrt auf dem Rummelplatz. Alle saßen bereits auf ihren Plätzen, als der Fahrer in letzter Minute die gute Idee hatte, den Laster aufzutanken, und während wir unter dem Blechdach beinahe verkochten, wurde mit Benzinkanistern und Saugheber herumhantiert.

Wir ließen Quibdó rasch hinter uns und fuhren schlingernd die schmale und kerzengerade Straße aus roter Erde entlang. In Yuto brachte uns eine alte gelbe Fähre, die nicht viel mehr war als ein motorisiertes Tablett, über den Atrato. Irgendwo südlich von Certegui platzte ein Reifen. Der Lastwagen hatte hinten Zwillingsreifen, und der geplatzte befand sich auf der Innenseite. Ein Ersatzreifen wurde vom Dach des Führerhauses geholt, auf dem er zwischen dahinrostenden kaputten Hupen festgezurrt war. Er hatte genausoviel Profil wie eine Duschhaube. Der Beifahrer, der aussah wie ein afrikanischer Krieger, lag unter dem Wagen und kam bei der Arbeit mit Hebewinden und sonstigem Werkzeug arg ins Schwitzen. Von der schattigen Seite der Straße aus feuerten die Passagiere ihn an. In Las Animas zwängten sich noch weitere Reisende dazu. Ich bekam ein Kind auf den Schoß gesetzt – schon wieder dieser Geruch nach Krankenlager. Auf der Straße ging es in einem fort bergauf und bergab. Die verschwommenen blaugrünen Flecken, die man im Westen sah, waren die Region Baudo. Früher einmal war das die Hochburg des legendären *guerrillero* der *negros*, Carlos Quinta Abadía, der die Schwarzen aus der Versklavung durch die Spanier befreite. Der Sage nach war er ein riesiger, völlig behaarter Mann, und als die *blancos* Soldaten ausschickten, um ihn zu töten, soll er ihre Kugeln im Mund aufgefangen und zurückgespuckt haben.

Istmina bestand aus zwei Straßen, an denen nur Holzhäuser

standen, und etlichen schmalen Gassen. Es lag am Flußufer oberhalb des San Juan. Hier gab es ein verfallenes altes Hotel, das den hoffnungsvollen Namen Hotel Turístico trug und von einem ebenfalls schon kurz vor dem Auseinanderfallen stehenden alten *mestizo* geführt wurde. Seine Haut war fast grau und voller gelber Leberflecke. Er hatte schon fast keine Haare mehr, so oft war er sich bereits über den Kopf gefahren. Dort, wo er sich mit seinen Fingern immer wieder träge den dicken Bauch kratzte, hatte seine Weste deutliche Flecken. Die Spuren des Lebens in einer Dschungelstadt waren in seine Gesichtszüge eingegraben.

Ich erwartete eigentlich, daß Gus hier sein Lager aufgeschlagen haben würde, doch der alte *dueño*, der Lopez hieß, wußte von nichts. Es seien schon seit Wochen keine Gringos mehr dagewesen, sagte er. Entweder hatte Gus das Große Los gezogen und auf der Stelle ein Boot gefunden, oder er hatte sich trotz Lopez' Versicherungen, daß es in Istmina keine anderen Hotels gab, irgendwo sonst verkrochen.

Ich nahm ein Zimmer nach hinten hinaus, das sich zu einem auf Stelzen stehenden Balkon mit Flußblick hin öffnete, doch hatte der Fluß solches Niedrigwasser, daß man vom Balkon aus bloß auf einen schlammig-grauen Morast blickte, der durchmischt war mit verschiedenartigstem angeschwemmtem Abfall. Jedesmal, wenn jemand das Klosett benutzte, konnte man hören, wie sich alles ungefähr zehn Meter weiter unten in den Schlamm ergoß. Während ich mein kärgliches Gepäck abstellte und mich umsah, lehnte Lopez in der Tür. Da ich mit einer schmierigen Schicht aus Schweiß und Staub überzogen war, drehte ich an den Wasserhähnen des Waschbeckens. «Dort finden Sie garantiert kein Wasser», sagte er und war dabei leicht amüsiert über meine Naivität. Es gab kein fließendes Wasser. Was es gab, waren ein Eimer und ein großes Faß und – er sagte das mit einer ausladenden, fast so etwas wie Besitzerstolz verratenden Armbewegung – «den Fluß natürlich». Ungefähr hundert Meter vom Haus entfernt senkte sich das Flußufer zwischen dem grauen Wasser und hohen Bäumen sanft ab. Dort badeten Leute im Fluß und wuschen Kleider. Gleich neben dem Wasserfaß wühlte in einem Verschlag ein riesiges schwarzes Schwein, das offensichtlich so eine Art Wachhund sein sollte. Ich dachte an die Schweine im Schlachthaus San Felipe. Ich dachte an die große Kokain-Story. Und ich ertränkte diese Gedanken unter dem Schwall kalten Wassers, den ich mir über den Kopf goß. Das Glitzern des Flusses drang durch die Ritzen in den Holzwänden des *baño*.

Es gab nur noch einen weiteren Gast im Hotel – eine kleine lebhafte Chocuana namens Tabatha –, und sie schien aus Gründen der christlichen Nächstenliebe oder irgendwelcher familiärer Bindungen hier wohnen zu dürfen. Ihr Ehemann war nach einer Messerstecherei verurteilt worden und saß im Gefängnis von Istmina eine sechsmonatige Strafe ab. Schon allein beim Gedanken daran schüttelte es mich. Mit ihren beiden kleinen Töchtern wollte sie zurück zu ihrem Haus in Noanama und wartete auf ein Schiff, mit dem sie flußabwärts reisen konnte. Seit einer Woche sei kein Schiff mehr gefahren, sagte sie. Jedenfalls kein anderes als solche, die immer nur ein oder zwei Dörfer flußabwärts fuhren. Das waren deprimierende Neuigkeiten, doch es bedeutete gleichzeitig, daß Gus in jedem Fall irgendwo in der Stadt sein mußte. Tabatha nahm die Umstände mit ziemlicher Gelassenheit und war geübt in der Kunst, mit Ungewißheit zu leben.

Zum Abendessen bekam ich eine sehr gute *sobrebarriga* aus Rindfleisch und dazu Paradiesfeigen und Reis. So wie fließendes Wasser war frischer Fisch seltsamerweise nicht zu bekommen. Wo immer ich auch war, überall schien Lopez in der Tür zu lehnen, und er schaute dabei drein, als wäre er gerade erst aufgewacht. Es war inzwischen dunkel, und er war schon halb betrunken. Irgendwo in dem zerfallenen Holzhaus spielte ein Radio – ob nun kubanische Blechmusik oder Chocó-Soul, das konnte ich nicht so recht sagen. Das Haus sei von deutschen Holzhändlern errichtet worden, sagte Lopez. Er lebte hier bereits seit dreißig Jahren. Beim Gedanken an den Verlauf, den sein Leben genommen hatte, lachte er hohl. Dreißig Jahre im Chocó! Es war das Gold, das ihn hierher gelockt hatte – *el fiebre del oro*. Zwölf Jahre lang hatte er draußen am San Juan und an dessen Nebenflüssen nach Gold gesucht. Er hatte Eintopf aus Affenfleisch gegessen und gesehen, wie andere Männer wegen ein paar Körnchen Gold umgebracht worden waren. *El mazamorreo* wird sie genannt – die alte Methode des Goldwaschens, bei der man das Gold aus Kanälen und Wasserlöchern wäscht, die man vom Fluß abgezweigt hat. Er suchte seine alte Goldwäscherausrüstung heraus – eine kleine Eisenhaue mit Holzgriff, die man *almocafre* nannte; eine blattförmige hölzerne Spachtel, die *cacho* hieß; und die *batea*, eine flache Schüssel, mit der die goldhaltige Erde ausgewaschen wurde. An allen Geräten klebte eingetrockneter heller Flußschlamm. Auch heute noch kann man Gold finden, und auch heute noch gibt es Goldsucher. In Quibdó oder Istmina kann man einen *castellano* Gold, das ist etwas weniger als fünf Gramm, für dreitausend bis viertausend Pesos verkaufen. Es gibt auch eine Menge Platin, das in kleinen grauen Splittern oder als Körner im Schlamm des Flusses gefunden wird. Die großen Goldgruben weiter unten am San Juan hatten früher einmal Gringo-Gesellschaften gehört. Seitdem sie durch die kolumbianische Regierung enteignet worden waren, lagen sie brach. Lopez lachte melancholisch. «Wir holen uns das Gold zurück und lassen es hinterher im Dreck liegen!» Er spuckte auf die dunkle Straße hinaus.

Am nächsten Vormittag gab es unten am Flußufer keine neuen Nachrichten über Schiffe, die vielleicht eine weitere Strecke hinter sich bringen wollten. Doch es gab auch keine Neuigkeiten über Gus. Eine Obstverkäuferin sagte, ja, sie habe einen großgewachsenen Gringo gesehen, der nach Schiffen gefragt habe, doch es stellte sich heraus, daß er dunkelhaarig und hübsch gewesen war und daß das alles außerdem schon zwei Monate zurücklag. Im Chocó, sagte Lopez, geht man auf Trittsteinen dahin, während die Zeit unter einem vorbeirinnt. Ich machte einige Häuser ausfindig, die sich selbst die Bezeichnung Hotel gegeben hatten, doch auch dort war Gus nicht zu finden. Ich wartete auf die Ankunft des Lasters, der täglich aus Quibdó kam, doch es war nicht der, mit dem Gus gefahren war, und der Fahrer hatte von nichts Ahnung. Es war ein Rätsel. Gus hatte einen wunderbaren Trick gefunden, um irgendwo zwischen Quibdó und hier spurlos zu verschwinden.

Ich saß in Istmina, schwitzte, zerbrach mir den Kopf und wartete. Wenn ich schrieb, bildeten sich in meinem Notizbuch bloß gezackte Kleckse. Meine Zigaretten wurden völlig schlaff.

Der kleine Vorrat an Kokain, den Gus mir gegeben hatte, wurde immer kleiner und matschiger. Ich rauchte es in meinen Zigaretten und nahm es als Basuko. Seine Kraft ließ zusehends nach, und ich nahm immer mehr davon. Anfangs nur, um mich etwas in Schwung zu bringen, später dann, um überhaupt lebendig zu werden. Ich konnte spüren, daß die Wirkung genauso schnell nachließ, wie Benzin aus einem löchrigen Tank läuft.

Dann kam ein Morgen, an dem ich mich nicht einmal mehr aufsetzen konnte. Das hatte nichts mit dem Kokain zu tun, das war Fieber. Der Schüttelfrost hatte mich gepackt. Mein Kopf war leer und tat weh, mein Magen verwandelte sich in Wasser – Chocó Choo-Choo, der Chocó hatte mich erwischt. Sonderbare Traumbilder entführten mich und brachten mich wieder zurück. Sechs Monate im Loch.. ein Gentleman mit Geld, Sir... ein Unglück an der Anlegestelle, es fahren keine Schiffe.

Der alte Lopez stand in meiner Tür. «Sind Sie krank, *señor*?» Ich bat ihn um Mineralwasser. Er brachte Coca-Cola. Ein andermal kam seine Frau mit einem riesigen Sück Papaya in der Hand. Sie erklärte mir, ich solle die Samen essen – ein unübertreffliches Heilmittel gegen Fieber. Die Samen waren schwarz und überaus bitter. Es war fast unmöglich, sie zu schlucken. Man tat regelrecht Sühne, schmeckten sie doch wie Myrrhe. Ich zerquetschte sie mit der Flasche und spülte sie mit Coca-Cola hinunter.

In der Nacht wurde ich von einem riesigen fliegenden Käfer terrorisiert. Mit geballter Kraft kam er durch das zerrissene Fliegengitter vor dem Fenster hereingeschossen. Ich schlug mit meinem Notizbuch nach ihm, traf jedoch nicht. Der Käfer zog in der Luft ein paar Kreise und stürzte sich dann in einem flachen, den Tod verheißenden Bogen auf mein Kopfkissen herunter. Ein schrecklicher Zweikampf entspann sich, den ich schließlich dadurch gewann, daß ich den Käfer mit der Tür zerquetschte. Seine Leiche steckte im Türspalt. Orangefarbener Schleim tropfte aus der gesprengten Schale. Sollte ich den ebenfalls trinken? Als unübertreffliches Heilmittel gegen alle Ängste?

Der zweite Fiebertag. Das Spiel des Lichts vom Fluß, das Muster des geschnitzten Holzes. Umgeben von Vogelschreien und Kinderstimmen rollte ich mich zum Schlafen zusammen. Am Fluß lachten Frauen und schlugen ihre Wäsche.

In dieser Nacht hörte ich es auf dem Blechdach über dem Balkon trommeln. Regen. Zum erstenmal in zwei Tagen blickte ich auf meine Uhr. Es war nach drei Uhr früh. Ich stolperte auf den Balkon hinaus. Weder waren Lichter zu sehen noch irgendeine Bewegung. Nur ein metallisches Schimmern vom Wasser und verschwommene Grautöne. Aber ich brauchte nichts zu sehen. Ich konnte es auf meinem Gesicht spüren und auf meiner Brust. Winzige Tropfen, kleine kühle Pünktchen, wie Sterne, die sich über meine ganze Haut ergossen. Ich glaube, daß sich damals von meinen Lippen ein zum Himmel hochgekrächztes Dankeslachen löste.

Am Morgen erhob ich mich von meinem verschwitzten Krankenbett und duschte mich eimerweise ab, während Señor Lopez über einem Holzkohlenfeuer auf einem Ölfaß *arepas* backte. Nach dem Regen war die Luft klarer. Auf den Wasserstand des Flusses hatte er allerdings keine besonderen Auswirkungen gehabt, doch erschien er mir wie ein gutes Omen. Und während ich frühstückte, marschierte tatsächlich ein vergnügter rundlicher Mann mit einer kleinen, nach oben spitz zulaufenden Kapitänsmütze herein. Begleitet wurde er von einem vielleicht zehnjährigen Mulattenjungen. Der Mann trug schwere Pappkartons, die mit Paketschnüren zusammengehalten wurden, und sah aus, als würde er zu einer Reise aufbrechen. Ich sprach ihn an. Er hieß Manuel, der Junge war sein Sohn Henry, und sie reisten den San Juan entlang bis nach Capoma. Ich traute mich kaum, noch weiter zu fragen. Die Sache hatte doch sicher einen Haken. Sie reisten im April, das hieß, sie legten den Weg dorthin *zu Fuß* zurück. Weit gefehlt! Sie reisten in einem Fischerboot, das von einem *negro* von der Küste gesteuert wurde. Dieser *negro* hieß Mico, und vorausgesetzt, daß Mico sich letzte Nacht nicht zu Tode gesoffen hatte, würde das Boot gegen Mittag abfahren.

Es war nicht das heruntergekommene, malerische alte Flußboot, das ich mir vorgestellt hatte. Es war eine flache *lancha* aus Fiberglas, sieben Meter lang, weiß mit orangefarbenen Beschlägen, und sie hatte einen 40-PS-Yamaha-Motor. Sie hatte nicht einmal einen Namen. Natürlich war sie schneller und wendiger als ein Tramp-Schiff. Und der wichtigste Punkt war, daß dieses Boot fuhr, und für zweitausend Pesos wollte Mico mich den gesamten Weg bis zum Pazifischen Ozean bringen. Er war ein robuster, einem Affen recht ähnlich sehender Mensch, meiner Schätzung nach ungefähr Dreißig, rasch verärgert, doch genauso schnell wieder vergnügt. Manuel blickte zur Decke hoch und pfiff unbeteiligt vor sich hin, als der Preis genannt wurde. Daraus konnte ich schließen, daß Mico sehr viele Pesos verlangte, doch Mico hatte auch die Angst in meinen Augen gesehen. Er wußte, daß ich sogar den doppelten Preis bezahlt hätte, und deswegen schien sein Angebot alles in allem fair zu sein. Schließlich bekam ich doch das Paddel, mit dem ich aus der Scheiße hinausrudern konnte.

Es war bereits Nachmittag, als wir endlich losfuhren, und zehn Minuten später machten wir schon wieder für einige Zeit in Andagoya halt. Mico wollte dort Benzin besorgen. Ich watete ans Ufer, spazierte zwischen den aufgestelzten, mit Blech gedeckten Holzhäusern herum und kaufte von einer Frau, die sich ein großes rotes Tuch umgeschlungen hatte, einige *chontaduros*. *Chontaduros* sind überaus nahrhafte Palmfrüchte. Sie sehen aus wie kleine Mangos oder härtere Victoria-Pflaumen und haben ein wohlschmeckendes, fast käseartiges Fruchtfleisch. Zwischen all dem Müll am Flußufer sah ich eine Plastiktüte, aus der ein totes Kätzchen zur Hälfte heraushing. Die Sperrweite der kleinen Kiefer und die blauen, gallertartigen Augen erzählten seine Geschichte.

In Andagoya stieß eine fröhliche *negra* zu uns, die ihre Haare ganz straff an den Kopf geflochten hatte. Sie war die Bezirkskrankenschwester und kümmerte sich um die medizinische Versorgung der Dörfer am Fluß. Durch sie erhöhte sich unsere Besatzungsstärke auf acht – Mico, der Steuermann, und sein Gehilfe Federico, ein wie ein Frettchen aussehender *mestizo* mit einer Baseball-Mütze; Tabatha, die Frau des Gefangenen, und ihre beiden kleinen Töchter, die in ihren Spitzenhäubchen überaus hübsch aussahen; der rundliche Manuel und sein Sohn Henry, der Mulatten-Junge; die Bezirkskrankenschwester; und der Gringo. In dieser Zusammensetzung fuhr das kleine Fiberglasschiff voller Narren in Richtung Pazifik.

Weil der Fluß so wenig Wasser führte, kamen wir nur langsam voran. Federico kannte jeden Zentimeter des Gewässers.

Er stand am Heck des Bootes, suchte die glänzende Wasseroberfläche ab und wies Mico an der Ruderpinne die Richtung. «Hier ist es gut... Hier ist es ganz schrecklich.» Oftmals stieß der Propeller auf Grund, das Boot erzitterte, Mico stellte den Motor aus, und wir trieben inmitten der jauchzenden und gellenden Schreie und der komödiantenhaften *arpegos* der Dschungelvögel dahin. An einer Stelle, an der der Fluß eine scharfe Biegung machte und mit üppigster Vegetation überwuchert war, wurde die Fahrtrinne dermaßen eng, daß wir alle aussteigen und Boot, Motor, Gepäck und Kinder hundert Meter weit tragen mußten, bis der Fluß wieder breiter wurde. Federicos Machete blitzte auf. Von unserer merkwürdigen Prozession aufgeschreckt, lief ein Tier, das wir allerdings nicht zu sehen bekamen – dem Geräusch nach zu schließen war es klein, aber ziemlich schwer; vielleicht ein Nabelschwein –, rasch durch das Unterholz davon. Später ging noch einmal ein Regenschauer auf uns nieder. Mico verteilte Plastikplanen, doch bis wir sie auseinandergezerrt hatten, waren wir bereits alle klitschnaß – alle bis auf die Bezirkskrankenschwester, die einen schwarzen Schirm dabei hatte, einen Schirm der Vorsehung. Sie hockte sich auf den Boden und versteckte sich hinter ihrem Schirm, so daß sie die einzige war, die trocken blieb.

Gegen Abend sahen wir mehrere Waunana-Indios. Große Männer mit bronzefarbener Haut und breiten Schultern, die nackt waren bis auf einen kleinen Lendenschurz aus Stoff und eine Haarfrisur hatten, die aussah wie ein Helm. Ihre Kanus glitten über das im Abendlicht schimmernde Wasser. Kleine Kinder stakten kleine Kanus. Eine Gruppe von Hütten, die mit Palmblättern gedeckt waren, stand oberhalb eines kleinen Baches. Einige hatten steile, kegelförmige Dächer, andere wieder solche mit einem langgezogenen First. Barbusige Frauen standen unter der Tür oder wiegten Kinder in Hängematten. Manuel sagte zu mir: *«Cuidado con los Indios!»* Vorsicht vor den Indios! «Ihre Pfeile sind scharf, und ihre Flüche haben große Kraft. Ich kannte einmal einen Mann, der einen Indio erschoß. Drei Tage später ertrank er beim Goldwaschen in einem Wasserloch. Der Schamane hatte ihn mit einem *madre de agua* belegt. Der Fluch einer Wassermutter. Er bringt Tod und Unglück durch das Wasser.»

Wir bahnten uns weiter einen Weg nach Westen. Alles wurde in scharlachrotes und orangefarbenes Licht getaucht, und dann war es dunkel. Die lauten und unangenehmen Geräusche von Fröschen und Insekten legten sich hinter das laute Brummen unseres Motors.

Zwei Stunden nach Einbruch der Dunkelheit gelangten wir an einige verstreut liegende hölzerne Schuppen. Uns war kalt, und wir waren immer noch nicht trocken. Wie ich erfuhr, lag das Dorf Capoma ein Stück landeinwärts. Dieses Dorf war Manuels Reiseziel. Er wollte seinen Sohn Harry dort zu irgendeiner Cousine oder Tante bringen und dann nach Buenaventura reisen, um dort Arbeit zu suchen. Der Mestize Harry war das Produkt aus Manuels Zeit als Barpianist, in der er sich auf der Touristeninsel San Andres ein leichtes Leben gemacht hatte. Bei Manuels Rückkehr in den Chocó war Harry ebenfalls mitgekommen. Zwei Jahre lang hatten die beiden in Quibdó ein Geschäft für Bootsbedarf geführt, doch sie hatten den Laden aufgeben müssen, und jetzt mußten sie sich voneinander trennen.

Das neugebaute Haus am Ufer war das Schulhaus. An dieser Stelle war es für alle Schüler gut zu erreichen, die per Kanu hin- und herpendelten. Die Bezirkskrankenschwester kannte die Lehrerin gut, und wir erhielten die Erlaubnis, die Nacht hier zu verbringen. Wir kletterten das steile und glitschige Flußufer hoch.

Die Lehrerin begrüßte uns herzlich. Von ihr erfuhr ich endlich Neuigkeiten über Gus. «Sie sind schon der zweite Gringo, den wir hier innerhalb von einer Woche zu sehen bekommen», erklärte sie mir. Groß? Mit rotem Schopf? *Poco loco?* Sie nickte. Er war mit einem Haufen finsterer Gestalten unterwegs. *Mestizos*. Ihrer Meinung nach waren es Goldsucher. Sie hatte keine Ahnung, woher sie gekommen oder wohin sie unterwegs waren. Nach Buenaventura vielleicht? Sie schüttelte den Kopf. «Sie reisten *flußaufwärts*», sagte sie.

Im Inneren des Schulhauses ließ mich der scharfe, mit Terpentin vermischte Duft von frisch zugeschnittenem Holz an eine Tennishütte in einem englischen Garten denken – ein anderer Ort, ein anderes Leben. Bald schon saßen wir in einer Reihe rund um die kleinen Schulbänke und aßen gebratene

Mortadella und Paradiesfeigen. Ich ließ eine halbe Flasche Rum herumgehen. Danach machten wir es uns auf Bänken oder dem Fußboden bequem. Ich war zu müde, um noch lange nachzudenken über Gus' Verbleib. Zum Geschnatter der drei Frauen, die sich hinten in der kleinen Küche der *maestra* noch bis spät in die Nacht hinein unterhielten und lachten, schlief ich ein.

Ein Traum voller erotischer Eskapaden in der Tennishütte hatte einen unangenehmen Beigeschmack, kamen doch darin auch die machetenschwingenden *negros* und die ihren schlechten Absichten nachgehenden Schamanen vor, die draußen in dem sonnendurchfluteten Rosengarten immer wieder zu sehen waren. Kaum hatte der Traum begonnen, als einer der Schwarzen bereits in der Hütte war, mich davonzerrte und mich auf den Boden preßte. In dem Moment erkannte ich, daß er das Gesicht von Mico, dem *lanchero* hatte. Er stieß mich an der Schulter, und als ich ihn anschrie, wachte ich in diesem Schulhaus im Chocó auf. Meine Mitreisenden lachten lauthals, aber herzlich über diesen verrückten Gringo, der vor sich hin brabbelnd von seinem Bett auf dem Fußboden hochsprang. Wir tranken *tinto*-Kaffee, bedankten uns bei unserer Gastgeberin und verabschiedeten uns von Manuel und Harry. Die Traurigkeit, die in der Trennung der beiden lag, wirkte sich auch auf unseren doch eher beiläufigen Abschied aus.

Die Luft über dem Fluß war grau, neblig und kalt. Der Motor spuckte ein paarmal, sprang dann aber an. Ein Flußvogel, irgendein sehr großer, gemächlich fliegender Dschungelreiher, flatterte in den dampfenden Urwald. Ich ließ den Rum herumgehen – ein Schluck morgendliches Feuer. Federico trank als letzter, schleuderte die Flasche in den Schlick und sagte: *«A quien madruga Dios le ayuda.»* Gott hilft denen, die mit der Morgendämmerung aufstehen.

Gegen Mittag waren bloß noch Mico und ich übrig. Wir hatten die anderen – Tabatha mit ihren beiden Töchtern, die Krankenschwester, Federico –, einen nach dem anderen, an Hütten oder Dörfern abgesetzt, die für sie viel bedeuteten und für mich gar nichts. Es hatte noch andere Haltepunkte gegeben, an denen Briefe ausgeliefert oder von einem Indio-Händler Vorräte gekauft worden waren – Reis, Salz, *panela*, Zahnpasta und Benzin. Jetzt wurde der Fluß breiter, die hohen Bäume wurden abgelöst durch verkrüppelte Mangroven, und ich spürte das Salz auf den Lippen.

Das Haus von Micos Familie stand in einer Bucht in der Nähe von Charambirá Point. Wir waren immer noch in dem Labyrinth aus schmalen Wasserläufen rund um die Mündung des San Juan, außerhalb des Chocó, aber noch nicht ganz am Pazifik. Die Familie war komplett versammelt – unkomplizierte und distanzierte Leute, die in ihren Stimmungen ziemlich wechselhaft waren. Micos Vater schnitzte aus Holz einen Machetengriff, eine Schwester schaukelte in einer geknüpften Hängematte, und Brüder im Alter von ungefähr acht bis fünfunddreißig kamen und gingen. Ich wurde zu Fischsuppe und *agua de panela* eingeladen, mit Fragen über England überhäuft und gutmütig in die Mangel genommen, bis ich versicherte, daß der Chocó meiner Meinung nach der schönste Teil Kolumbiens war. «Es ist ruhig hier», sagte der ältere Bruder, eine kleinere, mehr philosophisch angehauchte Ausgabe von Mico. «Das Meer, der Wald, die Fische, die Vögel, die Tiere, die Indios und... wir.» Er listete das alles auf und zählte dabei mit den Fingern mit. Als er mit seiner Aufzählung zu Ende war, blickte er halb überrascht auf seine Finger. «Das ist alles, was es hier gibt», sagte er lachend. «Sieben Dinge!»

Die letzte Teilstrecke nach Buenaventura legte ich in einem anderen Fischerboot zurück, das einem Nachbarn von Mico gehörte. Zwei junge schwarze Fischer nahmen mich mit – der größere, ruhigere von den beiden hatte eine lange blaßrosa Narbe auf der Wange; der jüngere, spitzbübischere trug zu meiner großen Überraschung voller Stolz ein rosa Hemd mit Rüschen an der Knopfleiste und sah damit aus wie ein Dandy aus der Carnaby Street von vor zwanzig Jahren. Die junge Frau des Narbengesichts und seine Tochter kamen ebenfalls mit. Ihre Handtasche hatte sie zusammen mit den feinen Schuhen in einem Plastikbeutel dabei. Sie brachten den Fang der letzten drei Tage auf den Markt. Eingepackt in Eis und Kunststoffolie, lag der Fisch im mittleren Laderaum. Damit die Sonne ihm nichts anhaben konnte, war er mit frisch geschnittenen Zweigen abgedeckt. Der Fang bestand aus Seehechten, gestreiftem

Thunfisch, einem haiähnlichen Fisch, der *gata* genannt wurde, und – das *pièce de résistance* – aus riesigen Seebarschen, die ohne Kopf hundertfünfzig Pfund wogen und aus denen die wunderbaren Fischsteaks gemacht wurden, die *chuletas de mera*. Sie hofften, daß alles zusammen ungefähr dreißigtausend Pesos einbringen würde.

Eine Stunde lang schlängelten wir uns durch die Mangrovensümpfe der Bocas de San Juan, und inmitten der Stille und des dichten Gewirrs aus Luftwurzeln trafen wir auf verschiedene andere Boote. Draußen auf offener See kam Wind auf. Das Boot stampfte. Die Frau und die Tochter kuschelten sich unter Plastikplanen zusammen. Die Küstenlinie sah wild und wunderschön aus – hohe, abfallende Klippen, die von dichten Wäldern gesäumt waren. Wir fuhren auf dem kürzesten Weg zu den Islas de Palma. Das waren kleine, unbewohnte, gespenstisch wirkende und nach Seeräubernestern aussehende Inseln, auf deren Klippen massenhaft Pelikane saßen.

Es war später Nachmittag, als wir die letzte Landspitze umrundeten und als kleinen grauen Fleck Buenaventura erkannten, das sich weit hinten in seinen Meeresarm hineinzwängte. Nur wenige Leute sagen Gutes über Buenaventura – heiß, schmutzig und teuer –, doch damals verband ich mit dieser Stadt ein Bett und etwas zu essen. Mit dem Gesicht im Wind und unter mehreren Fehlzündungen des Motors war ich zwölf Stunden lang auf dem Wasser gewesen. Der Meeresarm, in dem Buenaventura liegt, zieht sich ungefähr fünfzehn Kilometer ins Land hinein, und es dauerte noch einmal zwanzig Minuten, bis wir an den Kais waren. Dann – als letzte *longueur*, mit der man seinen Geist auf die Probe stellen konnte – starb der Motor ab, und wir glitten in der zunehmenden Dunkelheit und unter vollkommener Stille ein Stück weiter, während Narbengesicht, der niemals seine Fassung verlor, all seine Überredungskunst aufbot und die Maschine wieder zum Laufen brachte. Wir fuhren in den Fischereihafen ein – erleuchtete Fenster, öliges Wasser, eine Ansammlung von Barackenhäusern an aufgestelzten Gehwegen hoch über dem Wasser entlang. Ein schwarzer Hafenarbeiter rief uns zu, wir sollten längsseits gehen. Narbengesicht lenkte uns auf die falsche Seite der Mole. Der Hafenarbeiter sprang aufs Schiff herunter und ruderte uns verärgert auf die andere Seite. Inmitten seines Gebrabbels hörte ich immer wieder die Worte: «Verfluchte Leute!» Das waren die *patios*, die man überall am Hafen hörte. Wir stiegen die glitschige Leiter zur Mole hoch. Der Hafenarbeiter warf unsere Sachen hinauf. Eine kurze Gangway führte zur Straße hoch – zwei Chinesen an einem Tisch, Geruch nach Fisch und Salz, kleine Hunde, die im Abfall herumschnüffelten. Die Fischer hatten für meine Überfahrt vierhundert Pesos verlangt. Ich ging über die Straße, um einen Tausend-Peso-Schein zu wechseln. Die alte schwarze Mama zog unter der Bar eine kleine braune Phiole hervor und träufelte einen oder zwei Tropfen auf den Geldschein. Es sei Jod, sagte sie zur Erklärung. Wenn die Tinte auf dem Geldschein sich schwarz verfärbte, sei er gefälscht. *«Buen ojo, buen aventura»*, sagte sie. Das war eine geheimnisvolle Bemerkung, die zweierlei bedeuten konnte: «Ein scharfes Auge bringt einem Glück.» oder «Immer vorsichtig in Buenaventura.»

Ich verabschiedete mich von den Chocuanos und mietete mich in der ersten billigen Pension ein, die ich finden konnte – Hotel Mónaco, dreihundert pro Nacht. Schwarze Huren mit hennagefärbten roten Haaren patrouillierten auf der Straße, in meinem Zimmer patrouillierten Kakerlaken. Meine Kleider waren durchnäßt und rochen schlecht, und um die Kleider in meiner Tasche stand es nicht viel besser. Diese nicht so recht zu bestimmende Wolke aus Dschungelausdünstungen hüllte mich den ganzen Abend ein. Sie hing in dem hübschen, ruhigen Restaurant, in dem ich Schweinefleisch *à la mejicano* aß – begraben unter heißer Chilisoße und weißen Bohnen –, und sie verfolgte mich auch in die Bar, in der ich Johnny Walker Black trank, um meine Rückkehr in die Zivilisation zu feiern – oder doch eher zu ertränken.

Ganz egal, was mit Gus McGregor geschah – zuletzt wurde er gesehen, als er in zweifelhafter Begleitung den San Juan flußaufwärts reiste –, es bleibt ein Geheimnis. Vielleicht schaukelt er in einer Hängematte irgendwo im Chocó und wird von attraktiven Waunana-Mädchen umsorgt. Vielleicht ist er auch in Kanada und säuft dort mit den anderen McGregors – das Familienmotto, an das er sich immer gern erinnerte, lautete: «Bleib immer dran und laß dir nichts entgehen!» Vielleicht war seine

Glückssträhne schließlich doch zu Ende, die *buenaventura*, die er so lange Zeit hindurch beansprucht hat.

Als ich wieder im Hotel Mónaco war, fischte ich die letzten Überreste von Gus' Kokain heraus, die geklaute *perica*, die für solche Schwierigkeiten gesorgt hatte und deren verführerischem Zauber ich mich nicht hatte entziehen können. Das Fieber und die Reise hatten mich gerettet, doch jetzt... Als ich dastand und mit mir selbst rang, fuhr ein heftiger Windstoß durch die Fensterläden herein, blies durch das gesamte Zimmer und verstreute das Kokain als weißen Staub über den Fußboden. Ich zuckte die Achseln. Mein Abschied von der Weißen Dame. Mein Abschied von Gus. Die ganze Nacht über waren die Kakerlaken übermäßig aktiv. Noch ein paar schlaflose Stunden mehr klang Gus' Geist in mir nach, und zwar wegen der umherlaufenden und schabenden Kakerlaken, die durch das Kokain auf dem Fußboden ganz high geworden waren.

17 Terremoto!

Bei meiner Ankunft in Buenaventura stellte ich fest, daß die Karwoche, die Semana Santa, schon angefangen hatte. Von Buenaventura aus über gut ausgebaute Straßen in ungefähr drei Stunden zu erreichen, lag die Stadt Popayán in den Bergen. Popayán ist *der* Ort, an dem man in Kolumbien die Semana Santa verbringt. Die nächtlichen, bei Kerzenschein stattfindenden Prozessionen mit Heiligenstatuen sind in der gesamten katholischen Welt berühmt, und die Stadt ist für kurze Zeit überschwemmt von Pilgern, Touristen, Páez-Indios und Taschendieben. Da mir die Einhaltung eines sinnvollen Zeitplanes bisher ohnehin nicht gelungen war, verordnete ich mir eine kleine Dosis unschuldigen Tourismus und machte mich auf den Weg.

Popayán wird *la joya blanca* genannt, das Weiße Juwel Kolumbiens. Es ist – oder war – eine der liebenswertesten Städte in ganz Lateinamerika. Die Stadt, die 1536 von Sebastian de Belalcazar, einem Gefolgsmann Pizarros, gegründet worden war, als er auf der Suche nach Eldorado von Peru aus nach Norden zog, liegt in einem Gebirgstal mit gemäßigtem Klima auf einer Höhe von etwa dreieinhalbtausend Metern. Darunter liegen die Zuckerrohrfelder des heißen Cauca-Tales, darüber das zerklüftete grüne Bergland der Anden. Ich erinnere mich noch immer an den ersten Eindruck, den ich zwölf Jahre zuvor von der Stadt hatte – die klare Bergluft, die gepflasterten Straßen, die schnörkeligen Gebäude aus der Kolonialzeit, die Universität aus dem siebzehnten Jahrhundert, die schicken Restaurants, die Ledergeschäfte. Alles leuchtete in strahlendem Weiß, hob sich gegen die grünen Hügel der Umgebung ab und war überaus belebt. Es herrschte keinerlei Museumsatmosphäre. Popayán ist vielleicht das Oxford oder Cambridge von Kolumbien, doch selbst dieser Vergleich wird der besonderen Bedeutung Popayáns nicht gerecht. Europa ist übersät mit historischen Universitätsstädten, doch unter den härteren Gegebenheiten in Lateinamerika ist die Bewahrung des Alten ein Luxus, für den die Mittel nicht unbedingt vorhanden sind.

Ich kam am späten Mittwochabend mit dem Bus aus Buenaventura an. Ich hatte den ersten Teil der Festlichkeiten versäumt, das heißt auch die Prozession vom Palmsonntag, bei der die Statuen – Christus der Herr, die Schmerzensmutter, der Tod – aus der Hügelkapelle von Belen heruntergetragen werden, doch ich kam noch rechtzeitig, um die Höhepunkte der Prozessionen mitzubekommen. Die Hotels waren alle voll, doch ich fand ein Zimmer in den Residencias Viajero, einem nichtssagenden Hotel in einem recht durchschnittlichen Viertel der Stadt. Das Zimmer lag hinter dem Hauptgebäude in einem langgestreckten Anbau mit Metalltüren und einem mit Blechplatten verkleideten Flur. Man kam sich vor, als wäre man auf einem Schiff unter Deck. Doch jedes Zimmer hatte ein eigenes Bad, und einem biblischen Wunder gleich strömte aus der Dusche kochend heißes Wasser. Ich wusch die letzte Schmutzschicht aus dem Chocó weg, blieb hinterher noch lange auf und dachte mir für den folgenden Tag wunderhübsche Ausflüge aus, die ich auf den Spuren der Geschichte unternehmen wollte.

Ich hätte in meiner Bibel lesen sollen: «Rühme dich nicht des Morgen, denn du weißt nicht, was der Tag mit sich bringt.» Am folgenden Morgen, dem Jueves Santo, dem letzten Tag im März 1983, lag ich zu einer Zeit, die von den Zeitungen später mit acht Uhr siebzehn angegeben wurde, in meinem Bett im Hotel Viajero und döste vor mich hin, als ich ein leises, rollendes Grummeln hörte. Nachdem ich es zuerst für Donner hielt, wurde mir an den Vibrationen, die ich durch den Metallrahmen des Bettes laufen spürte, in meiner Schlaftrunkenheit klar, daß der Lärm von einem riesigen Laster stammen mußte, dessen Motor direkt unter meinem Fenster hochgejagt wurde. Der Lärm hörte auf. Ich kuschelte mich wieder in das Kissen. Der zweite Ansturm ließ jedoch keinen Zweifel mehr. Er begann mit einem lauten Geräusch, das immer stärker wurde, ein schreckliches Rollen, das rasch zu einem lauten Dröhnen anschwoll, und das konnten keine Laster sein, und das konnte auch kein neuer kolumbianischer Bürgerkrieg sein, denn der dröhnende Lärm entstand in meinem eigenen Zimmer. Die

Wände, die Fenster, die Tür erzitterten rund um mich. Die Glühbirne schwang langsam hin und her. Es war, als hätten zwei riesige Hände das Zimmer an den Rockaufschlägen gepackt und schüttelten es heftig durch. Halb im Sitzen, aber immer noch im Bett, dachte ich: Es wird jetzt gleich aufhören, denn wenn es nicht gleich aufhört, dann wird gleich irgend etwas Großes durchbrechen und auf mich drauf fallen. An den Wänden sprangen Risse hoch. Feines Gipspulver rieselte auf meinen Kopf. Ich sprang aus dem Bett. Das ganze Zimmer wakkelte wie wild. Der Fußboden war durch die Erschütterungen unsicher wie ein Sumpf und verstieß gegen alle Regeln, die Fußböden eigentlich erfüllen sollten. Bei Fahrten auf dem Rummelplatz fühlt man sich so – oder auch dann, wenn man betrunken versucht, eine abwärtsfahrende Rolltreppe hochzusteigen. Das Zittern unter meinen Füßen war wie ein schwacher, unheimlicher Stromschlag. Ich warf mich unter das Bett und blieb dort mit über den Kopf gelegten Armen liegen. Wegen der Staubflocken und der Zigarettenkippen darunter mußte ich niesen.

Heute weiß ich über die Fakten Bescheid. Es handelte sich um ein Erdbeben, das achtzehn Sekunden dauerte, einen Wert von fünf Komma fünf auf der Richter-Skala erreichte und sein Epizentrum in der Nähe des Dorfes El Tambo ungefähr fünfzehn Kilometer westlich von Popayán hatte. Doch damals, als ich mich unter dem Bett hervorstemmte, drehten sich alle meine Gedanken bloß um die Tatsache, daß es aufgehört hatte. Es folgte eisige Stille. Die ersten Laute, durch die sie gebrochen wurde, waren das Geräusch einer zuschlagenden Tür und das Lachen einer Frau. Ich ging auf den Flur hinaus. Am Ende des Flurs sah ich ein junges Paar, das ins Freie lief. «Verdammt noch mal, was war *das*?» rief ich. *«Un temblor, hombre! Un temblor!»* Ich war enttäuscht – das Schulterzucken des Mannes, das Lachen der Frau. Er sprach von einem *temblor*, einem Zittern, und nicht von einem richtig intensiven, die Erde zum Beben bringenden *terremoto*. Als ich in mein Zimmer zurückkehrte, kam ich mir albern vor. Hatte ich mich wirklich unter das Bett geworfen? Hatte ich wirklich gedacht, ich würde in einer von diesen wie ein Blitz gezackten Erdspalten verschwinden, auf deren Grund extrem heiße Lava brodelte? Wie dämlich. Es war bloß ein *temblor*. Wahrscheinlich gehört es hier zum Alltag, daß man das Gipspulver aufwischen muß.

Rasch zog ich mich an. Das Wasser im Badezimmer lief nicht. Der Portier, ein kleiner, lebhafter Kerl namens Miguelito, war in der Eingangshalle. Er war nicht draußen gewesen – als Nachtportier verließ er seinen Posten natürlich nie –, doch er hatte sich an die Eingangstür gestellt, und die Nachrichten von der Straße hatten sich geradezu überschlagen. Einige Häuser waren eingestürzt, sagte er, und mehrere Kirchen. Gleich um die Ecke gab es eine schwerverletzte Frau, und in der Kathedrale vielleicht ein paar Tote.

Draußen lagen Steine und zerbrochene Dachziegel auf dem Bürgersteig, doch solche Dinge konnte man an jedem beliebigen Tag in der Woche auf jeder beliebigen kolumbianischen Straße finden. Erst als ich auf dem Weg in den alten Kern der Stadt um die Ecke bog, sah ich die ersten unmißverständlichen Hinweise – ganze Dächer, die eingebrochen waren; zersplitterte Schaufenster; abgerissene Dachrinnen, die der leichte Wind schwanken ließ. Je näher ich dem Stadtkern kam, desto schlimmer wurde es. Jetzt wurde mir klar, was für ein Glück ich gehabt hatte.

Vor einem eleganten Stadthaus, dessen Vorderfront zu einem Wall aus Schutt zusammengestürzt war, hatte sich eine Menschenmenge versammelt. Der ziemlich teuer eingerichtete Raum im ersten Stock – ein Sofa, eine Stehlampe, ein ovaler Spiegel, unter dessen Rahmen Fotos und Ansichtskarten steckten – sah auf groteske Weise aus wie das Bühnenbild für ein nettes kleines Drama von Ibsen. Unsere Blicke drangen in die kleine, vielschichtige Intimsphäre dieses Zimmers ein. Eine Vase mit Hibiskusblüten stand schwankend am teppichbelegten Rand zum Nichts.

Wir hörten einen Schrei und gleich darauf ein dumpfes Poltern hinter uns. Ein Schwung Steine und Bretter krachte auf den Gehsteig. Eine Frau schrie auf und riß die Hände vors Gesicht. Zwischen ihren Fingern sah ich Blut hervorlaufen. Eine andere Frau stützte sie, rief, man solle zurücktreten und ihr den Weg freimachen. Sie sei von einem Stück Holz getroffen worden, sagte ein Mann. Nein, sagte die Frau, es sei Glas gewesen. Sie hatte Glassplitter gesehen, die wie Pistolenkugeln durch die Luft geschossen waren. Ein Soldat kam vorbei. Er war gerannt und völlig außer Atem. Die Menge drängte sich um ihn und überschüttete ihn mit Fragen, doch er sagte nur, daß sich alle in der Mitte der Straße halten sollten, da die Gefahr weiterer Einstürze bestand.

Ich eilte weiter. Eine Staubglocke hing in der Luft. Zwischen all den leeren Häusern hörte ich Sirenen und eine Frau, die hysterisch schrie: «Octavio! Octavio!» Aus Richtung Stadtzentrum kamen Männer, deren Köpfe und Arme mit weißem Staub bedeckt waren. Noch mehr weißer Staub kam aus einer Bäckerei, aus der man zerrissene Mehlsäcke auf die Straße hinauswarf. An einer anderen Stelle stieß ich auf zwei alte Männer, die einen riesigen Schutthaufen abzutragen versuchten. Irgend jemand lag irgendwo darunter. In dieser Straße war es merkwürdig still. Die Stadt hatte ihre Verbindungsstränge verloren, das Versorgungsnetz war zusammengebrochen, und man stolperte immer wieder auf solche kleinen, stillen Nebenschauplätze. Ich machte mich an die Arbeit und half den beiden Männern beim Abräumen der Steine und Ziegel. Wir mühten uns mit einem riesigen hölzernen Querbalken ab, eine hoffnungslose, sisyphushafte Arbeit. Weitere Leute kamen dazu, es wurde immer enger, und alles geriet durcheinander. Ein beiseite geworfener Dachziegel verletzte einen kleinen Jungen. Jemand schrie, man solle eine Kette bilden. Ich drückte mich davor und ging weiter, bewegte mich auf diesem Jahrmarkt der Zerstörung von einer Bude zur nächsten.

Popayáns altes Stadtzentrum aus der Kolonialzeit sah aus, als hätte eine Bombe eingeschlagen. Die Kirchen, die Universität mit ihrem Kreuzgang und das Hotel Monasterio waren völlig zerstört. Man hatte die Straßen und Plätze bereits durch eine Postenkette abgesperrt. Schon einen Block vor dem Kirchplatz, dem Parque Caldas, stand an jeder Ecke ein Soldat. Einen jungen Wehrdienstpflichtigen mit großen Augen beschwatzte ich so lange, bis ich durch die Absperrung durfte. Nach menschlichem Ermessen war die Kathedrale das Epizentrum der Zerstörung. Der gesamte Dachstuhl und das berühmte Kuppelgewölbe waren auf die Menschen heruntergestürzt, die in der Kirche die Morgenmesse gefeiert hatten. Bereits seit einer Stunde war man damit beschäftigt, die Toten herauszuholen. In einer langen Menschenkette transportierten Soldaten und *campesinos* Steine aus dem zerstörten Gebäude. Ihre Halstücher hatten sie vor das Gesicht gebunden, um sich gegen die Staubwolke zu schützen. Ich sah, wie auf einer Tragbahre eine Leiche herausgetragen wurde, deren Kopf mit einer Decke verhüllt war. Weiße Söckchen und Sandalen waren zu sehen – ein kleines Mädchen in seinem Sonntagsstaat. Auf seiner Haut befanden sich nur ein paar Schrammen.

Auch die Heiligenfiguren wurden aus der Kathedrale getragen – amputierte, staubbedeckte Statuen, die ihre symmetrische Haltung verloren hatten. Auf paradoxe Weise wirkten sie menschlicher als je zuvor und sahen aus, als hätten sie sich bewegt und sich unterhalten, bis die Uhr siebzehn Minuten nach acht angezeigt hatte. Christus der Herr wurde durch den Staubnebel der Straße davongetragen. Er ragte hoch über die Köpfe der mitlaufenden Menge. Vielleicht war man hier der Leidensgeschichte näher, als man ihr mit dem gewöhnlichen Pomp der Karwoche jemals gekommen war.

Auf dem baumumstandenen Platz, auf dem sich eigentlich die Straßenhändler, die Zigarettenjungen und die Lotterieverkäufer herumtreiben sollten, bauten Mitarbeiter des Roten Kreuzes kleine Stände mit Medikamenten und Verbandmaterial auf. Jeder uniformierte Mann aus einem Umkreis von mehreren Kilometern war hier – Feuerwehrmänner aus Silvia, Zivilschutz aus Buga, Pfadfinder, *carabineros* mit ihren grünen Cowboy-Hüten. Soldaten ruhten sich schweigend auf dem Bürgersteig aus. Ihre Zigaretten klemmten zwischen staubigen Fingern.

Aus Cali waren Fernsehteams eingetroffen. Ein Mann in Jeans hielt einem Armeeoffizier ein Mikrofon hin, doch eine Gruppe vorwärtsdrängender Männer, die eine weitere Tragbahre aus der Kathedrale trugen, warf ihn zu Boden. Auf der Bahre lag ein alter Mann. Er sah sich um, und sein Kopf stieß dabei immer wieder mit raschen, an einen Vogel erinnernden Bewegungen hoch. Jemand, der einen weichen Filzhut in der Hand hielt, kam hinter der Bahre hergelaufen und legte ihn dem alten Mann auf den Kopf. Er sagte etwas, das ich nicht verstehen konnte, doch man brach rundherum in schallendes Gelächter aus. Es wird so viel gelacht in Kolumbien, es gibt selbst unter hoher Anspannung so viel Charme, eine solch wunderbare, immer nur kurz vorhaltende Improvisationskraft – und selten wurde sie auf eine härtere Probe gestellt als an diesem Tag.

Die Gerüchte blühten, und die Zahlen stiegen immer höher – dreißig Tote, fünfzig Tote, hundert Tote. Überall hörte man Radio. Die Leute preßten sich die Apparate begierig gegen die Ohren, drängten sich in großen Trauben darum oder hörten an geöffneten Autotüren zu. Die Reporter schrien und plapperten unaufhörlich. Sie wußten nicht mehr als alle anderen. Am Nachmittag wurde gesagt, daß die Zahl der Todesopfer auf zweihundert gestiegen sei, und das war die Zahl, die wir hinterher in der Presse lasen – eine Sonderausgabe des *El Pueblo* aus Cali war die erste Zeitung, die am späten Abend nach Popayán durchkam. Doch sogar diese Zahl entsprach bei weitem nicht den tatsächlichen Opfern – vierhundertneunzig Menschen hatten am Gründonnerstag ihr Leben verloren, und ungefähr fünfunddreißigtausend andere waren obdachlos geworden. Außerhalb von Popayán waren ganze Dörfer – El Tambo, Cajibio, Piendamó – praktisch dem Erdboden gleichgemacht worden.

Unten am Park in der Nähe der Humilladero-Brücke war eine Zeltstadt für die obdachlosen Familien aus dem Boden geschossen. Auch am Nachmittag ließ der Schrecken nicht nach. Kleinere Beben wurden spürbar, aus der Ferne geflüsterte Erinnerungen, die die Menschen ein paar Sekunden lang in einer Mischung aus Wachsamkeit und Angst erstarren ließen und dann wieder aussetzten. Fundamentalisten nannten das Erdbeben *el castigo de Dios*, die Geißel Gottes, weil man die Leidensgeschichte der Karwoche zu einer großen Touristenveranstaltung umgemünzt hatte. Zu einer bizarren Nebenerscheinung führten die Auswirkungen des Bebens auf dem städtischen Friedhof. Die Gruften waren auseinandergebrochen, Skelette und Leichen ans Tageslicht befördert worden. «*Para hacer sitio al los recién llegados*», lautete der grimmige Kommentar. Damit Platz war für all die neu Dazugekommenen.

Mit dem dumpfen Gefühl, das man als Traurigkeit empfindet, in Wirklichkeit aber Angst ist, wanderte ich den ganzen Tag durch die zerstörte Stadt. Am späten Nachmittag passierte etwas, das man von erschöpften Menschen kennt. Die Stadt schien einen plötzlichen Stimmungsumschwung durchzumachen. Es lag eine anregende Gespanntheit in der Luft. Die Straßenverkäufer und die Imbißstände hatten sich wieder breitgemacht wie nicht auszurottendes Unkraut. Die Besitzer der Cafés bauten auf den Bürgersteigen Limonadenstände auf. Ein paar Bäcker backten Brot, ein paar Restaurants kochten über offenen Feuerstellen – nichts Ausgefallenes, bloß Suppe, Reis und Fleisch, aber etwas zu essen. Die Dunkelheit brach herein. Die Einsatzfahrzeuge schickten rote und blaue Lichtblitze durch die Nacht. Die Menschen eroberten die Bars und spülten sich den Staub aus der Kehle.

Einige Zeit später schwächte sich diese labile Stimmung wieder ab, und zurück blieb nichts als Erschöpfung. Zusammen mit ihr machte sich die schlimmste Erkenntnis von allen breit. Man hatte nicht bloß einen schrecklichen Tag hinter sich, einen Alptraum, aus dem man am nächsten Morgen wieder aufwachen würde. Der *terremoto* war unabänderlich. Morgen würden die Häuser der Leute immer noch eingestürzt, ihr Besitz immer noch begraben sein. Es würde immer noch keinen Strom geben, kein Wasser, keine sanitären Einrichtungen, keine Telefonverbindungen. Die Vorräte an Nahrungsmitteln und Brennstoff würden sich erschöpfen. Medikamente, Blutplasma und Verbandmaterial – diese mitleiderregenden kleinen Pyramiden an den Ständen des Roten Kreuzes – würden zu Ende gehen. Auf den Straßen würden sich Plünderer und Profitmacher herumtreiben. In der Nacht würden kalte Regenfälle auf die Plastikplanen herunterprasseln. Und die Kinder würden von Magen-Darm-Katarrhen geplagt werden.

Man war hier nicht in den Vereinigten Staaten oder in Europa, wo man in Windeseile eine großangelegte und koordinierte Rettungsaktion anlaufen lassen konnte. Hier waren die Versorgungsmöglichkeiten schlecht und Hilfsmittel kaum vorhanden. Die einzige Hauptstraße, auf der man nach Popayán oder von dort wegfahren konnte – der Pan-American-Highway, der in Richtung Norden nach Cali und in den Süden nach Ecuador führte –, war bereits völlig verstopft durch die Touristen und die Flüchtlinge, die Popayán verließen. Da mochte Präsident Betancur sich noch so sehr ins Zeug legen mit seinem Aufruf: «*Vamos a reconstruir Popayán!*», doch das würde Zeit brauchen. Morgen, nächsten Monat, nächstes Jahr würde man immer noch mit dem Aufbau der Stadt beschäftigt sein.

In dieser Nacht schliefen alle aus Angst vor einem weiteren Beben auf der Straße. Miguelito, der kleine Portier des Hotels, verbreitete, daß gegen Mitternacht eines zu erwarten war. In Windeseile war er zum Experten in Erdbebenfragen geworden. Es war ihm zu Ohren gekommen – und ich glaube, er hatte damit recht –, daß es sich um ein Oberflächenerdbeben gehandelt hatte, das nur zwanzig Kilometer unter der Erdoberfläche ausgebrochen war. Was die Auswirkungen vor allem auf die Städte anbelangte, waren diese Art von Beben die allerschlimmsten. Mehrmals war schwaches Rumoren zu hören, doch Mitternacht ging ohne besondere Ereignisse vorüber.

Die ganze Nacht hindurch brannten an den Straßenecken Feuer und rollten Lastwagen durch die im Dunkeln liegende Stadt. Es herrschte allgemeine Ausgangssperre – jeder Versuch, sich weiter als eine bestimmte Strecke zu bewegen, rief müde, argwöhnische Soldaten auf den Plan, die einen zurückschickten. Es war, als stünde die Stadt unter Belagerungszustand. Der Rauch der Lagerfeuer lag in der Luft, und dazu der alles überdeckende Geruch des Ziegelstaubs, da immer noch Häuser einstürzten.

Am Karfreitagsmorgen war ich einer im schmalen Strom der Flüchtlinge, die zur neuen Busstation am Stadtrand marschierten. Dort erwarteten uns noch mehr chaotische Szenen und heftiges Gedränge, weil es hieß, daß die Tankstellen in der Stadt bald kein Benzin mehr haben und dann auch die Busse nicht mehr fahren würden. Als ich ankam, stand ein Bus vor der Abfahrt nach Cali, doch er war bereits völlig überfüllt. Ein anderer Autobus fuhr vor, doch er sollte nach Pasto fahren, das heißt Richtung Süden. Als ein zweiter Bus nach Cali bereitgestellt wurde, kaufte ich im Laden neben dem Busdepot gerade etwas Proviant, und deswegen kam ich erneut zu spät, um mich noch hineinquetschen zu können. Ich geriet in panische Angst, aus diesem Ort nicht mehr wegzukommen. Die Verzweiflungsgefühle aus dem Chocó lebten wieder auf, und als ein vierter Bus vorfuhr, ein schmutziges und klappriges Gefährt, das von einem wie Charles Laughton aussehenden *campesino* im karierten Hemd gesteuert wurde, drängte ich mich mit der ersten Menschenwoge hinein und machte es mir bereits im hinteren Abschnitt des Mittelgangs bequem, bevor ich überhaupt in Erfahrung gebracht hatte, wohin der Bus fuhr. Nach La Vega und Valencia, erklärte man mir.

«Wo liegt das?», fragte ich, da ich dermaßen eingekeilt war, daß ich nicht einmal meine Straßenkarte herausziehen konnte.

«In den Bergen, *señor.*»

Als der Bus losfuhr, bezweifelte ich dann doch, daß ich klug gehandelt hatte. Ich war der einzige Tourist im Wagen. In dem alten Klapperkasten müssen sich ungefähr achtzig Personen befunden haben. Und sie sahen alle aus, als würden sie in die Berge fahren, weil sie dort auch *lebten*.

Während wir in der Hitze zwei lange Stunden, in denen kräftig gehupt wurde, in der Schlange vor einer Tankstelle auf Benzin warteten, hatte ich ausreichend Zeit, mir die Sache zu überlegen. Mit einem Blick auf die Karte ließ sich mein Argwohn rasch bestätigen. Eine schmale gepunktete Linie – Carrera Transitable, wie ich der Legende entnahm – stellte die Straße nach La Veja dar, das südöstlich von Popayán lag. Allem Anschein nach hörte sie in La Veja auf. Man hatte mir gesagt, der Bus würde nach Valencia fahren, doch dieser Ort war auf meiner Karte nicht einmal eingezeichnet. Ich fragte einen meiner Mitreisenden. «Valencia ist *el último pueblito*», sagte er rätselhaft. Das letzte Dorf wovor? «Vor dem *páramo*», sagte er.

Das klang nicht besonders vielversprechend. Eine unbefestigte Straße hinauf in den *páramo*, auf die windzersausten Heideflächen der Anden, war in jeder Hinsicht eine Sackgasse. Um von dort wegzukommen, mußte man denselben Weg wieder zurück, auf dem man gekommen war.

Ich war schon kurz davor, die Sache aufzugeben und in die Stadt zurückzukehren, als mich ein junger, vertrauenswürdig aussehender Mann mit strahlenden Augen ansprach und sagte: «Rund um Valencia ist es wunderschön.»

«Das stelle ich gar nicht in Frage», sagte ich, «aber der Weg führt dort nicht weiter. Ich muß nach Norden.» Die Zeit für die Besichtigung von Sehenswürdigkeiten war jetzt vorbei.

«Aber das können Sie doch», rief er. «Die Straße hört zwar in Valencia auf, aber es gibt einen Trampelpfad, der von dort aus direkt über den *páramo* und dann hinunter in den Regierungsbezirk Huila führt. Es ist der alte Pilgerpfad, der *camino real* zwischen San Agustín und Popayán. Von Valencia aus braucht man bis San Agustín zu Fuß drei Tage, aber vielleicht finden Sie ja auch ein Maultier, auf dem Sie reiten können. Von San Agustín aus fahren natürlich Busse.»

Wir schauten auf der Landkarte nach. An der Stelle, wo Valencia liegen sollte, malte er ein Kreuz und zog dann mit dem Bleistift eine Linie geradewegs nach Osten bis San Agustín. Auf der Karte nicht einmal drei Zentimeter, das heißt ungefähr fünfzig Kilometer über den Páramo de las Papas, der eine Höhe von fast viertausend Metern hat. Die Vorstellung, über einen solch langen und kalten Weg nach Bogotá zurückzukehren, war nicht besonders verlockend, doch erschien sie mir immer noch attraktiver als die Alternative, meine Tasche zu nehmen, auszusteigen und in der schwindenden Hoffnung, eine Transportmöglichkeit nach Cali zu finden, in die schwergeprüfte Stadt zurückzulatschen. Als der Bus schließlich abfuhr, saß ich immer noch drin. Otaviel, wie der junge Mann hieß, erzählte sehr aufschlußreich. Er studierte und war im Auftrag des Geographischen Instituts Agustín Codazzi in Bogotá hier in der südlichen Bergwelt herumgewandert, um Vermessungsarbeiten durchzuführen.

Das helle, leuchtende Grün des Cauca-Tales – Zuckerrohrfelder, Reisfelder, Bambushaine – verwandelte sich langsam in das dunkle, wie poliert aussehende Grün der Berge. In La Sierra machten wir zu einem Imbiß halt – *empanadas* und hartgekochte Eier. In La Sierra stiegen etliche Leute aus, und ich bekam einen Sitzplatz. Eine verhutzelte alte Indio-Frau aus dem Stamm der Páez schlängelte sich barfuß den Gang entlang und verkaufte die kleinen süßen Bananen, die *manzanitas* heißen, und kleine Äpfel. Otaviel stieg in San Miguel aus. Zwischen Wald und Felsen hindurch fuhren wir über die Serpentinen noch höher hinauf. La Vega war ein hochgelegenes, unscheinbares Dorf mit einem großen Dorfplatz, über den sich das Licht ergoß. Ein blinder Mann, der eine Gitarre neben sich lehnen hatte und in seinem Schoß einen riesigen Strauß Margariten hielt, saß unter einem Baum. Der Bus war beinahe leer, als wir das letzte Teilstück nach Valencia angingen – zwei Páez mit braunen Gesichtern und Schlitzaugen, der neunmalkluge zehnjährige Junge, der auf dem Beifahrersitz «fuhr», und der bullige, barsche *campesino* am Lenkrad, der mich an Lolas Onkel Juan und seinen versenkten *rápido* erinnerte.

Der Junge schaltete die Musik ein. Grupo Miramar – scharfe Rhythmen und schwere Keybord-Klänge à la Sir Douglas. Das Licht ließ bereits nach. Ich machte es mir auf der Rückbank bequem. Eine stattliche Reihe von Gipfeln, Schluchten und Tälern breitete sich hinter uns aus. Mit der Zeit verwandelten sich alle Farben in dunkles Saphirblau. Über die unbefestigte Straße fuhren wir ruckend hinauf bis zum letzten Dorf.

Valencia war ein kleiner Ort, dessen weit auseinanderliegende Häuser sich an der Straße auffädelten. Dreißig Familien, *campesinos* und Páez-Bergbauern, die sich von dem ernährten, was man in dieser kalten Region anbauen konnte, und die Milch an die Molkereien verkauften, die Popayán versorgten. In der Abenddämmerung war die Luft kalt und dünn. Für fünfzig Pesos bekam ich ein muffiges Bett in einem Haus, das als Dorfgasthaus diente. Die niedrige Holzkirche auf der anderen Straßenseite füllte sich gerade zu einem abendlichen Karfreitagsgottesdienst – Kerzen und Lampen, bunte Papierdekorationen, ein kleiner Junge mit einer Bischofsmütze aus Zeitungspapier. Die Kirchenbänke waren gut besetzt. Alle Kirchenbesucher waren in wollene *ruanas* gehüllt. Leises Murmeln und die Schreie der Babys füllten den Raum. Es war weniger ein Gottesdienst als eine Unterrichtsstunde in der Sonntagsschule, die von einer Nonne und einem Priester geführt wurde, und zwar zum Thema Las Siete Palabras, die Sieben Worte Christi am Kreuz. Die Schwester, die ein scharfgeschnittenes Gesicht hatte, verglich Christus und sein Angebot zur Erlösung mit jemandem, der einem eine Freikarte für das Kino schenkte – man würde den Herrn vor den Kopf stoßen, wenn man die Karte zwar annähme, hinterher aber nicht ins Kino ginge. Sie hatte ein blasses Gesicht und trug eine Brille, war herrisch und außerdem Expertin für spirituelle Hygiene. Die schlitzäugigen Indios in ihren Ponchos starrten sie mit offenem Mund an. Die gemurmelten Kredos hallten in der kalten Bergluft wider.

Am Morgen war der Himmel grau. Reiter zogen durch die Straße, Holzrauch lag in der Luft, und Milchkannen standen zum Abtransport ins Tal bereit. Ich erfuhr, daß es Maultiere im Haus von Gustavo Papamija zu mieten gab. Dieses sei leicht zu finden, erklärte man mir. Es sei *la última casa.* Und so verließ ich das letzte Dorf und machte mich auf den Weg nach Osten, hinauf bis zu diesem letzten Haus. Es war ein leichter einstündiger Marsch auf einem Pfad, der zwischen krüppeligen Bäumen und grünen Weiden hindurchführte. Unterwegs traf ich einen alten koboldhaften Páez mit einer Wollmütze. Ich blieb stehen, um mich dem obligatorischen Austausch von Freundlichkeiten zu widmen und um in Erfahrung zu bringen, ob ich auch wirklich auf dem Weg zu Papamijas Haus war. Der Mann bestand darauf, daß ich eine Rast einlegte und mit ihm gemeinsam in seiner Hütte neben dem Weg aß. Es war darin dunkel und verraucht. Alte Kleider und Sattelzeug für Pferde hingen an den Wänden. Eine wäßrige, graue Suppe köchelte auf der *candela* vor sich hin, dem kleinen Holzfeuer, das man niemals ausgehen läßt. Die Suppe – Mais und Kohl, was beides auf dem Stück Land vor der Hütte wuchs – war dünn und nicht gesalzen und schmeckte faserig. Ich steuerte weißen Käse, Brot und Aguardiente bei. Wir aßen aus rußgeschwärzten Töpfen und schwiegen die meiste Zeit. Es herrschte eine unaufdringliche, wohltuende Stille zwischen uns beiden, die von heftigem Vogelgezwitscher begleitet war. Es ist *sano* hier, sagte er. Das ist ein Wort, das die Landbevölkerung in Kolumbien oft benutzt. Gesund und heilsam. Nicht wie das andere Kolumbien, das mit der *mala fama,* dem schlechten Ruf. Ich dachte schuldbewußt daran, daß mich in erster Linie die *mala fama* des Landes hierher geführt hatte. Als ich mich wieder auf den Weg machte, deutete er auf den Boden. Ein Stück entfernt von dem schiefen Gatter war auf der Erde ein orangefarbenes Etwas zu sehen, das vielleicht fünfzehn Zentimeter lang war. Im ersten Moment hielt ich es für einen Pilz oder einen Schwamm. Dann sah ich mir dieses Etwas näher an und bemerkte, daß es ein Lebewesen mit einem feinen fuchsroten Pelz war. Vielleicht eine große Bergmaus. Der alte Páez berührte es sanft mit einem Stöckchen, und zu meiner Überraschung breitete das Lebewesen plötzlich seine Beine aus und flog lautlos über das strohgedeckte Dach davon. Es war eine Fledermaus. «Sie sind blind», sagte ich. «Nein», korrigierte er mich, «sie sehen auf andere Weise.»

Gustavo Papamijas Haus war niedrig und weiß gestrichen und hatte ein Blechdach. Hundert Meter unterhalb der Baumgrenze lag es im Windschatten des Berges. Gustavo war nicht zu Hause, dafür aber seine Frau – eine kleine, dicke Indio, die unter ihrem Kleid Hosen trug –, seine zwei großen Söhne, ein schönes, ungefähr zwanzig Jahre altes, schwarzhaariges Mädchen namens Anilia und dazu noch verschiedene kleinere Kinder, Hunde, Hühner und eine Ziege. Sie überschütteten mich mit Fragen über den *terremoto*. Auf der Veranda feilschte ich dann lange mit den beiden stämmigen Söhnen Gilberto und Raúl. Zwar konnte ich ein Maultier bekommen, doch mußte es erst bei einem anderen Bauern abgeholt werden. Wir einigten uns auf einen Preis. Eine Übernachtung mit Verpflegung und die Miete für das Maultier bis zu einem Dorf namens Puerto Quinchana für zusammen zweitausend Pesos. Von Quinchana aus konnte ich dann mit einem Lastwagen nach San Agustín fahren.

Gustavo kam noch am Abend zurück – ein kleiner, nußbrauner Mann mit einem sanften Gesicht, der an seinem Gürtel eine Machete in einer Lederscheide trug. Er hatte Indio-Blut, war aber kein reiner Páez. Sein voller Name war Gustavo Papamija Guardialínea – seine Familie lebte schon dermaßen lange hier, daß sie den Ehrentitel «Wächter der Grenze» angenommen hatte. Die Grenze zwischen den Regierungsbezirken Huila und Cauca verlief hier in der Nähe über den *páramo*. In früheren Zeiten waren die Wächter der Grenze auf Streife gegangen und hatten nach Banditen und aufständischen Páez gesucht, doch heutzutage bedeutete das bloß, daß sie den Weg offenhielten und ihn durch kleinere Stützbauten davor bewahrten, daß er weggeschwemmt wurde.

Nach einem Sonnenuntergang, der mich an das Versinken Walhalls denken ließ, bekam ich in der kleinen Küche das Abendessen serviert – Hammelsuppe und Maisbrot. Die zwei Burschen waren weggegangen, um in Valencia Proviant zu kaufen und das Maultier zu holen. Ich lernte jetzt noch einen anderen ihrer Brüder kennen, den ich vorher nicht gesehen hatte, einen mageren, käsebleichen jungen Mann, dessen Mund permanent offenstand. Das war Adolfo, das Dummerchen der Familie. In völligem Schweigen und mit freundlichem Blick starrte er in das Feuer wie der «Fool on the Hill».

Nach dem Essen sah ich zu, wie sie Würste machten. Kräuter, Zwiebel und Reis brieten in einer Pfanne. Über der *candela* wurden auf verschiedener Höhe über dem Feuer Eisenhaken aufgehängt. Anilia und ihre Mutter zankten sich darum, in welcher Höhe die Pfanne hängen sollte. Die *señora* suchte das Fleisch aus. Rundherum in der verrauchten Küche waren Teile eines zerstückelten Schafes verstaut. Lange, schmale Fleischstücke hingen von den Dachbalken. An einem Haken in der Ecke hing eine gesamte Keule – rot und weiß, Knochen und Gelenke. Als stünde sie vor einem Regal voller Sommerkleider, suchte die *señora* zwischen den herabhängenden Fleischstükken herum, bis sie eines gefunden hatte, das ihr gefiel. Davon riß sie das Fett in Brocken herunter und warf diese in die Pfanne. Währenddessen knetete Anilia die ganze Zeit den Inhalt eines Bottichs voller Blut und Innereien. Es war ein dicker Matsch, der die Farbe von roher Leber hatte und ihre Hände bis über die Handgelenke hinauf verklebte. Sie trug einen dunkelblauen Pullover, einen schwarzen Rock und weiße Söckchen. Bei der Arbeit rutschte ihr Rock über die glatten braunen Knie. Der Inhalt der Bratpfanne wurde mit dem Blut vermischt, und dann wurde diese Masse langsam erhitzt. In einer weiteren Schüssel lag ein Haufen weißer Gedärme – *viscera blanca*. Anilia machte sich daran, die schwarzviolette Masse in den Schlauch aus weißer Haut zu pressen und zu stopfen. Papamija riß Sackleinwand in Streifen und knotete diese in bestimmten Abständen rund um die gefüllte Haut. Nach und nach nahm eine ganze Kette aus Blutwürsten Gestalt an. Das gebräuchliche Wort für Würste ist *chorizos*, doch als ich dieses Wort benutzte, wurde ich korrigiert. Das hier waren *rellenas*, sagte Papamija. Der einfältige Adolfo fand meinen Fehler anscheinend überaus lustig und beschäftigte sich den ganzen Abend immer wieder damit. Sobald es still war, kicherte er, schüttelte den Kopf und murmelte in seiner leisen, schleppenden Art: «*Chorizos!*» vor sich hin. Alle lachten dann freundlich mit, wechselten wissende Blicke und freuten sich über diese geheimnisvolle kleine Parabel von dem Narren, dem Fremden und den Würsten.

Saß man zu weit vom Feuer weg, war es kalt, doch dort, wo es warm war, brannten meine Augen und fingen wegen des Rauchs zu tränen an. Die beiden Burschen wurden schon bald zurückerwartet. Die *señora* verscheuchte einen Hund, der an den Würsten schnupperte. Sie redete in dem merkwürdigen glottalen Raunen der Páez-Sprache auf ihn ein. Danach stellte sie das Radio an und setzte sich im Schein einer Kerze an den Tisch. Immer wieder von Störungen unterbrochen, hörte man einen Namen nach dem anderen – die Toten, die Verletzten und die Vermißten des Erdbebens von Popayán.

Gegen neun Uhr am Vormittag des Ostersonntags ging ich den Páramo de las Papas auf dem breiten, sicheren Rücken des Maultiers Michaka an. Sie war vierzehn Jahre alt, hatte eine nußbraune Farbe, und über ihr Hinterteil lief ein schwarzer Streifen. Es wurde mir versichert, daß sie *muy mancita* war, sanft und leicht zu führen. Ich hatte die Anweisung bekommen, sie bei einer gewissen Señora Paz in Quinchana abzugeben. Das lag eineinhalb Tagesritte von Papamijas Haus entfernt.

Der *páramo* war in eine Decke aus am Horizont wirbelnden Wolken und dahinjagendem Regen gehüllt. Ab und zu waren ein Stück Weideland aus zähem, gelblichem, Sumpfgras und verkrüppelte *frailejones* zu erkennen. Der Ritt über den *páramo* dauerte bloß eine Stunde, hatte man mir gesagt – der Weg überquerte ihn in kürzester Linie –, doch es war klar, daß diese eine Stunde reichlich kalt und naß werden würde. In der Ferne zu meiner Linken sah ich die Laguna de Magdalena, die Papamija mir beschrieben hatte. Ein kleiner See, der durch den Nebel hindurchschimmerte wie angelaufenes Zinn. Aus diesem See entsprang der Magdalena-Fluß. Ich überredete die widerwillige Michaka, über einen Seitenpfad an den See zu reiten, und fand die Stelle, an der der Fluß entsprang. Es war nichts Besonderes zu sehen, bloß ein schmales, schwärzliches Rinnsal zwischen gelben Grasbüscheln. Doch es bekam Bedeutung, wenn man wußte, daß dieses selbe Wasser von hier aus durch ganz Kolumbien fließen würde, sich zu einem zwei Kilometer breiten Fluß verbreitern und sich nach ungefähr tausendfünfhundert Kilometern in die Karibische See ergießen würde. Und tatsächlich fand ich das plötzlich sehr ermutigend. «Auf an die Küste!» rief ich in den Regen. «Jetzt geht's an die Küste», sagte ich in freundlicherem Ton zu Michaka. Sie sah überhaupt nicht beeindruckt aus und kehrte wieder auf den Hauptpfad zurück.

Nachdem mich die Sonne erst einmal getrocknet hatte, kam ich zu dem Schluß, daß es nur wenige erfreulichere Arten geben konnte, den Ostersonntag zu verbringen, als die, daß man auf dem Rücken eines Maultiers durch die erstaunlich bewaldeten Schluchten des Huila-Hochlands nach unten ritt. Die ortsansässige Bevölkerung schien darüber ganz anders zu denken, denn ich sah den ganzen Tag lang unterwegs keine Menschenseele, bloß Felsen und Steine und Bäume und ganze Büschel wilder Fuchsien. Dazu hörte ich das fortwährende Plätschern des hier erst am Anfang seiner Entwicklung stehenden Magdalena. Außerdem lernte ich die Eigenarten von Michaka, dem Maultier kennen. Es waren ganz besonders ausgeprägte Eigenarten, da sie den Weg aufs genaueste kannte. Sie wußte, wo eine bestimmte breitblättrige Pflanze wuchs, und ganz egal, wieviel ich auch schrie und wie viele Klapse ich ihr auch gab, sie war nicht davon abzubringen, an solchen Stellen eine Pause einzulegen und ein paar Maulvoll zu fressen. Sie wußte exakt, wo der Pfad zu steil und zu steinig wurde, und weigerte sich dann, sich von der Stelle zu rühren, bis ich abgestiegen war. Wenn allerdings *ich* aus irgendeinem Grund absteigen wollte, wußte sie, daß das nicht zwingend notwendig war, und trappelte unbeirrt weiter, während ich wie wild an den Zügeln zerrte. Ich unterhielt mich mit ihr über dieses und jenes. Mit den Ohren gab sie mir geheimnisvolle Zeichen. Rasch entwickelte ich einen tiefen Respekt ihr gegenüber, war mir allerdings nicht recht sicher, ob diese Empfindung auf Gegenseitigkeit beruhte.

Gegen Abend erreichten wir eine kleine Ansammlung von Bauernhäusern in einem grünen Tal. In einem dieser Häuser fand ich eine Unterkunft für mich und dazu ein Stück Weideland für Michaka. Ich nahm ein königliches Abendessen zu mir, das aus frischer Forelle aus dem Magdalena und warmer Milch mit einem Schuß Aguardiente bestand. Mein Gastgeber war ein dünner, drahtiger Mann mit einer Mütze auf dem Kopf, der den näselnden Akzent des Regierungsbezirks Huila sprach. Er besaß eine kleine Milchviehherde und brachte zweimal pro Woche Käse nach San Agustín. Es gab eine Quelle, an der ich mich waschen konnte, und eine Kerze neben meinem Bett.

Am nächsten Tag – noch mehr Ausblicke und Stille, widerhallende Holzbrücken über den Magdalena, ein Regenschauer, eine zunehmend trockene und stachelige Vegetation – erreichten wir gegen zwei Uhr nachmittags das staubige Dörfchen Puerto Quinchana, in dem es ein einziges Pferd gab. Ich fand Señora Paz, verabschiedete mich von Michaka, saß ein paar Stunden später in einem an den Seiten offenen Bus und fuhr in Richtung San Agustín. Wir waren nur eine Handvoll Passagiere, doch machte das die Sache nicht angenehmer, denn in Villafatima wurden die Holzsitze alle herausgenommen und auf dem Dach festgezurrt, um Platz zu schaffen für eine Ladung Holz, die in unserem Gefährt verstaut wurde. Als wir aus Villafatima wieder hinausfuhren, lief ein *campesino*, der sein Pferd hinter sich her zerrte, auf uns zu und winkte heftig, um uns zum Anhalten zu bewegen. Der Mann hatte einen großen Reifen auf den Rücken des Pferdes gebunden, und nun wollte er ihn aufgepumpt bekommen. Der schnauzbärtige Fahrer hantierte mit der Luftleitung aus dem Bus. Grinsend sagte er, er würde sie lieber dem Pferd in den Arsch stecken, damit es etwas dicker würde. Der *campesino* sagte, er solle sie lieber in seinen Geldbeutel stecken, damit *der* dicker würde. Noch bevor wir in San Agustín eintrafen, war es dunkel. Der Fahrer scherzte mit dem Holzhändler. Ich konnte seine Zähne im Rückspiegel aufblitzen sehen.

Einen Tag und zwei Nächte trieb ich mich in San Agustín herum, das berühmt ist für seine außergewöhnliche Sammlung präkolumbianischer Statuen. Es sind sonderbare, dumpf vor sich hin brütende Figuren, die in den Wäldern und Hügeln rund um das Dorf verstreut liegen und aussehen wie versteinerte Außerirdische. Von San Agustín fuhr ich, immer noch dem Magdalena folgend, mit dem Bus nach Neiva – eine heiße, wenig bemerkenswerte Stadt im Tiefland. Ich erinnere mich bloß noch an einen Vorfall: Ich wollte ein Bier trinken und ging deshalb in eine Bar in der Nähe des Busbahnhofs, doch der

Mann hinter dem Tresen runzelte die Stirn und legte den Kopf schief, als ich ihn ansprach. «Wo kommen Sie her?» sagte er.

«Aus Großbritannien», erklärte ich ihm.

«Ich bediene keine Briten», sagte er und stieß sein stoppelbärtiges Kinn in meine Richtung.

Dann sah ich auch das Schild über der Tafel mit den Getränkepreisen: «CAFÉ-BAR LAS MALVINAS». Unter all den vielen Kneipen in Neiva mußte ich ausgerechnet in eine marschieren, die «Zu den Falkland-Inseln» hieß. Seit der kurzen kriegerischen Aufwallung im Südatlantik war bereits ein Jahr vergangen, doch der Barmann hatte das Ereignis offensichtlich noch deutlich in Erinnerung, denn er war Argentinier und stolz darauf. Ich dachte kurz nach, welche passenden Entgegnungen ich bringen konnte, herausfordernde oder beschwichtigende, aber ich war neu in der Stadt, und er, der da vor mir stand und seine Arme vor dem karierten Hemd verschränkt hielt, war ein kräftiger Kerl. Ich kam rasch zu dem Schluß, daß ein taktischer Rückzug gefordert war. Brückenköpfe wollte ich heute keine einrichten. Auf dem Gehsteig sprach mich ein Mann an. *«Argentino»*, sagte er und deutete mit dem Kopf zur Bar hinüber. «Wir mögen sie auch nicht. Wissen Sie, was wir immer sagen? Wenn man schnell ein paar Pesos machen will, dann kauft man einen Argentinier für das, was er wert ist, und verkauft ihn hinterher für das, was er sagt, daß er wert ist.»

Von Neiva aus flog ich nach Bogotá, und so schloß sich die Route meiner verrückten Reise zu einem Kreis, und ich war wieder dort, von wo aus ich vor drei Wochen aufgebrochen war. Diesmal machte ich keinen Schritt aus dem Eldorado-Flughafen hinaus. Ich blieb angespannt sitzen und wartete auf den nächsten Flug an die Küste. Das Flugzeug startete im Morgengrauen mit dem Ziel Santa Marta. Es gab keine Zusammenbrüche, keine Flugzeugentführungen und keine Möglichkeit, vom Weg abzuschweifen. Zur Frühstückszeit war ich endlich an der Küste. *La costa del caribe!*

18 Wiedersehen mit dem Fruchtpalast

Bei meiner Rückkehr nach Santa Marta, der «Perle beider Amerika», war alles wie früher. Derselbe schmuddelige Strand mit der Promenade unter Kokospalmen. Derselbe Teppich aus winzigen orangefarbenen Blumenblättern, die von den Guajak-Bäumen gefallen waren. Dieselben Bananendampfer, die draußen auf dem glatten Meer vor Anker lagen. Dieselben Cafés an der Uferstraße, die sich ihrem schleppenden Vormittagsgeschäft widmeten – das vergammelte Rincón Francés, das El Molino mit neuem Anstrich und die Eisdiele Manhattan. Und dann war da noch das Pan-American, an dem im Schatten des Sonnenverdecks immer mal wieder ein Cocktailglas aus Neonschlangen aufflackerte. Um der alten Zeiten willen trank ich dort einen *tinto*. Der Kellner sagte, nein, an den Samstagabenden würden keine Bands spielen.

Ich ging quer durch den Parque Bolívar nach oben, weg vom Meer und hinein in das Raster aus heißen Seitenstraßen, das sich in Richtung *mercado popular* zog. Die mit Gestrüpp bewachsenen und sandigen Gebirgsausläufer im Hintergrund der Stadt sahen ausgedörrt aus. Die Straßen waren strahlend hell, von der Sonne gebleicht und durchschnitten von Schattenlinien. Die niedrigen Häuser waren fast alle weiß gekalkt, doch hier und da waren sie in Pastellfarben gestrichen, in ausgebleichten Mittelmeertönen wie Rosa, Blau oder Pistaziengrün. In einer winzigen *tienda* mit halbvollen Regalen kaufte ich Zigaretten und wurde dabei flott bedient von einem Jungen, der bei meinem letzten Aufenthalt noch gar nicht auf der Welt gewesen war. In dem Friseurladen gegenüber, der nicht größer war als ein Kleiderschrank und in dem fleckige alte Strichzeichnungen für Frisuren à la James Dean warben, wurde ein Mann rasiert. Gleich daneben lag die Siete-Rojo-Spielhalle, in deren halbdunklem Innenraum sich Figuren wie Schlafwandler bewegten.

Ich bog in die 10th Street ein. Als ich die weiß gestrichene Fassade und die vergitterten Fenster des Fruchtpalasts suchte, wurde mir klar, daß ich viel zu weit oben auf die Straße gestoßen war. Ich ging ein paar Querstraßen weiter hinunter, auf das schmale Band des Meeres zu. Ich war jetzt auf der richtigen Höhe der Straße, nur konnte ich den Fruchtpalast noch immer nicht entdecken, und ich brauchte einen Moment, bis ich mich von meinen Vorstellungen gelöst hatte und erkannte, daß das Haus immer noch da war und fast genauso aussah wie früher. Man hatte bloß das Aushängeschild abgenommen und statt dessen in breiten Buchstaben auf die Wand geschrieben: «Restaurante y Mercados EL PROGRESO».

Die Theke befand sich an einer anderen Stelle, und der stämmige Mann dahinter war ganz bestimmt nicht Julio. Alles andere war so ziemlich wie früher. Ich bemerkte die Schnitzereien an der Tür, die sich kreuzenden Dachbalken an der hohen Decke, den privaten Tisch hinter dem Mauerbogen. Das geradezu archaische Angebot, das kolumbianische Cafés bieten, war auch so ziemlich das gleiche wie früher, es gab alle Arten von Drinks, einfache *comida-corriente*-Gerichte und dazu ein recht wahllos zusammengestelltes Sortiment an Lebensmitteln und Toilettenartikeln. Bloß das Angebot an *jugos* war nicht mehr so wie zu Julios Zeiten. Das Lokal war wie immer leer.

Ich bestellte einen Sapodilla-Saft. Wir tauschten ein paar Freundlichkeiten aus. Der Mann war mürrisch, aber nicht teilnahmslos. Vom Hof her strömte die Sonne herein. Dort hinten hatte ich mit meiner Hängematte und dem Papageienkäfig gelebt. Von der Kante des neuen Tresens aus konnte ich direkt auf den Hof hinausblicken. Wo einst Schößlinge in der Erde gesteckt hatten, stand jetzt ein hoher junger Honigbeeren-Baum, und hinter einer Wäscheleine gab es noch den Hühnerstall, in dem Harvey in dieser Fiasko-Nacht vor so vielen Jahren gelandet war.

«Das Lokal hier hat früher mal Fruchtpalast geheißen, nicht?»

Mit einem argwöhnischen Seitenblick sah der Mann vom Mixgerät auf. Er bejahte meine Frage.

«Vor ein paar Jahren habe ich hier einige Zeit gewohnt. In dem kleinen Zimmer, das nach hinten rausgeht.»

Sein Gesicht wurde wieder weicher. «Nein, *señor*, tut mir

leid. Wir vermieten das Zimmer nicht mehr.» Er servierte meinen Sapodilla-Saft in einem schmutzigen Glas und fügte mit einem mitleidigen Schulterzucken hinzu: «Die Familie wird immer größer.»

«Das ist völlig in Ordnung. Eigentlich hatte ich auch gehofft, den Mann zu finden, dem der Fruchtpalast früher gehört hat. Ein gewisser Julio. Er war ein sehr guter Freund von mir.»

Er schüttelte den Kopf. Nein, von einem Julio wußte er überhaupt nichts. Er hatte den Fruchtpalast von jemandem gekauft, der Luis hieß; vor vier oder fünf Jahren. Luis war nach Sincelejo gegangen, sagte er. Aus dem Zimmer, das früher Julios Schlafzimmer gewesen war, kam seine Frau zu uns. Jetzt hing ein Perlenvorhang vor der Tür. Sie trug einen kleinen Jungen im Arm. Sie sah Julios *muchacha* Miriam einigermaßen ähnlich – schwarze, nach hinten gekämmte Haare, ein rundlicher Körper in einem engen, türkisfarbenen Kleid, mit bloßen Füßen auf dem Steinboden.

Der Mann fragte sie, ob sie etwas über diesen *tipo* Julio wußte, doch sie schüttelte den Kopf und sagte so ziemlich dasselbe wie er vorhin, nur daß Luis diesmal nach Valledupar gegangen war. Ein Weilchen zankten sie sich lustlos über dieses Thema.

Ich trank meinen *jugo*. Im Radio wurde eine traurige Ballade aus Tolima gespielt. In einem Käfig über der Tür saßen zwei Vögel – ein gelb-schwarzer *toque* und ein scharlachroter *sangre de toros*. Der Mann stand in der Tür, fuhr sich mit der Zunge nachdenklich über die Zähne und blickte die in der prallen Sonne liegende Straße entlang. Seine schmierigen Haare, die er glatt nach hinten gekämmt hatte, stießen in einem Saum aus kleinen, bereits grau werdenden Löckchen an seinen Hemdkragen. Die breite, rechteckige Tür gab den Blick frei auf einen brüchigen und staubigen Gehsteig, auf die Motorhaube und die Stoßstange eines Dodge-Lieferwagens, eine cremefarbene Wand und eine hellblaue Tür. Gleich daneben war die bunte Plastikfront eines Lokals der Hühnerbraterkette «Rico Pollo» zu sehen. Die Frau ging zu ihrem Mann hinüber, kuschelte sich an ihn und legte ihm den Arm um die breiten Schultern. Er bewegte sich kaum, blickte einfach weiter auf die Straße hinaus und beachtete sie nicht weiter. Sie setzte sich an einen der

Tische und löste ihre Haarspange, so daß ihre langen, dicken rabenschwarzen Haare sich lösten. Der kleine Kerl krabbelte um den Tresen. Ein Meerschweinchen lief frei herum und setzte im Café erst mal Fett an, bevor es in den Kochtopf wanderte. Der kleine Junge versuchte, es einzufangen, doch es versteckte sich hinter einer Kiste mit leeren Bierflaschen. Plötzlich verstummte das Radio. Der Mann knirschte mit den Zähnen und sagte: «Wir müssen dieses beschissene Radio endlich herrichten lassen!», doch weder er noch sie unternahmen etwas. Tiefe Stille legte sich über den Raum. An eines der Regalbretter war eine humoristische Notiz geheftet: «Kredit nur für Neunundachtzigjährige in Begleitung ihres Vaters.»

Nicht einmal Geister gab es noch hier. La Loca hatte sie alle vertrieben. Jetzt lehnte ein anderer Träumer in der Tür, eine andere *chulita* kämmte ihre Haare aus, und die Stadt ging weiter ihren Geschäften nach, machte weiter ihren schlendernden Spaziergang vorbei an den Grenzmarken der Zeit. Im Ladenrestaurant «Der Fortschritt» war es dermaßen still, daß ich aus der Ecke das trockene Rappeln eines Schuppenpanzers hören konnte. Das Meerschweinchen schnüffelte an der Leiche eines Kakerlaks.

Im Hotel Corona – ein umgewandeltes Kloster an der 12th Street; sehr heruntergekommen; eine Empfehlung des Mannes aus dem El Progreso – nahm ich ein Zimmer im ersten Stock. Dreihundert Pesos pro Nacht ohne Mahlzeiten. Es war verlottert, aber sauber. Ein gefliester Fußboden, ein niedriges Bett, ein Ventilator an der Decke, eine Duschkabine – oder, besser gesagt, ein Wasserauslaß über Kopfhöhe – und ein Waschbekken. Das hohe Fenster mit den Holzläden öffnete sich auf den Innenhof des Hotels, doch die Obstbäume im Patio waren buschig genug, um dem Zimmer eine private Atmosphäre zu geben. Omar, der Junge vom Empfang, war ein freundlicher, hübscher, ungefähr achtzehnjähriger Kreole. Er stammte aus dem Dorf Caracoles, das südlich von Fundación im Flachland lag. Andere Leute, die etwas mit dem Betrieb des Hotels zu tun hatten – undefinierbare *administradores*, Kofferträger und Zimmermädchen –, tauchten nur ab und zu auf, aber Omar war immer da. Er lungerte hinter dem Empfangstresen, werkelte auf dem Hof herum oder lag auf seinem Bett im Hinterzimmer und war in steter Bereitschaft, seinen Kopf von dort herauszustrecken. Er hörte den lieben langen Tag *vallenatos* aus dem Radio – Radio Galeón – und las sich langsam durch einen riesigen Stapel venezolanischer Schundhefte. Diese gezeichneten Groschenromane – *un cine en su bolsillo*, ein Kino in der Hosentasche – sind der Hauptlesestoff für die Kolumbianer aller Altersstufen. Es gibt Horror-Strips wie *Posesión Diabolica*; Detektiv-Strips wie *Adelita*, die voll sind mit langbeinigen Damen in angedeuteten sado-masochistischen Situationen; einen heldenhaften Indio namens Einsamer Adler, der mit dunkelhäutigen *guaqueros* kämpft, die alle ein steinhartes Kinn haben; und es gibt einen kuriosen lateinamerikanischen Superman aus der Unterschicht, El Enmascarado de Plata, den Mann mit der silbernen Maske, der das Recht so eindeutig auf seiner Seite hat, daß von Zeit zu Zeit sogar der Erzengel Michael erscheint, um ihm aus der Klemme zu helfen.

Nur ein Stück den Balkon entlang wohnte im Corona auch ein reisendes Paar, Renate und Renaldo. Sie war eine träge, schlampige, *jolie laide* Schweizerin, er ein Tizian ähnelnder Venezianer mit einem wilden schwarzen Schnurrbart und langen schwarzen Haaren, von denen ein paar Strähnen wie bei einem Piraten zu einem kleinen Zopf geflochten waren. Sie sprachen beide kein Englisch, und so unterhielten wir uns auf spanisch. Renate leierte ihr Touristengarn herunter, blubber blubber, *me entiendes*, blubber blubber. Renaldo war ruhiger, wenn auch sprunghafter. Die beiden reisten seit fünf Jahren durch Südamerika. Sie besaßen ganz wunderbare Dinge – *las frutas del viaje*; die weiße gewebte Hängematte aus dem *Mato Grosso*; das Trinkhorn aus Paraguay; Macheten in ledernen Scheiden; Halsbänder aus Amethyst und natürlich auch die so wertvolle Pfeife, die sie in der Nähe von Pucallpa im Dschungel von Shipibo-Indios bekommen haben; die Schüssel aus Schwarzholz; das Trinkgefäß aus Affenknochen, ein ganz besonderer Glücksfall.

Die beiden waren noch nicht lange in Santa Marta, doch sie hatten sich mit Leichtigkeit in seine ungezwungenen Abläufe hineingefunden. Santa Marta federt die Laster seiner Besucher so behutsam ab, daß diese das Gefühl haben, es wären Tugenden. Renate schlief bis in den Vormittag hinein, doch Renaldo war immer schon gegen halb sieben auf, wenn der Himmel noch rosafarben war, und ging dann an den Strand hinunter. Er joggte die halbmondförmige Bucht entlang, was hin und zurück ungefähr fünfzehn Minuten dauerte, machte Turnübungen, schwamm und kehrte anschließend ins Hotel zurück. Auf dem Weg dorthin holte er noch die Morgenzeitung. Nachdem er geduscht hatte, war er bereit für sein Frühstück Santa Marta. Es bestand aus *blanco y negro*, das heißt aus zwei reichlichen Lines Kokain und zwei Tassen *tinto*. Die *tintos* wurden von Omar gebracht, auf den Renaldo einen rätselhaften Einfluß ausübte. Auf Touren gebracht, widmete Renaldo sich daraufhin den kleinen Erledigungen des Tages – Einkäufe, Geldwechsel und so weiter. Anscheinend ist es wirklich so, daß sich in Santa Marta am frühen Morgen alles am schwungvollsten abspielt. Ungefähr um halb elf steht die Sonne schon zu hoch, und die Leute denken langsam an die Mittagspause. Renaldo bemühte sich, seine Erledigungen bis dahin hinter sich gebracht zu haben, denn es kam noch dazu, daß die Wirkung von *blanco y negro* nachließ, und da hieß es, ins Corona zurückzukehren, wo Renate verschlafen den Kopf hochreckte oder im Bett liegend las. Sie duschten dann gemeinsam, drehten sich einen Joint aus *punto-rojo*-Gras und gönnten sich anschließend ein langes, gemütliches, so richtig ordentliches Frühstück in einem der Cafés an der Uferstraße – Eier *pericos*, vielleicht eine Shrimps-*ceviche*, Brot und Guajava-Gelee, Kaffee und *jugos*. Das Frühstück ging nahtlos und ohne jede Anstrengung in den Mittagsspaziergang über, mit ein paar Bier hier, einer Plauderei und einem kleinen Handel dort – Lotterieverkäufer, Straßenhändler, Gringos, Samarios, sie schienen sie alle zu kennen. Renaldo sprach das gleiche Spanisch mit dem italienischen Singsang, das ich von Gus' Freund Alessandro noch im Ohr hatte, und die *costeños* fanden es bezaubernd. Dann folgte die feierlich eingehaltene Siesta, und hinterher, gegen vier Uhr, begann der zweite Teil des Tages und für die beiden oft die Zeit, zu der sie in ihrem Zimmer Besucher empfingen. Sie erzielten einen kleinen Nebenverdienst im Drogengeschäft, indem sie an Gringos, die sich vor dem Aufwand drückten, den Stoff auf der Straße zu kaufen, zu leicht überhöhtem Preis kleine Mengen *perica* verkauften. Gegen halb sechs, wenn die Kraft der Sonne zu schwinden begann, gingen sie beide noch einmal zum Schwimmen an den Strand und kehrten hinterher ins Corona zurück, um sich auf die abendlichen Festivitäten vorzubereiten.

Manchmal gehörte zu diesen Festivitäten auch ein Abendessen mit Schnapperfisch und chilenischem Riesling in einem kleinen Restaurant an der Uferstraße. Es hieß El Molino. Dessen Geschäftsführer, Señor Santander, war ein großer, melancholischer Mann in den Fünfzigern und hatte langgliedrige, bläßliche Hände, die immerzu leicht zitterten. Nachdem er erfahren hatte, daß ich Engländer war, überraschte er mich damit, daß er fragte: «*Usted es* Scowse?» Ich sagte, daß ich das nicht sei, daß ich Liverpool aber ein bißchen kannte. Er ließ durchblicken, daß er es ebenfalls kannte. Eines Abends erzählte er mir seine Geschichte. Er stammte ursprünglich aus Cartagena. Während La Violencia, also während des Bürgerkriegs in den fünfziger Jahren, bei dem sich die liberalen und konservativen Gruppierungen Straßenschlachten lieferten, mußte er rasch aus der Stadt verschwinden – er war ein radikaler Gaitanista. Er gelangte nach Barranquilla, heuerte als Handelsmatrose an und stach Richtung Spanien in See. Über viele Jahre hinweg war er Kapitän eines alten Tramp-Schiffes, das Fracht aus Bilbao holte, und er fuhr oft nach Liverpool, um Orangen, Weintrauben und Öl dorthin zu liefern. Dort lernte er auch die Taiwanesin Lily kennen, die in Liverpools Chinatown am Hafen lebte, und machte ihr den Hof. Vor zwanzig Jahren hatte er sie dann geheiratet. «Es hat wie üblich geregnet», sagte er. Lily war in Liverpool aufgewachsen. Sie war eine große Liebhaberin von etwas, das Santander *«el Merci-Bee»* nannte und das ich schließlich als den «Mersey-Beat» entschlüsselte. Es war unglaublich! Santander hatte doch tatsächlich Los Beatles im Cavern spielen hören, als sie noch zu fünft gewesen waren, er hatte Gerry y los Pacemakers gesehen, und Wayne Fontana y los ... los ...

«Los Mindbenders?»

«*Eso es*. Los Mindbenders!»

Traurig blickte er auf den Hafen hinaus. Ein Containerschiff wurde bei Flutlicht beladen. Seine Chinatown Lily war bei der

Geburt ihres gemeinsamen Sohnes gestorben. Er selbst war vor zehn Jahren nach Kolumbien zurückgekehrt. Einige Zeit war er als Kapitän bei Vergnügungsfahrten zu den Rosarios Islands mitgefahren, und jetzt lebte er in Santa Marta, hatte eine neue Frau und eine kleine Tochter und dazu einen einigermaßen guten Job hier im El Molino. Sein Sohn lebte immer noch in Liverpool, wo er von seinen taiwanesischen Großeltern aufgezogen wurde. Er mußte jetzt ungefähr achtzehn sein. Lilys Wunsch entsprechend hieß er John. Nach John Lennon.

Der eigentliche Besitzer des El Molino war ein unangenehmer Typ namens Silvio. Er war ein gelackter junger Kerl, ein Macher, der immerzu ein selbstgefälliges Grinsen aufgesetzt hatte. Über den Bund seiner teuren Hose hing eine kleine Speckrolle. Im Restaurant selbst machte er überhaupt nichts, sondern hing dort bloß von Zeit zu Zeit in Begleitung verschiedener Kumpane und *guardespaldas* herum. Einem von denen gaben wir den Spitznamen Lone Ranger, da er mit seiner auf Hochglanz polierten Maschine, einer Yamaha, immer auf den Gehsteig und dann über den Gang zwischen den Tischen des Restaurants nach hinten fuhr. Wir warteten jedesmal darauf, daß er gleich ein herzliches: «Hü, Silver!» ausstoßen würde. Direkt neben dem El Molino lag ein Bingo-Club, Bingo El Portal, der ebenfalls Silvio gehörte. Geleitet wurde er von zwei Männern, einem dicken Kettenraucher, der die Kasse und das Preisgeld verwaltete (Mindesteinsatz tausend Pesos), und einem dünnen, geckenhaften Mann, der die Nummern ausrief. Seine tiefe, ausdruckslose Stimme, die über einen Lautsprecher verzerrt wurde, konnte man den halben Strand entlang hören. Zwischen den verschiedenen Spielen saßen diese beiden immer gemeinsam mit Silvio und seinen Kumpanen an dem für sie freigehaltenen Tisch.

Eines Abends kam es im El Molino zu einer heftigen Auseinandersetzung. Silvio saß wie üblich herum. Er trug ein Bowling-Hemd und eine Pilotensonnenbrille und hatte sein kleines ledernes Handtäschchen dabei. Er und ein älterer Mann, der mir noch nie zuvor aufgefallen war, hatten die Köpfe zusammengesteckt und besprachen etwas. Plötzlich tauchte ein wütender, halb betrunkener *costeño* in Bermuda-Shorts auf. Er ging schnurstracks auf Silvio zu, stützte sich mit seinen knochigen Armen auf den Tisch und fing an, ihn mit einer Schimpftirade zu überschütten. Ich konnte die Worte *plata* und *marimba* verstehen – Geld und Stoff. Und was sonst noch? Silvio sah sich nervös nach seinen Kumpanen um, doch die waren irgendwo in den hinteren Räumen des Restaurants und sahen ein Video von *Starsky y Hutch* an. Silvio wich immer weiter zurück. Der schwitzende *costeño* drängte hinterher, schrie etwas von Geld, das Silvio ihm schuldete, von zehntausend Pesos, davon, daß er nichts hatte, das er seiner Frau und seinen kleinen *chinos* zu essen geben konnte, während Silvio, der *gordo maricón* Silvio, wie eine Kröte auf seinem stinkenden Geld saß und jeden Tag fetter wurde. Dann kam es zu einem richtigen Handgemenge mit Stößen, Schlägen und Tritten, doch inzwischen waren die Kellner und die *guardespaldas* im Lokal und zerrten den *costeño* fort. Wie ein aufgeregter Flamingo flatterte Señor Santander rund um das Gewühl herum. Der Lone Ranger und ein paar Kellner beruhigten den *costeño* und stießen ihn sanft, aber bestimmt in Richtung Gehsteig. Es sah so aus, als kennten sie ihn gut, als wäre er ein regelmäßig auftauchender, aufsässiger Quälgeist. Doch der *costeño* blieb in der Nähe der Tische stehen. Er schwankte gefährlich, hatte Speichel auf dem Kinn und schleuderte deftige Obszönitäten in das Restaurant, wo Silvio von einer ganzen Armada aus hilfreichen Geistern umgeben war. Santander tupfte an Silvios blutiger Nase herum, und ein Kellner schüttete kaltes Wasser über seinen verletzten Arm. Er fluchte wie ein Kind und schlug auf den Kellner ein, weil der das Wasser auch auf die Seiko-Uhr geschüttet hatte. Zu meiner Beunruhigung wandte sich der *costeño* jetzt an uns. Auch an anderen Tischen saßen noch Leute, doch aus purem Zufall wandte er seine Aufmerksamkeit uns zu. Mit großen Gesten unterstrich er seinen Appell. Er hatte noch zehntausend Pesos zu bekommen, schrie er. Und dann erklärte er in sehr deutlichen Worten, wie «*este hijo de puta compra la marimba y no paga nada*» – wie dieser Scheißkerl das Gras bei mir kauft und nichts dafür zahlt. Diese Art der öffentlichen Anschuldigung gefiel den Leuten um Silvio überhaupt nicht. Ich sah, wie sich der Lone Ranger und ein anderer Mann rasch und entschieden aus der Gruppe lösten. Doch bevor sie ihn erreicht hatten, war schon der *bingero* – der Große, der die Zahlen ausrief – um die Ecke gelaufen gekommen und trieb den *costeño* mit einer Serie von harten Schlägen gegen die Schulter zurück. Ich sah, wie seine Hand unter sein Jackett schlüpfte. Er zeigte dem *costeño* etwas. Zwar stand er mit dem Rücken zu uns, doch es war ganz offensichtlich eine Pistole. Der *costeño* zog sich augenblicklich und sehr hastig zurück und war bald außer Sichtweite verschwunden, da er sich durch die versammelte Menge auf dem Gehsteig zwängte. Alle ließen einen Seufzer der Erleichterung hören. Die Kellner lachten nervös. «Bitte, *señores y señoras*, ein bedauerlicher Zwischenfall, bitte lassen Sie sich nicht stören.» Die schaulustige Menge löste sich auf, die Bingo-Spieler kehrten auf ihre Plätze zurück, und die alte Ballmischmaschine setzte sich knarrend wieder in Bewegung. *«Y el veintiuno suertero»*, dröhnte die tiefe, ruhige Stimme. Die Glückszahl ist einundzwanzig, und alles ist wieder unter Kontrolle.

Es gab noch ein Nachspiel zu diesem kleinen Vorfall. Ein paar Abende später kamen wir erneut zum Essen in das El Molino. Es war Freitag abend. Wir waren darauf eingestellt, daß es ziemlich voll sein würde, doch wir fanden niemand vor außer ein paar Kellnern, die betreten herumstanden, und Señor Santander, der sogar noch kummervoller dreinschaute als sonst. Es habe letzte Nacht einen Einbruchsdiebstahl gegeben, erklärte er. Der Kühlschrank sei gestohlen worden. Es war ein unangenehm heißer Tag – ein Restaurant an der Uferstraße, das kein kaltes Bier hatte, war wie ein Teesalon ohne feines Gebäck. Außerdem stand an diesem Tag kein Fisch auf der Karte. Er war verdorben. Kurioserweise hatten die Diebe bloß den Kühlschrank mitgenommen.

«Warum haben sie nicht den Fernseher oder die Musikanlage oder etwas Wertvolleres mitgenommen?» fragte Renate.

Über die Leichenbittermiene des Restaurantleiters huschte der Anflug eines Lächelns. «Ich denke», sagte er rätselhaft, «das wäre zuviel gewesen.»

«Zuviel für einen kolumbianischen Dieb?» sagte Renate schnaubend.

«Ich habe mich erkundigt», entgegnete Santander. «Auf dem Schwarzmarkt kann man einen guten Kühlschrank wie den unseren für ungefähr zehntausend Pesos verkaufen. Erinnern Sie sich an den Abend damals? An die zehntausend Pesos?»

Wir drängten ihn, uns noch mehr Details über diese Vendetta offenzulegen, doch er schüttelte den Kopf und legte seinen langgliedrigen Zeigefinger vor die Lippen. «Dem Boß ist es lieber, wenn wir nicht darüber sprechen. Morgen bekommen wir einen neuen Kühlschrank. Und schon morgen abend wird es wieder Schnapperfisch und kaltes Bier geben.»

19 Post aus Chile

Es wurde jetzt Zeit, daß ich wieder mit Biß an meinem Auftrag weiterarbeitete. Nur war das mit Anstrengungen verbunden, zu denen man in Santa Marta in den heißen Apriltagen überhaupt nicht ermutigt wurde. Das Leben ging in gemächlichem Tempo vor sich, nicht schwerfällig, sondern gemächlich, in einem langsam dahinplätschernden Adagio, dem Akzente aufgesetzt wurden durch Scherzos aus Kleinstadtdramen und durch den konstanten Grundton der Gaunereien, die zu diesem Ort gehörten. Nichts geschah, und nichts wurde in Angriff genommen, doch lief alles in bester Stimmung ab. Jeder wartete auf irgend jemand oder irgend etwas. Man war immer ganz nah dran am großen Coup oder an der riesigen Goldader, der *gran chipola*. Die Samarios mit ihren starken schwarzafrikanischen und maurisch-arabischen Merkmalen sind von Natur aus keine schaffenden Menschen und rühmen sich selbst als *hombres de negocios* – als Händler, Vermittler, Dealer, Schmuggler. Die günstigen Voraussetzungen des *costeño*-Lebens – Sonne, Meer und fruchtbarer Boden – erlauben es, sich selbst noch auf dem allerniedrigsten wirtschaftlichen Niveau um die Entfaltung dieser Talente zu kümmern. Von den millionenschweren *marimberos* im Country Club bis zu den *gamines* mit den geschorenen Köpfen, die sich auf der Uferstraße an einen heranmachen und einem Chiclets-Kaugummi verkaufen wollen, ist Santa Marta ein einziger großer Dienstleistungsbetrieb.

Es war überaus angenehm, die Zeit verstreichen zu lassen und in der Sonne zu sitzen. Wie der Wind, der verschiedene Gerüche an einem vorbeiziehen läßt, so führte auch die Zeit verschiedene Bilder an mir vorbei. Aber ich hatte doch eine Aufgabe zu erledigen. Ich war hier, um eine Story zu schreiben, und wenn es überhaupt einen Ort gab, an dem ich sie schreiben konnte, so war das Santa Marta. Hier würde ich alles vergessen können – Bogotá, Gus, Basuko-Süchtige, Schlachthäuser und Erdbeben. Hier war ich in Santa Marta. Das war *la costa.* Ich war wieder in diesem Schmugglernest, in dieser vergnügungssüchtigen Stadt, im Südamerika mit dem Rock'n'Roll-Gefühl. Es war jetzt soweit. Endlich würde ich meine Geschichte schreiben.

Auf jeden Fall hatte ich so etwas Ähnliches wie einen Plan. Einen Teil der Probleme, die ich in Bogotá erlebt hatte, hatte ich mir selber zuzuschreiben. Es war wirklich eine unsinnige Vorstellung gewesen, daß ich mit meinem Füller und meinem Notizbuch bloß eifrig herumzulaufen brauchte, um meine Story hinterher aus ein paar Geschichten aus zweiter Hand zusammenflicken zu können. Die Leute, die im Drogenhandel etwas zu sagen hatten, waren sehr darauf bedacht – Gus hatte das unmißverständlich klargemacht –, ja nichts an die Öffentlichkeit kommen zu lassen. Und die Leute, die auf so etwas keinen Wert legten, erzählten ihre Geheimnisse jedem Dahergelaufenen, der sie ein bißchen ausfragte. Ich war bereits seit zwei Monaten in Kolumbien, hatte den Großteil meines Geldes ausgegeben, hatte die Nase voll von Kokain und Basuko und hatte noch immer niemanden kennengelernt, der wirklich wichtig war. *Wahrscheinlich* hatte ich einem Kokainbaron die Hand geschüttelt – Don Rafael Vallejo im Schlachthaus San Felipe, der *vielleicht* Gus' rätselhaftes Schneewittchen war –, doch diesen Umstand konnte man wohl kaum als den Knüller des Jahrzehnts verkaufen. Es war jetzt an der Zeit, daß ich mein Notizbuch unter das Kopfkissen steckte und in die Phase zwei eintrat. Gus hatte sicherlich recht gehabt, als er eines Abends in seinem Krähennest gesagt hatte: «Bei der Sache kommst du nur weiter, wenn du auf dem Karussell auch selbst mitfährst.»

Kurz gesagt hatte ich vor, als Käufer aufzutreten und mich an einer bestimmten Menge Kokain interessiert zu zeigen. Zehn Kilo waren eine nette runde Menge – ein Kauf der mittleren Kategorie, mit dem man unter Beweis stellte, daß man auch richtig schmuggelte und nicht bloß als einfaches Maultier durch den Zoll wollte; andererseits war sie aber klein genug, um damit nicht in die Kategorien vorzustoßen, in denen ein Handel nur mit den großen Drogensyndikaten möglich war.

Ich wollte einfach mal sehen, wie weit ich mit meinem Gequassel in den Drogenhandel von Santa Marta vordringen konnte.

Als Käufer stand ich allerdings vor dem Problem, daß mir das Bargeld fehlte. Hier in Santa Marta kostete ein Kilo Kokain ungefähr fünfzehntausend Dollar. Wegen der etwas größeren Nähe zu den Endverkäufern lag der Preis hier auch etwas höher als in Bogotá oder Cali. Es ist eigentlich nicht üblich, daß bei großen Drogengeschäften Mengenrabatt gewährt wird, und deswegen würde ich auf dem Preisschild für meine zehn Kilo auch eine Summe von rund hundertfünfzigtausend Dollar stehen haben. Ein paar verrückte Augenblicke lang begeisterte ich mich für die Idee, Malcolm telegraphisch um das Geld zu bitten, doch mir wurde rasch klar, daß das nicht nur aussichtslos war, sondern auch unnötig. Ich brauchte das Geld nicht wirklich in der Hand zu haben, da ich das Kokain sowieso nicht kaufen würde. Es genügte, wenn ich den Eindruck erwecken konnte, das Geld zu haben – oder es wenigstens aufbringen zu können. Kurz gesagt, brauchte ich so etwas wie eine Bürgschaft.

Deswegen rief ich kurz nach meiner Ankunft in Santa Marta Malcolm in London an. Eine Sekretärin, deren helle Stimme wegen des Nachhalls klang, als käme sie von einem anderen Planeten, sagte, ich solle mal kurz dranbleiben. Der Gebührenzähler tackerte dahin. «Tut mir leid, aber er scheint gerade nicht in seinem Zimmer zu sein.» Noch einmal ein kurzes Dranbleiben. Dann schließlich aus weiter Ferne die aufgeregte Stimme von Malcolm. «Charles! Super! Wie läuft's denn?» Ich versicherte ihm, daß alles ganz wunderbar lief, daß ich an jeder Straßenecke heiße Geschichten auftat, daß sie sich praktisch von selbst schrieben und so weiter und so fort.

«Hören Sie zu, Malcolm, ich rufe an, weil ich möchte, daß Sie mir ein bißchen Unterstützung zukommen lassen.»

Noch über diese riesige Entfernung hinweg hörte ich ihn regelrecht zusammenzucken. «Damit sieht's aber ziemlich schlecht aus, Charles», rief er. «Das Steuerjahr ist gerade zu Ende. Die von der Buchhaltung lassen momentan überhaupt kein Geld aus.»

«Ich spreche doch gar nicht von Geld! Obwohl ich es weiß

Gott gut brauchen könnte. Ich möchte, daß Sie mir einen Gefallen tun, das ist alles. Ich brauche eine Bürgschaft.»

«Könnten Sie sich etwas genauer ausdrücken?»

«Okay. Wahrscheinlich werde ich Ihnen in ein paar Tagen ein Telegramm schicken. Verstanden? Ich weiß noch nicht, was drinstehen wird, doch ich möchte, daß Sie mir ein Telegramm zurückschicken, sobald Sie es erhalten haben. Und darin werden Sie schreiben: ‹Preis in Ordnung, aber Überprüfung aller Transportwege vor weiteren Schritten›. Das ist alles. Sonst nichts. Haben Sie das verstanden?»

«Ja, ich hab's verstanden.»

«Gut. Schicken Sie es mir ins Hotel Corona in Santa Marta.»

«Ja, geht in Ordnung. Aber ich verstehe nicht so recht, wie Ihnen das weiterhelfen soll.»

«Man könnte sagen, es ist ein Köder, mit dem ich mir einen Schmuggler angle. Aber ich muß jetzt aufhören.» Ich wiederholte alles noch einmal. «Sie machen das doch, Malcolm, oder? Ach ja, Malcolm, da wäre noch etwas. Geben Sie um Himmels willen keinen Absender an, ja? Keine Namen. Wie? Aber ja, natürlich ist alles völlig legal. Ja, total koscher. Tschüß jetzt!»

Als nächstes mußte ich jemanden finden, der zehn Kilo Kokain verkaufte. Ich war recht sicher, daß mir das kaum Probleme machen würde. Koks gibt es in Santa Marta in Hülle und Fülle. Man kann wirklich nicht sagen, wieviel kolumbianisches Kokain über die karibische Küste oder über die Landebahnen auf der Guajira-Halbinsel außer Landes geht, aber selbst wenn man die Menge gering ansetzt, dann sind es mit Sicherheit pro Woche immer noch ungefähr fünfhundert Kilo. Der Großteil wird hier nur durchgeschleust und nicht verkauft, doch im allgemeinen besteht an der Küste weder ein Mangel an Schnee noch einer an Leuten, die wild darauf sind, ihn zu verkaufen. Es ist überall bekannt, daß man *coco* in Santa Marta leichter kiloweise als grammweise kaufen kann.

Ich entschloß mich, es bei Waldino zu probieren. Er war der Mister Der-macht-das-schon mit dem schwarzen Bart, den mir Jairo so ans Herz gelegt hatte. Jairo war der Samario, den ich damals in der Nacht auf der Caracas Avenue gemeinsam mit Julio Cesar getroffen hatte. Ich hielt diesen Weg für klüger als den, Renate und Renaldo um eine Vermittlung zu bitten. Zwar verfügten die beiden zweifellos über etliche Kontakte, doch wenn sie den Eindruck bekamen, daß ich einen Großeinkauf machen wollte, dann war es mehr als wahrscheinlich, daß sie sich an diesem Geschäft beteiligen und als Mittelsmänner ihren «Schnitt» machen wollten. Das hätte bedeutet, daß sie für die geleisteten Dienste einen Teil der *perica* oder der Pesos hätten haben wollen. Und da es um zehn Kilo ging, war der Kuchen ganz schön gehaltvoll. Und vor allem wollte ja *ich selbst* zu den Leuten vordringen, auf die es ankam. Noch dazu waren die beiden mir mittlerweile sympathisch. Es blieb mir gar nichts anderes übrig, als wegen meiner Story unheimlich viel zu lügen, und da sollten nicht sie zu meinen Opfern werden. Deswegen war ich froh, als sie zu einem kleinen Ausflug nach Cartagena aufbrachen und das Corona für ein paar Tage verließen. Sie meinten zwar, daß sie schon bald wieder zurückkommen würden, doch wir verabschiedeten uns trotzdem mit großer Ernsthaftigkeit voneinander. Sie, weil einem auf der Straße immer etwas Unvorhergesehenes passieren kann, und ich, weil ich ganz sicher an den Punkt kommen würde, an dem ich mitsamt der Lüge über meinen Kokainkauf ganz schnell von der Bildfläche zu verschwinden hatte.

Schon nach kurzer Zeit hatte ich Waldino ausfindig gemacht. Omar, der Junge hinter dem Empfangstresen des Corona, kannte ihn vom Sehen. Er empfahl mir, im La Casona, einer Bar unten am Hafen, nach ihm zu fragen. Dort schickte man mich weiter zu einem Schreibwarengeschäft an der 5th Avenue, der wichtigsten Einkaufs- und Geschäftsstraße der Stadt. In dem vollgestopften, etwas düsteren Laden bediente ein Mann mit schwarzem Bart zwei Schulmädchen, die Schreibhefte und Stifte haben wollten. Mir schien das hier zwar nicht ganz der richtige Ort zu sein, um einen Kokain-Deal auf die Beine zu stellen, doch als die Mädchen gegangen waren, trat ich mit der Rolle Klebeband, die ich krampfhaft festhielt, an den Tresen und fragte den Mann, ob er Waldino sei.

Er war es nicht, aber er konnte mit Waldino Kontakt aufnehmen. Waldino war einer seiner Geschäftspartner. Er legte mir einen Stift und einen Notizblock mit Werbeaufdruck hin und sagte, ich solle meinen Namen aufschreiben und die Adresse, unter der ich zu erreichen sei. Es war mir zwar etwas unangenehm, den Namen meines Hotels preiszugeben, doch Waldino würde in dieser kleinen, neugierigen Stadt wahrscheinlich ohnehin nicht länger als zehn Minuten brauchen, um herauszufinden, wo ich wohnte. Ich schrieb meinen Vornamen und die Hoteladresse auf. Auf dem Kugelschreiber war ein Bild von Spiderman aufgedruckt.

«Okay, Mister», sagte der Mann lebhaft. «Waldino findet Sie schon.»

Es ging alles so unglaublich glatt und leicht. Doch schon ein paar Stunden später, gegen Ende der Siesta, schlichen sich kleine Komplikationen ein. Nach einem leichten Klopfen an der Tür hörte ich Omars Stimme: «Ein Besucher wartet unten auf Sie.» Es war der Mann aus dem Schreibwarengeschäft.

«Ich habe mit Waldino gesprochen, *señor.* Unglücklicherweise muß er noch ein paar Tage in Cartagena bleiben. Er meinte, daß Sie ihn dort treffen müßten, falls es mit Ihrem Geschäft eilig ist.»

Darauf erpicht, die Sache ins Rollen zu bringen, sagte ich, daß ich mich mit Waldino in Cartagena treffen wolle. Der Mann meinte daraufhin, ich solle am nächsten Nachmittag um drei Uhr vor dem Café Paragua warten. Dieses Café lag in Bocagrande, im Seebad von Cartagena. Zum zweitenmal versicherte er mir: «Waldino findet Sie schon.»

Um einen recht geschäftsmäßigen Eindruck zu machen, sagte ich dem Mann, ich würde nach Cartagena fliegen, doch meine finanziellen Ressourcen waren schon so erschöpft, daß es die Flota La Velocidad – die Autobusgesellschaft Geschwindigkeit – war, die mich am nächsten Vormittag nach Cartagena brachte. Es war ein heißer, wolkenloser Tag. Während der Fahrt wehten Staub und die Akkordeonklänge von *vallenatos* hinter uns her. Über den schmalen Damm zwischen dem Karibischen Meer und den sumpfigen Lagunen des Ciénaga Grande, die mit Inseln aus Mangrovenbäumen gesprenkelt waren, fuhren wir in Richtung Süden, in Richtung Ciénaga. An jeder Haltestelle wurde der Bus von Straßenhändlern belagert – Obst, Bonbons, Tamarindensaft, gebratene Hähnchen. In Kolumbien braucht man sich bloß aus dem Busfenster zu lehnen, um gut essen zu können. Am Horizont ragte Barranquilla auf. Die Stadt breitet sich entlang der Mündung des Magdalena aus. Mit den Hafenkränen und den geschmacklosen Wolkenkratzern, die von Hüttensiedlungen, den *tugurias,* umschlossen waren, wirkte sie wie ein großes, schmutziges Gürteltier. Bei einem Zwischenhalt in einem der Vororte wurden mir binnen kürzester Zeit nacheinander eine elektrische Zahnbürste, ein Paar hochhakkiger Damenschuhe und eine Großhandelspackung Eng Aung Tong Tigerbalsam angeboten, die alle zweifellos von einem Handelsschiff geklaut worden waren.

Barranquilla ist Kolumbiens wichtigster Industriehafen, eine heiße, lärmige, von Schmeißfliegen geplagte Stadt, die geradezu stolz darauf zu sein scheint, daß sie diese Nachteile mit nichts anderem aufwiegen kann. Ich erinnerte mich, daß ich bei meinem ersten Aufenthalt in dieser Stadt zufälligerweise am letzten Tag des Karnevals angekommen war. Alle hatten fünf Tage hintereinander anständig gesoffen. Neben den Bierzelten auf dem Paseo Bolívar plätscherten damals ganze Urinbäche dahin. Die gesamte Stadt war in einem Gebrodel aus Tanz, Musik, Dschungelmasken und wilden Kostümen gefangen. Überschüttet mit Mehl und Wasser, wanderte ich durch die Stadt. Ich war völlig verwirrt und unfähig, auch nur ein Wort zu verstehen. Betrunkene Barranquilleros sprechen ein Spanisch, das schneller und fremder klingt als jede andere bekannte Sprache. Gegen Abend hatte ich fast schon genug von dem ganzen Wirbel. Von einer merkwürdigen Vorführung, die «Der Tod des Jose Carnivalito» hieß, verstand ich kaum etwas. Danach rannten wir alle hinter der Karnevalskönigin in ihrem großen glänzenden Cadillac her, und dann war der Zauber vorbei. Alle liefen wieder in ihren normalen Kleidern herum, und ich war der einzige, der immer noch mit Mehl vollgestaubt war und die Plastikflasche schwenkte, in der man während der Karnevalstage den Rum verkaufte. Niemand fällt stärker aus der Reihe als jemand, der erst am letzten Tag des Karnevals zu feiern anfängt.

Doch diesmal war ich bloß auf der Durchreise. Die Straße nach Cartagena bog ins Landesinnere ab, in eine heiße, hügelige Gegend mit dürrem Gras, niedrigen Akazien, durstigen Pferden, Schuppen zur Zuckerrohrverarbeitung und von Mangobäumen beschatteten *fincas*. Kurz nach Mittag tasteten wir uns vorsichtig durch die staubig-weißen Vororte von Cartagena. Ein Graffito auf einer Wand lautete: «TU ESQUELETO ES VIVO». Dein Skelett lebt. Wenn mir auch sonst wenig klar war, zumindest dessen war ich mir sicher.

Der Bus setzte uns in der Nähe der Festung San Felipe ab. Mit einem Linienbus fuhr ich nach Bocagrande. Bocagrande ist Kolumbiens elegantester Badeort, eine lange und schmale, von Stränden gesäumte und mit einem Netz aus Hotels, Boutiquen und Straßencafés überzogene Landzunge, die von der alten ummauerten Stadt aus in Richtung Süden vorragt. Am Ende dieser Landzunge steht das Cartagena Hilton. Die Ortsansässigen nennen das Gebiet «Miami Chiquita» – Klein Miami –, und das sagt auch so ungefähr alles.

In der Eingangshalle des Hotels Succar kaufte ich einen Stadtplan und beobachtete einen bebrillten und heftig schwitzenden Amerikaner, der sein Geld, seinen Paß, seine Flugtikkets und seine Uhr dem Hotelsafe anvertraute. Die Augen des *portero* glitzerten, als das Geld abgezählt wurde – zweieinhalbtausend Dollar in Reiseschecks von American Express und dazu noch ein paar hundert Dollar in Papiergeld. Ich grinste den Amerikaner an. Er schaute finster zurück. «Wenn ich nicht ein so verdammt vertrauensseliger Kerl wäre, würde ich auch noch mein Hemd da reinlegen!» Nach und nach stellte sich heraus, daß er am Vormittag aus Panama City eingetroffen war und versucht hatte, Dollars zu wechseln, wo er es lieber nicht hätte tun sollen. Deshalb hatte er es gleich mit der örtlichen Spezialität zu tun bekommen – *el paquete chileno*. Die «Post aus Chile» – aus unerfindlichen Gründen so genannt – steht für jedes halbseidene Geschäft, für jeden Coup, bei dem jemand übers Ohr gehauen wird – ein Paket Oregano anstelle von Gras, ein Gramm Borax anstelle von Koks oder, wie im Fall dieses Mannes, ein Umschlag mit einem hübschen, von einem Gummiband zusammengehaltenen Geldbündel, bei dem bloß der oberste Schein eine Tausend-Peso-Note war und alles andere zurechtgeschnittenes, leeres Papier. Ich dachte an Harvey, den die Ereignisse damals in der Nacht im Fruchtpalast hoffnungslos ins Abseits getrieben hatten. Dieser Ort hatte eine ganz besondere Atmosphäre – die Hitze, die Deckenventilatoren, die lächelnden Kerle mit ihren Messern. Man hüte sich vor der

Post aus Chile! *La costa* konnte genausogut Kosten wie Küste bedeuten.

Wie abgesprochen wartete ich um drei Uhr vor dem Paragua, einem großen Straßencafé an der Ecke der 2nd Avenue. Es war alles ruhig. Siesta. Auf der im Schatten liegenden Seite der Straße schlenderten ein paar Leute. Am Abend würde es hier voll sein, Lichterketten würden zwischen den Palmen leuchten und Straßenmusikanten spielen. Was würden mir die nächsten paar Stunden bescheren? Ich mußte wieder daran denken, daß Waldino keine Ahnung hatte, was ich von ihm wollte. Über Kokain war keine einzige Silbe gesprochen worden. Es war auch gut möglich, daß er sich Hoffnungen machte, mir eine größere Menge Spiderman-Kugelschreiber verkaufen zu können.

Viertel nach drei, zwanzig nach drei, und niemand kam. Ein Kellner, der in meiner Nähe Tische saubermachte, fing eine Plauderei mit mir an. Dann sah ich, wie jemand zielsicher über die Straße auf uns zuging. Ein kleiner Mann in einem weiten gelben T-Shirt. Ich hatte ihn schon vorher gesehen, im Schnellimbiß Presto gegenüber. Er hatte dort etwas aus einem Pappbecher getrunken. Jetzt kam er mit ausgestreckter Hand auf mich zu. «Hallo, mein Freund. Wo kommen Sie her? Sie waren schon mal in Cartagena? Bereuen tun Sie's garantiert nicht, daß Sie da sind. *Con mucho gusto!*» Wir schüttelten uns die Hand. «Luis», sagte er und wiederholte es dann mir zuliebe in der englischen Form: «Louey». Wie ein Papagei legte er den Kopf schräg und wartete darauf, daß auch ich meinen Namen nannte. *«Perfecto!»* rief er. «Ich habe einen wirklich guten Freund, der auch Charlie heißt. Aus den Vereinigten Staaten. Mensch, der Kerl würde Ihnen gefallen!» Er redete schnell und undeutlich, mal in *costeño*-Spanisch, mal in kratzendem Greengo-Eenglisch. Er war klein, schmutzig und unrasiert und sah aus, als wäre er nach dem Kauf seiner Kleider geschrumpft. Während er redete, schob er mich langsam in Richtung Straße, drängte mich weg von dem plaudernden Kellner. Der zuckte mit den Schultern und schüttelte nachdenklich den Kopf. Er hatte so etwas schon oft gesehen. Wieder einmal machte sich ein Kerl von der Straße an einen der vielen dollarschweren Gringos heran. Sie waren hier wie die Fruchtfliegen. Und ich dachte langsam dasselbe wie der Kellner. «Nein», sagte ich und entzog mich Loueys Griff. «Ich will nichts haben, ich warte auf einen Freund.» Der Kellner konnte uns jetzt nicht mehr verstehen. *«Claro, hombre»,* sagte Louey. «Auf Ihren Freund Waldino. Auf meinen Freund Waldino. Er hat mich geschickt, um Sie abzuholen. Es sind nur ein paar Blocks. Dort hinunter.»

Die paar Blocks erwiesen sich als über zwanzig. Wir sprangen auf einen Bus, der uns aus Bocagrande zum mauerbewehrten Stadtkern brachte. Louey zahlte nicht. Er begrüßte den Fahrer bloß mit einem knappen Wink und ging durch das Drehkreuz. Er schleuste mich durch, und ich fuhr ebenfalls gratis. «Alle in Cartagena kennen Louey», erklärte der magere Kerl und machte es sich auf seinem Sitz bequem. Die Beine legte er entspannt über Kreuz, mit dem Fußgelenk auf dem Knie. Die ganze Fahrt hindurch schaute er zum Fenster hinaus und rieb sich verträumt über die Bartstoppeln.

Er beobachtet mich, dachte ich. Während ich gewartet hatte, war er die ganze Zeit über dagewesen. Er hatte mein Auftreten überprüft, hatte kontrolliert, ob ich alleine gekommen war und hatte meine Witterung aufgenommen. Endlich hatte ich es geschafft – ich war im Geschäft! Wenn ich jetzt vom Weg abkam, dann würde ich zu meiner Rettung mehr nötig haben als bloß einen Stadtplan.

Von Bocagrande aus kann man die ummauerte Altstadt sehen. Mit ihrer Wölbung aus Dächern und Kuppeln, die sich über die hohen Kaimauern erheben, sieht sie aus wie eine am Ende der Landzunge festgeklebte Napfschnecke. Cartagena de Indias – das Karthago der Neuen Welt – wurde im frühen sechzehnten Jahrhundert gegründet und zur Festung ausgebaut und entwickelte sich bald zum Haupthafen der spanischen Besitzungen für die Verschiffung der Beute aus Gold und Juwelen ins Mutterland. Sir Francis Drake plünderte die Stadt 1586. Dafür, daß er darauf verzichtete, die Stadt niederzubrennen, bekam er zehn Millionen Pesos bezahlt – die von ihm unterschriebene Empfangsbestätigung kann man im Palast der Inquisition heute noch betrachten. Die Stadt wird von einer mehr als zehn Kilometer langen Mauer umschlossen, die an manchen Stellen bis zu zwanzig Meter dick ist. Der Sage nach hat man zum Anrühren des Mörtels für die Mauern Bullenblut verwendet.

Innerhalb der Altstadt ist alles sehr hoch, eng und dicht gedrängt. Es ist dort schön, aber auch düster, und man ist ständig aufdringlichen und neugierigen Blicken ausgesetzt. Schmutzig-weiße Wände, weit auskragende Dächer, kopfsteingepflasterte Straßen und riesige Holztore mit eisernen Beschlagnägeln. Aus vergitterten Fenstern und von reich verzierten Balkonen herunter wird man genau beobachtet. In ihren ruhigen Winkeln wirkt diese Stadt wie ein gespenstisches, heruntergekommenes Sevilla, in den Geschäftsvierteln erinnert sie mehr an eine maurische Kasbah. Die touristisch interessanten Teile der Altstadt, El Centro und San Diego, wurden früher von den Gouverneuren, den Priestern und Händlern bewohnt. In einem anderen, wenig einladenden Viertel namens Getsemani, einem engen Straßengewirr aus weißen, eingeschossigen Häusern, *casas bajas*, wohnten früher Handwerker, Soldaten und Straßenhändler, das Strandgut der *conquista*. In dieses Viertel tauchten wir jetzt ein. Mit großen, beschwingten Schritten ging Louey voran und rief alle paar Meter einen Gruß. Wie ein Schoßhündchen lief ich hinter ihm her. Die Straßen waren steil, einige gerade breit genug für ein Auto, andere so schmal, daß man im Gehen die Wände zu beiden Seiten berühren konnte. Wir bogen einmal dahin ab und einmal dorthin. Ich hatte keine Ahnung, wo wir waren oder in welche Richtung wir gingen. Die Sonne schien heiß, war aber verschwommen. Über den engen Straßen lag ein irisierendes Licht. Die Siesta ging dem Ende zu. Die Leute standen plaudernd auf der Straße oder lehnten in den Hausausgängen. Sie starrten mich an – braune Gesichter, weiße Hemden, dieser reservierte arabische Blick. Und dann waren da noch die Mädchen, *las costeñas*, diese kreolischen Schönheiten mit den glänzenden Augen, bei deren Anblick einem das Herz stehenbleibt. Durch ihr gleichgültiges Gebaren weißen Gringos gegenüber wird ihre sexuelle Ausstrahlung nur um so bedrängender.

Louey verschwand in einem kleinen, mit Fliesen ausgelegten Café – ein paar Stühle, ein paar Kisten Bier, ein paar ausgetrocknete *empanadas*. Der Junge hinter dem Tresen war in die Sportseite einer Zeitung vertieft. Das Café trug den wenig passenden Namen La Reina Victoria. Café Queen Victoria. Ohne den Jungen auch nur eines Blickes zu würdigen, marschierte Louey durch das Café und rief im Vorbeigehen nach zwei kalten Bieren. Ganz hinten am Tresen stand ein kleiner, untersetzter, aufgeweckter Kerl. Seiner fahlen Hautfarbe nach war er *mestizo*, dem Schnitt des Gesichts und der breiten, flachen Nase nach ein *negro*. Er hatte tatsächlich einen dichten schwarzen Bart. Und er hatte die drahtigen Augenbrauen und Haare eines *negro*. Er sah aus wie ein Pirat aus dem Comic. Für wen sollte ich ihn also halten? Für einen Käpt'n Pugwash, der schon bald zu einem neuen chaotischen Abenteuer in See stechen würde?

Louey marschierte auf diesen Mann zu, sagte etwas, das ich nicht verstand, zog sich einen Stuhl heran und setzte sich rittlings darauf. Der Mann streckte mir die Hand entgegen. «*Señor, qué tal?*» sagte er freundlich. «Ich bin Waldino.» Der Junge brachte zwei Bier und einen *tinto* für Waldino. Ich trank zu schnell und bekam einen Schluckauf.

«Von wem haben Sie meinen Namen?» fragte Waldino.

«Von einem Samario namens Jairo. Ich habe ihn in Bogotá kennengelernt.»

Seine Augen flackerten, während er das entsprechende Gesicht zu diesem Namen suchte. «Ach, Jairo.» Der reiche, hilflose Jairo. Waldinos Reaktion nach zu schließen, war es keine einwandfreie Empfehlung, aber sie war wenigstens echt.

Es folgte ein kurzer Austausch unverbindlicher Freundlichkeiten. Ich erfuhr, daß Waldino ein Guajiro aus San Júan del Cesar war, einer kleinen Stadt zwischen den Bergen der Sierra Nevada und der venezolanischen Grenze – zweifellos ein guter Nährboden für *contrabandistas*. Mit banalem Gerede hielt ich die Unterhaltung in Gang. Schließlich trat eine Stille ein, und es blieb uns nichts anderes übrig, als uns direkt dem Geschäft zu widmen. Ich sah mich um. Inzwischen waren einige Leute mehr im Café. «Können wir hier reden?» sagte ich.

«Vielleicht wollen Sie ja mit nach hinten kommen», sagte Waldino. «Ich werde Ihnen die Aussicht zeigen.»

Mit Louey im Schlepptau gingen wir durch einen Lagerraum auf den Hof hinaus. Dafür, daß er aussah wie ein *negro*, hatte Waldino eine merkwürdig gezierte Art, sich zu bewegen.

Kleine, rasche Schritte, spitze schwarze Lederschuhe. Es kam mir der Gedanke, daß er schwul sein könnte.

Die Aussicht war überwältigend. Der Blick führte über ein Gewirr aus Ziegeldächern auf einen ganzen Mastenwald auf der Bahia de las Animas, und dahinter lag das blaue Meer, das sich irgendwo weit hinten in Dunst auflöste. Der Hof selbst war ein Saustall. Erst vor kurzem hatte man ein Nebengebäude eingerissen. Ein Stuhl, eine umgedrehte Kiste und ein Haufen aus Steinen dienten uns als Sitzgelegenheiten unter einem wuchernden Trompetenbaum, der uns Schatten spendete. Wir saßen in strenger hierarchischer Ordnung – Waldino, ich und Louey. Louey zerrte den Reißverschluß seiner Hose nach unten – das kurze Aufleuchten eines Slips mit Pinkelflecken – und zog eine kleine braune Papierrolle aus einer Tasche, die in den Hosenbund eingenäht war. Er fing an, sich einen Joint zu drehen, und ich machte mich an mein Verkaufsgespräch.

«Jairo hat mir erzählt, daß man mit Ihnen gut Geschäfte machen kann, Waldino.»

Er nahm das Kompliment wohlwollend, aber doch mit einer gewissen Distanz an.

«Über welche Art Geschäfte sprechen wir?»

Ich klopfte mit dem Zeigefinger seitlich gegen meine Nase.

«Ach! *Negocios blancos, nicht?*»

«Ja, weiße Geschäfte.»

«Und sprechen wir hier über kleine oder große Geschäfte?»

«Wenn der Preis stimmt und die Qualität in Ordnung ist, sprechen wir über zehn Kilo. Ist das ein kleines oder ein großes Geschäft?»

Er kniff die Augen zusammen. Lauernd kratzte er sich den Bart. Er durchdrang mich mit dem Kristallkugelblick des kolumbianischen Dealers, dessen Lebensunterhalt – und vielleicht auch Leben – vom schnellen Einschätzen eines möglichen Kunden abhängt. Der Gute, der Böse und der völlig Verrückte – in welche Schublade wurde ich eingeordnet? «Zehn Kilo», sagte er mit einem leichten Schulterzucken. «Das ist kein Problem. Das kann ich besorgen.» Ich nickte und zog meine Mundwinkel dabei geschäftsmäßig abwägend nach unten. Er verschränkte seine Wurstfinger ineinander, legte seine

Hände auf den Oberschenkel, und während er sie konzentriert betrachtete, sagte er: «Haben Sie das Geld?»

Ich atmete tief durch. «Jetzt im Augenblick... Nein.» Er blickte noch immer auf seine Hände hinunter, doch eine seiner struppigen Augenbrauen hob sich. «Lassen Sie mich erklären, Waldino. Im Grunde genommen bin ich als *representante* hier.»

Einen Moment lang riß er die Augen weit auf und sagte argwöhnisch seufzend: «Ach!»

Diese Aussage über mich selbst schien die Situation vielleicht wenigstens etwas erklärt, sie aber gleichzeitig auch nicht verbessert zu haben. Rasch redete ich weiter. «Ich bin im Auftrag bestimmter... Freunde aus London hier. Ich soll die Verbindung herstellen und alle Vorbereitungen treffen. Wenn alles stimmt – gute *perica*, guter Preis, gute Transportmöglichkeiten –, schicke ich ein Telegramm nach London. Und dann wird das Geld überwiesen.»

Er schürzte die Lippen. «Werden Sie die *mercancia* denn selbst aus dem Land bringen?»

«Natürlich nicht», sagte ich. «Da müssen wir beide noch etwas aushandeln. Ich bin sicher, daß Sie...»

«Si, si, hombre», sagte er und wischte mit einer Handbewegung alle Zweifel beiseite. «Der Transport ist kein Problem.» Er steckte die Hände in die Taschen, stand auf und blickte auf das Meer hinaus. Durch die trübe Luft drangen die Geräusche der Stadt zu uns herauf. Die Sonne schlich sich gerade hinter dem Trompetenbaum hervor und nahm mir immer mehr von seinem Schatten. Louey reichte mir den Joint. Ich zog daran. Der frische, harzige Rauch erinnerte an minziges Heu, das an einem Sommertag verbrannt wurde. «Gold?» fragte ich. *«Claro, hombre»*, sagte Louey. «Das ist *la rubiecita*, das kleine blonde Mädchen. Sie ist gerade aus Santa Marta gekommen. Wollen Sie was davon kaufen?» Der Rauch züngelte um meinen Kopf, die Sonne röstete mein Gesicht. Ich reichte den Joint an Waldino weiter, doch er schüttelte den Kopf, und ich bedauerte es im selben Augenblick, daß ich selbst daran gezogen hatte. Das Schweigen dauerte schon zu lange. Ich mußte es brechen.

«Meine Freunde in London», redete ich einfach los. «Sie sind ganz scharf darauf, Handelsbeziehungen aufzubauen. Bisher haben sie sich fast ausschließlich mit Haschisch aus dem Mittleren Osten beschäftigt. Wenn Sie die richtigen Sachen liefern können, dann werden meine Freunde sicherlich regelmäßige Bestellungen aufgeben wollen, und zwar große Mengen. Ich denke, daß wir bei dem Geschäft beide sehr gut abschneiden könnten.»

Er sah beeindruckt aus. Ich wollte alles ziemlich groß erscheinen lassen, doch sehr viel mehr war ich daran interessiert, zwischen uns beiden alles recht familiär zu halten. Sie, Waldino, und ich, die zwei ehrenhaften Vermittler. Sie können den Stoff besorgen, ich das Geld – dann tanzen wir doch Tango! Aber Waldino zögerte immer noch, machte sich immer noch Gedanken über meine Schwachpunkte. «Haben Sie denn nicht einmal das Geld, um eine kleine Anzahlung zu leisten?» sagte er. «Nicht einen *pocito?*» Mit Zeigefinger und Daumen gab er mir die Dicke des Geldbündels an, das ein *contrabandista* sich mindestens vorstellen mußte, um seine Selbstachtung zu bewahren.

Ich schüttelte den Kopf. «Es liegt bei Ihnen, Waldino. Ich versichere Ihnen, daß es mit dem Geld keine Probleme gibt. Doch zuvor muß ich ganz genau wissen, was abläuft. Natürlich», fügte ich hinzu, «könnte ich Ihnen im vorhinein tausend Pesos für eine kleine *muestra* zahlen, aber ich bin sicher, daß Sie so etwas von mir nicht erwarten. Wir sprechen hier von einem ernstgemeinten Geschäft. Meine Freunde in London sind... nun, es sind große *capos.*»

Als ich das sagte, schoß mir ein kurzer und beunruhigender Gedanke an Malcolm durch den Kopf – rote Haare, Brille, der geheimnisvolle Mister Big mit seiner bohemienhaften Fliege um den Hals.

Waldino schaute auf die Uhr. «Okay», sagte er. «Ich muß mal kurz telefonieren. Sie warten hier.» Er trippelte eilig ins Café zurück.

Louey, der inzwischen den ganzen Joint geraucht hatte, saß verträumt und zusammengesunken da. *«Soy maduro como un queso»,* sagte er lächelnd. Seine Birne sei genauso weich wie ein reifer Käse. Aber er riß sich zusammen und probierte aus, ob er mir nicht vielleicht etwas verkaufen konnte – Gras, Basuko, Mädchen. «Wollen Sie Mädchen haben? Keine *putas*. Wirklich saubere Mädchen. Sie und ich, Charlie, wir gehen in einen Nachtclub, *gozar un poco*.»

Ich marschierte auf dem kleinen Hof hin und her und rauchte eine Zigarette. Wen rief Waldino an? Was dachte er über mich? Was würde er anstellen, wenn er vielleicht alles durchschaut hatte? Rief er bereits seine Freunde von der F-2 an? Wahrscheinlich würden sie schon bald im Café sein, er würde zurückkommen und mir das Päckchen Koks in die Tasche schwindeln, und sie würden dann auf sein Signal warten – *«Lo tiene, jefe»*, der Gringo schmuggelt. Ihr könnt jetzt hereinkommen. Ich setzte mich wieder. Schon von diesem einen Zug Gold war ich stoned. Alles rund um mich war verschwommen. In einer Ecke bewegte sich eine Eidechse über warmes Mauerwerk. Das gelb-schwarze Wesen lief immer wieder ein Stück und hielt dann inne. Irgendwo im Hintergrund konnte ich die Stimme eines Mädchens hören. Es klang, als würde sie: «Charlie! Charlie!» rufen. Doch das war unmöglich. Niemand rief nach mir. Ich war alleine unterwegs, saß alleine auf diesen Wolken, an deren Rändern die Angst lauerte.

Waldino kam zurück. «Ich habe mit einem meiner Geschäftspartner in Santa Marta gesprochen», sagte er. «Ich denke, ich kann Ihnen in der Angelegenheit behilflich sein.» Ich nickte. Meine Kehle war für einen Augenblick zu trocken, als daß ich hätte sprechen können. «Ich muß mich hier in Cartagena noch um ein paar andere Angelegenheiten kümmern», fuhr er fort. «Ich werde in zwei Tagen wieder in Santa Marta sein. Am Freitag. Sie wohnen im Corona, nicht? Ich finde Sie schon. Wir müssen uns *sehr* sorgfältig über alles unterhalten.»

Das Vorstellungsgespräch war vorüber. Der Haken schien wirklich gegriffen zu haben. Louey führte mich wieder aus dem Labyrinth hinaus, führte mich dorthin zurück, wo die Menschen, die Busse und die Wirklichkeit waren. Sicher war das alles nur ein Traum gewesen. Gethsemane, das Queen Victoria, Louey, Waldino. Es stimmte nicht, daß ich gerade die Verhandlungen um einen Zehn-Kilo-Deal eröffnet hatte. Es stimmte nicht, daß ich denen gerade meine ureigene Post aus Chile verkauft hatte.

20 Waldino kann es besorgen

Ich fuhr nach Santa Marta zurück. Ich ging schwimmen, ich schrieb, ich wartete. Schließlich fand ich auch eine kleine *jugeria*, deren Säfte meinen Erinnerungen an den Fruchtpalast in etwa entsprachen. Dort machte ich mich von neuem mit der Unzahl wunderbarer tropischer Früchte vertraut und arbeitete mich systematisch durch das gesamte Angebot.

Einige von diesen Früchten kennen wir in Europa – Mangos, Papayas, Passionsfrüchte und so fort –, doch sie sind nur ein kleiner Teil des tropischen Obstgartens. In dieser überreichen, Halluzinationen hervorrufenden Landschaft wachsen Sternäpfel und Marmeladenpflaumen, Baumtomaten und Honigbeeren. Jeder *aficionado* hat seine ganz besondere Lieblingsfrucht – die seidenweiche, schwer zu fassende *curuba* vielleicht; oder den herben *lulo*; oder den vornehmen *zapote*, auch Sapodilla genannt, der von außen so wenig vielversprechend aussieht wie eine Rübe, innen aber reiches, orangefarbenes Fleisch besitzt. Ich blieb meinem ersten Lehrer Julio treu. Das Meisterwerk der Natur, das von den höchsten Zweigen des «Fruchtbaumes des Lebens» gepflückt werden mußte, war die *guana-bana*. Ich sehe Julio noch heute vor mir, wie er dieses Wort aussprach. Jede Silbe war für sich ein saftiger Leckerbissen – *guah-nah-bah-nah*. Bei den Botanikern heißt diese Frucht *anona muricata*. Sie ist das «stachelige» Mitglied der Früchtefamilie, die in Spanien *añon* genannt wird. Sie fällt einem ganz und gar nicht ins Auge. Ziemlich unförmig hängt sie von einem durchschnittlich aussehenden Baum, ist lang und birnenähnlich und hat eine zerfurchte grünlich-schwarze Haut, die aussieht wie Krokodilleder. Doch das weiße Fleisch in ihrem Inneren – *qué rica, qué sabrosa!* –, das schwarze Kerne umhüllt, schmeckt wie eine himmlische Version von Erdbeeren mit Schlagsahne. Die verschiedenen *añones* sind auch als «Stippfrüchte» bekannt – weil ihr weißes, pilzartiges Fleisch aussieht wie Brot, das man in etwas Flüssiges gestippt hat – und als «Anonenfrüchte». Die *guanabana* ist der «saure Stipper» und die «Anonenbirne», während die Verwandte *chirimoya* als «süßer Stipper» und «Anonenapfel» bekannt ist. Meiner Erinnerung nach servierte Julio die *guanabana* am liebsten als *crema*. Er nahm dazu nichts als Milch und eine klitzekleine Prise Zucker. Alle anderen *jugos* auf seiner Preistafel kosteten drei Pesos pro Glas, doch für seine *crema de guanabana* verlangte er fürstliche fünf Pesos.

Dermaßen gestärkt durch die exotischen Verwandten des Vitamin C wartete ich auf Waldino. Er kam am Samstag nachmittag, drei Tage nach unserem Treffen in Getsemani. Als ich im Hotel Corona aus der Dusche stieg und ins Zimmer ging, stand er in der offenen Tür. Während ich mir ein Handtuch um die Hüften legte, murmelte er eine Entschuldigung.

«Ich habe den Stoff mitgebracht, Charlie», sagte er. Er hatte zwei große Plastiktüten dabei. Panischer Schrecken überfiel mich. O mein Herr Jesus, schoß mir durch den Kopf, er bringt mir die ganze Ware *jetzt schon*. Der Dummkopf hat alles falsch verstanden.

«Den Stoff mitgebracht?» sagte ich. Ich starrte auf die bauchigen Einkaufstüten.

Er kam mit raschen Schritten ins Zimmer und legte die Tüten aufs Bett. «Der Stoff sagt Ihnen garantiert zu. Ich weiß, daß Sie damit zufrieden sein werden. Möchten Sie jetzt etwas davon probieren?» Ich stammelte etwas Unverständliches vor mich hin. «Señor Charlie», sagte er mit einem breiten vorwurfsvollen Grinsen. «Das ist allererste Ware. Aber was erzähle ich Ihnen da. Waldino besorgt alles. Kein Problem. *Allererste* Qualität. *Muy puro.*» Es machte ihm großes Vergnügen, all diese Prädikate herunterzurasseln.

«Aber Waldino, ich will den Stoff doch jetzt noch gar nicht haben!»

Verdutzt starrte er mich an. Er riß die Augen ganz besonders weit auf, und nur langsam wurden sie wieder kleiner. Statt dessen legte er aber auf diese verdrießliche Weise, die ich gar nicht leiden konnte, die Stirn in Falten. Ganz ruhig sagte er: «Sie wollen die *muestra* nicht probieren, die ich für Sie mitgebracht habe?»

«Muestra?»

Die Tüten hatten überhaupt nichts damit zu tun. Er hatte mir bloß eine Kostprobe gebracht. Während er mich genau im Auge behielt, griff er in seine Hemdtasche und zog das vertraute kleine Papierrechteck daraus hervor. «Es ist natürlich nur ein bißchen. Ich kann mehr besorgen, sehr viel mehr, aber...» Er schloß die Hand und rieb Daumen und Zeigefinger aneinander. «Wenn es weitergehen soll, dann braucht der Motor ein bißchen Benzin, *me entiendes*?»

«Ja. Nein, das ist schon in Ordnung, Waldino. Schönen Dank.» Ich verfluchte meine dumme und ungeschickte Paranoia. Wenn ich vorpreschte und falsche Schlüsse zog, konnte das fatal werden. Nicht immer würde ich die Möglichkeit haben, mich wieder zurückzuziehen.

Ich nahm die angebotene *muestra* und versuchte, mich so weit zu beruhigen, daß ich die kühle Geschäftsmäßigkeit an den Tag legen konnte, die der Situation angemessen war. Ich zerkleinerte die weißen Kristalle und untersuchte sie genau. Waldino ging nervös im Zimmer auf und ab und murmelte in einem fort seine Lobpreisungssprüche vor sich hin. Ich sah mir den Stoff genau an, tippte mit dem Finger hinein, kostete ihn und verzog mit der Ernsthaftigkeit eines Weinliebhabers das Gesicht. *«Reluce demasiado, no?»* sagte ich. Er glitzert etwas zu sehr.

«Amigo», antwortete Waldino mit ernster Miene, «das ist doch gut. Schnee glitzert nun einmal. Versuchen Sie erst mal, dann werden Sie's schon sehen.» Das schrille Lachen, das nun aus ihm herausbrach, paßte so gar nicht zu seinem Piratengesicht. Er war nervös. Es lag ihm wirklich viel daran, daß ich zufrieden war.

Auf meinem Rasierspiegel legte ich eine Straße aus und zog sie durch eine Hundert-Peso-Note hoch. Der Stoff war gut. *Muestras* sind normalerweise immer gut, dachte ich und erinnerte mich an Harveys Fiasko. Waldino schwebte an mir vorbei. Ich machte ihm Komplimente für seinen Stoff. Es gab überhaupt nichts daran auszusetzen. Über die Mentholzigaretten der Marke Consulate wurde immer gesagt, sie wären so kühl wie ein Gebirgsbach. Dieses Urteil traf auch auf Waldinos Stoff zu. Ich bot Waldino etwas davon an, doch er lehnte ab. «Der Stoff ist für Sie, Charlie.» Ich schnupfte noch eine Line, jetzt durch das andere Nasenloch. Mein Hirn breitete die Flügel aus. Draußen auf der Straße hörte ich irgendwo eine Glocke klingeln. Wahrscheinlich der Eiermann, der sein Handwägelchen durch die Straßen schob und dazu heftig bimmelte. Mir fiel ein, wie Julio einmal ein Ei hochgehalten und eine seiner Lebensweisheiten zum besten gegeben hatte. *El mundo vale un huevo.* Die Welt ist soviel wert wie ein Ei.

«Und Sie können diesen Stoff in großen Mengen besorgen?»

«Natürlich.»

«Und der Preis?»

Er kratzte sich am Kopf und tat so, als wäre er mit umfangreichen Wechselkursberechnungen beschäftigt. Dabei hatte er den Preis natürlich schon längst im Kopf. «Zwanzigtausend US-Dollar per Kilo», sagte er. Ich wußte, daß dieser Preis hoch war, und deswegen feilschten wir ein bißchen. Irgendwie war es grotesk, wie freundlich und harmlos alles ablief. Genausogut hätte ich mich bemühen können, auf dem Markt einen ganzen Berg Obst ein paar Pesos billiger zu bekommen. Wir einigten uns schließlich auf siebzehntausend Dollar per Kilo. Daß dieser Preis nicht besonders günstig war, machte mir kaum etwas aus. Ich wollte bloß erreichen, daß der Ball im Rollen blieb, und ich war der Meinung, daß es zu diesem Zweck besser war, wenn ich meinen Geschäftspartnern eine große Handelsspanne einräumte, als wenn ich versuchte, den Preis zu drükken.

Nachdem wir uns auf einen Preis geeinigt hatten, warf ich die alles entscheidende Frage des Transports auf. Wer würde den Schmuggel übernehmen, und wie sollte der Stoff transportiert werden?

Es standen zwei Möglichkeiten zur Wahl, wie Waldino mir erklärte. Die erste bestand darin, seine Verbindungen innerhalb des Hafens von Santa Marta zu nutzen und die Ware an Bord eines Schiffes zu bringen, das nach Europa fuhr. Die zweite – und die von ihm empfohlene – bestand darin, einen *barco privado* zu nutzen, ein kleines Privatboot. Er kannte einen *trasportista*, der vollen Service bot und Dope und Kokain auf die Niederländischen Antillen transportierte, die ungefähr vierhundert Kilometer nordöstlich von Santa Marta lagen.

Dort wurde die Ware auf ein Handelsschiff mit Fahrtziel Niederlande verladen. Natürlich gehörte es auch zum Service, daß jemand die Ware durch den Zoll brachte. Man konnte sich aussuchen, ob man sie in Rotterdam oder in Amsterdam abholen wollte. Diese Rauschgiftpipeline funktionierte offensichtlich traumhaft. Unterhalten wurde sie von einem «ganz besonderen Freund». Der Preis für diesen Service lag bei dreißigtausend Dollar – natürlich nicht bankfähig –, womit sich die Gesamtsumme, die für zehn Kilo reines Kokain mit Auslieferungsort Amsterdam anzusetzen war, auf zweihunderttausend Dollar erhöhte. Nach dem damals gültigen Dollarwechselkurs waren das ungefähr hundertvierzigtausend Pfund. Wenn man noch einmal zehntausend Pfund für ein paar kleinere Ausgaben dazuzählte, hatte man für seine zehn Kilo hundertfünfzigtausend Pfund zu investieren, die auf dem Endverbrauchermarkt in London auf einen Schlag ungefähr dreihundertfünfzigtausend Pfund wert sein würden. Wenn man sein Glück alle zwei oder drei Monate versuchte, dann konnte das kleine Syndikat, das man damit unterhielt, per annum einen Profit von ungefähr einer Million Pfund einstreichen, und das steuerfrei. Wenn man so etwas hört, dann hat man wohl die Erklärung für die Risiken gefunden, die die Kokaintransporteure eingehen.

Ich sagte ihm, daß der Preis meiner Meinung nach akzeptabel sei. «Natürlich», fügte ich hinzu – und ich kam damit zum kniffligen Punkt –, «muß ich das alles erst überprüfen, Waldino. Es wird nötig sein, daß ich Ihre *trasportistas* kennenlerne und alles mit ihnen durchspreche.»

Waldino machte ein gequältes Gesicht. «Charlie. Das ist schwierig. Diese Leute sind Profis. Ich habe mit denen schon unzählige Male zusammengearbeitet. Sie vertrauen mir. Und Sie müssen mir auch vertrauen, Charlie. Ich habe Ihnen doch gesagt, daß Waldino sich um alles kümmert.»

«Natürlich vertraue ich Ihnen, Waldino. Aber Sie müssen verstehen, daß das zu meinem Job gehört. Auch ich arbeite für Profis. Bevor sie Geld in die Sache stecken, erwarten sie von mir, daß ich genau weiß, wie alles läuft.»

Waldino versuchte es mit immer neuen Ausflüchten. Als Mittelsmann hatte er verständlicherweise ein persönliches Interesse daran, die einzelnen Sektoren der Pipeline voneinander getrennt zu halten. Seine Existenzgrundlage war der Abstand, der zwischen mir und den anderen blieb. Und an diesem Punkt kam meine Absprache mit Malcolm zum Tragen. Sein Telegramm würde Waldino zwingen, mich mit seinen Leuten zusammenzubringen.

Während wir uns unterhielten, klopfte es an die Tür. Noch bevor ich überhaupt auf die Füße gekommen war, hatte Waldino die *muestra* bereits vom Spiegel gewischt und war drauf und dran, sie aus dem Fenster zu werfen. Ich hörte eine vertraute Stimme meinen Namen rufen. «*Tranquilo*», sagte ich und packte Waldino am Arm. «Es ist eine Freundin.»

Ich öffnete die Tür, und Renate stand vor mir. «Hallo, wir sind wieder zurück», sagte sie. Sie trug ihre Sonnenbrille und eine dünne weiße Bluse und stand träge gegen den Türrahmen gelehnt. Waldino veränderte sein Verhalten schlagartig. «*Buenas tardes, señorita*», sagte er und lächelte dabei affektiert. Renate musterte ihn mit kühlem Blick. «*Señora*», korrigierte sie ihn. Das entsprach zwar nicht der Wahrheit, war aber nach fünf Jahren in Südamerika zu einem Reflex geworden. Hier legte es jeder Kleinstadt-Zuchtbulle darauf an, ihr an die Wäsche zu gehen. Sie war nicht schön, doch sie wirkte mit ihrem reifen, blassen Körper in gewisser Weise lasziv – ein Anflug von Rubens –, was bei den dunkelhäutigen Lateinamerikanern sofort eine Welle der Vorfreude auf sexuelle *delicias* auslöst.

Ich stellte die beiden vor. Renate sagte: «Wir dachten, du würdest vielleicht zu einem Drink zu uns hinüberkommen wollen, Charlie.» Dann wandte sie sich an Waldino: «Möchten Sie auch einen Drink? Sie können meinen Ehemann kennenlernen.»

Waldino lehnte dankend ab: «Vielleicht ein andermal.» Waldino und ich hatten noch eine kurze Besprechung auf dem Balkon und verabredeten, uns am nächsten Morgen vor dem Telecom-Haus zu treffen. Ich würde meinen «Freunden» in London ein Telegramm schicken und ihnen den Preis mitteilen. Dann würden wir auf ihre Antwort warten. Er war schon fast zur Tür hinaus, als ihm seine Einkaufstüten einfielen, die noch immer auf dem Bett lagen.

«Ach ja, übrigens», sagte ich, da ich an meinen Fehler von

vorhin denken mußte. «Was haben Sie eigentlich in Ihren Tüten?»

«Bollos», sagte er. «Hier, nehmen Sie ein paar.» *Bollos* sind kleine, aus Mehl und Milch gemachte Nachspeisen, die in Paradiesfeigenblätter eingewickelt werden. «Sie sind für meine kleine Tochter», erklärte er. «Sie ißt sie liebend gern.»

«Sie haben eine Tochter?»

«Nein, *hombre*», sagte er lachend. «Ich habe drei und dazu noch einen Sohn.» Er machte vor Renate eine geschmeidige kleine Verbeugung – *«Hasta luego, señora»* – und tänzelte über den Balkon davon. Dann war Waldino also Familienvater. Das beunruhigte mich ein bißchen.

Ich blieb ein paar Stunden mit Renate und Renaldo zusammen, trank und rauchte mit ihnen. Im ganzen gesehen war ich mit den Geschäftsverhandlungen von heute nachmittag sehr zufrieden. Als die Hafensirene losheulte, machten wir uns auf zu unserem Abendspaziergang. Die Farbe des Himmels wandelte sich von Amethyst zu Flieder. In der Dämmerstunde – *entre dos luces* – setzten wir uns unter die Kokospalmen, und Renate murmelte Verse ihres Lieblingsdichters Baudelaire:

Voici le soir charmant, ami du criminel,
Il vient comme un complice, à pas de loup.

Am nächsten Vormittag traf ich mich mit Waldino vor dem Telecom-Gebäude an der 5th Avenue. Wegen des Telegramms zog ich eine ziemliche Show ab. «Wissen Sie, Waldino, es muß natürlich codiert sein. Unseren Code haben wir aus der Immobilienbranche.» (Das hatte ich letzte Nacht im Bett ausgeheckt.) Der Wortlaut des Telegramms war: «ZEHN HEKTAR IN HERVORRAGENDER LAGE STOP ZWEIHUNDERTTAUSEND DOLLAR INKLUSIVE ALLER NEBENKOSTEN STOP ERWARTE ANWEISUNGEN.» Ich erklärte Waldino alles ganz genau und übersetzte ihm den Text ins Spanische. Ich zeigte ihm die einzelnen Wörter sogar in meinem kleinen Taschenwörterbuch. Was hatte Rosalita damals gesagt? Eine große Lüge mit einer Unzahl von kleinen Wahrheiten drum herum. Er beobachtete mich beim Schreiben der Adresse, aber sie war für ihn nicht besonders wichtig. «Eine

Scheinfirma», sagte ich. Er nickte verständig und war absolut beeindruckt. Er beschwerte sich nicht einmal, als ich mir ein paar Pesos von ihm leihen mußte, um das Telegramm bezahlen zu können. «Aber sicher, Charlie. Sie und ich, wir kümmern uns bloß um die großen Geschäfte, was?»

Während der nächsten sechsunddreißig Stunden war ich reichlich unruhig. Immer wieder ging ich die unzähligen Möglichkeiten durch, was von Malcolms Seite aus alles in die Hose gehen konnte. Schließlich traf die Antwort ein. Sie trug die authentischen Londoner Postkürzel und dazu die vorher abgesprochene Botschaft: «PREIS IN ORDNUNG STOP ABER ÜBERPRÜFUNG ALLER TRANSPORTWEGE VOR WEITEREN SCHRITTEN.» Malcolm hatte es richtig verstanden. An meinem Haken hing jetzt auch ein Köder.

«Sehen Sie das hier, Waldino? Ich habe es Ihnen ja schon vorher gesagt. Ich muß erst alles überprüfen, das heißt den ganzen Weg. Erst dann rücken sie die Dollars heraus.» Ich bemühte mich, eher resigniert zu klingen als triumphierend.

Er nahm es sehr gut auf und hob in einer Geste gespielter Unterwerfung seine fleischigen Hände. «Okay, okay, okay. Ich werde mit den *trasportistas* sprechen. Die werden Ihnen alles zeigen, Ihnen alles erklären. Und dann bringen wir dieses Geschäft ins Rollen, okay?» Damit ging er. Sein doch sehr rundlicher Körper steckte in einem schimmernden Strandhemd mit aufgedruckten Palmen, und über seinem Kopf schwebte eine beinahe greifbare Kummerwolke. Diese großen Zahlen, mit denen da jongliert wurde, und all diese kleinen Probleme, die noch im Weg standen.

Ich aber stand nervös unter der Tür in der Sonne und beobachtete ihn, wie er in Richtung Hafen davonging. Endlich würde ich doch ein paar echte und wirkliche Kokainschmuggler kennenlernen.

Zwei, drei, fünf Tage vergingen, und nichts geschah. Ich traf Waldino mehrere Male, doch er wich aus und war reizbar. Er sei ein vielbeschäftigter Mann, der noch eine Unmenge anderer Eisen im Feuer habe. Und er habe Schwierigkeiten, den Kontakt zu seinen Freunden herzustellen, denn das seien ebenfalls vielbeschäftigte Männer. «Wir müssen Geduld haben, Charlie», lautete sein Standardspruch. Immer wieder beschlichen mich Zweifel. Spielte Waldino mir vielleicht auch etwas vor? Waren seine Kokainschmuggler genauso chimärenhaft wie meine großen Londoner *capos*? Unser Spielchen ließ sich leicht ein paar Wochen lang spielen. Das Leben in Santa Marta wurde von Tag zu Tag träger, und ich war mir von Tag zu Tag sicherer, daß überhaupt nichts passieren würde, daß die Große Kokain-Story schließlich genauso belanglos sein würde wie ein Sieb voller leerer Versprechungen – denn mehr war sie wohl nie gewesen. Und wenn diese Angst nachließ, trat geschwind die andere, entgegengesetzte Angst an ihre Stelle – daß die ganze Angelegenheit allzu *real* würde, daß das ja reale Schmuggler sein würden, die ich da kennenlernen sollte, harte Männer mit Katzenaugen, die ihre Nase in meine Geheimnisse steckten. «Der einzige Weg, wie du hautnah an die Unterwelt des Kokains drankommen kannst, ist der, daß sie dich runterschluckt, sobald sie dich zwischen den Zähnen zerrieben hat.» Das waren die Worte von A. McGregor.

Die Tage waren heiß, die Nächte erfüllt mit Geräuschen, und selbst während nichts passierte, wurde das Spiel zusehends ernster. Es gab gar keinen Zweifel. Ich wurde langsam paranoid. Eines Nachts, als ich schlaflos unter dem Deckenventilator lag, kam ich zu der festen Überzeugung, daß Waldino ein Polizeispitzel war. Es hieß, daß sie hier in Massen herumliefen, die Leute von der F-2 und dem DAS und verschiedene örtliche *agents provocateurs*, die mit der Drogenfahndung der USA zusammenarbeiteten. Natürlich. Er hat den Beweis. Er hat das Telegramm. Er holt mich jetzt ein. Er sitzt an der Angel, und *ich* bin die Makrele! Es würde zu langen Verhören kommen, zu Schreianfällen in den Zellen – «Wir haben da ein ganz besonderes Früchtchen, *jefe*. Er sagt, er hat die ganze Geschichte erfunden, weil er eine *Story* schreibt.» Ich würde an Malcolm drängende Telegramme schicken, um von ihm Bestechungsgeld zu bekommen. Aber die Buchhaltung würde genauso klamm sein wie das Gefängnis. In zehn Jahren würden sie mich dann wieder rauslassen, bärtig und halbblind durch die Syphilis, die ich mir im Gefängnis geholt haben würde.

Ich verbrachte sehr viel Zeit mit Renate und Renaldo. Bei offenen Fensterläden und offener Tür schwebten wir durch die

Zeit. Zum Frühstück gab es *blanco y negro*, zum Mittagessen *punto rojo*, zum Tee *ron coco*. Der Spruch «last not least» traf auf *ron coco* ganz besonders zu. Dieser einfache, süße und tödliche Drink wird folgendermaßen zubereitet: Man nimmt eine reife, braune Kokosnuß, schlägt ihr die Spitze ab, schüttet etwas von der Milch heraus, gießt einen kräftigen Schluck Rum hinein, weiß oder braun je nach Geschmack, setzt die Spitze wieder auf und läßt das ganze ungefähr einen Tag stehen. In Cocktaillehrbüchern wird sicher verlangt, daß er mit zerstoßenem Eis serviert wird, aber im Corona gab es kein Eis, und außerdem ist die beste Art, den *ron coco* zu trinken, sowieso direkt aus der Schale, in der man ihn herumreicht wie eine Friedenspfeife. Man gießt immer wieder etwas Rum dazu, damit man auch wirklich noch den letzten Rest genießen kann. In Santa Marta wird diese Art, Rum zu trinken, *chupando el mono* genannt – Auslutschen des Affen.

Gegen Ende einer unserer langen Nachmittags-Sessions brachte ein Junge eine Nachricht von Waldino, daß ich mich am Abend mit ihm im Rincón Francés treffen sollte. Ich brauchte einige Zeit, bis ich aus den tropischen Dope-Nebeln in meinem Kopf aufgetaucht war und begriff, daß es jetzt möglicherweise ums Geschäft ging.

Kurz nach Einbruch der Dunkelheit torkelte ich ziemlich angeschlagen zur «Französischen Ecke», einer niedrigen Bier- und Billigfraß-*chingana* am anderen Ende des Hafens. Es waren amerikanische Matrosen in der Stadt, große Männer in Weiß, die ihre Zigarettenpäckchen unter die engen Ärmel ihrer T-Shirts geschoben hatten. Vor dem Pan-American stand eine ganze Gruppe von ihnen und schäkerte lauthals. Ein blonder Junge mit einem Kaugummi im Mund rief einer *costeña* zu: «He, Baby, komm, wir treiben's mal ganz verrückt!» Es war ein warmer Abend, und die Anwesenheit der Yankees brachte Unruhe in die Stadt.

Waldino saß an einem Ecktisch und konnte von da aus den Betrieb auf der Uferstraße im Auge behalten. Neben ihm saß ein anderer Mann, den ich mit einem gewissen Schrecken als den großen *bingero* erkannte, als den, der sich an dem Abend im El Molino, an dem es zu den Handgreiflichkeiten gekommen war, mit solch tödlicher Anmut bewegt hatte. Man ist unentwegt damit beschäftigt, die verschiedenen Orte und ihre Gesetzesmäßigkeiten zu verstehen, und unerwartete Verbindungen wie die, auf die ich gerade gestoßen war, sind immer beunruhigend. War die Clique aus dem El Molino – Silvio, der Lone Ranger, die *bingeros* – in diesen Deal verwickelt? Waren sie Waldinos *trasportistas*? Nein, das war unwahrscheinlich. Doch sie konnten sehr gut Stofflieferanten sein. Diese Möglichkeit versetzte mich in ziemliche Aufregung, doch Waldino hatte mich bereits gesehen, und deswegen hatte ich keine Möglichkeit mehr zum Nachdenken, bevor ich mich zu den beiden an den Tisch setzte.

Waldino stellte mir den *bingero* als Alfonso vor. Wir schüttelten uns die Hand. Ich hatte ihn im Bingo-Club El Portal schon gesehen, sagte ich, und ich hätte ihn schon am ganzen Strand gehört. Er lachte. Sein Lachen klang tief und sonor. Er sprach genauso langsam und ausdruckslos, wie er beim Bingo die Nummern per Mikrofon ausrief. Über seine linke Wange zog sich eine lange schmale Narbe, die sich von der braunen Haut rosa abhob. Er trug einen Strohhut in der Form der hier üblichen weichen Filzhüte. Und er trug dasselbe kastanienbraune Jackett, in dem ich ihn schon früher gesehen hatte. Es konnte gar keinen Zweifel geben, daß sich darunter die Pistole verbarg, die er dem Krach schlagenden *costeño* damals kurz gezeigt hatte.

Ich sah Waldino an, um von ihm einen Anhaltspunkt zu erhalten, einen Hinweis darauf, daß Alfonso wegen unseres Geschäfts hier war, doch Waldino ließ mich im Stich. Einige Zeit plauderten wir nur so dahin. Alfonso war ein Vallenato – ein «im Tal Geborener» – aus der Tiefebene des Rio Cesar in der Gegend um Valledupar. Er stellte mir Fragen zu London, zu den vier Jahreszeiten, zu den Preisen – die üblichen Themen. Es ergaben sich immer wieder Möglichkeiten, sich dem Thema Kokain zu nähern, doch alle blieben ungenutzt. Nach einigen Bieren wollte er gehen und stand auf. Er blickte mir in die Augen und sagte: *«Buena suerte!»* Viel Glück! Ich fragte mich, ob das heißen sollte, daß ich es brauchen würde. Waldino begleitete ihn auf den Gehsteig hinaus. Die beiden unterhielten sich noch einige Zeit. Alfonso sprach langsam und nachdrücklich und beugte sich vor, während er mit Waldino sprach, doch als Waldino ihm etwas sagte, richtete er sich auf und blickte aufs Meer hinaus. Die beiden schienen über etwas zu streiten. Ich hatte den Eindruck, daß Waldino der Unbedeutendere war, der Ehrerbietige, aber gegenüber einem großgewachsenen Vallenato mit einer Pistole unter dem Jackett sollte man auch vielleicht Ehrerbietung zeigen.

Waldino setzte sich wieder zu mir. Er war ein Ausbund an falscher, verschlagener Freundlichkeit. «Na dann», sagte ich. «Weswegen wollten Sie sich mit mir treffen?»

«Ach so, ja. Sehr gute Neuigkeiten, Charlie.»

«Welche?»

«Wir werden uns schon sehr bald mit den *trasportistas* treffen, vielleicht schon morgen.»

«Vielleicht?»

Er zuckte mit den Schultern. «Ich habe Ihnen ja gesagt, daß es ganz schwer ist, etwas Sicheres zu sagen.» Er spielte an seinem Bart. Aus der Ferne hörte ich das Dröhnen von Alfonsos Stimme. Im Bingo-Club El Portal wurde gerade eine neue Runde eingeläutet.

«Und Sie wollten sich mit mir treffen, nur um mir das zu sagen, Waldino? Jetzt kommen Sie aber mal zur Sache. Die ganze Woche haben Sie mir schon nichts anderes erzählt. Vielleicht morgen. *Mañana, mañana...*»

«Ich bemühe mich wirklich, Charlie. Trinken Sie doch noch ein Bier.»

«Sind Sie wirklich sicher, daß das alles war? Was ist mit Alfonso? Hat er denn mit der Sache etwas zu tun? Ich glaube, daß Sie mich hierherkommen ließen, damit er mich inspizieren konnte.»

Er tat so übertrieben überrascht, wie Kolumbianer es immer machen. Sie bilden sich ein, sie würden damit irgendwelche Verdächtigungen aus der Welt schaffen, erreichen damit aber zumeist das pure Gegenteil. «Charlie! Alfonso ist kein *contrabandista*. Er ist ein *bingero*, Charlie.» Er gestikulierte in die Richtung, aus der man gerade eine von Alfonsos Ansagen hörte: *«Ochenta y ocho, los dos culebras!»*

«Ich weiß ein bißchen was über Alfonso», sagte ich. Waldinos Augen wurden zu schmalen Schlitzen. «Er gehört zu Silvio, nicht wahr, zum Besitzer des...»

«He, Charlie, *amigo*! Wollen Sie hier vielleicht etwas vorsichtig sein!» Er beugte sich nach vorne und legte mir die Hand auf den Arm. «Okay. Sehen Sie. Alfonso und ich haben bestimmte... gemeinsame Bekannte. Nicht mehr.»

«Sind das die, von denen Sie Ihre *perica* bekommen? Ist das der Punkt?»

Waldino war mit einemmal wütend. «*Hijo de puta!* Wir haben ausgemacht, daß es ohne Fragen abgeht, daß wir kein Wort darüber verlieren, wo sie herkommt. *Ich* bin Ihr Lieferant, *amigo*. Behalten Sie das bloß im Kopf. Waldino kann es besorgen – das ist alles, was Sie zu wissen brauchen.»

Mit meinem Regelverstoß hatte ich einen groben Fehler gemacht. Meine verdammte dumme Neugierde würde noch alles vermasseln. Ich lehnte mich zurück und fuhr mir mit der Hand über das Gesicht. Das Bier ging eine unangenehme Allianz mit dem *ron coco* ein, und ich fiel aus dem nachmittäglichen Kokainhöhenflug herunter in dessen gefährliche und verworrene Nachwehen. Ich fühlte mich träge und ruhelos. Daß nun Pistolen ins Spiel kamen, gefiel mir ganz und gar nicht. Mir ging noch einmal die Szene durch den Kopf, wie Alfonso den *costeño* vertrieben hatte, und dazu der aalglatte Ausdruck in Silvios grinsendem Gesicht. Mein kleines Spiel bekam eine noch ernstere Wendung.

Die amerikanischen Matrosen, die nüchtern genug waren, um es in eine Gegend so weit weg von den Hafenanlagen zu schaffen, drängten herein und riefen: «*Cervezas pronto!*» Schon ein paar Minuten später tanzten die Nutten an. Sie waren wie Möwen, die hinter einem Fischschwarm herzogen. Die Gegend um die «Französische Ecke» war außerdem einer ihrer Tummelplätze, und an den Abenden, an denen die US Navy in der Stadt war, rückten sie in Scharen an. Gleich in unserer Nähe stand eine ganze Gruppe von ihnen gegen die niedrige Mauer gelehnt, die Tische und Gehsteig voneinander trennte. Die Matrosen riefen nach ihnen und winkten sie zu sich heran. Ein paar Nutten lösten sich aus der Gruppe und trippelten zielstrebig an ihren Tisch. Zwei Mädchen blieben draußen stehen. Ich musterte sie mit unbestimmter Lust. Waldino folgte meinem Blick. «Gefallen Ihnen die *niñas*?» fragte er in fröhlichem Wechseln-wir-doch-das-Thema-Ton. Ich zuckte die Achseln. «Ich kann Sie Ihnen besorgen», sagte er automatisch.

«Natürlich können Sie das», sagte ich seufzend.

Bevor ich ihn noch aufhalten konnte, stieß er bereits seinen Stuhl nach hinten, beugte sich über die Mauer und rief: *«Ola, chiquitas! Piropo! Vengan por aca!»* Sie kamen zu uns herüber. Die große Blondierte schwenkte ihr Handtäschchen wie ein verruchtes Mädchen aus der Charleston-Ära. Anscheinend kannte sie Waldino. Er blickte zu ihr hoch und sagte etwas, das ich nicht verstand. Dann legte er ihr den Arm um die Hüfte und ließ seine fleischige Hand über ihre enge weiße Jeans nach unten gleiten.

«Das ist Rosa», sagte er. Er beugte sich zu mir und sagte im lauten Flüsterton: «Ich hoffe, sie ist nicht so eng wie ihre Hose, wenn Sie verstehen, was ich meine.»

Rosas Hand schlängelte sich um Waldinos wuscheligen Kopf. Sie drückte ihn gegen ihre Hüfte. Waldino blinzelte mir zu. Aus gespielter Lust stöhnte er und warf die Lippen auf. Er versuchte, hinter ihren Hosenbund zu fassen. Ich sah mit an, wie Rosas Hand fester drückte, wie sich ihre Armmuskeln anspannten und wie Waldinos Gesicht langsam gegen ihre feste Hüfte gequetscht wurde. Vor Schmerz ächzend, riß er sich aus ihrem Griff los.

«Nur keine Panik, Affe», sagte sie. Ihr freches Grinsen verwandelte sich zu einem höhnischen Lächeln. «Noch ein Stück weiter runter, und du mußt zahlen.»

Ein großer junger *negro*, der in eine Wolke aus *eau de cologne* gehüllt war, setzte sich an den Tisch neben uns. Mit dem Fuß – in einem Schuh aus Krokodilleder – schob er einen leeren Stuhl vor. «Setz dich, Rosa», sagte er leise. Sie drehte uns den Rücken zu und setzte sich. Waldino massierte niedergeschlagen sein schmerzendes Ohr. Das andere Mädchen stand noch immer neben dem Tisch. Sie war klein und dunkelhaarig und hatte einen Kaugummi im Mund. Ihre Brüste wogten beeindruckend unter dem T-Shirt – *tout le monde sur le balcon.*

Waldino belebte seinen angeschlagenen Machismo wieder. «Und wie heißt du, kleines Mädchen?» fragte er mit einschmeichelnder Stimme.

«Mabella.»

«Setz dich doch, Mabella.» Sie mußte sich hinter mir vorbeiquetschen, um zu dem leeren Stuhl zu kommen. Ich spürte zuerst die eine Hüfte, dann die andere, und dazwischen für kurze Zeit etwas Weiches.

«Willst du etwas trinken?» fragte er. Sie antwortete mit einem raschen und kecken Schulterzucken, das ihre Brüste ins Wackeln brachte. Sie hatte das Gesicht eines jungen Mädchens und den Körper einer ausgereiften Frau. Waldino bestellte drei Bier. Der Kellner verschüttete etwas von dem Bier auf Mabellas hautenge, leuchtend grüne, glänzende Hose. Sie fluchte und machte ein finsteres Gesicht, während sie die Hose hektisch mit einer Serviette trockentupfte.

«Ich habe dir einen knackigen Gringo mitgebracht», sagte Waldino kichernd.

«Caracho!» sagte sie, ohne daß man ihr besondere Begeisterung angemerkt hätte.

Ich hörte meine eigene nuschelige Stimme: «Mach mal halblang!» Die viele *perica* hatte mir den Kopf völlig vernebelt. Mein besseres Ich wünschte sich, daß ich den beiden gute Nacht sagen, ins Hotel zurückgehen und mich dort mit einem Buch ins Bett legen würde. Renaldo hatte mir eine in Leder gebundene Ausgabe von Charles Watertons *Wanderings in South America* geliehen, eine Fundgrube für Tips, wie man das Gift *curare* zubereitete, wie man Zecken und Sandflöhe entfernte, wie man die Ausscheidungen von Faultieren erkannte, und noch viel mehr. Um sich in dieser «abgelegenen und trübseligen Wildnis» körperlich gesund zu halten, empfahl er Chinarinde, Laudanum, Kalomel und Jalapenwurzeln. Der seelischen Gesundheit sollte ein kleines Büchlein mit den Oden des Horaz dienen. Über Kokain und dunkeläugige Mädchen von der Straße verlor er allerdings kein Wort.

Warum sitze ich bloß immer noch hier? *Video meliora proboque, deteriora sequor,* wie der Dichter sagt. Ich sehe und erkenne das Gute, und ich folge dem Bösen. Zwanzig Minuten später spazierten wir drei die Uferstraße entlang, vorbei an den Matrosen, am El Molino und am Bingo-Club. Mein Arm lag um Mabellas Schultern, ihrer um meine Taille, und unsere Hüften drängten sich aneinander.

Vor dem Corona gab uns Waldino grinsend einen Klaps auf den Hintern und führte uns hinein. Omar zwinkerte mir zu, als er mir den Zimmerschlüssel gab. Er und Waldino standen beisammen und zeigten sich in völliger Übereinstimmung mit diesem altehrwürdigen Handel. Mabella und ich stiegen Hand in Hand über die breite Steintreppe nach oben in mein Balkonzimmer.

Wegen der abgestandenen Luft in dem geschlossenen Raum fühlte ich mich sofort unwohl. Mabella verriegelte die Tür und lehnte sich mit verschränkten Armen dagegen. Ihre Brüste reckten sich herausfordernd in meine Richtung.

«Wie willst du's haben?» fragte sie.

Direkt über dem rechten Auge spürte ich ein heftiges Stechen im Kopf. «Na ja... Wie teuer ist es?»

«Zweitausendfünfhundert.»

Entsetzt wiederholte ich den Preis. «Du machst wohl Witze. Ich habe nicht so viel.»

«Zweieinhalbtausend für die ganze Nacht», sagte sie.

Ich setzte mich auf das Bett. «Ich will gar nicht, daß du die ganze Nacht bleibst», sagte ich matt. «Außerdem kann ich eine ganze Nacht lang gratis schlafen.»

Sie zuckte die Achseln und betete dann wie eine mißlaunige Kellnerin den Rest des Angebots herunter. Fünfzehnhundert Pesos für «Ficki-Ficki», zweitausend für eine *chupuda*.

«*Chupuda*?»

Sie warf mir einen mitleidigen Blick zu. «Einen blasen», sagte sie, «*el modo francés*.» Um diesen Punkt völlig klarzustellen, leckte sie ein- oder zweimal an einem imaginären Lutscher.

Ich schwitzte heftig. Gern hätte ich mich hingelegt und geschlafen. Ich stand auf, um den Deckenventilator einzuschalten. Sie meinte, ich wollte mich ihr nähern, und sprang zur Seite. «Nein, du mußt erst zahlen.» Unten auf dem Hof hörte ich Waldino und Omar miteinander lachen. Ich fühlte mich wie in einer Falle. Einfach wegschicken ging nicht. Die absurden Spielregeln des Machismo mußten eingehalten werden. Mir schoß ein Bild durch den Kopf, wie etliche Kater auf einer Mauer saßen und zusahen, wie einer von ihnen es einer geilen Katze besorgte.

Nachdem wir recht lustlos ein bißchen gehandelt hatten, einigten wir uns auf tausend Pesos für «Ficki-Ficki». Sie steckte den Schein in ihre Tasche und zog augenblicklich ihr T-Shirt aus. Ihre braunen Brüste wippten. Sie hatten große, dunkle kaffeefarbene Höfe um die Warzen. Da war ganz schön viel Holz vor der Hütte. Mir fiel wieder auf, wie kindlich ihr Gesicht aussah.

«Wie alt bist du?» fragte ich. Sie war gerade dabei, den Reißverschluß ihrer grünen Hose hinunterzuziehen, und blickte überrascht auf. Der Luftzug des Ventilators bewegte ihre feinen Haare.

«Fünfzehn», sagte sie schmollend. Welche Begierde ich nach ihr auch empfunden haben mochte, sie war jedenfalls augenblicklich verflogen. Ich empfand nur noch Mitleid.

«Fünfzehn? Nicht älter? So jung, *jovencita*!»

«Das macht doch nichts», sagte sie und zog ihr Höschen aus. Die stämmigen Schultern, die entwickelten Brüste, das hübsche schwarze Dreieck zwischen ihren Beinen – das alles gehörte zur *puta*, doch der Rest von ihr gehörte ganz einfach zu einem der vielen unterernährten jungen Mädchen, bei dem sich die einseitig kohlenhydratreiche Nahrung in einem Bäuchlein niedergeschlagen hatte. Sie lag auf dem Bett und zupfte wenig angeregt an einer Brustwarze. «Mach schon», sagte sie. «Tausend Pesos, zwanzig Minuten, nicht länger.»

«Warte mal!» Ich fischte etwas Kokain aus der Nachttischschublade. «Möchtest du...?» Sie schüttelte den Kopf. «Ich denke, ich will bloß...» Wieder hörte ich das Lachen aus dem Hof. Da meine Hände zitterten und schwitzten, waren sie nur schlecht zu gebrauchen. Ein paar Kristalle fielen auf den Boden. Den Rest schnupfte ich direkt aus dem Papier. Ich spürte den Spannungsstoß, der versuchte, sich durch die Nebel der Verzweiflung zu arbeiten, und dabei scheiterte. Meine Kopfschmerzen wurden schlimmer. Ich zog mich aus. Ich bekam den Verschlußknopf meiner Jeans nicht durch das Knopfloch. Schließlich war ich nackt, torkelte unentschlossen auf das Bett zu, auf dem meine Lolita mit dem aufgetriebenen Bauch, *mi muñeca de carne*, auf mich wartete und mich mit nachsichtiger Neugierde beobachtete.

Es war kein Erfolg, keine *nuit de passion*, die einem in Erinnerung bleiben würde. Sie lag schwerfällig und passiv da. Ich lag pflichtergeben aktiv daneben. Ich drückte und streichelte sie. Da ich es gerne etwas lebendiger gehabt hätte, sprach ich sie ein- oder zweimal darauf an, doch so etwas gehörte ganz offensichtlich nicht zum Programm. «Ficki-Ficki» war das Grundmodell. Sie war körperlich verfügbar, und damit hatte es sich auch – ein Handschuh aus warmem Fleisch, in den man für ein paar Minuten schlüpfen konnte. So etwas bringt vielleicht einen Durchschnittskolumbianer in Fahrt. Bei mir war das anders. Mit jeder Minute, die verstrich, fühlte ich mich schlaffer und schuldiger. Ich kam nicht einmal auf den Gedanken, sie vielleicht zu küssen.

Schließlich lagen wir völlig leidenschaftslos nebeneinander. Ich brachte Entschuldigungen vor – zu viel davon, nicht genug hiervon, warte noch ein paar Minuten, dann bin ich schon lokkerer. Sie blickte auf die Uhr. Die Zeit war fast um. Wir unterhielten uns ein wenig. Sie stammte aus Bucaramanga in der östlichen Cordillere. Sie war jetzt schon ein Jahr auf der Piste. Seit ihr Vater gestorben war. Früher hatte sie am Busbahnhof in Bucaramanga gearbeitet. Ein kleines Familienunternehmen – ihr Onkel war auch ihr Zuhälter. Eines Tages setzte sich sich in den Zug nach Santa Marta, um von ihm loszukommen. Sie war jetzt seit sechs Monaten hier, schlief tagsüber in einer kleinen *residencias* in der Nähe der Gobernacion, und nachts arbeitete sie in den Bars von Rodadero und am Hafen. Drogen konnte sie nicht leiden, weil ihr Onkel sie gezwungen hatte, welche zu nehmen. Basuko, Tabletten und ein zweifelhaftes schwarzes Pulver, das man mit Spinnweben vermischte und das einen völlig dämlich machte. Man lag dann auf dem Bett, als wäre man para... para... ja, *paralizada*, während die Kerle ins Zimmer kamen, sich auf einen drauflegten und ihr Geschäft hinter sich brachten.

Ich sah ihr beim Anziehen zu. So absurd, wie das Leben nun einmal spielt, spürte ich die zuckende Begierde in mir erst wieder aufwallen, als sie in ihrem knappen Spitzenhöschen vor mir stand, und zum erstenmal lächelte sie mich an.

«Ist schon okay, Gringo. So was passiert.»

«Komm wieder ins Bett», sagte ich.

Sie schüttelte den Kopf. Sie mußte wieder hinaus an die Uferstraße. Morgen abend vielleicht. Ich hörte ihre klappernden Sandalen auf der Treppe und hinterher eine Unmenge Kommentare von den beiden, die unten am Tresen standen. Sie unterhielten sich noch einige Zeit, dann wurde die Tür zur Straße verriegelt, und alles war still.

Sie hatte wohl das Gefühl gehabt, daß sie mir für meine tausend Pesos doch etwas schuldig war. Als ich am nächsten Morgen mit schmerzendem Kopf und schlecht gelaunt nach unten kam, begrüßte mich Omar mit einem noch viel strahlenderen Lächeln als sonst. Jetzt geht's gleich los, dachte ich. Der Gringo, der nicht einmal mit einer *puta* zur Sache...

«Dann hat es Ihnen also letzte Nacht Spaß gemacht?» fragte er triumphierend. Ich zuckte nichtssagend mit den Schultern. «Jedenfalls hat die *niña* das gesagt», fuhr er fort. «Sie hat gemeint: ‹Er ist zwar ein Gringo, aber er ist wirklich ein scharfer Liebhaber.›»

21 *Finca Las Brisas*

Was hatte mir der Kontakt zu Mister Der-macht-das-schon Waldino bisher gebracht? Ein kleines bißchen *perica*, eine halbe Stunde mit einem Straßenmädchen, ein paar Worte mit einem *bingero*, der eine Pistole im Jackett stecken hatte und möglicherweise auch Dealer war – für zehn Tage war das wirklich keine besondere Ausbeute. Doch als ich eines Morgens vom Frühstücken am Hafen ins Corona zurückkam, lehnte Waldino dort am Empfangstresen. Er begrüßte mich herzlich und fragte, ob ich für den Tag schon etwas vorhätte.

«Nein, nichts Bestimmtes.»

«Okay, dann fahren wir!» Er bugsierte mich zur Tür und schob mich hinaus auf die Straße.

«Wo fahren wir hin?»

«Wir haben wegen eines Boots eine Verabredung mit einem Mann.»

Draußen vor der Tür stand, halb auf dem Gehsteig der engen Straße geparkt, ein brandneuer Sierra Kombi, dessen kastanienfarbener Lack in der Sonne glänzte. Etliche *gamines* umlagerten ihn. Waldino verscheuchte sie mit großspurigem Gehabe. Ihre Köpfe waren kahlgeschoren. Das bedeutete, daß die kleinen Lausebengel bereits etwas zu oft von der Polizei festgenommen worden waren. Mit einer bewußt übertriebenen Verbeugung öffnete Waldino die Beifahrertür und ließ mich einsteigen.

«Wirklich beeindruckend, Waldino», sagte ich. Die neuen Sitze, die von der Morgensonne aufgeheizt waren, rochen stechend nach Plastik. «Gehört der Ihnen?»

«Er gehört einem meiner Partner», sagte er. Mit krachendem Getriebe fuhren wir vom Randstein herunter und dann in Richtung 5th Avenue. Die Avenue selbst fuhren wir ganz langsam entlang. Waldino lehnte seinen behaarten Arm dabei lässig auf das heruntergekurbelte Fenster. Er rief und winkte Freundinnen zu. Offensichtlich freute er sich des Lebens, und seine Augen leuchteten. Mit einem brandneuen Kombiwagen verschaffte man sich in Santa Marta unbedingtes Prestige.

Waldino klärte mich darüber auf, daß wir nach Taganga fuhren, ein kleines Fischerdorf gleich auf der anderen Seite der Landzunge von Santa Marta. Dort würden wir uns mit einem Mann namens Agaton treffen. Mehr war aus ihm jedoch nicht herauszubekommen. Ich fragte ihn, ob dieser Agaton der *trasportista* war, doch er sagte bloß: «Nicht so richtig», und als ich zu einer weiteren Frage ansetzte, brummte er in freundlichem Ton: «Keine Fragen mehr. Ich bringe Sie dorthin, und ich werde dort reden. Sie lehnen sich jetzt zurück und genießen die Fahrt.»

Wir fuhren am Markt vorbei, dann durch den Gürtel aus Holzhäuschen, der um die Stadt lag, und schließlich hinauf in die mit Gestrüpp überwachsenen Hügel. Santa Marta lag unter uns. Seine Straßen waren in der Hitze unter einem kalkweißen Dunstschleier gefangen. Zwanzig Minuten später waren wir in Taganga. Zu diesem Ort gab es nicht viel zu sagen – ein paar ungepflasterte Straßen, die sich vom Meer weg im Schachbrettmuster ausbreiteten, ein paar Schiffe, die in der Bucht schaukelten, ein paar Fischer bei der Arbeit. Wir parkten den Wagen an einer schattigen Stelle und spazierten ein Stück den Strand entlang. Es hatte den Anschein, daß Agaton nicht da war. An einer der Buden am Strand tranken wir ein Bier. Waldino schaute immer wieder auf die Uhr. Es war schon fast Mittag. Dann ging er auf einen Fischer zu, der zwischen zwei Mandelbäumen ein Netz aufgehängt hatte und daran herumflickte, und sprach mit ihm. Eiligen Schritts kam er wieder zurück. Das Hemd war ihm halb aus der Hose gerutscht. Er schwitzte und sah schmuddelig und ein bißchen beunruhigt aus.

«Fahren wir!» sagte er.

«Wohin?»

«Nach Negangue.»

«Aber wollte Agaton sich denn nicht hier mit uns treffen?»

«Anscheinend nicht.»

Wir stiegen wieder ins Auto. Der Sitz verbrannte mir fast den Rücken. «Warten Sie mal, Waldino», sagte ich. «Weiß Agaton denn, daß wir heute kommen?»

Als Antwort hörte ich dieses unschlüssige, mit feinsten Nebenbedeutungen aufgeladene: *«Si-i-i-i!»*, das in den meisten Fällen ein Nein zum Ausdruck bringt

»Mein Gott noch mal, weiß er jetzt, daß wir kommen, oder nicht?»

«Nein. Ich weiß, daß *er* kommt.» Ich starrte ihn an. Selbst Waldino mußte sich eingestehen, daß er mir eine Erklärung schuldig war. «Ich weiß, daß Agaton heute mit dem Boot unterwegs ist. Er ist mit jemand verabredet. Manchmal kommt er in Taganga herein, manchmal in Negangue. Man bekommt diese Leute schwer zu fassen, *hombre*. Man muß sie *finden*, und das klappt am besten, wenn sie gerade hereinkommen.»

«Wenn sie von wo hereinkommen?»

«Von dort, wo sie wohnen, Charlie. Von ihrem *ranchito*. Sie kommen nur selten auf der Straße. Mit dem Schiff geht es schneller und leiser. Okay, das waren genug Fragen. Wir fahren jetzt nach Negangue.»

Negangue lag ein paar Buchten weiter im Osten. Wir mußten auf die Hauptstraße fahren, auf den Troncal de Caribe, der von Cartagena aus die gesamte Küste entlang bis nach Riohacha führt. Wir bogen in einen Fahrweg ab und hielten wieder auf das Meer zu. Wir folgten dem Weg durch trockene, lederfarbene Hügel, die mit *mesquite* und wuscheligem, schwarzem Dornengestrüpp bewachsen waren. Schließlich erreichten wir eine einsame, halbmondförmige Bucht mit einem allein stehenden, baufälligen, aus Holz gebauten Bauernhaus. Ein alter Mann saß davor und schnitt Anmachholz für den Herd zurecht. Vier frisch gefangene Leguane lagen vor der Tür. Ihre Vorderbeine hatte man ihnen hinter dem Rücken zusammengebunden und ihre Klauen mit Draht verknotet. Nur das größte Tier, das ungefähr einen Meter lang war und eine gelb-schwarze Haut hatte, bewegte sich. Aus roten Augen warf es mir einen haßerfüllten Blick zu, blähte seine schuppige Wamme auf und knirschte mit seinen kleinen, vorzeitlich aussehenden Zähnen. In den Tropen ist Leguaneintopf bei der Landbevölkerung ein äußerst beliebtes Gericht, und Leguaneier sind eine Delikatesse. Waldino fragte, ob Agaton heute schon aufgetaucht sei.

«Nein», sagte der alte Mann, «das ist er nicht.»

Waldino fragte, ob es vielleicht möglich sei, eine Kleinigkeit zu essen zu bekommen – in den meisten Häusern kann man für ein paar hundert Pesos gebratenen Fisch und *patacones* kaufen. Bloß heute hatten wir kein Glück. Die Jungs waren mit dem Fang noch nicht zurück. Es war heiß auf dem grauen Sand. Wir setzten uns auf Steine, die unter einer Gruppe von Mandelbäumen am östlichen Ende der Bucht lagen, und warteten dort. Wir rauchten Zigaretten und wurden immer hungriger.

Gegen drei Uhr erlebte ich eine Überraschung. Ein Taxi kam schleudernd den Weg zur Bucht heruntergefahren und steuerte direkt auf uns zu. Eine Frau stieg aus. Eine kräftige, hübsche Frau in einem kühn gemusterten Leinenkleid in Schwarz und Weiß. Sie holte ein paar Pakete aus dem Wagen, die in Plastikfolie und Zeitungspapier eingewickelt waren. Das Taxi fuhr wieder zurück zur Hauptstraße und wirbelte dabei eine Staubwolke hinter sich auf. Die Frau kam zu uns in den Schatten.

«Was haben Sie denn da?» fragte Waldino freundlich.

«Eis.»

«Wollen Sie uns etwa ein bißchen Abkühlung verschaffen?»

«Ich will mich mit meinem Mann treffen, *tonto*. Und wenn Sie das wollen, können Sie sich Ihre Abkühlung gern von ihm besorgen lassen.» Armer alter Waldino. Jedesmal, wenn er ein Auge auf eine Frau geworfen hatte, fing die an, über ihren Ehemann zu reden.

Endlich hörten wir auch das Geräusch, auf das wir gewartet hatten. Anfangs war es bloß ein schwacher Kontrapunkt zum sanften Flüstern der Wellen. Doch dann war es ganz eindeutig als das Tuckern und Brummen eines Außenbordmotors zu erkennen. Das Boot tauchte am Rand der Landzunge auf. Zwei Männer saßen darin, ein *negro* und ein *mestizo*.

«Dort ist Agaton», rief Waldino.

«Dort ist mein Mann», sagte die Frau.

Agaton war ein großer *negro* mit flachem Gesicht und Augen, die mich an die des Leguans vor dem Bauernhaus erinnerten. Er sah aus wie Sonny Liston, wenn er schlecht aufgelegt war, obwohl es zwischen den beiden einen bedeutenden Unterschied gab – Agaton hatte bloß eine Hand. Sein rechter Arm lief in einen mit Schwielen überzogenen schwarzvioletten Stumpf aus. Später erfuhr ich, daß er sich die Hand mit Dynamit weggesprengt hatte – so etwas gehörte zum Berufsrisiko eines Fischers. Wenn er mit dieser natürlichen Keule zuschlug, konnte er allerdings mühelos einen Thunfisch von hundert Pfund betäuben.

Er watete ans Ufer und begrüßte Waldino mit einem barschen Grunzen und einem Schlag auf die Schulter. Die Frau küßte ihn auf die Wange. Er strich mit der Hand kurz über ihren Arsch. Mir nickte er zu. Nachdem das Boot ein Stück auf den Strand gezogen worden war, kuschelte die Frau sich jetzt an den *mestizo*, der eine Baseball-Mütze trug. Ich fragte mich kurz, welcher von den beiden wohl ihr Mann war.

Agaton stapfte durch den Sand, setzte sich in den Schatten und zündete sich eine Zigarette an. Waldino segelte in seinem Kielwasser hinterher. Die beiden unterhielten sich. Waldino sprach äußerst wortreich. Agaton wirkte unerbittlich und saß da wie ein Bär, der in großen Wolken Tabakrauch aus seinen Nüstern blies. Aus der Art, wie Waldino seine Hände bewegte, wurde mir klar, daß er Erklärungen zu mir abgab – Agaton war anscheinend absolut nicht darüber informiert, wer ich war. Unentwegt schaute er zu mir herüber. Ich trieb mich am Wasser herum und hoffte, daß er einen guten Eindruck von mir bekommen würde. Mit der Unterstützung des kleinen *mestizo* verlud die Frau ihre eisige Fracht auf das Boot. Der drahtige Kerl war unrasiert. Er trug eine Weste und ziemlich lange, ausgefranste Jeans-Shorts. Auf seiner Mütze prangte die Aufschrift: «Pittsburgh Pirates». Wenn die Frau sich bückte und sich dann beim Hochreichen der Pakete wieder streckte, genoß ich den Blick auf ihren rundlichen Körper. Unter dem dünnen Leinenkleid konnte ich die Umrisse ihres Schlüpfers erkennen.

Waldino und Agaton kamen jetzt auf mich zu. Waldino reichte Agaton kaum bis zur Schulter. Waldino sagte: «Das ist Charlie.» Agaton streckte seine intakte Hand vor. Da es sich dabei um seine Linke handelte, ergriff ich sie ebenfalls mit der linken Hand, war aber so nervös, daß diese ungewohnte Bewegung zu einem ungeschickten und mehr als umständlichen Handschlag verunglückte.

«Waldino hat mir erzählt, daß Sie eine Fracht zu transportieren haben und dabei Hilfe brauchen.»

Ich nickte. Zwar war ich unsicher, was Waldino ihm genau

erzählt hatte, doch wollte ich in diesem kitzligen Stadium auf keinen Fall etwas durcheinanderbringen.

«Das läßt sich machen», fuhr er fort. Seine tiefe, weiche Stimme wirkte beinahe hypnotisierend. Mir wurde ganz flau im Magen. Auf den Wellen tanzten die Sonnenstrahlen. Agatons Gesicht war unergründlich, doch es lag so ein gewisser Schimmer darauf – vielleicht nicht gerade Freundlichkeit, aber, ja, ein Schimmer der Belustigung. «Wir haben gute Kontakte nach Europa», sagte er und schaute hinaus aufs Meer, als könnte man Europa am Horizont erblicken.

«Und das dort ist das Boot?» fragte ich, bloß um etwas zu sagen. Er schüttelte den Kopf. Das Boot hieß *El Problema*.

«Wir haben noch ein anderes», sagte er. «Mit dem hier fahren wir zum Fischen. Mit dem anderen wickeln wir die Exporte ab.»

Er wandte sich von mir ab. Das Vorstellungsgespräch schien beendet zu sein. Er wechselte noch ein paar Worte mit Waldino, bevor die beiden auf das Bauernhaus zumarschierten. Sie sprachen mit dem alten Mann. Dann ging Waldino zum Auto und stieg ein. Einen Moment lang dachte ich, er würde losfahren und mich hier am Ende der Welt mit diesem dubiosen Trio allein lassen, doch er fuhr bloß ein kleines Stück und parkte den Wagen neben der mit Palmblättern gedeckten Hütte, die als Küche diente.

«Was geschieht jetzt, Waldino?» fragte ich.

«Wir machen einen kleinen Ausflug mit dem Boot.»

«Wohin?»

«Wir treffen uns natürlich mit dem Boß.» Er war jetzt wieder ganz unbekümmert. «He, *amigo*, schauen Sie doch nicht gleich so ängstlich drein. Sie sind unter Freunden. Ich bin's doch, Waldino!» Er deutete mit dem Daumen auf die eigene Brust. «Jeder Freund von Waldino ist bei diesen Leuten willkommen.»

Er schlenderte zu dem *mestizo* und der Frau hinüber und unterhielt sich mit ihnen. Allem Anschein nach kannte er die beiden nicht, doch schon bald scherzten sie kameradschaftlich miteinander. Die Frau warf beim Lachen den Kopf in den Nakken. Ihr Ellbogen ruhte entspannt auf der Schulter des kleinen *mestizo*. Zwischen seinen Lippen steckte eine kalte Zigarettenkippe. Waldino winkte mich zu den dreien hinüber und stellte uns vor. Der *mestizo* hieß Miguelito, die Frau Rita. Miguelito schüttelte rasch und wortlos meine Hand. Gleich darauf sprang er behende auf das Boot und machte sich am Motor zu schaffen. Rita lehnte sich an die Bootswand und musterte mich von oben bis unten. Sie hatte die Angewohnheit, auf ihrer Unterlippe herumzubeißen, und um ihren Mund spielte permanent ein Lächeln, das wie ein unterdrücktes Kichern wirkte. Die kräftigen und glänzenden pechschwarzen Haare hatte sie zu einer recht unordentlichen Frisur hochgesteckt. Ihre Gesichtshaut sah ziemlich schlimm aus, war von Pokkennarben gezeichnet und fettig. Außerdem hatte sie den deutlichen Anflug eines Schnurrbarts, doch das Gesicht wirkte im ganzen markant und lebendig. Ihr Lippenstift sah aus, als hätte sie ihn seit dem Vortag nicht mehr erneuert. Ihre Arme waren so glatt wie Teakholz. Ich konnte Rita als Typ nicht so ganz einordnen. Ohne Frage war sie wenigstens zum Teil *costeña*, doch hatte sie auch einen europiden Einschlag. «Dann kommen Sie also mit uns auf die Finca Las Brisas?» sagte sie lächelnd zu mir.

Ich sah zu Waldino hinüber. Er nickte bestärkend. «Ich glaube schon», sagte ich, worauf sie in ihr lautes, kehliges und fast grobes Lachen ausbrach.

Wir schoben das Schiff ins Wasser zurück. *El Problema* war ein *pesquero* von vier Metern Länge. Die Außenwände waren in einem gedämpften, verwaschenen Blau lackiert, das aussah wie Tinte auf Löschpapier, und innen war das Boot im traditionellen Orange der Fischer gestrichen. Der Schandeckel war weiß abgesetzt. Das Boot war eine einfache ausgehöhlte Schale, und man hatte es wahrscheinlich aus dem Stamm eines *ceiba*-Baumes gemacht.

Wir nahmen auf den Sitzbrettern Platz – Agaton am Bug, Waldino und ich in der Mitte, Rita hinter uns neben Miguelito, der im Stehen die Ruderpinne führte. Die Sonne verlor jetzt langsam an Kraft. Ihr sanfter werdendes Licht ließ das Wasser in der Bucht weich und cremefarben erscheinen. Miguelito startete den Motor bereits mit dem ersten Zug. Damit waren wir auf dem Weg zur Finca Las Brisas, zur Residenz Meereswind, um dort den Boß zu treffen. Ich gab mich ganz den sinnlichen Reizen hin – die Sonne, die Bootsfahrt, das plötzliche

Auflachen der Gangsterbraut –, doch kein einziger konnte den Kloß, der mir im Magen lag, auflösen. Während wir von Negangue losfuhren und um die Landzunge herum aufs offene Meer hinaussteuerten, grübelte ich über die Mahnung aus einem Volkslied nach:

Cuando se danza con diablo
No se da un paso falso...

Wenn du mit dem Teufel tanzt, dann paß auf, daß du keinen falschen Schritt machst!

Keiner von uns sprach während der Fahrt besonders viel. Wir fuhren immer in Sichtweite zum Ufer dahin. Das trockene, mit Gestrüpp bewachsene Gelände rund um Taganga und Negangue wurde abgelöst von einer üppigeren und wilderen Landschaft. Hinter den Stränden und den felsigen kleinen Buchten stiegen jäh bewaldete Hänge empor. Wie vermodernde Spitze lagen ganze Vorhänge aus grauem Spanischen Moos über den Bäumen. Die Berggipfel verschwanden unter prallen, rauchfarbenen Wolken, die sich so wenig bewegten und so genau voneinander abgegrenzt waren, daß man den Eindruck hatte, sie wären einzeln auf die scharfen Spitzen gespießt worden. Ein großer Teil dieser karibischen Küstenregion steht unter Naturschutz, ist Teil des Nationalparks Parque Tairona, der sich mit seinem Namen auf die Indios bezieht, die einstmals in diesen Gebirgsausläufern lebten. Einige von den Stränden erkannte ich wieder – Guachaquita, Arrecifes, Cañaveral. Bei meinem ersten Aufenthalt in Santa Marta hatte ich hier einige Zeit verbracht. Wir waren damals zu viert gewesen – zwei Amerikaner, eine Italienerin und ich. Wir hatten nackt in der Brandung herumgetollt, waren durch die märchenhaften Täler gewandert, hatten von wunderbaren Früchten, *punto rojo* und den Büchern von Carlos Castaneda gelebt. Irgendwo dort oben, in einem in die Wälder eingegrabenen Tal, kann man die Überreste einer Siedlung der Tairona besichtigen. Wahrscheinlich war das der Ort, den die *cronistas* als Chairama bezeichnet haben, doch heutzutage heißt dieser Ort einfach Pueblito – das Dorf. Ein alter, gepflasterter Weg, auf den man durch einen verborgenen Eingang gelangt, windet sich vom Meer aus steil ansteigend bis hinauf nach Pueblito. Raffinierte Stützbauten aus Steinen, Erde und Baumwurzeln sichern jede einzelne Stufe des Wegs ab. Gringos – und ich glaube nur Gringos – haben diesen Weg als die Treppe ins Himmelreich bezeichnet.

Ungefähr nach einer Dreiviertelstunde lenkte Miguelito das Boot auf den Strand zu. Ich konnte nichts sehen außer einer wildromantischen Landzunge mit riesigen weißen Felsen, die aussahen, als wären sie in die Erde gesteckt. Als wir auf dieses Vorgebirge zufuhren, flogen Pelikane über uns hinweg. Wenig später sah ich die Bucht und die verschiedenen mit Palmzweigen gedeckten Holzhütten, die sich zwischen dem Sand und dem hoch aufragenden Wald dahinter in die Landschaft duckten. Alles überragende Kokospalmen wiegten wie Staubwedel hin und her. Die Bauten darunter sahen winzig klein aus. Während die tiefstehende Sonne das Wasser vergoldete, fuhren wir in die Bucht ein. Dieser Ort hatte alles, was zu einem typischen Schlupfwinkel in den Tropen gehört. Wenn Gauguin hier vorbeigekommen wäre, hätte er es nie bis nach Tahiti geschafft.

Bevor wir den Strand erreichten, kam es zu einem kleinen Zwischenfall. Waldino hatte sich während der gesamten Bootsfahrt in einer deutlich erkennbaren Stimmung höchster Zufriedenheit befunden, hatte seine Hand durch das Wasser gleiten lassen und dabei – genau wie am Vormittag, als er den Kombi gesteuert hatte – ausgesehen wie einer, dessen sorgfältige Arbeit ihm postwendend seinen Lohn gebracht hatte. Doch jetzt sprang er plötzlich auf, rief: «Oh! *Mierda!* Stop, stop!», stieg aufgeregt nach hinten und schien etwas aus dem Wasser fischen zu wollen. Dabei verhedderte er sich allerdings mit Rita, die laut kreischte und dann schrie: «Hilfe! Er hat's auf mich abgesehen!» Doch weder versuchte er, Rita zu vergewaltigen, noch hatte er vor, mit bloßen Händen einen Fisch zu fangen. Es ging um seine Uhr. In dem unruhigen Wasser rund um die Landzunge war sie ihm vom Arm gerutscht und in die Bugwelle des Bootes geraten. Mit einer raschen, gekonnten Bewegung riß Miguelito das Steuer herum und wendete das Boot. Einen Moment lang schaukelten wir auf dem goldfarbenen Wasser. Waldino ächzte und stöhnte über das viele Geld, das er für die Uhr bezahlt hatte – eine Quarzuhr, eine Digitaluhr, eine japanische Uhr. Wir fuhren ungefähr an die Stelle zurück, an der die Uhr untergegangen war, und äugten wenig hoffnungsfroh über den Rand des Bootes. Agaton kratzte sich am Hinterkopf. Sein versteinertes Gesicht löste sich zu einem amüsierten Grinsen, wobei seine roten Augen deutlich hervortraten. «Wir müssen sie rausholen», sagte er. «Die Fische wissen sonst, wie spät es ist, und dann können wir sie niemals fangen!» Miguelito sagte zu Agaton, er solle das Steuer übernehmen. Agaton stieg an uns vorbei nach hinten. Für einen Mann mit nur einer Hand gelang ihm das mit bemerkenswerter Schnelligkeit und Wendigkeit. Miguelito ging in die Hocke und umfaßte mit seinen knochigen Händen den weiß gestrichenen Bootsrand. Er nahm seine Baseball-Mütze ab, schleuderte den Zigarettenstummel fort, ließ sich aus dem Boot fallen und tauchte nach unten. Er tauchte vier- oder fünfmal. Zwar schaffte er es bis auf den Grund, doch er konnte die Uhr nirgends entdecken. Rita blieb dieser Tragödie gegenüber völlig gleichgültig. Mit erhobenen Armen und der Haarspange zwischen den Zähnen saß sie da und ordnete ihre Frisur. Unter den Armen war ihr Kleid durchgeschwitzt, und man konnte die schwarzen Haarbüschel in den Achselhöhlen sehen.

Miguelito kletterte ins Boot zurück. Das Wasser lief an seinem mageren Körper hinunter. «Keine Chance», sagte er. «Sie werden sich eine andere kaufen müssen.» Mit Agaton am Ruder steuerten wir in die Bucht hinein. Völlig verstimmt kauerte Waldino sich wieder auf seinen Platz. Zur Grundausstattung eines kolumbianischen Gauners gehört unbedingt eine protzige japanische Uhr. Bei unserer Anfahrt an den Strand hörte ich Hunde kläffen. Miguelito hüpfte ins seichte Wasser und griff nach der Leine des Bootes. Nachdem Agaton den Motor ausgestellt hatte, hüpfte und schrammte *El Problema* an Land. Schwarze Brocken angeschwemmten Glimmers glänzten im feuchten Sand. «Willkommen auf der Finca Las Brisas», sagte Rita und legte mir die Hand auf die Schulter, um sich beim Aussteigen abzustützen.

Eine alte *negra*, die einen gemusterten Stoffschal um den Kopf geschlungen hatte und einen Blechnapf in der Hand trug, kam aus einer Hütte mit offenen Seitenwänden. Im Inneren der Hütte sah ich ein Holzfeuer glimmen. Agaton ging zur Begrüßung auf sie zu. Er hinterließ riesige Fußabdrücke im feuchten Sand. Ich hörte, daß er sie mit: «Mama» ansprach. Ein alter brauner Hund sprang um Rita herum, die ganz offensichtlich sein Liebling war. Zwischen den Gebäuden sah ich dort, wo das bewirtschaftete Gelände an die Palmen grenzte, zwei magere *costeños* mit bloßem Oberkörper neben einem riesigen Haufen aus Kokosnüssen stehen. Beide hielten eine Machete in den Händen.

Ich half Miguelito beim Entladen des Bootes. Agaton führte mich und Waldino zu einem aus Holz gebauten Nebengebäude, das ebenfalls offene Seitenwände hatte. Dort hingen zwei große schmutzige Hängematten von einem Dachbalken. Wir befestigten sie und ließen uns dankbar in ihre feste Umarmung sinken. Dort, wo die Sonne sie erwischt hatte, war meine Haut heiß und roch fast wie geröstet. Dieser Geruch mischte sich mit dem leicht salzigen und muffigen der Hängematte. Wir schaukelten schweigend und genossen den Sonnenuntergang. Ich dachte daran, wann wir wohl «den Boß» treffen würden und wer er wohl war. Ich fragte Waldino danach.

«Er ist noch nicht hier. Er ist in Riohacha. Agaton sagt, daß er erst morgen zurückkommt. Er wird alles mit Ihnen besprechen.»

«Wer ist er, Waldino?»

«Er heißt Ariel», sagte Waldino und sprach es aus wie «Arry-el». «Er ist einer der Besten, Charlie, ein *contrabandista* allererster Güte.»

«Er weiß nichts von mir, oder? Ich könnte schwören, daß am Strand drüben...»

«Ich habe Ihnen doch schon erklärt, daß man ihn nur schwer erwischt. Okay, ich habe ihn schon etliche Zeit nicht mehr gesehen, aber ich weiß, daß er kommen wird. Ich habe schon früher mit ihm zusammengearbeitet.»

Etwas später wurden wir in die Küche gerufen. Kerosinlampen hingen von den Dachsparren aus Palmenholz. Waldino und ich bekamen einen Platz auf den Stühlen an dem kleinen Tisch zugewiesen – Ehrenplätze. Agaton thronte auf einem Ölkanister, Miguelito saß auf der Veranda, und Rita, die mit dem Essen erst nach den Männern an der Reihe war, lehnte rauchend in der Tür. Mama tischte riesige Schüsseln mit *mondongo* auf –

eine trübe Brühe aus allerlei Resten wie Innereien, Fisch und grauen, steinharten Paradiesfeigen – und dazu eine Schale mit Kokosnußreis und *patacones*. Die Unterhaltung, bei der es hauptsächlich um das Fischen ging, verlief ziemlich sprunghaft, da wir immer nur zwischen zwei Bissen etwas sagten. Agaton und Miguelito wollten am nächsten Tag mit der *El Problema* hinausfahren, um Schnapperfische, Schwertfische und Fettaugen zu fangen. Sie würden erst am zweiten Tag wieder zurückkehren, da sie ihren Fang am Morgen in Santa Marta verkauften. Es wurde auch von einer kurz bevorstehenden *cosecha de marimba* gesprochen – was wörtlich eine Ernte, doch in diesem Fall eine Lieferung Marihuana bedeutete. Niemand bemühte sich, vor mir etwas zu verbergen. Das Leben, das sie als Fischer, Bauern und Schmuggler führten, schien genauso einer natürlichen Ordnung zu folgen wie der Wind und die Wellen da draußen und das monotone Lärmen der Frösche und Zikaden, die mich in den Schlaf sangen.

Am folgenden Morgen waren Agaton und Miguelito – die *muchachos*, wie Mama sie nannte – bereits abgefahren, bevor ich aufgewacht war. Zum Frühstück bekam ich Eier, Reis und öligen *tinto*. Waldino schnarchte noch immer in seiner Hängematte vor sich hin. Rita war nirgends zu sehen. Mama war schon mit dem Eintopf beschäftigt, den es an diesem Tag geben sollte. Draußen vor der Küche hingen an einer Leine Streifen grauen Fleisches und trockneten in der salzigen Brise.

Es gab hier viele Hunde, und der freundlichste von ihnen war der angejahrte braune Kerl, der Rita so freudig begrüßt hatte. Er hieß Leoncito. Der kleine Löwe. Er war mager, er hatte Warzen und silberne Barthaare, und in seinen Augen funkelte die alte Weisheit eines Tieres, das sich mehr oder weniger ehrlich durchs Leben geschlagen hatte. Er fand Gefallen an diesem weichherzigen Engländer und trottete hinter mir her, als ich ein wenig herumspazierte. Der zum Haus gehörige Bereich zog sich bis zum Strand hinunter und wurde von einem riesigen schwarzen Schwein beherrscht. Die Truthähne waren prächtig anzuschauen, die Gänse feindselig, die Katzen trächtig und die Hühner so hungrig, daß sie sich sogar um Muscheln zankten.

Die zwei Arbeiter, die ich bei unserer Landung gesehen hatte, lebten in einem Schuppen auf der anderen Seite des Bananenhains. Sie hießen Flaco und Crespo – Dünner und Krauskopf. Die beiden ernteten die Kokosnüsse, die Bananen und die Avocados, und sie kümmerten sich um die Tiere. Flaco war ein gelassener und heiterer Kerl. Crespo war ein unzugänglicher, feindseliger Mensch und hatte auffällig stark hervortretende Augen. Er sorgte dafür, daß seine Machete immer poliert und geschärft war, und er machte den Eindruck, als wäre er jederzeit bereit, etwas oder jemand in Stücke zu schlagen. Sehr bald schon erkannte ich, daß er weder gegen mich noch gegen Gringos im allgemeinen einen besonderen Widerwillen empfand. Er mochte einfach überhaupt keine Leute.

Von meinen Gefühlen Crespo gegenüber einmal abgesehen, wiegte ich mich in seliger Entspanntheit. Ich hatte überhaupt nichts aus dem Hotel mit hierhin gebracht, keine Kleider, kein Notizbuch, nicht einmal eine Zahnbürste. Fast hatte ich das Gefühl, auch meine Lügen hinter mir gelassen zu haben. Dieser Ort hier lag völlig abseits von allem. Hier führten keine Straßen hin, sondern nur ein Pfad durch den Urwald. Natürlich gab es weder Telefon noch elektrischen Strom. Trinkwasser wurde aus einem Bach neben der Hütte der beiden Arbeiter geholt. Zum Wäschewaschen gab es das Meer oder, wenn man *agua dulce* haben wollte, zehn Minuten landeinwärts einen Tümpel. Da Mama das Gefühl hatte, meine Gringo-Empfindlichkeiten würden mich nach frischem Wasser verlangen lassen, trug sie Flaco auf, mir diesen Tümpel zu zeigen. Es war eine kleine Grotte, ein tiefes Becken mit kühlem Flußwasser zwischen zwei weißen, eiförmigen Steinblöcken. Die Sonne suchte sich ihren Weg zwischen dem überhängenden Blätterwerk hindurch und verlieh dem Wasser eine tiefgelbe Farbe.

Als ich zum Haus zurückkam, war Rita bereits aufgestanden – dasselbe Kleid, den Lippenstift nicht aufgefrischt, die Haare zerzaust – und trank einen großen Becher *tinto*. «War's mit dem Schlafen okay?» sagte sie gähnend. «Haben die Insekten Sie auch nicht gebissen?»

Wir saßen vor der Küche und rauchten Zigaretten. Sie verschüttete etwas Kaffee auf ihr Kleid. *«Porca madonna!»* Dieser Fluch klang zwar vertraut, hörte sich gleichzeitig aber auch fremd an – es dauerte einen Moment, bis mir klar wurde, daß

Rita italienisch gesprochen hatte. Ich fragte sie, woher sie stammte. «Hier aus der Gegend.»

«Aber sprechen Sie nicht Italienisch?»

«He», sagte sie lächelnd, «der Gringo ist ja ganz fit. Mein Vater war Italiener. Aus Genua. Ich kenne noch ein paar Schimpfwörter, aber das ist auch schon fast alles.»

Die Sonne brannte noch nicht vom Himmel, so daß wir draußen sitzenbleiben konnten. Über einer kleinen Lagune am Ende der Bucht, die nicht mit dem Meer verbunden war, stieg Dunst auf. Leoncito sonnte sich zu unseren Füßen. Rita hatte anscheinend Lust, ihre Geschichte zu erzählen.

Ich hatte recht gehabt mit meinem Eindruck, daß sie sehr europäisch aussah. Ihr Vater war tatsächlich halb Italiener, halb Türke gewesen. Ihre Mutter war Kolumbianerin gewesen und hier an der Küste geboren worden.

«Dann sind Sie also eine halbe *costeña*?»

Rita zuckte mit den Schultern. «*Quién sabe?* Papa sagte, daß sie eine *gitana* war.» Eine Zigeunerin. «Ich habe sie nie gekannt.»

Ihr Vater war 1944 nach Kolumbien gekommen und hatte sich in Barranquilla niedergelassen. «Er war ein *fascista*», erklärte sie. «Er hat während des Kriegs wirklich alle nur möglichen Dummheiten angestellt. Als die Situation in Italien immer schlimmer wurde, ist er wie die anderen faschistischen Ratten davon. Entweder Südamerika oder Verhaftung. Er hat sich immer als Exilanten bezeichnet. Er hatte seine Flaggen mit, seine Embleme und sein kleines Bild von Mussolini. Egal, wo wir lebten, Il Duce hing immer wie ein kleiner Affe an der Wand.» Dann fügte sie mit einem verschmitzten Lächeln hinzu: «Die Engländer konnte Papa übrigens überhaupt nicht ausstehen!»

Nach einer kleinen Pause fuhr sie fort: «Er hatte ein Geschäft in Barranquilla. Import, Export. Damals gab es noch keinen *narcotráfico*, sondern hauptsächlich das, was wir *café calientito* nennen. Sie verstehen schon, geschmuggelten Kaffee. Ich war ein kleines Mädchen, sechs oder sieben, als damals La Violencia ausbrach. Papa wurde in die Auseinandersetzungen verwickelt, und wir mußten wegziehen, wieder ins Exil. Wir wohnten an vielen verschiedenen Orten. Ich und Papa und ein riesengroßer Koffer. Drei Jahre lang waren wir im Mato Grosso. Papa war dort Oberaufseher auf einer Gummiplantage.» Sie schüttelte den Kopf, als sie sich daran erinnerte. *«Mucho sudor, mucho peligro.»* Viel Schweiß und große Gefahren. «Wir haben die Plantage Hacienda La Calentura genannt.» Die Fieberplantage. «Genau wie in dem Lied. Kennen Sie das?» Da ich es nicht kannte, sang sie mir eine Strophe vor.

Es waren andere Länder gefolgt, eine Kette von Fieberplantagen und geschmacklosen Pensionen, dann ein paar Teenagerjahre in Buenos Aires. Dort hatte Papa zusammen mit anderen faschistischen Exilanten früheren Glanz wiederaufleben lassen und seinen Beitrag zum schmutzigen Krieg geleistet. Schließlich war er in Asunción in Paraguay an einem Gehirnschlag gestorben, an dem Abend, an dem man General Somoza, den im Exil lebenden nicaraguanischen Tyrannen, in Asunción ermordet hatte. Es war Ausgangssperre verhängt worden, doch Rita hatte sich darüber hinweggesetzt, um einen Arzt zu holen. Deswegen war sie in Polizeigewahrsam genommen worden. Als sie am nächsten Morgen nach Hause zurückgekehrt war, hatte sie nur mehr einen Toten vorgefunden. «Verstehen Sie, die Kugel, mit der der Faschist Somoza ermordet wurde, hat auch Papa das Leben gekostet.»

Danach hatte es sie wieder an die karibische Küste verschlagen, an den einzigen Ort, an dem sie sich zu Hause fühlte, und dort hatte sie den Kontakt zu Freunden aus der Kindheit wiederaufgenommen, die damals Dope aus Barranquilla hinausschmuggelten. «Und so habe ich Ariel kennengelernt.» Die Art, wie sie das sagte, beantwortete wenigstens eine meiner Fragen. Weder Agaton noch Miguelito waren ihr Ehemann. Verheiratet war sie wahrscheinlich mit niemand, aber Ariel war zweifellos ihr Mann.

«Erzählen Sie mir etwas über Ariel.»

Sie lachte. «Über Ariel wird Ihnen schon Ariel selbst etwas erzählen. Man hat immer den Eindruck, als hätte man es mit vielen verschiedenen Ariels zu tun – für Sie wird er wieder ein anderer sein. Es ist schwer, ihn zu finden, schwer, ihn zu fangen. *Nacío de pie*, wie wir sagen – er wurde unterwegs geboren.»

Sie sprach völlig gelassen, ohne die Spur einer Drohung, doch ich bekam wieder mein flaues Gefühl im Magen. Welcher Ariel würde sich mir präsentieren? Derjenige, der den Braten schon aus hundert Schritten Entfernung roch?

Die Sonne schien inzwischen stechend heiß. Wir gingen ans Wasser hinunter. Das Schwein wühlte träge in einem Haufen Kokosnußschalen. Rita raffte ihr Kleid hoch, und dann gingen wir durch das seichte Wasser auf die Landzunge zu, um die wir am Abend zuvor herumgefahren waren. Diese Stelle wurde Diamond Point genannt – riesige weiße Felsblöcke und dazwischen grün-braun wuchernde Pflanzen. An der höchsten Stelle thronte eine kleine, mit Palmblättern gedeckte Hütte, die irgendwie chinesisch aussah. In langsamem, erhabenem Flug, der die Erinnerung an prähistorische Zeiten aufkommen ließ, glitten Pelikane in Zickzackordnung über uns hinweg und führten immer wieder ihre todbringenden Sturzflüge vor. Die Landzunge war von einem glänzenden Sprühnebel überzogen. Alles wirkte etwas verschwommen.

«Mit Unterbrechungen habe ich hier zwei Jahre lang gelebt», sagte sie. «Und die Schönheit dieses Ortes nimmt mit jedem Tag zu.» Sie schloß die Augen, drehte ihr Gesicht in die Sonne und ließ die Hände langsam über ihr Leinenkleid nach unten gleiten.

«Dann ist das hier also Ariels Besitz?» fragte ich und wandte gleichzeitig meinen Blick von der Sonnenanbeterin ab.

«Nein, es gehört Agaton. Er lebt schon sein ganzes Leben hier. Sein Vater ist vor ein paar Jahren ertrunken. Er hat zwar noch Geschwister, die auch manchmal kommen, aber die leben alle in Santa Marta oder Riohacha. Agaton und seine Mama sind die einzigen, die permanent hier leben. Die beiden haben jahrelang mit einem *marimbero* aus der Sierra zusammengearbeitet. Sie bringen das Dope auf Maultieren herunter, verladen es aufs Boot, fahren damit hinaus und übergeben es irgendwo dort draußen auf einer Yacht.» Sie deutete hinaus auf das Karibische Meer, wo auch heute noch wie zur Zeit der Spanier Piratenschiffe auf wertvolle Fracht lauern.

«Dann ist Ariel also...?»

«Ariel ist jetzt der Boß. Er kümmert sich um das ganze Geschäft – immer noch ein bißchen *marimba*, aber vor allem die Nummer eins, *la perica*. Die ist Ariels Spezialität. Aber das wissen Sie ja. Deswegen sind Sie doch hier, oder? Sie wollen etwas *perica* exportieren.»

«Ja natürlich.»

Genug der Fragen, dachte ich. Schweigend spazierten wir weiter auf die Landzunge zu. Der Kadaver eines merkwürdigen Meereswesens lag auf dem feuchten Sand. Ich bückte mich, um das tote Wesen zu untersuchen. Rita spazierte weiter. Ohne deswegen langsamer zu gehen, zog sie sich ihr Kleid über den Kopf, warf es in den Sand und watete ins Meer hinaus. Sie trug nichts als ihren hellblauen Schlüpfer.

Das Leben hatte ihr Gesicht vielleicht ein wenig entstellt, doch ihr Körper stand in voller Blüte – vielleicht etwas dicklich, aber großgewachsen, reif und stark. Das Wasser war warm und klar. Mit kräftigen Zügen schwamm Rita auf die Landzunge zu. Ich folgte ihr.

An fast allen Stellen schlug das Meer heftig gegen die Felsen, zwischen denen es aber eine kleine Einbuchtung gab. Dort war das Wasser grün und ruhig. Rita war an diese Stelle geschwommen und ließ sich im Schutz zweier Felsen treiben. Ihre Brüste ragten ein Stück aus dem Wasser, und sie rekelte sich wie eine wollüstige Meerjungfrau.

Während des Schwimmens hatte ich gespürt, wie sehr die Strömung an einem zerrte. «Es ist besser, man wagt sich hier nicht allzu weit vor!» sagte sie. Ein Stück die Küste hinauf, bei Cañaveral, hatte ich einmal gesehen, wie ein Gringo beinahe ertrunken wäre. Er war bis hinter die Sturzwellen geschwommen und hatte nicht wieder zurückgekonnt. Er war nur einige Meter vom Ufer entfernt gewesen, aber auf der falschen Seite der Strömung. Die Wellen hatten sich wie eine Tür geschlossen. In solchen Fällen werfen die Fischer ein Seil aus, das wegen der daran befestigten leeren Kokosnüsse auf dem Wasser schwimmt. Der Mann damals hatte Glück gehabt. Er hatte das Seil gerade noch rechtzeitig packen können. Bei seiner Rückkehr an Land war er von oben bis unten völlig grau gewesen, nackt und grau.

Nachdem wir uns ein bißchen ausgeruht hatten, sagte Rita: «Ich werde Ihnen das Boot zeigen, und zwar das, mit dem die *perica* transportiert wird.»

«Ariels Boot?»

Sie nickte. «Sein Schnellboot. Er hat es letztes Jahr gekauft. Für die längeren Fahrten. Sie kennen doch Agatons Fischerboot und wissen, daß es *El Problema* heißt. Deswegen hat Ariel sein Schnellboot *La Solucíon* getauft! Kommen Sie! Ein Stück weiter vorne können wir über die Landzunge klettern. Sie verstekken das Boot immer in der Grotte auf der anderen Seite.»

Sie schwamm in Richtung Bucht zurück – ein hellblaues Hinterteil, das auf dem dunkelblauen Wasser tanzte. Als sie die letzten paar Meter auf die Felsen zuwatete, sah ich sie straucheln und ins Wasser schlagen. Über dem Getöse der Sturzwellen hörte ich einen leisen Schmerzensschrei. Dann stand sie wieder, stolperte aus dem Wasser und ließ sich in den Sand plumpsen.

Ich rief: «Was ist passiert?»

«Erizo! Hijo de puta erizo! Mierda! Que pica!»

Ich hatte keine Ahnung, was *erizo* bedeutete, doch als ich aus dem Wasser kam, sah ich, wie sie ihren Fuß hochzog, um die Sohle begutachten zu können. Und ich sah die langen schwarzen Stacheln, die dort steckten. Rita war auf einen Seeigel getreten, einen *erizo*. In so einem Fall kann man nichts anderes machen, als daß man die Stacheln des Igels einen nach dem anderen herauszieht. Sie sind ganz schön dick und haben kleine Widerhaken, die die Prozedur zu einer ziemlich schmerzvollen Angelegenheit machen. Rita legte sich nach hinten auf die Ellbogen. Ich nahm ihren schwieligen Fuß auf den Schoß und machte mich an die Arbeit. Sie biß sich vor Schmerz auf die Lippen. Gleich darauf entspannte sich ihr Gesicht, und sie fletschte beim Lachen die Zähne. Doch als ich den nächsten Stachel mit der purpurfarbenen Spitze herauszog, verspannte sie sich augenblicklich. Wie ein Schuster mit einer etwas ausgefallenen Aufgabe werkelte ich weiter. Rita wand sich, sie stöhnte und kicherte, fauchte wie ein Raubtier und war gleich darauf wieder gefügig. Die Sonne brannte vom Himmel. Die Brandung toste. Unser Temperaturanzeiger war schon fast im roten Bereich. Wieder ein schmerzhaftes Zusammenzucken, die Blicke verschränkten sich ineinander, Körperteile preßten sich aneinander. «Hör jetzt nicht auf, Gringo, mach bloß weiter.» Sie verrieb grobkörnigen Sand auf ihren Brüsten. Ihre mächtigen Oberschenkel zuckten, spreizten sich ein wenig auseinander. Nasse blaue Baumwolle und darunter und drum herum rabenschwarze Haare. Ein Mann konnte zwischen diesen Beinen verschwinden und nie wieder gesehen werden. Hinein in die Unterwelt des Kokains! Niemand würde etwas davon wissen außer der *gitana* und mir und den wenig neugierigen Pelikanen.

Wieder falsch! Als ich mich für einen Moment aufrichtete, um mir den Schweiß von der Stirn zu wischen, ließ mich ein Lichtblitz herumfahren. Die Sonne brach sich auf einer polierten Klinge. Im Eingang zu der chinesischen Hütte über uns stand Crespo und starrte auf uns herab.

Rita folgte meinem Blick. «*Testa di cazza!*» fluchte sie in ihrem Genueser Faschisten-Italienisch. «Dieser Scheißkerl läßt mich nie alleine.» Sie zog sich zurück, löste sich von mir, ließ mich sitzen. «*Zapatero, a tus zapatos!*» rief sie zu Crespo hinauf. Schuster, bleib bei deinen Leisten! Anders ausgedrückt hieß das, daß er sich um seine eigenen Angelegenheiten kümmern sollte, doch es war nicht zu erkennen, ob er sie hörte. Nachdem sie die letzten paar Stacheln selbst herausgezogen hatte, humpelte sie die Bucht entlang zu der Stelle, an der wie eine Erinnerung an früher ihr fallen gelassenes Kleid lag. Als ich noch einmal zum Diamond Point hinaufschaute, war Crespo verschwunden. Ich kraulte ins Meer hinaus und kühlte mich dort einige Zeit ab.

Die Sache konnte noch schwierig werden, dachte ich, während ich Rita folgte. Sie humpelte in einiger Entfernung vor mir zur *finca* zurück. Diese Situation konnte man völlig falsch verstehen. So nach dem Motto: «O ja, Don Ariel, ich habe mit meinen eigenen Glotzaugen gesehen, wie der Gringo mit Ihrer Frau im Sand Guck-Guck gespielt hat.»

Doch sollte Ariel an diesem Tag noch gar nicht eintreffen. Das schien niemand zu überraschen, und mich am allerwenigsten, denn in Kolumbien ist Geduld sehr viel weniger eine Tugend als ein Überlebensinstinkt. Rita ignorierte mich den ganzen Nachmittag über. Waldino wurde langsam gereizt – das fehlende Straßenleben, der Verlust seiner Uhr, die Sorge darum, ob er den Kombiwagen sicher wieder nach Santa Marta bringen könnte. Er saß im Schatten, schlug nach den Sandflöhen und las verbissen in einem vier Wochen alten *Diario del Caribe*.

Als nach meinen ersten vierundzwanzig Stunden auf der Finca Las Brisas der Abend hereinbrach, holte Rita aus einem Nebengebäude, in dem ein ganzer Sack davon stand, eine Handvoll *punto-rojo*-Blüten. Sie rollte so viel, wie es für eine ganze Zigarre gereicht hätte, in ein Stück Zeitungspapier. Dann beugte sie sich von hinten über meinen Stuhl – sie roch aus dieser Nähe nach Moschus – und steckte mir den Joint in den Mund. «Vielleicht bringt Ihnen das ja heute nacht etwas Schlaf», hauchte sie mir ins Ohr. «Aber vielleicht auch nicht.»

Waldino rappelte sich aus seiner Hängematte heraus und zerrte seine Hose, die sich im Schritt zusammengeschoben hatte, mit unbeholfenen Bewegungen nach unten. Zwei *papagallo*-Papageien, die im Licht der letzten Sonnenstrahlen okkerfarben und türkis aussahen, flogen über unseren Köpfen vorbei, und dann gaben die Frösche ihr Konzert.

22 *Ein Freund in Riohacha*

Am nächsten Tag kehrten Agaton und Miguelito gegen Mittag zurück, nachdem sie ihren Fang im Morgengrauen in Santa Marta verkauft hatten. Als Mittagessen gab es in Kokosnußöl gebratenen Schwertfisch. Zwei oder drei Stunden später, in der trägsten Phase des Tages, kündigte das nicht enden wollende Gekläff der Hunde Besucher an. Zwei Männer näherten sich über den Urwaldpfad hinter der *finca*. Der eine war schon etwas älter, ging leichtfüßig dahin und hatte lange, glatte Haare, die unter einem schmutzigen Panama-Hut hervorschauten. Der andere war jung und stämmig und hatte gelockte Haare.

Der ältere Mann wurde von allen Anwesenden herzlich begrüßt. Waldino kannte ihn ebenfalls, und er stellte mich vor. «Das ist Garman. Er ist ein sehr guter Freund von Ariel, habe ich nicht recht, *viejo*?»

Garman sagte zu mir: «Die Gringos nennen mich Herman.» Wenn er lächelte – er enthüllte dabei große angeschlagene Zähne –, wirkte er immer etwas geistesabwesend. In seinem Blick lag etwas Scharfes und Schelmisches. Meiner Einschätzung nach war er ein Halbblut. Wahrscheinlich gehörte er nicht zu einem der Stämme aus der Sierra – die untersetzten, dunkelhäutigen Kogui und Arhuaco, Nachfahren der Tairona –, sondern war wohl zur Hälfte ein Chibcha. Auf dem Rücken trug er eine hübsche gewebte *mochila*-Tasche. Ich mochte ihn auf Anhieb.

Die beiden brachten schlechte Nachrichten in bezug auf die *cosecha* Marihuana, von der ich am ersten Abend gehört hatte. Es hatte in der Sierra wieder einmal einen der Militärüberfälle gegeben, die periodisch stattfanden und von den Vereinigten Staaten finanziert wurden. Man hatte eine Pflanzung niedergebrannt. Die Sache war okay, der *marimbero* hatte noch ein Dutzend andere. In ein paar Tagen würden sie eine davon abernten. Die Ware würde in ungefähr einer Woche geliefert werden. Wie abgesprochen zwölf *arrobas* – dreihundert Pfund. Diese wenigen Bruchstücke der Unterhaltung konnte ich mitanhören, da ich in der Nähe blieb, doch dann zogen sich Herman und Agaton zurück, um sich ungestörter unterhalten zu können – und zwar in dem Teil der *finca*, den niemand betrat, wenn er dazu nicht aufgefordert worden war.

Dem jüngeren Mann gegenüber fühlte ich mich weniger sicher. Seine Augen hatten dieses überraschende Blau, auf das man hier manchmal stieß. Er schaute nicht schelmisch drein, sondern stoned und wild, und die Iris seiner Augen hatte einen porzellanartigen Schimmer. Er hieß Juancho und arbeitete für den *marimbero* – Hermans Verbindungen zu diesem *marimbero* waren hingegen unbestimmter, liefen aber wohl auf einer höheren Ebene ab. Juancho war der *catador*, der Koster, der die Marihuana-Ernte probierte und klassifizierte. Es gab sicher schlechtere Jobs. Den Daumennagel seiner rechten Hand hatte er lang wachsen lassen und in das überstehende Stück ein kleines Loch gebohrt. Dieser Nagel diente ihm als Halterung und kam immer dann zum Einsatz, wenn der Joint zu weit heruntergebrannt war, um ihn noch mit den Fingern zu halten. Ich hörte ihn kaum je etwas sagen, das über eine kurze zustimmende oder mißbilligende Äußerung hinausging. In seinem *costeño*-Slang benutzte er das auf englisch gesprochene Wort «voll» im Sinne von «sehr». Alles, was ihm gefiel, war «voll *chevere*» oder «voll *vacano*» oder manchmal sogar «absolut voll *chevere*». Alles, was ihm nicht gefiel, wurde mit *«que vaina»* (dieses Wort bedeutet soviel wie Scheide – der Vanillebaum trägt Schoten, die wie «kleine Scheiden» aussehen –, doch die Bedeutung der Phrase lautet: «So ein Mist!») oder *«que zanahoria»* (wörtlich eine Karotte, im anderen Sinn: «Was für eine Zeitverschwendung!») abgetan. Vielleicht waren diese rätselhaften Sprüche fester Bestandteil des Jargons aller kolumbianischen *marimba*-Tester.

Erst später erfuhren Waldino und ich etwas, das uns betraf. Herman hatte Ariel in Riohacha gesehen – er hatte die Neuigkeiten über die Verzögerung der Dope-Lieferung mitgeteilt, damit Ariel sich per Funk mit dem Mutterschiff in Verbindung setzen konnte –, und der hatte ihm gesagt, daß er frühestens in zwei oder drei Tagen auf die Finca Las Brisas zurückkehren würde. Er mußte sich in Riohacha um verschiedene Geschäfte kümmern, und wenn keine Ware aus der Sierra angeliefert wurde, gab es für ihn keinen Grund zu einer raschen Rückkehr.

Ich reagierte erleichtert, hatte ich mir doch um Ariel eine Menge Gedanken gemacht. Er war das versteckte Zentrum, um das sich hier alles drehte, der Spezialist für den Kokainschmuggel, derjenige, der unterwegs geboren worden war. Das klang alles so, als wäre er überaus gerissen. Vielleicht zu gerissen für meine Lügengeschichte.

Waldino hingegen war gar nicht erfreut. «*Que vaina*», jammerte er und übernahm Juanchos Phrase. «Das ist wirklich schlimm, Charlie. Wir *müssen* uns mit Ariel treffen und alles durchsprechen.»

«Die Sache geht schon in Ordnung», sagte ich nachdenklich. «Ich bin auch so schon recht zufrieden, Waldino. Ich habe die Organisation und die Leute hier kennengelernt. Es macht alles einen recht guten Eindruck. Vielleicht können wir ja noch ein paar Punkte mit Agaton besprechen. Ich denke, daß das auch reichen wird.»

«Nein, Charlie. Das geht so nicht. Ariel ist der Boß, und er trifft die Entscheidungen. Und das eine kann ich Ihnen sagen: Wenn Ariel herausfindet, daß Sie hiergewesen sind, *ohne* sich mit ihm getroffen zu haben, wird er ganz schön sauer sein. Das würde ihm überhaupt nicht gefallen. Es geht doch darum, daß Sie jetzt hier waren, daß Sie jetzt einer von uns sind, und da muß er *Sie* kennenlernen, muß er *Sie* abchecken. *Me entiendes?*»

Damit ich über diese neue und trostlose Perspektive nachdenken konnte, ließ er mich allein und besprach sich mit Herman und Agaton. Ein paar Minuten später kam er zurück. Er sah schmuddelig und ungewaschen aus – das einfache Leben lastete schwer auf ihm. Aber es war ihm deutlich anzusehen, daß er eine Lösung gefunden hatte. «Geht in Ordnung, Charlie. Es ist schon alles geregelt. Wir fahren morgen früh weg, zusammen mit Garman. Er nimmt uns mit nach Riohacha zu Ariel. Mensch, den Kerl kriegt man vielleicht schwer zu fassen.»

Wir brachen sehr früh auf – Herman, Waldino, Juancho und ich. Unser Weg führte uns durch den schattigen Palmenhain, vorbei an den Bananenstauden, die vom Tau benetzt waren, vorbei an der Hütte, in der der Zwerg Crespo wohnte, vorbei an dem Tümpel, in dem die Wäsche gewaschen wurde, und hinein in den Urwald. Ich trug deutliche Zeichen am Körper, die ich den ganzen Weg über spüren konnte – auf meiner linken Hand Agatons harten Händedruck, auf meinen Lippen Ritas feuchten, innigen und kurzen Kuß mitsamt Zunge und allem. *Hasta la vista, gringo!*

Der Pfad war deutlich zu erkennen, aber schmal. Herman, der frisch und beschwingt aussah, setzte sich an die Spitze. Bei ihm hatte man den Eindruck, daß er aus einem ganzen Repertoire verschiedener Gangarten frei wählen konnte. Wir stiegen steil hinauf, und schon bald konnten wir die gesamte Bucht überblicken, die Palmen und darunter die verschiedenen mit Palmblättern gedeckten Hütten. In der Morgensonne sah alles dermaßen schön aus, als betrachteten wir einen Schnappschuß aus dem Paradies. Während unseres Marsches veränderte sich die Landschaft immer wieder. Zuerst war sie schattig und sanft, der Pfad war steinig und zerfurcht, und die vielen verschrumpelten braunen Blätter unter unseren Füßen verströmten den Geruch eines englischen Waldes. Dann wieder gelangten wir auf eine andere Höhe oder kamen um eine Wegbiegung, und schon war die ganze Landschaft strahlend hell, gebirgig, üppig und tropisch. Wir sahen blaue *morpho*-Schmetterlinge, sonderbare Blätter mit rosafarbenen, warzenähnlichen Anhängseln und Kolonnen von geschäftigen, wie Roboter funktionierenden Ameisen, die ausgesägte Blatteile transportierten.

Um uns auszuruhen und um Wasser zu trinken, machten wir auf einer Lichtung halt. Es war eine Schneise zwischen den tropischen Bäumen, die in ihrer enormen Höhe dem Licht zuwuchsen – Pappeln, *anattos* und der zierliche Baum, der sich zwischen den anderen ausbreitete und den Namen Mulattenohr trug. Ein fremdartiges, tiefes, gurgelndes Geräusch rollte durch den Urwald. Herman und Juancho war dieses Geräusch so vertraut, daß sie ihm keinerlei Beachtung schenkten. Wie ich erfuhr, waren es Brüllaffen. Kleine Kerle mit rotem Fell und Schnurrbärten. Juancho sagte den längsten Satz, den ich von ihm bisher gehört hatte: «Die beste Methode, Kokosnüsse herunterzuholen – man wirft mit Steinen nach den Affen, und sie werfen mit Kokosnüssen zurück.»

Juancho schlug sich ins Unterholz, um einem Ruf der Natur zu folgen. Fünf Minuten später kam er fluchend zurück: *«Garapatas!* Absolut voll davon!» Er bat mich um eine Zigarette – ich war der einzige, der überhaupt Tabak dabei hatte. «Zünden Sie sie bitte an», sagte er. Zu meiner Überraschung drehte er uns dann den Rücken zu und zog seine Jeans nach unten. Er trug keine Unterhose. Auf seinem Hinterteil entdeckte ich ein halbes Dutzend kleiner brauner Höcker, die wie sonderbare kleine Nüsse aussahen und auf seiner Haut klebten. Zecken. Juancho hatte sich zu nahe an einen Busch gehockt, der voller Zecken gewesen war. Mit der Zigarette sollten sie jetzt weggebrannt werden.

Wenn man versucht, eine Zecke mit den Fingern zu entfernen, sind die Schwierigkeiten schon vorprogrammiert. Damit sie an das Blut kommt, hat die Zecke ihren kleinen Rüssel bereits hineingebohrt, und wenn man ihren Körper abzieht, reißt er vom Kopf ab. Dieser bleibt unter dem Fleisch stecken und fängt in der Hitze rasch zu eitern an, und wenn man nicht die richtigen Medikamente dabei hat, muß man ihn mit einem spitzen Messer herausschneiden. Eine Behandlung mit Hitze – eine Zigarette, eine Kerze, ein glühendes Stück Holz, die man so nahe an die Haut hält, wie es nur erträglich ist – tötet die Zecken ab und löst sie eine nach der anderen.

Nach einem Marsch von einer weiteren Stunde gelangten wir ziemlich unvermittelt aus dem Urwald heraus und fanden uns am staubigen Rand des Troncal de Caribe wieder, der nach Osten in Richtung Riohacha und nach Westen nach Santa Marta führte. Die Teerdecke glänzte. Sie war etwas höher als der Straßenrand, doch sie sah aus, als würde sie schon bald auf dessen Niveau heruntergeschmolzen sein. Drei Geier ließen von einem zerquetschten Leguan ab und erhoben sich ohne besondere Eile in die Lüfte.

Wir wandten uns nach rechts – das hieß Richtung Westen und zurück nach Santa Marta. Doch schon nach ein paar hundert Metern kamen wir an ein kleines, aus Holz gebautes Rasthaus mit einem Coca-Cola-Schild, das zusammen mit ein paar anderen Hütten am Ufer eines Baches stand. Hier hatte Herman seinen kleinen Lieferwagen abgestellt. Wir verabschiedeten uns von Juancho, der zu Fuß zuerst nach Palomino und dann in die Sierra gehen wollte. Als wir in Richtung Riohacha davonfuhren, schaute ich an der Stelle, wo der Pfad auf die Straße gestoßen war, aus dem Fenster. Der Pfad war kaum auszumachen, war eine unauffällige und nicht gekennzeichnete Öffnung zwischen den Bäumen, die für jeden unsichtbar war, der nicht ganz genau wußte, wo er zu suchen hatte. Der Weg zurück zur Finca Las Brisas war genauso geheim wie der Weg zurück ins Gestern.

Wir passierten eine aus Eisenteilen zusammengesetzte Brücke über die Quebrada las Lágrimas, das Tal der Tränen. Ein Schild wies darauf hin, daß wir in ein Gelbfiebergebiet kamen. Der Lieferwagen tuckerte dahin, warmer Wind wehte durch die offenen Fenster, und Herman bot am Steuer ein Bild der Zufriedenheit. Die Landschaft wurde rauher, trockener und farbloser, und schließlich waren wir jenseits der Provinzgrenze auf dem Gebiet der Halbinsel Guajira.

Es gab nur wenige Gründe, nach Guajira zu fahren, und mein Grund war einer der häufigsten – das Geschäft mit einem Schmuggler. Als das Wort «Kokain» zum erstenmal über Malcolms zitternde Lippen gekommen war, hatte er nichts anderes getan, als mir eine Fahrkarte nach Guajira zu überreichen.

Die Halbinsel Guajira ragt wie ein Rüssel in die Karibik hinaus, ist zweihundertfünfzig Kilometer lang und an ihrer schmalsten Stelle nicht einmal fünfzig Kilometer breit. Sie begrenzt den Golf von Venezuela und den Maracaibo-See und endet an der Punta Gallinas, der Hühnerspitze, dem nördlichsten Zipfel Südamerikas. Abgesehen von ein paar kleineren Hügeln an ihrer Spitze ist sie genauso flach wie eine Rollbahn. Eine heiße, dürre und steinige Landzunge, die nur an manchen Stellen mit Buschwerk und Dornengestrüpp bewachsen ist. Es gibt bloß zwei nennenswerte Städte, nämlich Riohacha, die Hauptstadt des Regierungsbezirks, und Maicao. Der Rest der Halbinsel wird von halbnomadischen Indios mit ihren Ziegenherden bevölkert. In der Gegend des Cabo de la Vela treiben sich riesige Flamingoschwärme herum und eine unterschiedlich starke Armee aus *contrabandistas*, die die unwirtlichen Flächen der

Halbinsel als Rollbahnen und die einsamen Küsten als Anlegestellen für ihre Boote verwenden. Die Guajira ist ein einziges großes Versteck, Schmugglerland seit jeher. Die Polizei ist außerhalb von Riohacha praktisch nicht existent. Die Armee führt immer wieder Aktionen durch, verhaftet Leute und brennt Einrichtungen nieder, doch so wie das zähe Gestrüpp des *monte* sind auch die Schmuggler bald wieder an Ort und Stelle. Polizei und Justiz sind auf allen Ebenen bestochen. Die Guajiros haben ein Schlagwort: *Plata o piombo* – Silber oder Blei. Finden sie sich erst einmal vor diese Wahl gestellt, entscheiden sich die meisten Beamten für das Geld und gegen die Kugel.

Am Stadtrand von Riohacha hielt Herman vor einem großen Betongebäude, das unter einem wolkenlosen blauen Himmel vor sich hin röstete. Es war der neue Busbahnhof. Waldino sagte: «Sie steigen hier aus, Charlie.» Verständnislos dachte ich einen Augenblick lang, sie würden mich mit dem Bus nach Santa Marta zurückschicken. Doch Waldino redete weiter und deutete dabei mit seinem behaarten Arm hinter mich: «Sie gehen die Straße dort drüben entlang. Auf der kommen Sie in die Innenstadt. Sie können sich in Riohacha etwas umsehen und zu Mittag essen. Wir kommen dann später nach. Wir finden Sie schon.»

Über dieses Vorgehen hatten die beiden zuvor kein Wort verloren. Waldino mußte es mit Herman abgesprochen haben. Plötzlich war ich verärgert. «Mein Gott noch mal, Waldino, was soll das denn? Ist dieser Kerl vielleicht der Papst, oder was?»

«Es ist besser so», sagte er schmeichelnd. «Ich kann ihn über Sie aufklären, kann die kleinen Probleme aus dem Weg schaffen. Hinterher können Sie Ihre Angelegenheiten mit Ariel ganz nett und einfach besprechen. Wir machen das immer so, da steckt nichts dahinter.»

Herman lächelte und beteiligte sich nicht an dem Disput, blieb wie immer still und wachsam. Ich zuckte mit den Schultern. Nach so vielen Wochen machte es nichts, wenn ich noch ein paar Stunden länger wartete. «Wo und wann?» seufzte ich.

«Unten am Hafen gibt es eine Bar namens Los Cocos. Kommen Sie um...» Sein nacktes Handgelenk lieferte Waldino nicht die gewünschte Information, worauf er verdrießlich vor sich hin schimpfte. «Seien Sie bei Sonnenuntergang dort, Charlie. Gegen sechs. Es wird dann jemand kommen.»

Ich marschierte eine breite, schmutzige Straße mit baufälligen Häusern entlang – Holzwände, Blechdächer, schiefe Telegrafenmasten – und durch ein Gewirr aus Marktständen. Ein Lastwagen voller Indios fuhr vorsichtig durch die Menge – «El Mestizo» war auf dem Weg in die Salzebenen im Norden der Halbinsel. Die Indio-Frauen saßen inmitten ihrer Säcke voller Obst und Getreide. Ihre schönen, fließenden, bunt gemusterten Gewänder sahen afrikanisch aus. Ihre hübschen, adlerähnlichen Gesichter mit den hohen Wangenknochen hatten sie mit dem dunkelbraunen Pflanzenfarbstoff eingerieben, den sie *putti* nennen. Die Indio-Männer waren zweigeteilt – mit Sportmützen, Sonnenbrille und kurzärmligem Hemd waren sie bis zur Hüfte *mestizos*; doch unterhalb trugen sie nichts weiter als den traditionellen Lendenschurz – in ihrer Sprache *nurcti* genannt –, der zwischen den Beinen straff verknotet wird.

Es herrschte gerade Siesta. Die engen Straßen der Innenstadt lagen ruhig da. Es gab anscheinend keinen besonderen Ort, zu dem sie mich hätten führen können. Bloß einen heißen Marktplatz, auf dem niemand zu finden war, und eine glühend heiße Seeseite ohne jeden Strand. Über den niedrigen weißen Häusern ragten ein paar Hochhäuser empor. Banken, Apartmenthäuser. Denkmäler des Drogengelds. Ein langer hölzerner Landungssteg, der sich ins Wasser hinausschlängelte; ein oder zwei Fischer; ein paar Arbeiter, die eine Winde reparierten; eine Polizeibarkasse, die auf den Wellen schaukelte. Unter Palmen gab es drei große Bars, die mehr oder weniger das soziale Zentrum der Stadt bildeten. Eine davon war unser Treffpunkt, das Los Cocos.

In der Bar gleich daneben bestellte ich mir etwas zu trinken. Der Kellner war besoffen. Er trug eine Kapitänsmütze, die für ihn viel zu klein war. Ich wollte einen Cuba Libre haben – er brachte mir Whisky. Sie hätten keinen Rum mehr, sagte er. Ich fragte nach der Whiskysorte. Dem Aroma nach vermutete ich, daß es einer der illegal hergestellten Brände war, House of Lords wahrscheinlich – ein unvermischter Kornschnaps, der mit der Essenz, aus der man Hustenbonbons herstellt, schmackhaft gemacht und mit einem wunderbar am Ziel vorbeischießenden Sinn für das Schottische als «House of Lords» abgefüllt wurde. Ein anderer Brand heißt Glenn, was ausgesprochen wird wie der Name des amerikanischen Astronauten. Ich sagte ihm, daß ich den Whisky nicht wollte. Ein Schuß von diesem schrecklich hochprozentigen Zeug war etwas, das ich im Augenblick wirklich nicht brauchen konnte. Als Ersatz brachte er Aguardiente.

«Weshalb sind Sie denn überhaupt hier?» nuschelte er argwöhnisch.

Ich tischte ihm die Touristengeschichte auf. Ich war zu einer kurzen *vuelta* der Guajira da. *Para conocer la región.*

«Hier gibt es nichts zu sehen», sagte er und setzte sich neben mich. «Wir sind hier unterentwickelt. Früher einmal gab es hier viele Perlen. Es kamen immer Piraten und plünderten die Stadt aus. Jetzt gibt es bei uns in Riohacha nur mehr zwei Dinge.»

«Und welche sind das?»

«La droga y la muerte!»

Die Droge und der Tod. Es fiel zwar schwer, das zu glauben, doch ich wußte, daß es stimmte. Auf der Finca Las Brisas hatte ich eine Nachricht aus einer alten Zeitung gelesen – in einer der Seitenstraßen hier waren mehrere kleinere *traficantes* niedergeschossen worden. Dem Bericht nach hatte sich die Zahl der Todesopfer, die mit dem Drogengeschäft in Verbindung zu bringen waren, in Riohacha damit für das laufende Jahr auf einhundertfünfundvierzig erhöht. Die Zeitung war von Mitte März gewesen. Über den Daumen gepeilt bedeutete das zwei Tote pro Nacht.

«Sehen Sie den dicken Mann dort drüben?» sagte der Kellner. Ich sah ihn – das steife weiße Hemd aufgeknöpft, darunter dicke Bandagen, einen Arm in der Schlinge. «Wir sagen hier, daß er auf dem Berg ausgerutscht ist.» Aus Daumen und zwei Fingern bildete er eine Pistole und machte Schüsse nach. «*Pow! Pow!* Nur gibt es auf der Guajira keine Berge, mein Freund.»

Gäste, die bedient werden wollten, klopften auf die Tische. Der angetrunkene Kellner schimpfte zu ihnen hinüber. Er kippte den Rest Whisky hinunter. «Bleiben Sie nicht zu lange draußen!» sagte er und machte sich davon. Er packte einen der Trinker und tat so, als wollte er ihn erwürgen. Rufe, Gelächter, noch mehr Geklopfe auf den rostigen Tischplatten. Ich trank meinen Aguardiente aus und ging.

Ich lief noch weiter durch die armseligen Straßen. War dieser kleine Ort mit seiner Fliegenplage wirklich die Stadt der Gangster mit den lose sitzenden Kanonen, die sie den Legenden des Kokaingeschäfts nach war? Sollte mit dieser Stadt nach Einbruch der Dunkelheit eine ähnliche Verwandlung geschehen wie mit Dr. Jekyll und Mr. Hyde, oder war das hier alles? Ich befand mich im geographischen Herzen des Kokainhandels, doch sein Herzschlag war nicht zu spüren.

Es war Herman, der ins Los Cocos kam, um mich abzuholen. Durch die Abenddämmerung fuhren wir zu einem Haus am Stadtrand von Riohacha. Eine gesichtslose Straße wie in jeder anderen Vorstadt auch – niedrige Häuser zwischen Strauchwerk, teure amerikanische Autos, hohe Fernsehantennen, die landeinwärts gerichtet waren. Im Gegensatz zur Innenstadt erkannte ich hier hinter den langweiligen Fassaden sehr wohl den Hauch des großen Geldes. In manchen Häusern brannte Licht, doch in dem, vor dem wir stehenblieben, nicht. Aus der Nähe sah das Haus heruntergekommen aus. Es hatte einen kleinen, ausgetrockneten Vorgarten und Fensterläden, von denen sich die Farbe schälte. Wir gingen am Haus vorbei nach hinten. Eine Veranda. Ich sah Seilrollen, ein paar gebrochene Stühle, eine hängende Blumenschale mit Kakteen. Hier war niemand zu Hause. Die Leute kamen für einige Zeit, gingen dann wieder fort, und die Fensterläden quietschten weiter in der leichten Brise.

Durch eine Fliegengittertür gingen wir hinein. Vom Flur aus sah ich hinter zwei Türen Licht. Der linke Raum war offensichtlich eine Küche – ich hörte das Klappern von Geschirr und fließendes Wasser. Herman führte mich auf das andere Zimmer zu. Leise Männerstimmen waren zu hören, doch als Herman die Tür aufstieß und mich ins Zimmer führte, erstarb das Gespräch, und ich betrat den Raum in völliger Stille.

Das Zimmer wurde durch zwei Kerosinlampen beleuchtet, die große, dramatisch wirkende Schatten auf die Wände warfen. Es gab fast keine Möbel – ein paar harte Stühle, die aussahen, als wären sie aus einem Café geklaut, ein Tisch, Klappläden vor den Fenstern. Alles andere – und das war eine Menge – stand in Stapeln auf dem Fußboden. Die Sachen sahen sehr neu aus und wurden hier wohl nur zwischengelagert. Ein Fernseher, Ghetto-bluster, elektrische Ventilatoren, Getränkekisten, glänzende Schiffsausrüstung und so eine Art Harpunengewehr für die Großfischjagd. An der Wand lehnte eine auf Hartfaserplatte aufgezogene Navigationskarte des Karibischen Meeres. Die war aber ganz und gar nicht neu, sondern ziemlich abgegriffen und mit zahlreichen Anmerkungen überschrieben.

Der Mann hinter dem Tisch war schlank und gutaussehend. Ich schätzte sein Alter auf ungefähr fünfunddreißig. Die Reste einer Mahlzeit – Fisch, Reis, Aguila-Bier – standen neben ihm. Im Aschenbecher brannte eine Zigarette. Seine Arme lagen entspannt auf der Tischplatte. Gelangweilt warf er ein kleines Döschen mit Zahnstochern von einer Hand in die andere, und er betrachtete mich mit zumindest für den Moment freundlicher Neugierde.

Der andere Mann war Waldino. Er saß auf einem der Stühle und hatte seine kurzen Beine fein säuberlich über Kreuz gelegt. Seine behagliche Haltung drückte aus: «Nun, jetzt sind Sie hier, ich habe Sie hierhergebracht, und jetzt müssen Sie allein sehen, wie Sie weiterkommen.» Was er in Wirklichkeit sagte, war: «Charlie, ich möchte Ihnen Ariel vorstellen. Ariel, das ist der *inglés*, Charlie.»

Der schlaksige, Selbstsicherheit ausstrahlende Ariel stand auf, um mir die Hand zu schütteln. Seine Handfläche war schwielig, doch ohne jeden Anflug von Feuchtigkeit, obwohl die Luft im Zimmer stand. Er hatte die gesunde Bräune eines Seglers, rund um die Augen Falten, wie man sie als Seefahrer bekommt, und Bartstoppeln, die schon mehrere Tage alt waren. Die Müdigkeit stand ihm ins Gesicht geschrieben, er sah aber auch aus wie jemand, der mit der Müdigkeit lebte. Er trug ein locker sitzendes Hemd mit kurzen Ärmeln, Blue Jeans und Strandschuhe. Wenn er kein Schmuggler gewesen wäre, hätte er ein Gigolo von der Strandpromenade sein können oder ein Spieler, der nach einer Partie Ausschau hielt.

Herman brachte drei Bier und ließ uns dann alleine. «Es tut

mir leid», sagte Ariel. «Wir haben heute abend keinen Strom. Das Bier ist warm.»

Ich saß da, meine Zigarette brannte, und in meinem Kopf fand sich kein einziges Wort für den Small-talk. Ariel lehnte sich zurück. Er wartete. Ich warf einen raschen Blick zu Waldino hinüber, doch der schien sich in seinen Bart verkrochen zu haben. Er wollte mich nicht ansehen, und mir war klar, daß jetzt ich mit dem Reden dran war.

«Hat Waldino...», setzte ich an. Weil es im Zimmer völlig ruhig war und meine Kehle kratzte, kamen diese beiden Wörter abgehackt und im Flüsterton heraus, so daß ich mich räuspern und von neuem anfangen mußte. «Hat Waldino Ihnen von mir erzählt?»

«Natürlich. Er hat mir alles über Sie erzählt, *Inglés*.»

«Hervorragend.» Wieder eine Pause. «Wie Sie dann bereits wissen, bin ich...»

Er fiel mir höflich ins Wort. «Sie haben sich bei ihm nach zehn Kilo erkundigt, Sie haben aber das Geld noch nicht.»

Diese Äußerung erschien mir eine sehr dürftige Zusammenfassung all dessen zu sein, was ich bis ins Detail ausgearbeitet hatte, doch ich konnte mich darüber nicht streiten. Obwohl Ariels Stimme sehr energisch klang, erschien mir sein Ton immer noch als ausreichend freundlich. Ich sagte: «Das Geld ist natürlich bewilligt. Zweihundertausend inklusive Transport. Hat Waldino Ihnen das Telegramm gezeigt?» Ich blickte erneut auf Waldino, doch der hüllte sich nach wie vor in Schweigen.

Ariel sagte bloß: «Ach ja. Das Telegramm.»

Er beobachtete mich. Wieder einmal blaue Augen, *garzitos*. Das Telegramm war nicht besonders viel wert, sagten die Augen. Wenn mein Angebot echt war, dann war auch das Telegramm echt. Wenn ich log, dann war auch das Telegramm eine Lüge. Ein Zirkelschluß in einem sehr linearen Spiel.

Das Telegramm war alles, was ich hatte. Ich wurstelte weiter. «Meine Partner in London müssen alle Informationen über den Handel haben, bevor sie die Überweisung an mich veranlassen.»

«Okay», sagte er, dieses Musterbeispiel an Verständigkeit. «Sie haben meine *finca* am Meer gesehen. Sie haben meine Männer gesehen. Agaton, mein Bootsführer, ist ein sehr starker

Mann. Sie haben...» Es blitzte in seinen Augen auf. Ich dachte, er würde jetzt von seiner Frau sprechen, doch er führte den Satz nicht zu Ende. «Sie haben genug gesehen, nicht?»

«Ja, ich denke, ich habe genug gesehen. Es gibt da nur noch ein paar Informationen, ein paar Details, die geklärt werden müssen, und dann...»

Rasch kam er auf das Eigentliche zurück. «Sie haben recht, Inglés. Sie haben recht.» Er zündete sich eine Zigarette an, zog einmal daran und ließ sie dann im Aschenbecher stecken. Der grau-bläuliche Rauch schlängelte sich nach oben. Als ich gerade zu ein paar Fragen ansetzen wollte, sagte er: «Die erste Sache, die noch geklärt werden muß, Inglés, ist die: Woher wissen wir, daß Sie kein U-c sind?»

Ich verstand seine Frage zuerst nicht, doch mir war klar, daß sich der Ton unterschwellig geändert hatte. *«Que no eres oo-si?»* Diesmal konnte Waldino meinen verblüfften Gesichtsausdruck nicht ignorieren. Er machte ein gequältes Gesicht, als müßte er eine taktlose Bemerkung ausbügeln, die ich unwissentlich gemacht hatte. «U-c, Charlie», sagte er sanft. *«Agente narcótico.»*

Ich lachte laut auf. «Mein Gott! Sehe ich etwa aus wie ein Polizist?»

Waldino schüttelte den Kopf und beruhigte mich mit einem verstohlenen Blick, doch Ariel sagte in gelangweiltem Ton: «Eine Menge Polizisten sehen nicht wie Polizisten aus, Inglés. Das gehört zu ihrem Job.»

«Wie soll ich dann wissen, daß *Sie* kein Rauschgiftfahnder sind?» sagte ich.

«Das können Sie nicht wissen. Sie müssen mir vertrauen. Vertrauen auf allen Linien – das ist das Grundgesetz des Schmuggelns. Das ist Ihnen doch klar.»

«Natürlich vertraue ich Ihnen, Ariel.»

«Aber sicher.» Während dieser kleinen Krise hatte sich sein Ton kaum verändert. Er hörte sich immer noch freundlich an, schmeichelnd und tückisch. Ariel trug seine Haare nach hinten gekämmt, aber sie fielen ihm in die Stirn, und als er sie zurückschob, sah er einen Moment lang abgehärmt aus. Dann lächelte er und sagte: «Okay, Inglés, ich werde Ihnen erklären, wie alles läuft.» Waldino, der damit die Auflösung der gespannten Situation signalisierte, stand auf, streckte sich und ging ein wenig im Zimmer hin und her.

«Wir bringen den Stoff nach Aruba», sagte Ariel und verfiel damit in eingeübte Routine. Aruba ist die westlichste Insel der Niederländischen Antillen, zu denen Aruba, Bonaire und Curaçao gehören – die ABCs, wie sie genannt werden. «Die Insel ist vierhundert Kilometer von der Finca Las Brisas entfernt. Das dauert mit dem Schnellboot vier Tage, und es geht die ganze Zeit über offenes Meer. In Aruba sitzt mein Partner. Das ist mein Cousin. Er ist in Oranjestad ein ziemlich großes Tier.» Der niederländische Name klang im nasalen *costeño*-Spanisch merkwürdig. «Kennen Sie Aruba, Inglés? Nein? In Aruba gibt es eine Menge heißes Geld. Mein Cousin besitzt Duty-free-Shops an der Nassaustraat, und er hat auch eine große Agavenplantage. Er versorgt die großen Kosmetikfirmen in den Niederlanden mit Agavenöl. Sie benutzen es zur Herstellung von Sonnenöl, damit ihr *blancitos* so hübsch und so braun werdet wie wir, nicht wahr? Und auf diesem Weg kommt der *coco* nach drüben. Er wird zusammen mit dem Agavenöl verschifft. Mein Cousin hat einen Mann auf dem Schiff, der den Stoff drüben durch den Zoll bringt.»

Er stand auf, ging in die Ecke hinüber, griff nach einem unordentlichen Stapel Papier und ließ die Blätter durch seine Finger gleiten. «Ich habe die Unterlagen hier – Schiffslinien, Frachtrechnungen, alles. Mein Cousin verschifft das Agavenöl alle sechs Wochen, völlig regelmäßig. Sobald Sie ihr Geld auf den Tisch legen, können wir die Sache im ganzen für Sie planen. Exakte Daten und Uhrzeiten für die Verschiffung. Wir können Ihnen sagen, daß die Ware exakt zu einem bestimmten Zeitpunkt in einem bestimmten Hotel in einer bestimmten Straße in Amsterdam sein wird. Inglés, wir werden Ihnen sogar sagen, welches Wetter es dann geben wird. Es wird regnen. Es regnet doch immer in Europa, nicht?»

«Es regnet immer, Ariel. Außer wenn es schneit.»

«Wir werden es die ganze Nacht lang schneien lassen! Also – fahren Sie jetzt zurück nach Santa Marta und telegrafieren Sie Ihren Freunden. Sagen Sie ihnen, daß mit dem Transport alles in Ordnung ist. Wir haben das auf die Art schon zwanzigmal durchgezogen, und alles ist wie geschmiert gelaufen. Unterschiedliche Mengen, unterschiedliche Kunden. Und es hat jedesmal funktioniert.»

Nachdem er seine Platte runtergeleiert hatte, lehnte er sich mit gespreizten Beinen zurück und zündete sich eine neue Zigarette an. Waldino zeigte mir mit Daumen und Zeigefinger ein «O». «Ich habe es Ihnen gesagt, Charlie. Das ist der beste Weg.»

Ariel inhalierte tief. Von Zeit zu Zeit war ein Pfeifen in seinen Lungen zu hören, und dann packte ihn ein plötzliches krankhaftes Husten, das ihn vor Schmerz zusammenzucken ließ. Sein schwacher Punkt. Nachdenklich sagte er: «Ich bin jetzt seit fünfundzwanzig Jahren in diesem Geschäft. Schon als ich in den Strandbars von Santa Marta Zigaretten verkauft habe, hatte ich ein kleines Geheimfach mit gerollter *marimba.*» Er beugte sich nach vorne. «Psst! Meester! Wollen Sie eine Zigarette, die Ihnen den Kopf hebt?» Er schüttelte den Kopf. «Damals habe ich jede Portion für einen Peso verkauft, und jetzt kostet sie mit dem Transport nach Europa zweihunderttausend US-Dollar. Aber das Spiel ist immer noch dasselbe.»

Er ließ den Stapel mit Schiffspapieren auf den Boden plumpsen. Sie trafen auf einen anderen Haufen, auf dem zuoberst etwas Kleines, aber ziemlich Schweres lag, das in ein Stück Stoff eingewickelt war. Und das fiel jetzt auf den Fußboden. Das Stück Stoff klappte auseinander und gab den Blick frei auf etwas, das ohne jeden Zweifel der schwarze Lauf einer Pistole war.

Ariel sah das Zucken in meinen Augen. Er lachte. «Keine Angst, Inglés. Heute abend ist der Lauf nicht auf Sie gerichtet!» Er griff nach der Pistole und wog sie einen Augenblick lang liebevoll in der Hand. «Sieben Millimeter», sagte er, «nur was Kleines. In Riohacha trägt jeder so einen Freund mit sich herum, Inglés. Wir sagen: *Gata con guantes no caza ratones.*»

Eine Katze mit Handschuhen fängt keine Ratten. Er wickelte die Pistole wieder ein und legte sie zurück. Bis hierher und nicht weiter, dachte ich. Es wurde jetzt langsam Zeit, daß ich mich aus dem Staub machte. Ariel hatte sicher lange und scharfe Krallen.

«Es gibt da noch etwas, Charlie», sagte Waldino und musterte dabei die Bläschen in seiner Bierflasche. «Ariel und ich haben die Sache durchgesprochen, und...»

Ariel fiel ihm ins Wort. Ariel, der unterwegs geboren worden war und noch immer dahinmarschierte. «Wir haben entschieden, daß ich die Ware außerdem auch *liefern* werde. Waldino hatte zwar andere Absprachen getroffen, aber so ist es besser, nicht?» Er warf einen Seitenblick auf Waldino. Der nickte heftig. Wie reibungslos er doch in die Rolle des Handlangers geschlüpft war, dachte ich.

«Der Preis wird der gleiche sein», fuhr Ariel fort. «Zweihundert alles inklusive. Ich habe eine sehr gute Quelle, die gerade erst zu sprudeln angefangen hat. *Perica de primera calidad*, die auf dem Weg in die Staaten ist. Ich habe fünf Kilo bestellt. Die sind schon vergeben, denn aus Santa Marta geht schon bald wieder ein Transport ab. Aber ich werde zehn Kilo für Sie reservieren, Inglés, sobald Sie das Geld bringen. Sie können fünfzehn haben, wenn Sie wollen, zwanzig...»

Ich versicherte ihm, daß zehn genügen würden. Ich fragte ihn nach diesem Stoff.

«Er wird aus Bogotá geliefert. Wir holen ihn in Barranquilla ab. Der Stoff wird Schneewittchen-Kokain genannt.»

«Mein Gott!»

Zwei Augenpaare verengten sich zu Schlitzen. «Wissen Sie etwas darüber, Inglés?»

«Ob ich etwas darüber weiß? Mein Gott! Es ist bloß das verdammt beste Kokain, das ich je probiert habe. In Bogotá hat mir jemand eine *muestra* gegeben.»

Ariel setzte ein schmallippiges Lächeln auf. «Sie kommen ganz schön rum, Inglés, was?» Er hatte sich Notizen gemacht. Alles wurde festgehalten. «So», sagte er und brachte die Geschäftsverhandlungen damit zu Ende. «Sobald wir die Dollars kriegen, sind wir zur Stelle. Habe ich nicht recht?»

«Wir sind zur Stelle, Ariel, wir sind zur Stelle.»

Es fügte sich alles zusammen. Meine etwas chaotischen Unternehmungen hatten doch tatsächlich eine ganze Drogenpipeline zutage gefördert. Ich konnte meine vermeintlichen zehn Kilo Kokain die ganze Strecke lang verfolgen – Huanaco-Blätter aus den Yungas von Bolivien wurden mit Kerosin und Säure in Kokainpaste verwandelt, durch den peruanischen Dschungel nach Norden geschmuggelt in die Nähe von Leticia an der kolumbianischen Grenze, von dort auf die Hacienda Alaska im Süden der *llanos* geflogen, von einem deutschen Kocher in erstklassiges Kokain-Hydrochlorid raffiniert, in Viehtransportern zum Schlachthaus San Felipe in Bogotá gefahren, über das Vertriebsnetz von Rafael Vallejos Fleischtransportfirma Transcarne weiterverteilt, in Barranquilla abgeladen, über den Troncal de Caribe gefahren, auf dem Fußpfad zur Finca Las Brisas getragen, in ein Schnellboot namens *La Solución* geladen, von Agaton und Miguelito auf die Insel Aruba übergeführt, an einen Geschäftsmann in Oranjestad übergeben, zwischen eine Fracht Agavenöl gepackt, von einem korrupten Besatzungsmitglied auf einem niederländischen Frachtschiff über den Atlantik begleitet, in einem Hotelzimmer in Amsterdam abgeholt, durch eine beliebige Zahl von Maultieren nach London geschafft, dort en gros verkauft, in Kommission vergeben, aufgepeppt, gestreckt, en detail verkauft durch die Unzen-Dealer und die Gramm-Dealer, dreißigtausend Gramm, aus eins mach drei, sechzigtausend gierige Nasenlöcher zucken, hunderttausend Prisen Koks bei den Parties, die wirklich den Trend setzen, den ach so schicken neuen *soirées*, bei denen man sehr wahrscheinlich Malcolm selbst trifft, der mit einer schönen jüdischen Literaturagentin aus New York plaudert und sich wünscht, er hätte die Klappe gehalten und nicht zu erzählen angefangen von diesem tollen Buch über den Kokainhandel und könnte sich jetzt statt dessen darum kümmern, daß sie ihre Nase in das tolle weiße Pulver steckt.

23 *Winkelzüge*

Zwei Tage später saß ich zur Dämmerstunde – *entre dos luces* – in der halbleeren Mamatoca-Bar in San Martín, dem *barrio* am Hafen von Santa Marta. Die Musik war zu laut aufgedreht. In diesem Viertel gab es keine Straßenbeleuchtung, und schon bald waren die niedrigen sandfarbenen Mauern gegenüber nicht mehr zu erkennen. Im Mamatoca selbst beleuchteten zwei nackte Fünfundzwanzig-Watt-Birnen das abendliche Treiben. Das Licht, das sie auf den Gehsteig warfen, war nicht besonders hell und wirkte nicht besonders einladend. Da ich die glühend roten Spitzen ihrer Zigaretten sah, konnte ich sagen, daß die zwei Männer immer noch auf der gegenüberliegenden Straßenseite standen. Ihre Anwesenheit behagte mir nicht.

Waldino hatte mir bestellen lassen, daß ich mich mit ihm hier treffen sollte. Nun saß Ariel da, mit dem ich überhaupt nicht gerechnet hatte. Der Zeitpunkt meines plötzlichen Verschwindens aus Santa Marta war schon festgesetzt. Bloß um Waldino bei Laune zu halten, hatte ich Malcolm ein zweites Telegramm geschickt. «ALLE SYSTEME GEPRÜFT WEITERE SCHRITTE SOFORT EINLEITEN.» Mir blieb eine Frist von ein paar Tagen – «Diese großen finanziellen Transaktionen brauchen nun einmal ihre Zeit, Waldino!» –, bevor offensichtlich wurde, daß es keinen Auftrag über zehn Kilo gab, keine großen Londoner *capos*, keine zweihunderttausend US-Dollar und somit überhaupt keinen Grund, warum ich meine rosa Gringo-Nase in ihre privaten Geschäfte hätte stecken sollen. Doch zu dem Zeitpunkt würde ich bereits meilenweit weg sein, vielleicht sogar schon in einem Flugzeug Richtung London sitzen. Auf jeden Fall sollte dies mein letzter Abend in Santa Marta sein, und die Aussicht, daß ich ihn mit Ariel verbringen würde, machte mich reichlich nervös.

Wir saßen da und tranken *tintos*. «Der *tinto* hält einen auf Zack», sagte Ariel. Er sah eleganter aus als bei unserem ersten

Zusammentreffen – ein großzügig geschnittenes weißes Jakkett, offenes Hemd, spitze schwarze Slipper. Unter seiner wettergegerbten Haut war die Blässe der Anspannung zu erkennen. Er verhielt sich ruhig und wachsam und sparte seine Kräfte auf. Der *contrabandista* hatte heute geschäftlich zu tun, und dabei brauchte er meine Unterstützung.

Wir würden auf Waldino und Rita warten, erklärte er. Er hoffte, daß die beiden einen schwedischen Matrosen mitbringen würden. Der hieß Sven, doch Ariel nannte ihn Sueco, der Schwede, wie auch ich immer nur Inglés war, der Engländer. Das Schiff des Schweden, die *Nordic Star*, war am Nachmittag in Santa Marta vor Anker gegangen. Der Schwede sprach kein Spanisch, jedoch ganz passabel Englisch, und an dem Punkt kam ich ins Spiel. «Sie müssen uns beim Gespräch mit ihm helfen», sagte Ariel. «Wir wollen ihm einen Vorschlag machen. Und es kann sein, daß wir ihn ein bißchen überreden müssen.» Ich konnte diese Formulierung überhaupt nicht ausstehen. Welche Überredungswerkzeuge Ariel wohl mit sich trug? schoß es mir durch den Kopf. Geld und Pistolen – Software und Hardware, wie Gus das genannt hatte. In Ariels weißem Jakkett hatte beides Platz.

Während wir warteten, erklärte Ariel noch einmal die Situation. Die Musik war laut und die Beleuchtung schwach genug, um unsere Unterhaltung total abzuschirmen. Zweifellos war das ein Teil des Service, den die Mamatoca-Bar ihren Kunden bot. Meinem Eindruck nach handelten hier alle Gäste einen Deal aus, warteten auf ein Erkennungszeichen oder verteilten ihren Gewinn. Wie Küchengeruch hatte sich die Schmugglerei hier noch in der letzten Ecke festgesetzt.

Es ging um den Abtransport aus Santa Marta, von dem Ariel bei unserer ersten Begegnung gesprochen hatte. Das war der Deal, für den er fünf Kilo Schneewittchen-Kokain bestellt hatte. Schon ein halbes Dutzend mal hatte er solche Transporte organisiert, ohne daß es auch nur einen Anflug von Schwierigkeiten gegeben hätte. Nachdem es vorher in Houston und Panama Station gemacht hatte, legte das Containerschiff *Nordic Star* vor seiner Rückfahrt nach Göteborg alle zwei oder drei Monate in Santa Marta an. Auf den letzten paar Fahrten in die Heimat waren auf dem Schiff heimlich Fünf-Kilo-Pakete Kokain transportiert worden, die Ariel besorgt hatte. Der Koks war für Hamburg bestimmt, denn von dort war die Bestellung gekommen. Ariel hatte nichts als Lob über für die Effizienz von Los Tedescos, den Deutschen, die das Geschäft eingefädelt hatten. Ihr Mann – der Schwede – saß direkt auf dem Schiff. Sie zahlten gute Preise, und sie zahlten im voraus – als Gegenleistung für die Kokainpäckchen händigte der Schwede den Betrag in Dollar aus. «*No tapucos*» – kein fauler Zauber – war das, was Ariel an diesem Handel schätzte. Seiner eigenen Formulierung nach war er nicht der Mann, der auf schiefe Geschichten aus war.

Was Ariels Einflußbereich bei dieser Aktion betraf, so war der Dreh- und Angelpunkt ein *winchero*, der im Hafen arbeitete und die *perica* in das Sperrgebiet des Hafens transportierte. In einem Hohlraum unter dem Beifahrersitz seines Motorrades schleuste er den Koks durch den Kontrollpunkt. War er erst einmal im Hafen, war es für den *winchero* ein Kinderspiel, sich im Rahmen seiner regulären Arbeit mit dem Schweden im Schiff, das heißt in dessen Ladezone, zu treffen und die Päckchen mit dem Stoff und den Dollars zu tauschen. Bisher war bei diesen Aktionen immer alles dermaßen glatt verlaufen, daß Ariel den Schweden noch nicht einmal kennengelernt hatte. Er kannte ihn vom Sehen, denn zu ihren Abmachungen gehörte auch, daß der Schwede am Abend, nachdem die *Nordic Star* vor Anker gegangen war, an Land kam und dort durch die Hafenbars zog. Ein Matrose erregte damit kein Aufsehen. Wenn er bei seinen Landgängen ein rotes Tuch um den Hals trug, so bedeutete das, daß alles in Ordnung war – er hatte das Geld, und der Austausch konnte zum abgesprochenen Zeitpunkt stattfinden, das hieß, wie immer, am Tag nach dem Anlegen des Schiffes um elf Uhr dreißig – eine halbe Stunde vor Ende der Morgenschicht. Das Schiff blieb manchmal einen und dann wieder zwei Tage im Hafen liegen, doch Ariels *winchero* war zu diesem Zeitpunkt in jedem Fall entweder mit dem Laden oder dem Entladen beschäftigt. Der Schwede hatte sein Halstuch getragen, die Übergabe hatte stattgefunden und war jeweils wie geschmiert gelaufen.

Letzte Nacht war allerdings eine Katastrophe passiert. Der *winchero* war in die Auseinandersetzung um ein Barmädchen verwickelt worden. Ein Mann war durch Messerstiche zu Tode gekommen, und der *winchero* darbte im Stadtgefängnis. Ariel hatte überlegt, sich direkt an den Comisario zu wenden und es mit einer Freilassung gegen Kaution zu versuchen. Doch er war zu dem Schluß gekommen, daß das angesichts des notwendigen Schmiergelds zu teuer war und außerdem zu peinlichen Fragen führen konnte. Er entschied, daß sie sich am besten direkt an den Schweden wandten. Man mußte ihn davon überzeugen, daß er die *mercancia* selbst an Bord zu bringen hatte.

Aus diesem Grund waren Waldino und Rita auf der Uferstraße unterwegs und warfen ihre Netze nach dem Schweden aus. Sie würden ihn hierherbringen, und wir würden ihm ganz nett und unbeschwert beibringen, daß sich die Pläne etwas geändert hatten.

Wir warteten. Ariel rauchte eine Zigarette nach der anderen. Nach außen hin wirkte er völlig unbeteiligt, in Wirklichkeit paßte er aber auf wie ein Schießhund. Auf dem Gehsteig herrschte ein ständiges Kommen und Gehen. Eine Nutte kam vorbei, warf ihren Köder aus und ging weiter, als keiner anbiß. La Loca erhob sich immer wieder aus heiterem Himmel und wehte mit einem gereizten Zischen über die Stadt. Unter den Barhockern türmten sich kleine Sandverwehungen. Ich beobachtete die *muchacha,* wie sie mit ihrem Hexenbesen immer wieder dagegen anging. Sie fegte den Sand auf die Straße hinaus, und der Wind blies ihn sofort wieder herein. An der Hauswand gegenüber lehnte immer noch eine dunkle Gestalt mit brennender Zigarette. Ich sprach Ariel darauf an, doch der schüttelte den Kopf, sagte: *«No importa!»* und bestellte noch zwei Kaffee. Die Musik hämmerte dahin. Ein alter Song von Rafael Escalona:

Ay mi vida, ay mi vida,
Soy un hombre perdido…

Den Film kenne ich doch irgendwoher, dachte ich. Nur ein paar Querstraßen weiter, und erst vor ein paar Jahren habe ich jemand durch einen Kokain-Deal geredet, aber man lernt ja nicht dazu, und jetzt sitze ich wieder hier. Der *tinto* hat mich völlig aufgeputscht, meine Kehle ist trocken, und im Bauch spüre ich so eine gewisse Vorahnung – wenn die Geschichte sich tatsächlich wiederholt, dann kommt es diesmal zur Tragödie. Doch es blieb mir keine Zeit, mich mit meinen Gedanken herumzuschlagen, denn eben betrat Waldino die Bar, und einen oder zwei Schritte hinter ihm kam der Schwede. Er hatte Rita am Arm.

Der Schwede sah wirklich nicht wie ein klassisches Maultier aus. Maultiere sind in der Regel gewandt und unauffällig, zum Beispiel so wie die liebe Rosalita mit ihrer Sonnenbrille. Tarnung ist ihnen als oberstes Gebot in die Seele eingebrannt. Aber der Schwede war ungefähr so unauffällig wie ein Bär auf einer Teegesellschaft. Er maß vielleicht nicht ganz zwei Meter und wog vielleicht nicht ganz zweihundertfünfzig Pfund. Er war einen guten Kopf größer als alle anderen in der Bar und stach zusätzlich durch seine extrem blonden Haare hervor. Ein lockiger blonder Bart verdeckte sein Gesicht zur Hälfte, und als wäre das noch nicht genug, kringelten sich aus dem Ausschnitt seines Arbeitshemds noch mehr Haare hervor. Inmitten dieses Gestrüpps lag das rote Halstuch, das anzeigte, daß «alles okay» war.

Waldino führte den Schweden voller Respekt an den Tisch. Man sah deutlich, daß ihn die Größe dieses Mannes völlig aus dem Konzept gebracht hatte. Er reichte dem Schweden ungefähr bis an die Brusttasche, aus der ein Beutel mit niederländischem, schwarzem Shagtabak hervorlugte. Auch Rita beäugte ihn immer wieder. Sie knabberte dabei auf ihrer Unterlippe herum und setzte eine komische, durchaus Interesse verratende Miene auf. Alle Gäste der Bar starrten ihn an. Wenn nicht die Musik weitergespielt hätte, wäre es völlig still gewesen. Es war so, als wenn im Western der Schurke die Schwingtüren des Saloons aufstößt.

Dem Schweden war anzumerken, daß er sich nicht wohl fühlte. Er sah aus, als hätte er am liebsten um sich geschlagen. Nachdem Waldino dem Schweden einen Stuhl hingeschoben hatte, der wirklich nicht für einen Mann seiner Größe gebaut war, eilte er an den Tresen und bestellte Bier. Im Vorbeigehen sah er Ariel aus seinen schwarzen Schweinsäuglein an und rollte gleich darauf mit den Augen.

Ariel ging mit der Situation sehr lässig um. Er wartete, bis der Schwede sich ein bißchen beruhigt hatte. Dann erhob er sich leicht von seinem Stuhl und schüttelte ihm die Hand. Die große, schwielige Pranke des Schweden, in deren Hautfalten sich das Maschinenöl tief hineingearbeitet hatte, umschloß Ariels Hand zur Gänze. Ariel stellte sich als Manuel vor. Der Schwede musterte ihn mit eindringlichem, prüfendem Blick und antwortete mit einem tiefen, sonoren Grunzen, das ich als den Namen Sven entschlüsselte. Als die Reihe an mir war, mich vorzustellen, nannte ich mich Frank. Ich kann nicht sagen, warum.

Ariel gab mir durch einen Wink zu verstehen, daß ich anfangen sollte. Der Schwede blickte mich aus kalten blauen Augen an. «Sprechen Sie Englisch, Sven?» fragte ich.

«Joo. Ich spreche Englisch okay.»

«Gut. Unsere Freunde hier haben ein Problem. Der Mann, der die Ware in den Hafen bringt, ist nicht einsatzfähig.»

«So.» Er nickte bedächtig. Rita kicherte. Sie amüsierte sich über unseren merkwürdigen nordländischen Tonfall.

«So, und da...»

«So, und da müssen die verdammt schnell einen anderen Mann finden.»

Den Vorschlag hatte ich Ariel auch schon gemacht. Das klappte aber nicht, hatte er mir daraufhin geantwortet. «Ich glaube nicht, daß ihnen das gelingt, Sven. Bis man solche Sachen auf die Beine gestellt hat, das dauert. Selbst in Santa Marta. Es muß ein unbedingtes Vertrauen da sein, und ich bin sicher, daß...»

«So.»

«So... und deshalb hoffen unsere Freunde darauf, daß Sie die Ware selbst an Bord bringen.»

Er schlug mit seiner Flasche auf den Tisch – sie war bereits leer – und schüttelte den Kopf. «Kein Handel. Sagen Sie das diesen Leuten da. Dann gibt's keinen Handel. Das Zeug kommt aufs Schiff, und ich bin da mit den Dollars. Aber reintragen tu ich garantiert nichts.»

Unsere Unterhaltung lief noch einige Zeit in dieser Art weiter. Der Schwede war unnachgiebig. Das gegrunzte «So» rollte wie ein Felsblock aus seiner Kehle und versperrte jeden Ausweg, den Ariel vorschlug. Waldino verfolgte die Unterhaltung wie ein Tennismatch, nickte am Ende jedes Satzes strahlend und warf dem Schweden respektvolle Blicke zu. Der Rachedurst des kleinen Kerls leuchtete in seinen Augen. Ariel versuchte es mit verschiedenen Mitteln. Es sei zu unser aller Vorteil, wenn es mit diesem Deal klappte, sagte er, doch der Schwede zuckte bloß mit den Schultern. Dann kam das Geld an die Reihe – fünfhundert Dollar, die er als eng gerolltes Bündel in der Hand hielt und dem Schweden wie ein Kartentrickkünstler präsentierte. Selbst als sein Anteil immer größer wurde, blieb der Schwede völlig stur, und bei zweitausend Dollar gab Ariel auf.

Der Schwede wollte sich aus den Abläufen an Land völlig heraushalten, und das war auch mehr als vernünftig. Seine Rolle bei der Operation hatte nur mit Europa zu tun. Er wurde in Kronen bezahlt, und zwar in Göteborg. Wenn er ein Risiko einging, dann tat er das auf einem schwedischen Schiff, und wenn er die Drogen an Land brachte, so tat er das an schwedischer Hafenpolizei und schwedischem Zoll vorbei. Mit dem, was in Kolumbien passierte, wollte er sowenig wie möglich zu tun haben. Er konnte weder Santa Marta noch irgendeinen anderen südamerikanischen Hafen ausstehen – Barranquilla, Buenaventura, Guayaquil, Valparaiso. Diese Städte waren alle gleich. Elendig heiße Drecklöcher, Schmugglerhochburgen, in denen sich unzählige Betrüger herumtrieben und wo man sich an jeder Ecke ganz besonders gemeine Formen des Trippers holen konnte. Er hatte für sich eine klare Verlust-Gewinn-Rechnung aufgestellt. Wenn er an Bord der *Nordic Star* oder in Göteborg verhaftet wurde, okay, dann war er in Schwierigkeiten, aber es waren welche, mit denen er leben konnte. Keine Vorstrafen, Frau und zwei Kinder. Man würde ihn auf Bewährung rauslassen oder ihn im schlimmsten Fall ein paar Monate in den offenen Strafvollzug stecken. Und dort war alles recht bequem, man hatte freien Umgang mit den anderen, und es gab jeden Sonntag Smörgåsbord.

Zuletzt bot Ariel noch an, daß er die *perica* auf das Hafengelände schaffen konnte, allerdings nicht auf das Schiff. Er kannte eine bestimmte Stelle, an der man sie über den Sperrzaun werfen konnte. Der Schwede müßte sie am nächsten Tag bloß von dort holen und aufs Schiff bringen. Keine Kontrollstellen, kein Problem. War das nicht das Einfachste von der Welt?

Aber nein! Dem Schweden gefiel auch das nicht. Für ihn war es zu gefährlich. Was, wenn in der Nacht jemand zugesehen hatte? Er würde dann in eine Falle laufen. Außerdem wurde die Geldübergabe dann viel zu kompliziert. Sein Auftrag lautete, das Geld auf keinen Fall herauszurücken, bevor er nicht das Kokain hatte. Er blieb eisern. Es war klar, daß er von der bisherigen Routine nicht einen Zentimeter abweichen würde. Doch für Ariel blieb noch ein kleiner Trost. An der *Nordic Star* waren für den nächsten Tag ein paar kleinere Reparaturen angesetzt, und sie würde den Hafen erst Donnerstag abend verlassen. Bis dahin waren noch fast achtundvierzig Stunden Zeit. Bis Donnerstag morgen mußte Ariel jemand gefunden haben, der die *perica* an Bord der Nordic Star brachte. Der Schwede würde am Donnerstag um elf Uhr dreißig an der gewohnten Stelle warten. Keine Ware, kein Geld.

Der Schwede stapfte durch die zwergenkleine Tür des Mamatoca davon. Ariel ging langsam hinterher, lehnte sich gegen den Türrahmen und sah ihm nach. Dann rief er leise auf die andere Straßenseite hinüber. Der Mann, den ich dort gesehen hatte, kam herüber. Ariel trat mit ihm aus dem Lichtkreis der Bar. Sie unterhielten sich kurz. Ich sah, wie der Mann im Weggehen Geld einsteckte. Er hatte in Ariels Auftrag dort drüben gestanden, um ihm während des gesamten Treffens Rückendeckung zu geben.

Am darauffolgenden Tag – ich war schon so knapp vor dem Ziel; gerade wollte ich die Leiter hochziehen und auf immer verschwinden – passierte mir der Ausrutscher, vor dem ich mich die ganze Zeit gefürchtet hatte. Es war ein heißer, ruhiger Tag, an dem einen Unmengen von Fliegen plagten. Die Regenzeit stand kurz bevor, und die Luft lag drückend schwer über den Dächern. Ariel und Waldino, die sich mit der Verbohrtheit des Schweden abgefunden hatten, waren nach Barranquilla gefahren, um die fünf Kilo Schneewittchen-Kokain zu holen. Sie hatten recht zuversichtlich gewirkt, daß sie einen Weg finden würden, die Ware an Bord der *Nordic Star* zu bringen.

Ich hatte vor, Santa Marta an diesem Abend um sechs Uhr zu verlassen – meine Busfahrkarte hatte ich bereits gekauft. Die beiden hatten gesagt, sie würden nicht vor Mitternacht in die Stadt zurückkehren. Ideale Voraussetzungen. Als sie am Vormittag im Corona vorbeigeschaut hatten – in der Hoffnung, er könnte das Interesse meiner «Partner» damit weiter befördern, hatte Waldino mir eine kleine *muestra* geben wollen –, dachte ich insgeheim, daß ich mich zum letztenmal von den beiden verabschiedete.

Ich muß gestehen, daß mir die Sache nicht angenehm war. Ich verließ die Stadt und hatte dabei so etwas wie eine Story in der Tasche, aber einen sehr schalen Geschmack im Mund. Ich hatte für diese Leute und ihre Art einen gewissen Respekt entwickelt – Ariel, der Boß; Waldino, der Pirat; Rita, die Zigeunerin; Agaton, der Steuermann. Wie heißt es doch in einem Song: «Wenn man außerhalb der Gesetze leben will, muß man Ehrgefühl haben.» Ich aber leistete den Gesetzen ohne jedes Ehrgefühl Folge. Das hier sind Ihre Kokainschmuggler, Malcolm. Staatsfeinde erster Ordnung, Kaufleute in Sachen Elend und Korruption. Sie wollten die Wahrheit, Malcolm, und ich habe nichts anderes getan, als denen Lügen zu erzählen.

Ich saß fast den ganzen Tag an meinem Schreibtisch im Corona. Ab und zu legte ich Pausen ein, um mich mit dem zu erfrischen, was man bei ernsthafter Arbeit in den Tropen unbedingt braucht – Obst, Brot, Bier und Basuko. Der Nachmittag zog sich dahin. Die Tür und das hohe Fenster mit den Klappläden, die auf den Balkon führten, waren geöffnet. Kein Luftzug bewegte die Sapodilla-Bäume. Omar war unten in seinem Schlupfloch und döste über der letzten Ausgabe von *Adelita* vor sich hin. Musik aus seinem Radio schwirrte durch die drückende Luft. Die Zuleta-Brüder spielten auf dem Akkordeon «El Viejo».

Gerade als ich daran dachte, daß es jetzt wohl Zeit fürs Pakken war, zerriß eine vertraute Stimme die Stille: «Charlie. *Qué tal?*»

Ich kam mir vor wie ein ertappter Schuljunge. «Waldino! Ariel! *Qué tal?*» Ich hatte die beiden nicht kommen hören. Doch entschieden wichtiger war, daß die beiden *eigentlich* gar nicht hier sein durften. Waldino hatte deutlich gesagt, daß sie das Kokain aus Barranquilla am Abend übernehmen und nicht vor Mitternacht zurückkehren würden. Trotzdem waren sie jetzt hier. Waldino lehnte am Fenster, und Ariel spazierte ins Zimmer. Die Hände hatte er in den Taschen stecken, und da er die Augenbrauen weit über die kalten blauen Augen hochgezogen hatte, wirkte er recht freundlich. Und was war mit mir? Ich saß an meinem Schreibtisch, auf dem Zettel, Notizbücher und Zeitungsausschnitte verstreut lagen – das gesamte Belastungsmaterial. Der Schnüffler, der sein gesammeltes Wissen bearbeitete.

«Ich dachte, ihr wärt noch in Barranquilla», sagte ich lachend und stand rasch vom Schreibtisch auf.

«Wir haben den Stoff früher übernommen als erwartet», sagte Waldino und kratzte sich dabei über den Bart. «Wir haben uns beeilt mit der Rückfahrt. Wir wollen es heute abend bei dem Schweden noch einmal probieren. Und wir wollen, daß Sie mitkommen.»

Ariel spazierte herum und schätzte mit einer gewissen Beiläufigkeit das gesamte Zimmer ab. Er war immer dann am gefährlichsten, wenn er so langsam und unbefangen wirkte wie gerade im Moment. Aus dieser Stimmung platzte er genauso schnell in eine andere wie ein Springteufelchen aus seiner Schachtel. Sein Blick fiel auf den übervollen Schreibtisch.

«Bier? *Sucito?*» brabbelte ich dahin und stellte mich zwischen Ariel und den Schreibtisch. «Ihr müßt doch müde sein.»

Waldino sagte: *«Como no?»* und schwang seinen dicklichen Körper über das niedrige Fensterbrett. Mit einem leichten Seufzer landete er im Zimmer. Ariel blickte immer noch auf den Schreibtisch. Er schüttelte bloß den Kopf. Ich hob die Zeitung hoch, auf der das Basuko und der Tabak lagen.

«Sie arbeiten, Inglés? Stören wir Sie?» fragte Ariel in einem eher gleichgültigen Ton. Sein Auftreten hatte jetzt etwas sehr Formelles, Distanziertes.

«Nein, nein. Sie wollen doch sicher ein Bier haben, Ariel, nicht?»

«Aber Sie schreiben doch, nicht wahr?»

«Nein, das heißt... ja. Nur ein paar Briefe.» Ich wedelte ihm mit einem Luftpostkuvert vor der Nase herum. Es war ohne Inhalt und ohne Adresse und damit wohl ein dürftiger Beweis.

«Briefe, Inglés?» Seine Stimme war schneidend geworden. Waldino erzählte belangloses Zeug und lachte über einen obszönen Vergleich, der etwas mit Löchern zu tun hatte und den er zwischen der Straße nach Barranquilla und den Frauen in dieser Stadt zog –, doch er unterbrach sich mittendrin und blickte auf Ariel. Der verzichtete inzwischen auf sämtliche Nettigkeiten und blätterte in den auf dem Tisch verstreuten Papieren. Er warf einen Blick auf mein Notizbuch. Zwar konnte er die Wörter nicht verstehen, doch es war ihm anzusehen, daß er nach und nach die generelle Zielrichtung erkannte.

«Und wer ist das, dem Sie da schreiben, Inglés?»

«Das ist meine Angelegenheit.»

Zum erstenmal überhaupt blickte er mir in die Augen und sagte leise: «Nein, Inglés. Es ist unsere Angelegenheit. Wir sind Partner, erinnern Sie sich daran noch?» Waldino stand jetzt nur ein kleines Stück hinter ihm – er nahm die Position ein, die einem Handlanger zustand. Seine hochgezogenen Augenbrauen drückten seine Verwirrung aus. Er war es auch, der das Empfehlungsschreiben des Verlegers entdeckte, das aus einem Stapel Papiere unter dem Aschenbecher hervorlugte. Seine Elsternaugen blitzten beim Anblick des geschmackvollen grünen Briefkopfes auf. Mit seinen Wurstfingern zog er das Schreiben heraus und hielt es an einer Ecke hoch, als wäre es etwas Wertvolles und Empfindliches. *«A Quien Se Interese.»* Wen es auch immer betrifft...

Zu zweit lasen sie den Brief mit seinen übertriebenen Höflichkeitsfloskeln und kriecherischen Konjunktivformen. Um festzustellen, ob das Firmenemblem des Verlages geprägt oder aufgedruckt war, ließ Waldino seine Finger darübergleiten. Alles wurde in bezug auf seinen Preis abgeschätzt, und das selbst in einer so kritischen Situation.

«El autor británico...», sagte Ariel nachdenklich. «Das ist aber sehr interessant.»

«Ich kann es erklären», sagte ich.

«Sie hätten uns das sagen sollen, *hombre*», sagte Waldino. Er sah mich an und schüttelte dabei tadelnd, ja beinahe mitleidig den Kopf. Es war, als hätte ich durch einen fatalen Schnitzer alles verdorben. «Wir sind Ihre Freunde, Charlie. Sie hätten uns das sagen sollen.»

«Für mein Gefühl haben Sie schon immer zuviel gefragt», sagte Ariel nachdenklich. «Rita hat das auch gesagt. Ihr Gringos stellt in einem fort Fragen. *Cómo se llama éste? Porqué el diablo es?* Aber du...» Er warf Waldino einen ärgerlichen Blick zu. Waldinos Aufgabe war es, meine Referenzen zu prüfen, Waldino hatte mich in Ariels Organisation eingeführt, auf Waldinos Rücken war ich auf die Finca Las Brisas gekommen. «He, du Trottel», sagte Ariel zu ihm. «Du hast uns in deinem Bart eine Laus eingeschleppt, und jetzt juckt es uns alle.» Er wandte sich wieder an mich. «Dann schreiben Sie also eine Geschichte über uns? Sie werden der Welt von der Finca las Brisas erzählen, von der *Nordic Star*. Wir werden *estrellas* sein, Waldino. Richtige Stars. Ich bin mir aber nicht sicher, ob uns das gefällt.»

«Ich kann es erklären», sagte ich erneut. In meinem Kopf arbeitete es wie wild, es kam aber nichts dabei heraus.

«Kein Bedarf», sagte Ariel scharf. «Ich will das nicht hören. Leute von Ihrer Sorte können wir überhaupt nicht leiden. In unserem Geschäft sagen wir: *Zapatero, a tus zapatos!*» Schuster, bleib bei deinen Leisten! In anderen Worten hieß das: Schau dich nicht um und kümmere dich um deine eigenen Angelegenheiten!

Er ließ den Brief aus der Hand gleiten. Der Luftwirbel des Deckenventilators erfaßte ihn. Er flatterte mir vor die Füße. Ein ganz schrecklicher Augenblick. Man konnte es ihnen nicht verdenken, wenn sie die Sache sehr ernst nahmen. Es hatte einmal jemand zu mir gesagt: «Verlieren ist die eine Sache, mogeln und verlieren eine andere.»

Das traf auch ungefähr den Kern – ich hatte gemogelt und verloren.

Plötzlich lachte Ariel los. *«Carajo! Eres un zorro, no?»* Waldino blickte ihn überrascht an. Ja, es stimmte wirklich! Ariel grinste, nannte mich einen gerissenen Fuchs und schüttelte ungläubig den Kopf. Ariel legte eine Hand vor die Stirn und massierte an seinen Falten entlang, als hätte er von soviel Fassungslosigkeit Kopfschmerzen bekommen. Er sagte wieder: *«Carajo!»*, belegte mich mit ein paar mehr Namen und sagte schließlich etwas verdrießlich: «Rollen Sie uns jetzt einen *sucito*. Ich möchte die Angelegenheit mit meinem *compañero* hier besprechen.»

Er stieß Waldino an der Schulter an und wies ihm den Weg zurück auf den Balkon. Ich fühlte mich auf ganz unangenehme Weise an den *bingero* im El Molino erinnert und an die Art, wie er den *costeño* damals auf den Gehsteig hinausgetrieben hatte. Sicherlich hatte auch Ariel einen Freund unter dem Jackett stecken. Waldino, der völlig verwirrt war, warf mir noch einmal einen vorwurfsvollen Blick zu und trottete dann hinter dem *contrabandista* nach draußen. Die beiden schlossen die Tür und die Klappläden vor dem Fenster. Ich stand in dem leeren, halbdunklen Zimmer und bemühte mich, von der rasch und zischelnd geführten Unterredung auf dem Balkon etwas aufzuschnappen. Meine als Tablett zweckentfremdete Zeitung mit dem Basuko hielt ich noch immer in Händen. Ich stand da wie ein bemitleidenswerter Butler, und meine Hände fingen an, wie Espenlaub zu zittern.

Die beiden kamen wieder herein. Waldino sah ernüchtert aus. Er schloß die Tür hinter sich und lehnte sich dagegen. Ariel ging auf mich zu. Mit einem Schlag war mir alles zu eng, ich bekam Platzangst. Ich versuchte, in seinem Gesicht zu lesen. Der scharfe Geruch der Schmuggler stieg mir in die Nase – Salz und Schweiß; ersteres verursacht durch das Meer, letzteres durch die ständige Angst. «Wissen Sie, was der Großteil meiner Freunde zu diesem Fall sagen würde?» Ich schüttelte den Kopf. «Sie würden sagen, daß es an der Zeit ist, bei Ihnen das Öl nachzuprüfen, Inglés.» Ich starrte ihn verständnislos an. Er machte eine anschauliche Geste, und ich verstand sofort, was mit *mediando el aceite* gemeint war – man stieß jemandem ein Messer in den Bauch wie den Meßstab in die Ölwanne. Einen Augenblick lang ließ Ariel diese Möglichkeit im Raum stehen. Waldino schaute zum Ventilator hinauf und kratzte sich teilnahmslos den Bart. Von irgendwo unten hörte ich, wie Omar mit einem der *porteros* über ein Fußballmatch diskutierte. Unión de Magdalena spielte am Sonntag gegen Junior de Barranquilla – ein Lokalderby der *costeños*. Ariel fuhr fort: «Aber wir haben eine bessere Idee, nicht?» Er deutete mit dem Kopf auf Waldino, der sich beeilte zuzustimmen. «O ja, Don Ariel, wir haben eine wunderbare Idee.» Ich blickte zwischen den beiden hin und her. Die Schweinehunde geilen sich daran auch noch auf, dachte ich.

«Wir haben doch ein Problem, Charlie», sagte Waldino. «Wie Sie wissen, müssen wir...»

Ariel fiel ihm ins Wort. «Sie werden morgen unsere *perica* auf die *Nordic Star* bringen», sagte er.

Ich ließ mich auf das Bett sacken. Sie wollten mich nicht umbringen, sondern sie wollten mich rekrutieren.

24 Hol sie dir!

Der schicksalshafte Morgen dämmerte in Rosa- und Grautönen herauf. Bald darauf stand Ariel vor der Tür. Er war unrasiert und fahrig und brachte den Geruch nach abgestandenem Zigarettenrauch und Bier mit ins Zimmer, als hätte er die ganze Nacht durchgemacht. Die *perica* liege bereit, sagte er. Er hatte sie vor ein paar Stunden über den umlaufenden Zaun geworfen. «Sie liegt da und wartet auf Sie, Inglés. Mit weit gespreizten Beinen.» Er gab mir einen Klaps auf den Rücken. Meine letzte Hoffnung, an die ich mich die ganze Nacht lang geklammert hatte – die Möglichkeit, daß beim Deponieren der *perica* etwas schieflaufen könnte –, hatte sich in Luft aufgelöst.

Ariel warf eine große Einkaufstüte auf das Bett und zog daraus einen brandneuen Aktenkoffer hervor – völlig «businesslike» –, den er aus Waldinos Schreibwarengeschäft an der 5th Avenue geholt hatte. Schwarzes Lederimitat, golden plattierte Beschläge, Kombinationsschlösser. Made in Taiwan.

«Sind Sie denn sicher, daß er groß genug ist?» fragte ich.

«Machen Sie ihn auf, Inglés.» Im Koffer lagen fünf Ein-Kilo-Pakete Zucker. Sieben hätten auch noch mühelos reingepaßt.

Wir gingen den Grundriß noch ein letztes Mal durch. Der Plan, den Ariel am vergangenen Abend gezeichnet hatte, war schon ganz abgegriffen, so oft hatten wir ihn in der Hand gehabt. Ich konnte auswendig hersagen, wo sich die einzelnen Hafenanlagen befanden. Grob gesagt, bildete das Hafengelände ein Dreieck. Hinter der Kontrollstelle würden die beiden größten überdachten *bodegas* zu meiner Linken liegen, der Getreidespeicher zu meiner Rechten. Oben am Scheitelpunkt des Dreiecks lag Kai drei, an dem die flachen Fischerboote anlegten. Seitlich von Kai drei lag hinter den Eisenbahngleisen eine Transformatorenstation. Das war unsere «Stelle X» – zwischen der Rückseite des *generador* und dem Zaun warteten fünf Kilo reines Schneewittchen-Kokain auf mich. Wie ich an die Transformatorenstation herankam und wie ich mitsamt dem Kokain in die *Nordic Star* gelangte, das war mein Problem. Wir spielten noch einmal den Weg durch, den ich gehen mußte, wenn ich erst einmal auf dem Schiff war – über die Gangway hoch, rechts den Flur entlang, durch die Schwingtüren und dann die zweite Tür links rein. Dort würde mich der Schwede erwarten. Auf dem Klo! Exakt um elf Uhr dreißig würde er mit dem Geld dort sein. Er würde zehn Minuten warten, und keine Minute länger. Die zeitliche Abstimmung war sicherlich kritisch.

Ariel nahm den Zucker aus dem Aktenkoffer und steckte ihn in seine Einkaufstüte. Er habe den Zucker bloß geliehen, sagte er zur Erklärung. Unnötige Ausgaben brauchte man ja wirklich nicht zu machen. Ich legte Notizbücher, Visitenkarten, Taschenrechner und Reisepaß in den Aktenkoffer. Zuoberst kam noch das schon etwas mitgenommen aussehende Empfehlungsschreiben. Das Handwerkszeug eines *bona-fide*-Rechercheurs. Wie war das noch mit der Unmenge kleiner Wahrheiten rund um die eine große Lüge?

Bei stechendem Sonnenschein machte ich mich in einem frisch gewaschenen weißen Hemd vom Corona aus auf den Weg – ein Mann, der seinen Geschäften nachging. Im Schreibwarenladen kaufte ich noch ein Klemmbrett, um meine Ausstattung als Wirtschaftsrechercheur zu vervollständigen. Über den Vorplatz der Kathedrale, an dessen weißen Häusern sich die Sonne brach, ging ich zurück in Richtung Hafen. Im Schatten eines Mangobaumes saß ein alter Mann auf einer Obstkiste. Er kaute nachdenklich auf einem Stück Zuckerrohr. Wie sehr ich ihn doch um seine Gelassenheit beneidete.

Ich marschierte die 10th Street hinunter. Da war der ehemalige Fruchtpalast, das jetzige El Progreso. Ich hatte noch etwas Zeit. Ich blieb stehen, weil ich mir um der alten Zeiten willen hier einen *jugo* genehmigen wollte, doch an der Eingangstür zügelte ich mich. Heute war genau der Tag, an dem ich die Erinnerung an Harvey am ehesten ruhen lassen mußte. Schließlich wollte ich heute nicht auch im Hühnerstall enden.

Ich überquerte die zugigen ungeteerten Flächen in der Nähe des Bahnhofs. Mein Hemd war schon jetzt durchgeschwitzt, und meine Hand, die den Plastikgriff des Aktenkoffers hielt, war feucht. La Loca blies mir den Sand in die Augen. Bei einem Straßenverkäufer kaufte ich einen *tinto*. Er hatte zwei Thermosflaschen um den Hals hängen und verkaufte aus der einen *tinto*, aus der anderen Zimttee. Es stand mir frei, jetzt kehrtzumachen, mit dem Taxi zum Flughafen zu fahren, meine letzten paar Dollars umzutauschen und mich mit eingezogenem Schwanz auf den Weg nach Bogotá zu machen. Das unbestimmte Gefühl, meine Mission auch zu Ende bringen zu müssen, ließ mich weitergehen. Ich war es den anderen schuldig.

Das Meer war postkartenblau, und ich stand am Terminal Maritimo de Santa Marta, um meinen bescheidenen Beitrag zur *otra economía* zu leisten.

Der erste Schritt war mit keinerlei Schwierigkeiten verbunden. In der Station der Hafenpolizei zeigte ich einem jungen Kadetten, der Akne im Gesicht hatte, mein Empfehlungsschreiben und meine Visitenkarte. Wie Ariel mir aufgetragen hatte, bat ich ihn, diese Unterlagen dem Commandante zu zeigen, der mir dann einen Besucherausweis für die Hafenanlagen ausstellen würde. Wie es sich gehört, wurde ich ein paar Minuten später einen Flur entlang zu einer Tür geführt, auf der «Vice-Commandante Policia Portuaria, Departamento de Seguridad» geschrieben stand. Darunter las ich einen Namen, der fast ebenso lang war. Ein hoch aufgeschossener Mann in Marineuniform saß an seinem Arbeitstisch und schrieb. Zwischen den Zähnen hatte er eine Zigarettenspitze stecken. Meine Karte und der Brief lagen auf dem hübschen, polierten Schreibtisch. Er erhob sich höflich, und wir schüttelten uns die Hand. Er hatte dünne braune und unbehaarte Arme.

«*Entonces, señor.* Sie schreiben also ein Buch über unser Land?»

«Ja, Vice-Commandante.»

«Und Sie würden gerne den Hafen besichtigen. Zu welchem Zweck genau?»

Er nahm die Zigarettenspitze aus dem Mund, hielt sie zwischen seinen zarten Fingern und betrachtete mich prüfend. Ich nudelte meine Platte ab – *informe económico*, Statistiken über den Außenhandel, das Programm zur Hafenerweiterung. Dazwischen brachte ich ein paar indirekte Komplimente unter zur außerordentlichen Bedeutung dieses blühenden Hafens für Kolumbiens gesamtstaatliche Entwicklung. Das Wort *desarrollo* – Entwicklung – hat in diesem Land einen beinahe mystischen Klang. Höflich hörte er sich alles an. So wie Waldino es am Vortag gemacht hatte, befühlte auch er das Firmenemblem.

Ich streute ein paar höfliche Fragen über die Hafenpolizei ein. Er erzählte mir, daß er für ungefähr hundertfünfzig Offiziere und Marineinfanteristen zuständig war. «Wir halten alles strikt unter Kontrolle. Es ist Ihnen ja vielleicht bekannt, daß es hier viele… böse Elemente gibt in Santa Marta. Viel Schmuggel, viel *narcotráfico.*»

Mir lief es kalt über den Rücken. Meine Kehle war wie ausgedörrt. Ich nickte würdevoll.

«Sie werden wahrscheinlich Señor Bustamente kennenlernen wollen», sagte er und schrieb den Namen auf seinen Notizblock. «Er ist der Betriebsdirektor. Die Informationen, die Sie brauchen, hat er sicher alle im Detail.» Er erklärte mir, wie ich diesen Señor Bustamente finden konnte. Dann griff er in eine flache Holzschale auf seinem Schreibtisch und zog einen kleinen kopierten Zettel heraus. Darauf notierte er meine Paßnummer und meinen Namen. Nachdem er den Schein gestempelt hatte, überreichte er ihn mir. Als wir uns verabschiedeten, schlug er die Hacken zusammen. «Ich hoffe, daß die Besichtigung ein Gewinn für Sie sein wird», sagte er.

Zwei Minuten später war ich an der Kontrollstelle. Ich zeigte meinen Passierschein vor, meinen *permiso provisional.* Die Wache filzte mich flüchtig. Nach einem kurzen Blick auf den Inhalt meines Aktenkoffers winkte er mich durch. Es war Viertel nach zehn, und ich war im Hafen.

Die *Nordic Star* lag direkt vor mir. Ich schlenderte ein Stück darauf zu, um mich zu einer Gruppe von Leuten zu gesellen, die das Verladen beobachteten. Das Schiff sah aus, als hätte es ein aus Stahl gemeißeltes Gesicht. Container voller Kaffee wurden durch die Ladeöffnung hineingefahren. Mit dem Klemmbrett in der Hand wanderte ich herum und versuchte, einen halbwegs offiziellen Eindruck zu machen. Zwar hatte ich keine Vorstellung davon, wie ich auf das Schiff selbst kommen sollte, doch diese Frage stellte sich sowieso erst später. Im Moment war es erst mal am wichtigsten, die Aufmerksamkeit auf mich zu lenken, mich hier zu *etablieren*. Der Grund für meine Anwesenheit mußte unbestimmt bleiben, doch in jedem Fall legitimiert erscheinen, und deshalb machte ich mir auf meinem Klemmbrett von Zeit zu Zeit Notizen. Das oberste Gebot für Ladendiebe, Schnüffler und Schmuggler lautet: Füge dich in die Umgebung ein! Hoch oben gafften ein paar Matrosen über die Reling. Den Schweden konnte ich nirgends ausmachen, aber das war mir auch ganz recht.

Señor Bustamente fand ich in einem der großen überdachten Lagerhäuser – nach Ariels Lageplan die Bodega Nummer zwei. Wie sein Name schon im vorhinein verriet, war er ein großer, dicker, breiter Mensch. Er meinte, er würde mir mit Freuden einige Fragen beantworten. Nachdem er das erledigt hatte, womit er gerade beschäftigt gewesen war, gingen wir durch die *bodega* nach hinten. Zu Tausenden lagen hier überall Säcke mit hellem, ungeröstetem Kaffee gestapelt – wie er mir erklärte, wurden hier pro Jahr hundertsiebzigtausend Tonnen Kaffee verladen. Über einige Betonstufen stiegen wir in ein vollgestopftes kleines Büro hinauf. Eine Sekretärin im Schottenrock brachte uns *tintos*. Ich überhäufte ihn mit Fragen. Wir unterhielten uns über das Programm zur Umstellung auf Containerverkehr, über die Länge der hafeneigenen Eisenbahn, über die mehr als fünftausend Quadratmeter überdachter Lagerfläche. Wir spielten auf unseren Taschenrechnern, um Bruttoregistertonnen in normale Tonnen umzurechnen. Er erfreute mich mit einem Vortrag über das Thema der *diversificación económica*, wie sie am Beispiel der abnehmenden Bananenexporte über diesen Hafen aufzuzeigen war. Vor zwanzig Jahren waren achtundneunzig Prozent der Produkte, die von Santa Marta aus exportiert wurden, Bananen gewesen; im Vorjahr bloß noch sechzehn Prozent.

Bei jedem Interview erreicht man ein natürliches Plateau. Danach kann man sich entweder unter Einhaltung aller Förmlichkeiten zurückziehen oder noch mehr Fragen stellen und länger bleiben, als man erwünscht ist. Als unser Gespräch sein Plateau erreichte, schnitt ich das Thema *Nordic Star* an.

«Ich würde gern einen Eindruck von einem normalen Tag im Hafen bekommen, Señor Bustamente. Könnten Sie mir vielleicht ein bißchen was über die Schiffe erzählen, die heute im Hafen liegen. Das größte davon wäre doch...»

«Die *Nordic Star*. Ein schwedisches Containerschiff. Dreieinhalbtausend Tonnen. Vorgestern entladen – Papier, Werkzeugmaschinen, Chemieprodukte. Heute laden wir. Kaffee, Bananen, Melonen, Textilien.»

«Wie lange wird das dauern?»

«Wir sind heute nachmittag fertig. Ich habe Ihnen ja schon gesagt, daß wir gerade unser neues Roll-on-Roll-off-System einführen.»

«Ach so, ja, das Roll-on-Roll-off-System. Für meine Recherchen ist das höchst interessant. Meinen Sie, es ist möglich, daß ich an Ort und Stelle zusehe?»

«Natürlich ist das möglich», sagte er und freute sich über die damit verbundene Chance, mich loszuwerden.

Wir gingen hinaus. Während wir beim Laden zusahen, zermarterte ich mir das Hirn. Ich suchte nach Fragen, die in letzter Minute geklärt werden mußten, nach irgend etwas, wie verschwommen es auch immer war. Ich mußte ihn unbedingt an meiner Seite halten, damit alle sahen, daß ich in den Genuß einer freundlichen, aber geschäftsbezogenen Unterhaltung mit El Jefe Director gekommen war. Schließlich konnte ich ihm mit meinem Small-talk nicht mehr länger auf die Nerven fallen. Wir schüttelten uns die Hand, und er kehrte in die *bodega* zurück.

Ich schaute auf die Uhr. Es war jetzt Zeit für meine nächste «Verabredung» – die Abholung vom Kai drei. Zielstrebig machte ich mich auf den Weg. Du mußt immer den Eindruck erwecken, daß du gerade irgendwohin unterwegs bist, hatte Ariel gesagt. Ich ging am Depot der Hafeneisenbahn vorbei. Mehrere Männer luden Getreidesäcke auf eine hohe Rampe. Hinterher wurden sie mit einer Winde in die riesigen Getreidespeicher der IDEMA hinaufbefördert. Zwanzig Silos mit einem Fassungsvermögen von mehr als dreißigtausend Tonnen. Diese Fakten, die ich gerade erst in Erfahrung gebracht hatte, sprach ich leise vor mich hin. Ich wiederholte sie wie ein Mantra, denn in der momentanen Situation war ich selbst die Person, die ich von meiner Glaubwürdigkeit am heftigsten zu überzeugen hatte. Die Sonne machte mir den Kopf schwer. Mein Herz schlug wie wild. Ich konnte immer noch umdrehen. Der Augenblick der Abrechnung konnte immer noch hinausgezögert werden. Was war schlimmer – die Hafenpolizei, die mich wegen Drogenschmuggels schnappte, oder Ariel, der in irgendeiner dunklen, vollgepißten Seitenstraße in San Martín bei mir das Öl prüfte? Eine Frage ohne Antwort. Ich mußte mich darauf konzentrieren, einfach immer weiterzugehen.

Gegen elf Uhr war ich am Kai drei in der nördlichen Ecke des Hafens. Es war alles genau so, wie Ariel es aufgezeichnet hatte. Wenn ich mich mit dem Rücken zum Wasser stellte und über eine weite offene Fläche voller abgestellter Autos und Container blickte, konnte ich die Schmalspurbahn sehen, die den ganzen Weg von der anderen Seite des Hafens, dem Kai vier, im Schatten der Punta Betín dahinlief. Mit den Augen folgte ich der Eisenbahntrasse bis zu jenem Punkt, wo sie dem umlaufenden Zaun am nächsten kam. Dort war sie – die Transformatorenstation. Eine Ansammlung von niedrigen, aus Schlackensteinen gemauerten Gebäuden zwischen einem Wirrwarr aus Hochspannungsleitungen und Transformatoren. Gleich dahinter stieg das Gelände steil an – kreidefarbene Felsen, zwischen denen eine unbefestigte Straße für die Lastwagen entlangführte, die vom Kai an der Punta Betín Fracht holten oder welche dorthin brachten. Von dieser Straße aus hatte sich Ariel gegen vier Uhr morgens an den Zaun hinunterrutschen lassen und das Kokain, das er in einen alten Sack gewickelt hatte, auf die andere Seite geworfen. Sofern nicht eine ungewöhnlich aufmerksame Wache etwas gemerkt hatte, sollte der Stoff immer noch zwischen Transformatorenstation und Zaun liegen. Alle sollten ihn für Abfall halten, wie er überall herumlag. Bloß gab es da einen großen Unterschied – dieses Stück Abfall würde eine Viertelmillion Dollar wert sein, wenn es erst einmal wiedergefunden und an seinen Bestimmungsort gebracht worden war.

Es blieb mir jetzt nichts anderes übrig, als die belebte Hauptverkehrsstraße zwischen den Kais und den Lagerhäusern, auf der ich überhaupt nicht auffiel, zu verlassen und mich ins Niemandsland dieses offenen Platzes zu begeben. Mit jedem Schritt verlor ich ein Stück meiner Tarnung. Ich war auf dem Weg zur Hafenumgrenzung. Dort war niemand, den ich interviewen konnte, und es gab keinen denkbaren Grund, warum ein Rechercheur seine Schritte eilig in diese Richtung lenken sollte. Ich hatte gerade den Rand des Platzes erreicht, als zwischen den Lastern eine Gruppe Arbeiter hervortrat. Sie kamen auf mich zu. Nachdem ich einen Moment lang starr vor Angst gewesen war, tat ich das einzige, das mir in der Eile einfiel. Ich stellte mich vor einen Stapel mit Holzplanken und tat so, als würde ich pinkeln. Die Männer gingen ziemlich knapp an mir vorbei, doch sie verloren kein Wort über mich. Sobald sie verschwunden waren, stellte ich mich selbst zwischen die Laster. Am allermeisten fürchtete ich patroullierende Wachen am Zaun und Leute, die vielleicht gerade bei der Transformatorenstation zu tun hatten. Ich lugte zwischen den Anhängern hervor. Mehrere vollgestaubte Laster rollten über die Straße oberhalb des Zauns, doch es war niemand zu sehen. Während ich die letzten fünfzig Meter zwischen der Eisenbahntrasse und der Transformatorenstation hinter mich brachte, hörte ich nichts anderes als das Rauschen meines Blutes in den Adern und meinen Herzschlag. Ich hatte weder eine Geschichte parat, die ich hätte auftischen können, noch eine Möglichkeit der Tarnung. Ich stand als Schmuggler im Scheinwerferlicht.

Ohne daß es zu einem Zwischenfall gekommen wäre, schaffte ich es bis zu der Stelle hinter den Transformatoren. Auf den ersten Blick erkannte ich den Sack, der hier zusammen mit anderem Abfall lag. Diese Stelle eignete sich hervorragend, um etwas über den Zaun zu werfen. Zwischen der Transformatorenstation und dem Zaun waren nur ein paar Meter Platz. Direkt hinter dem Zaun stieg der Straßendamm steil an. Dort, wo ich hockte, war ich weder von der Straße noch vom Rest des Hafengeländes aus zu sehen.

Ich kniete neben dem Sack nieder und zog das in Plastik eingeschweißte Paket heraus. Im gleichen Moment stellte sich das erste größere Problem ein. Der Sack war auf einem Haufen zerbrochener *gaseosa*-Flaschen gelandet. Ein fünf Kilo schweres Paket, das man über einen vier Meter hohen Zaun wirft, landet mit ziemlicher Wucht, und der Zufall hatte es so gewollt, daß sich die Scherben einer Flasche durch die Sackleinwand und leider auch durch das Plastik gebohrt hatten. Das Kokain rieselte aus dem Paket heraus. Ich beeilte mich, das

Paket in den Aktenkoffer zu verfrachten. Da ich mich etwas unbeholfen anstellte, knickte das Paket in der Mitte durch. Der Riß in der Kunststoffhaut erweiterte sich. *Perica* im Wert von mehreren hundert Dollar wurde vom Winde verweht. Fluchend hob ich den Stoff in den Aktenkoffer. Es war alles ziemlich eng – Bustamente hatte mir ein paar Broschüren und Fotokopien mitgegeben, und ich mußte ein paar Sachen wegwerfen, um den Stoff verstauen zu können. Das weiße Pulver war überall. Es klebte an meinem schweißnassen Hemd, an meinen Armen und auch an dem falschen Velours im Aktenkoffer. Eine furchtbare Schweinerei. Selbst ohne die Broschüren war es schwierig, den Koffer zu schließen. Als ich es mit Gewalt versuchte, riß eines der Scharniere an der Rückseite. Als der Koffer endlich zu war, war er auf der einen Seite dicker und sah verdächtig voll aus. Aber es ging nicht anders. Ich wischte den Kokainstaub vom Koffer und von meinen Kleidern. An meinen Händen hatte ich schmieriges Öl, und als ich den Staub abklopfte, verstrich ich das Öl auf meinem weißen Hemd.

Ich stand auf und lehnte mich gegen die Wand. Ich zitterte und keuchte – wegen der Hitze und aus Angst. Ich kam mir völlig abgerissen vor und verfluchte Ariel und den Schweden, verfluchte billige taiwanesische Aktenkoffer und den dämlichen Malcolm mit seinen wunderbaren Ideen.

Als ich wieder bei der *Nordic Star* war, stand die Uhr bereits auf fünf vor halb zwölf. Ich hatte bloß noch ein paar Minuten, im Höchstfall fünfzehn, um zu meinem Rendezvous mit dem Schweden in den Bauch des Schiffes vorzudringen. Das war der letzte und wahrscheinlich kritischste Teil der ganzen Unternehmung. Ich war jetzt Drogenschmuggler, und damit erwarteten mich zehn Jahre ohne Bewährung im sicherlich ganz wunderbaren Ambiente des Stadtgefängnisses. Ich mischte mich wieder unter die Gruppe von Zuschauern. Es ist in Kolumbien eine soziologische Gesetzmäßigkeit, daß überall dort, wo Leute arbeiten, mindestens genauso viele herumstehen und zusehen. Jetzt verlud man gerade zwanzig Kilo schwere *cajas* voller grüner Bananen, die während der Reise ausreifen sollten. Ich blickte mich verstohlen um. Weder meine Anwesenheit noch meine Abwesenheit schienen irgend jemand aufgefallen zu sein. Ich versuchte, wieder etwas ruhiger zu werden.

Ich bereitete mich innerlich auf meine letzte Etappe vor. Ganz unbekümmert die Gangway hinauf. In der Hand das Klemmbrett und auf den Lippen ein Gebet, daß mich niemand aufhalten würde. Doch da sah ich zu meiner Bestürzung den dicken Señor Bustamente auf mich zusteuern. Er wurde von einem kleinen, finster dreinblickenden Mann begleitet, der mit einer roten Lederkrawatte protzte. Schuldgefühle und Angst gurgelten durch meinen Bauch. Sicher konnte man mir alles ansehen. Ich war rot im Gesicht, schwitzte, war vollgeschmiert mit Schmutz und Öl, und mein Aktenkoffer beulte sich verdächtig aus. Sein Gewicht spürte ich wie eine Anklage. Ich wich nicht von der Stelle – wo hätte ich auch hingehen sollen?

Anscheinend war alles in Ordnung. Bustamente strahlte mich an, und der kleine Mann, mit dem er mich bekannt machte und den ich in einem Anfall von Verzweiflung für einen Drogenfahnder gehalten hatte, war in Wirklichkeit der technische Leiter des Hafens. «Ich habe Señor Lino gerade von Ihnen erzählt», sagte Bustamente. «Ich denke, er kann Sie mit einigen Details zum Hafenerweiterungsprogramm versorgen.» Ich schüttelte Señor Lino die Hand. Als er meine feuchte und schmutzige Handfläche fühlte, verzog er angeekelt das Gesicht.

Ich saß wirklich und wahrhaftig in der Falle. Der kleine Señor Lino psalmodierte über den *desarrollo portuario*. Er klärte mich über alles auf, vom Allernebensächlichsten bis zum kleinsten Kubikmeterdetail. Pflichtschuldigst machte ich mir auf meinem Klemmbrett verschiedene Notizen. Ich blickte auf die Uhr – fünf nach halb zwölf. Der Schwede wartete bereits. Es blieben mir höchstens noch fünf Minuten. Ich konnte nicht einfach sagen: «Wenn Sie mich jetzt entschuldigen würden. Herzlichen Dank.» und die Gangway des Schiffes hinaufsteigen. Meine einzige Chance war, unsere Unterhaltung einfach zu beenden und zu hoffen, daß die beiden mich dann allein lassen würden. In einer dafür geeigneten Pause schob ich mir deshalb das Klemmbrett unter den Arm, steckte den Füller zurück in die Brusttasche, griff nach dem Aktenkoffer und wechselte in die grämliche und introvertierte Höflichkeit über, mit der Engländer ihren Rückzug anzeigen. Ein vergebliches Unterfangen. Ein anderer Engländer hätte den Hinweis aufgenommen, doch Kolumbianer sind aus härterem Holz geschnitzt. Es war wirklich komisch – eine halbe Stunde zuvor hatte ich genau an dieser Stelle wie ein Wasserfall geredet, um Bustamente ja noch länger aufzuhalten, und jetzt, als ich darum betete, daß er mich endlich allein lassen würde, hing er wie ein Mühlstein an mir. Er strahlte die entspannte Jovialität eines Mannes aus, dessen Vormittagsarbeit erledigt war. Während er redete, vergrub er die Hände tief in den Taschen.

Dann bemerkte ich etwas, das mir das Blut in den Adern gefrieren ließ. Aus der Ecke meines Aktenkoffers, an der sich der Deckel um das gebrochene Schloß herumwölbte, rieselte ein dünner Strahl Kokain. Auf dem Boden hatte sich bereits ein kleiner kegelförmiger Haufen gebildet. Ich verlagerte das Gewicht und stellte meinen Fuß darauf. Als hätte man eine Mehltüte aufgestochen, lief das Pulver unaufhörlich weiter. Jeder, der uns beobachtete, konnte es sehen. Und Bustamente oder Lino konnten es auch jeden Augenblick bemerken. Plötzlich ließ La Loca ein warnendes Zischen hören. Ach du heiliger Bimbam, dachte ich. Wenn der Wind den Stoff erst einmal durch die Gegend wirbelt, muß es ihnen unbedingt auffallen. Die beiden waren leitende Beamte in einem der weltgrößten Schmugglerzentren. Es war mir klar, daß die beiden keine besonderen Schwierigkeiten haben würden, die Substanz zu identifizieren, wenn sie ihnen erst einmal ins Gesicht wehte.

Während wir uns weiter unterhielten – über automatische Steuerungen –, klemmte ich mir den Aktenkoffer unter den Arm und schob meine gewölbte Hand in einer schmerzenden Bewegung rasch unter die leckende Stelle. Ich spürte, wie mir das Kokain in die Hand lief. Meine Gastgeber leierten weiter ihre Reden herunter, ich trat vor Schmerzen von einem Fuß auf den anderen, und immer wieder schob ich meine Hand hinter den Rücken, um eine weitere kleine Ladung Kokain auszustreuen. Diese Situationen kaschierte ich durch ein Zucken, ein Hüsteln oder eine banale Bemerkung – je nachdem, was mir gerade einfiel.

Die Philosophen sagen, das Leben setze jenseits der Verzweiflung ein. Ich stand bereits kurz vor dem völligen Zusammenbruch, war drauf und dran, schluchzend eine Beichte abzulegen, die ganze traurige Geschichte vom Fruchtpalast bis jetzt zu erzählen, als aus dem Bauch des Schiffes jemand nach Bustamente rief. In der Ladezone war eine Bananenkiste zu Bruch gegangen. Der Rufer trug einen blauen Overall mit dem Schriftzug «Texaco» auf der Brusttasche und dicke gepolsterte Handschuhe. Er wollte, daß Bustamente sich die Kiste ansah – zum Protokollieren des beschädigten Ladeguts und so weiter. Bustamente stieg die Gangway hoch und verschwand im Bauch des Schiffes. Lino folgte ihm. Für mich gab es nichts Naheliegenderes, als daß ich den beiden folgte und dabei den Aktenkoffer fest unter den Arm geklemmt hielt. Im Inneren des Schiffes hörte man ein leichtes Summen, laute Rufe und Gehämmere. Gabelstapler flitzten hinein und hinaus. Mit ihren Staplern fahren sie hier wie mit ihren Bussen, schoß es mir durch den Kopf. Bustamente prüfte die Kiste. Der Geruch nach zerquetschten Bananen erinnerte mich auf merkwürdige Weise an Teemahlzeiten aus der Kindheit, obwohl das jetzt völlig fehl am Platz war.

Acht Minuten nach halb. Bloß noch zwei Minuten. Nur wenige Meter trennten mich von dem Schweden, vom Ziel meines brennenden Begehrens, die verbotene Droge endlich loszuwerden. Da hatte ich einen Geistesblitz. In gepreßtem Ton unterbrach ich die Besprechung. «Entschuldigen Sie, *señor*. Gibt es hier in der Nähe vielleicht eine Toilette, die ich benutzen könnte?»

«Natürlich», sagte Bustamente. Er fing an, mir zu erklären, wie ich vom Schiff hinunter und dann hinter das Lagerhaus mit dem Kaffee gehen sollte.

«Nein, nein!» rief ich. Voller Verblüffung redete er nicht weiter. Ich zog eine entschuldigende Miene, zappelte unruhig herum und sagte: «Es ist sehr dringend. *Malo del estómago.*»

Der Mann im Overall lachte. Er rief einen seiner Ladearbeiter herbei.

«Bring den Gentleman zum *baño* hinauf, aber rasch», sagte er. Hinter mir hörte ich ihr wohlwollendes Kichern, als ich mit meinem Führer über die Treppe nach oben stieg. Wir gingen genau den Weg, den Ariel mir erklärt hatte. Auf der anderen Seite der Drehtür wich der Lärm aus der Ladezone angenehmer Ruhe. Ich bedankte mich bei dem Mann und taumelte exakt um elf Uhr vierzig in das Klo.

Dieses schwedische Klo war sauber, doch in einem der Bekken schwamm Erbrochenes. An der Wand hingen die Eimer zum Feuerlöschen, und über den Pinkelbecken waren Stangen befestigt, an denen man sich festhalten konnte. Zuerst meinte ich, hier völlig allein zu sein. Ich fürchtete schon, das Rendezvous verpaßt zu haben, als ich sah, daß eine der Zellen, und zwar die hinterste, besetzt war. Ich ging zum Waschbecken direkt gegenüber davon. Eigentlich hätte ich gerne an die Tür geklopft oder nach dem Schweden gerufen, doch wenn er es nicht war, hätte ich ganz schön dumm ausgesehen. Ich drehte das Wasser auf und lärmte ein bißchen mit dem Seifenspender. Während ich mir die Hände wusch, beugte ich mich immer weiter hinunter, bis ich die Füße des Mannes aus dem Klosett sehen konnte. Sie waren ganz sicher groß genug, um zu dem Schweden zu gehören – schwarze Arbeitsstiefel. Warum hatte ich im Mamatoca bloß nicht auf die Stiefel des Schweden geachtet? Die Stiefel bewegten sich. Mit einem Ruck richtete ich mich wieder auf. Gleichzeitig schob sich der dicke blonde Haarschopf des Schweden vorsichtig über die Klosettür. Unsere Blicke kreuzten sich.

«Ach, Sie sind's», grummelte er. Er richtete sich zu seiner vollen Größe auf. Sein Bart ragte über die Oberkante der Tür. Er sah aus, als stünde er auf dem Jahrmarkt hinter einem von diesen witzigen gemalten Prospekten, durch die man seinen Kopf stecken kann. «Sie sind spät dran», fügte er hinzu.

«Um Himmels willen, beeilen Sie sich doch», zischte ich. «Da unten sind Leute, die auf mich warten.»

«Was für blöde Leute?»

«Was für Leute? Kümmern Sie sich nicht um diese Leute. Bringen wir die Sache doch um Himmels willen hinter uns.»

«Reichen Sie mir den Koffer herein. Und waschen Sie sich weiter die Hände.»

Ich hob den Koffer über die Tür. «Sie müssen ganz besonders vorsichtig sein», sagte ich. «Die *perica* läuft aus. Das Plastik ist gerissen.»

«Joo.» Einen Moment lang herrschte Schweigen. «Er geht nicht auf», sagte das Gesicht über der Tür.

«Scheiße! Das habe ich vergessen – die Kombination. Sechs, sechs, sechs.»

Während die Bärenpranken des Schweden an den Rädchen des Kombinationsschlosses herumfummelten, drang aus der Zelle wieder nur quälendes Schweigen. Er brauchte unendlich lange. Tief in den Eingeweiden des Schiffes bohrte jemand Metall. Es kreischte in meinem Kopf. Der Schwede stieß in seiner Sprache ein tiefes, mürrisches Grummeln hervor, das gespickt war mit Ausdrücken wie «Honorar» und «Furz», die man in *Schwedisch für Anfänger* wahrscheinlich nicht finden wird.

Ich hörte ein Schloß aufspringen, dann das nächste, und als ich noch ein zweites Mal sagte: «Seien Sie vorsichtig!», hörte ich ihn schon fluchen und sah, wie das feine weiße Pulver auf seine schwarzen Stiefel rieselte.

«Ich kann die Ware nicht annehmen, Mann», sagte er halb geflüstert in ärgerlichem Ton. «Das Zeug ist ja völlig im Eimer. Ich kann Sie dafür nicht zahlen. Ich weiß nicht, wieviel das ist.»

Er klappte den Aktenkoffer wieder zu. «Mein Gott!» rief ich. «Hören Sie zu – geben Sie mir weniger Geld. Geben Sie mir die Hälfte. Sicher können Sie mir die Hälfte geben.»

«Verdammt noch mal, kein Handel. Ich darf den Umschlag auf keinen Fall öffnen. Entweder alles oder nichts. Das ist ein recht hartes Geschäft, Mann. Ich habe das Geld für fünf Kilo. Das ist beschädigte Fracht. Sie müssen sie zurücknehmen.»

«Zurück? Wohin zurück?» Er schob den Koffer über die Tür. Ich versuchte, ihn zurückzudrücken. Der Schwede drohte mir mit seiner riesigen Faust und beschimpfte mich lauthals. Den Koffer an die Brust gepreßt, taumelte ich zurück. Das glänzende schwarze Plastik war über und über mit Kokain verschmiert. Ich mußte endlich wieder nach unten. Bustamente würde sich schon wundern, wo ich blieb. Ich überlegte, ob ich den Koffer auf der Stelle über Bord werfen sollte, aber natürlich konnte ich das nicht machen. Schon allein, weil alle meine Unterlagen drin waren. Und außerdem konnte ich das Kokain nicht hierlassen. Was würde mein Freund Ariel dazu sagen, wenn ich ohne den Stoff *und auch* ohne das Geld auftauchte? Er würde sich dann nicht damit begnügen, bloß meinen Ölstand zu prüfen. Er würde mich bei lebendigem Leib rösten.

Hektisch schlug und wischte ich den Kokainstaub vom Koffer. Völlig gedankenlos tat ich das, was jeder macht, der Kokainstaub auf den Fingern hat. Immer wieder hielt ich mir die Finger unter die Nase und zog das Pulver hoch wie Schnupftabak – insgesamt vielleicht ein halbes Dutzend mal. Der Koffer war sauber, doch als ich auf den Flur hinaustaumelte, wurde mir klar, daß ich schon wieder etwas falsch gemacht hatte. Es war reines Schneewittchen-Kokain. Das muß man sich mal vorstellen! Keine Spur von Verschnitt, kein Fußabdruck im Schnee. Als ich durch die Drehtür zurückmarschierte, war ich drei Meter groß und hatte ein Gesicht aus Eis. Beim Hinuntersteigen über die Stufen konnte ich nicht einmal meine Füße spüren. Ich tanzte auf der Luft, und ich hatte einen Aktenkoffer dabei, der mit dem Zeug vollgestopft war.

«Besser?» fragte Bustamente mit einem breiten Grinsen. Ich nickte und grinste zurück. Die Gabelstapler waren zu Autoskootern geworden. Der Lärm war entsetzlich. Die drei Männer unterhielten sich noch immer und waren nicht anders als vorher. Sie schienen nicht bemerkt zu haben, daß etwas nicht stimmte. Ich hörte das wissende Gelächter von Männern, die sich über die Verdauungsprobleme, die einem in Santa Marta drohten, lustig machten. Mit meiner Lüge hatte ich das große Glück, daß sie sehr wahrscheinlich klang. Nur wenige Gringos entgehen Montezumas Rache in ihrer hier üblichen Form. Gegen Ende der langen Trockenzeit ist das noch vorhandene Wasser am gefährlichsten. Man kann die Ratten schon fast durch die Wasserhähne riechen.

Die Unterhaltung lief weiter. Ich hatte das Gefühl, als würde mein Schädel zermalmt. Und doch konnte ich unglaublicherweise immer wieder hören, daß eine vertraute Stimme mit gespreiztem Gringo-Akzent jeweils genau im richtigen Moment *«Sí!»* und *«No!»* und sogar *«Claro, hombre!»* sagte.

Zunächst konnte ich das Geräusch nicht zuordnen. Schrie mir jemand ins Ohr? Nein, es war die Pausensirene, die mit ihrem Geheul loslegte. Alle liefen eilig vom Schiff. Die Stapler wurden abgestellt, die Handschuhe ausgezogen. Bustamentes Hand lag auf meiner Schulter. Er schob mich sanft hinunter in Richtung Kai, während er sich die ganze Zeit über mit Lino unterhielt. Ich ließ mich führen, ohne zu wissen, wohin wir gingen. Das war unwichtig. In dem ganzen Durcheinander schoß mir immer wieder ein rettender Gedanke durch den

Kopf. Bleib bei El Jefe Director – laß ihn nicht aus den Augen! Wir ordneten uns ein in den Strom der Ladearbeiter und *wincheros*, Matrosen und Sekretärinnen, die an der Kontrollstelle aus dem Hafen drängten. Ja, das ist es, bleib in der Menge. Sie zeigten alle ihre Passierscheine. Ich war dankbar, daß ich meinen noch hatte. Er steckte unter dem Klemmbrett. In einem Moment göttlicher Eingebung fragte ich Bustamente nach seiner Meinung zu dem Fußballmatch vom Sonntag, dem Spiel zwischen Santa Marta und Barranquilla. Er hatte wunderbar überhebliche Ansichten zu diesem Thema, und wir plapperten angeregt dahin, während ich die Kontrollstelle passierte.

Wie ein Ertrinkender, der *terra firma* zu fassen bekam, trat ich auf die andere Seite. Doch im gleichen Augenblick spürte ich eine Hand auf meiner Schulter.

Ich wirbelte herum, sah die Soldatenuniform und das geschulterte Gewehr. Das Phantom der Freiheit löste sich in der warmen Meeresbrise auf. Der Wachsoldat streckte mir seine Hand entgegen. Natürlich wollte er den Koffer haben. Und ich war drauf und dran, ihn zu übergeben. Ich sah alles merkwürdig klar vor mir. Vor den Augen von Ertrinkenden entrollt sich zumeist noch einmal ihr ganzes Leben. Vielleicht würde mir so etwas auch gleich passieren. Doch der Wachsoldat sagte nichts als: «Ihren Passierschein, *señor*. Sie müssen Ihren Passierschein zurückgeben. Es ist nur ein *permiso provisional*.»

«Natürlich, natürlich.» Meine Hände zitterten, als ich den Passierschein unter der Klemmfeder hervorzog. Mit einer leichten Verbeugung, die eher Bustamente als mir galt, sagte der Wachsoldat: «Entschuldigen Sie.» Ich sah, wie sein Blick über den Aktenkoffer huschte, doch er bat mich nicht, ihn durchsuchen zu dürfen. Es würde doch niemand so verrückt sein, Kokain nach Kolumbien *hinein*zuschmuggeln.

Waldino wartete an der Straßenecke. Von dort hatte er die Kontrollstelle gut im Blick. Während ich mich von Bustamente und Lino verabschiedete, stand er lauernd an die Wand gelehnt, dann winkte er mich zu sich hinüber und umschwirrte mich mit seinen vielen Fragen. «Haben Sie das Geld, Charlie? Wer waren die Leute, mit denen Sie da geredet haben? Was ist passiert, Charlie?»

Ich konnte nicht antworten. Ungekannte, von der Chemie hervorgekitzelte Sekrete verschlossen mir die Kehle. Ich öffnete und schloß den Mund wie ein Goldfisch.

Waldino begegnete meinem wilden Blick. «Was läuft hier ab, *hermano*?» Ein ängstlicher Ton mischte sich in seine Stimme. Ich ging in Richtung Uferstraße. Er zerrte mich am Arm. «He, nein, Charlie. Wir müssen ins Mamatoca. Ariel wartet dort.»

Ich schüttelte den Kopf. «Corona», krächzte ich. Ich ging weiter. Waldino scharwenzelte um mich herum. Mein Verhalten brachte ihn dermaßen durcheinander, daß er nicht versuchte, mich zu überreden. Wir bogen in die 10th Street ein. Waldino blickte sich immer wieder nervös um. «Ich glaube nicht, daß Ariel das gefällt», jammerte er. «Ich habe gesagt, daß ich Sie ins Mamatoca bringe.»

Eine freudige Stimme begrüßte uns. Jemand stand unter einer Tür. *«Señor! Qué tal, pues?»*. Waldino hatte nicht darauf reagiert. Der Mann mußte mich gemeint haben. Ich stellte meinen Blick scharf, bis ich ein halbwegs vertrautes Gesicht erkannte. Es war der Besitzer des Restaurante El Progreso, des früheren Fruchtpalasts. Wir standen vor der altbekannten Tür aus Zedernholz. «Haben Sie denn Ihren Freund Julio gefunden?» fragte der Mann.

Langsam wurde ich wieder klar im Kopf. Nach und nach ordneten sich die Dinge an die richtige Stelle. Eine Querstraße weiter läutete der Eiermann seine Glocke, und an der Ecke lachte eine Gruppe Schulmädchen in blau-weißen Uniformen. «Ich brauche einen Drink», sagte ich. Der Mann trat aus der Tür heraus, um uns den Weg freizumachen.

Die mittägliche Ruhe im Fruchtpalast tat mir gut, und zwei ordentliche Gläser Rum brachten ein bißchen was von dem zurück, das mir dieser Vormittag geraubt hatte. Es waren bloß noch zwei andere Gäste im Café. Die *señora*, die dasselbe türkisfarbene Kleid wie beim letztenmal trug, servierte ihnen auf riesigen Tellern Steaks und weiße Bohnen. Beim dritten Rum fühlte ich mich in der Lage, meine Geschichte zu erzählen. Doch jetzt verwehrte sich Waldino dagegen. Er legte einen Finger vor die Lippen und deutete mit dem Kopf auf die Speisenden. «*Wincheros.*» Er formte dieses Wort unhörbar mit den Lippen. «Seien Sie still!»

Er verlangte nach Musik, und unter dem Deckmantel von Juancho Rois, der «La Gordita» sang, erzählte ich ihm die ganze traurige Geschichte über den verlorenen Koks und den danebengegangenen Deal. Mit jedem Detail meiner Enthüllungen versank er in eine immer trübere Stimmung. Als ich meine Geschichte zu Ende gebracht hatte, ließ er sich auf seinem Stuhl zurückfallen und spuckte das Wort: *«Coño!»* aus.

«Mein Gott, Waldino, ich weiß wirklich nicht, was ich hätte...»

«He, *hermano*. Ich meine doch nicht Sie. Ich meine diesen *hijo de puta* Schweden.»

Wir verließen das Progreso, stellten den Aktenkoffer im Corona ab und machten uns auf den Weg zu Ariel im Mamatoca. Seine Reaktion war der von Waldino ziemlich ähnlich. Ich hatte mein Bestes versucht. In der unsicheren Welt des Schmuggels kommen solche Sachen immer wieder mal vor. Die Schuld lag beim Schweden – er hätte darauf eingestellt sein müssen, daß ein bißchen Feilschen notwendig sein würde. Die Hauptsache war, daß ich die ganze Angelegenheit vor der Katastrophe gerettet hatte, indem ich die *perica* mehr oder weniger unversehrt wieder herausgebracht hatte. Okay, sie hatten ein paar Gramm verloren, vielleicht auch ein ganzes Kilo, doch der Stoff stammte von Schneewittchen – diese *perica* knallte wie Dynamit. Sie konnten den Stoff mit ein bißchen Talkum oder Borax strecken, ihn wieder auf sein altes Gewicht bringen und in einem anderen Deal den gleichen Preis erzielen. Schließlich kamen die beiden mit mir ins Hotel und nahmen den Stoff mit.

Ich lag einige Zeit auf dem Bett und schaute dem Deckenventilator zu. Dann packte ich meine Taschen, zahlte die Rechnung und ging durch die siestaleeren Straßen zum Busbahnhof.

25 *Im Reich der Indios*

Zum Abschluß meiner mißglückten Odyssee hatte ich noch eine kleine Reise zu machen. Ich wollte auf diese Weise Abstand gewinnen und all die Drogen und Lügen hinwegwaschen. Es war ein Ausflug, den ich eigentlich schon bei meinem ersten Besuch in Kolumbien geplant hatte. Diesmal wollte ich mich auf den Weg machen, bevor sowohl mein Geldbeutel als auch meine Batterien ganz leer sein würden. Ich wollte in die Berge, in das Reich der Indios in der Sierra Nevada.

Die Sierra Nevada de Santa Marta ist das höchste Küstengebirge der Welt. Im Grunde genommen gehört es nicht mehr zu den Anden, denn von den nördlichsten Ausläufern der Anden-Cordilleren ist es durch das Tal des Rio Cesar getrennt. Dieses Gebirge hat ungefähr die Grundfläche eines Dreiecks, dessen Seiten fast hundertsechzig Kilometer lang sind. Die Basis des Dreiecks liegt im Norden und verläuft in etwa parallel mit der karibischen Küste zwischen Santa Marta und Riohacha. Hier bricht das Gebirge jäh ab und trifft mit seinen steilen, dicht bewaldeten Ausläufern, die ich hinter der Finca Las Brisas gesehen hatte, direkt auf das Meer. An klaren Tagen kann man die verschneiten Gipfel sehen, während man selbst im Karibischen Meer herumplantscht. An der Stelle, wo die Berge am nächsten an das Meer heranreichen, steigen sie binnen vierzig Kilometern von null auf über sechstausend Höhenmeter an. Krassere Steigungen gibt es bloß noch im Himalaya. Es ist jedoch sehr schwierig, vom Norden her in die Sierra vorzudringen. Die Wege sind steil und leicht zu verlieren, und wenn man sich im *macizo* erst einmal verlaufen hat, stößt man sehr wahrscheinlich bald auf eine Marihuanapflanzung, wo zuerst geschossen und erst hinterher gefragt wird. Angeblich kann man in den Küstendörfern Kogui-Führer anheuern, doch davor hatte man mich gewarnt. Jeder Kogui, der etwas auf sich hält, läßt sich mit dem weißen Mann sowenig wie möglich ein, und diejenigen, die in den *mestizo*-Dörfern herumhängen, stehen im Ruf, Trunkenbolde und Diebe zu sein.

Allen Empfehlungen nach war es am besten, den Weg in die Sierra vom Südosten her anzugehen, da die Hänge dort weniger steil ansteigen. Die Indios, die in diesem Teil der Sierra leben, sind die Arhuacos. Ihr Stamm ist der größte im Gebirge – ungefähr fünfzehntausend Arhuacos leben in den Hochtälern im Süden und Osten in kleinen Haufensiedlungen. Die Arhuacos haben sich dem weißen Mann mehr angepaßt als die sich bewußt abgrenzenden Kogui, die im Norden leben.

Beide Stämme tragen das Erbe der Tairona-Kultur, die in der Küstenregion der Karibik ungefähr tausend Jahre lang blühte, bis die Spanier im frühen sechzehnten Jahrhundert ins Land kamen. Die Tairona waren in erster Linie Bauern. Auf künstlich bewässerten Äckern und Terrassenfeldern, die einer der spanischen *cronistas* mit denen aus der Lombardei und aus Etrurien verglich, bauten sie Mais, Bohnen, Yucca und andere Grundnahrungsmittel an. Im Karibischen Meer fischten sie nach Thunfisch, Schnapperfisch und *ojo gordo*. Sie trugen Kleider aus Baumwolle, hielten Bienen, tranken *chicha* und kauten Kokablätter. Ihre Keramik und ihre Steinmetzarbeiten waren mit kunstvoll gemalten Figuren geschmückt – Krieger mit Federschmuck auf dem Kopf, monströse menschenähnliche Wesen mit Fangzähnen, Jaguare, Schlangen, Fledermäuse, Füchse, Vögel, Schildkröten und Krokodile. Der Jaguar hatte für die Tairona eine ganz besondere Bedeutung. Über den Türen ihrer Tempel hingen Jaguarschädel, und die Kogui weihen ihre Tempel auch heute noch Cashinducua, einem Jaguargott.

Von allergrößtem Interesse für die kolonisierenden Spanier waren die Tairona aber vor allem deswegen, weil sie die Goldschmiedekunst meisterlich beherrschten. Einige frühe Quellen belegen, daß der Name Tairona auch tatsächlich «Schmiede» bedeutete. Ihr technisches Wissen war hochentwickelt. Der ausgeprägte Hang der Tairona, phallische und sexuelle Symbole darzustellen, gab den Spaniern die Legitimation, im Namen der Frömmigkeit und der Sauberkeit zu plündern. Der Chronist Gonzales Fernández de Oviedo entdeckte ein Goldstück der Tairona im Wert von zwanzig Pesos, auf dem gezeigt war, wie «ein Mann einen anderen bestieg zu diesem teuflischen sodomitischen Akt». Der ehrenwerte Fernández freute sich, berichten zu können, daß er dieses «Juwel des Teufels» in der Goldschmelze von Daríen zerstört hatte.

Die Spanier betrieben einen Tauschhandel – Äxte, Werkzeuge, Messer, Kämme, Glasperlen, Hemden, bunte Hüte, Wein und Schießpulver gegen Gold. Doch die Tairona waren ein wildes, stolzes und schlaues Volk, so daß die Vorgebirge der Sierra an der Küste das gesamte sechzehnte Jahrhundert hindurch Schauplatz erbitterter kriegerischer Händel waren. 1599 setzte der Gouverneur von Santa Marta, Juan Guiral Velon, eine letzte Vernichtungskampagne in Gang. Die Spanier hängten und verbrannten die Häuptlinge und steckten die großen Ansiedlungen der Tairona – Taironaca, Posigueca, Betoma – in Brand. Die letzten Überlebenden des Stammes – alle, die man nicht ermordet oder die man nicht zur Taufe und zur Sklavenarbeit in den spanischen *encomiendas* verschleppt hatte – zogen sich in die Sierra zurück, in Täler, die dermaßen hoch lagen und so unzugänglich waren, daß die Spanier ihnen dorthin nicht folgten. Die goldgierigen *colonos* hatten damit einen bloß vordergründigen Sieg errungen. Der Dschungel forderte die verlassenen Terrassenfelder und Tempel zurück, überwucherte die verschlungenen Pfade zwischen den einzelnen Dörfern und bewahrte das Gold der Tairona sogar noch eifersüchtiger, als die Indios selbst das getan hatten.

Seit damals haben sich an den niedrigeren Ausläufern der Sierra andere Siedler breitgemacht – während der Boomjahre zu Beginn unseres Jahrhunderts waren es Bananenbauern und Kaffeepflanzer, in den fünfziger Jahren Menschen, die aus politischen Gründen die Flucht vor La Violencia ergriffen hatten, und erst in allerletzter Zeit die Marihuanapflanzer. Hartnäkkige Schatzjäger – die *guaqueros* – durchkämmen auf der Suche nach verborgenen Tempeln und Begräbnisstätten auch heute noch die rauhen Bergwälder. Doch keine einzige Ansiedlung der *mestizos* liegt höher als tausendsiebenhundert Meter. Das Kerngebiet der Sierra bleibt Indio-Land, und die Nachfahren der Tairona – Arhuacos, Koguis und ein kleiner Stamm, dessen Mitglieder Arsarios genannt werden – bewahren ungestört ihre alten Sitten. Der durchschnittliche *mestizo* verbindet mit den Indios Armut und Unterentwicklung und sonst kaum etwas. Für ihn sind Indios *gente baja*, niedere Leute. Die Indios reagieren darauf mit ihrem uralten, beunruhigenden und versteinerten Blick und ihrer inneren Überzeugung, daß der Kontinent immer noch zur Gänze ihnen gehört, wenn man einmal von der etwas lästigen Tatsache der Kolonialisierung absieht. Jeder, der sich intensiver mit Südamerika beschäftigt hat, wird das Gefühl kennen, daß es dort noch einen anderen Pulsschlag gibt, ein anderes Land gleich unter und hinter der Oberfläche. Man marschiert auf festem Boden dahin und vertraut auf sein eigenes Wissen, doch dann fällt man plötzlich in eine geschickt verborgene Fallgrube der Vergangenheit.

Will man in das Gebiet der Arhuacos, muß man zuerst fünf Stunden lang mit dem Bus nach Valledupar fahren, eine Cowboy-Stadt im Tal des Rio Cesar. Am Busbahnhof von Santa Marta in der 22nd Street warf ich einem Blinden Münzen in den Becher. Er grinste über das ganze Gesicht und drehte sein Gesicht mit der dunklen Brille in meine Richtung. *«Que vaya usted con Dios.»* Ich warf einen letzten Blick auf das träge und doch so verwegene Treiben in den Straßen von Santa Marta. Ein Abschied von allen Fruchtpalästen, dem Schmugglernest Santa Marta und dem breiten Piratenlächeln, mit dem man hier seine Goldzähne aufblitzen läßt.

Bei seiner Fahrt aus der Stadt rollte der Bus an San Pedro Alejandrino vorbei, wo Bolívar als gebrochener Mann gestorben war, dann am Ufer des Ciénaga Grande entlang und schließlich nach Süden über die Talstraße, die durch Bananenhaine führte, und durch ausgedehnte, ungepflegte Baumwollfelder. Alle Städte, die diese Straße verbindet, liegen an den großen Flüssen, die in den westlichen Ausläufern der Sierra entspringen. Eine dieser Städte ist Aracataca, der Geburtsort von «Gabo» – Gabriel García Márquez, Kolumbiens Nobelpreisträger für Literatur und Volksheld der Kultur. Aracataca ist das Macondo aus Márquez' Geschichten, das kleine Dorf, das zur Bühne wird, auf der Südamerikas zerbrechliche Träume und exotische Hoffnungslosigkeit immer wieder auf kleinstem Raum vorgeführt werden. Es gab in Aracataca nicht viel zu sehen. Wieder nur ein Netz aus staubigen Straßen mit pastellfarbenen Häusern, wieder nur eine Stahlbrücke, wieder nur ein grauer Fluß, in dessen

Fluten die Frauen ihre Wäsche schlugen. Am Stadtrand hielt der Bus für ein paar Minuten. Ich sah ein Café, das den Namen «Aprilmorgen» trug. Dort standen auch die von der Sonne geplagten Mandelbäume, wie Márquez sie beschreibt. Ich hörte das Pfeifen des Zuges. Auf seiner Fahrt zwischen Santa Marta und Bogotá kommt der Zug jeden Tag hier durch. Der Zeitpunkt seines Eintreffens ist unbestimmt – *llega cuando llega*. Es gibt in Kolumbien keine Fahrpläne, sondern bloß Gerüchte. Das Zuggeräusch ließ das Dorf nur noch tiefer versinken in seiner von Schläfrigkeit und Melancholie getragenen Abgeschiedenheit. Von Santa Marta ist Aracataca bloß eine oder zwei Stunden entfernt. Es ist von dort nicht weit bis zu den Ausläufern der Sierra, den Lagunen der Ciénaga und den fruchtbaren Ebenen des Magdalena. Trotzdem hatte ich bei diesem Ort das Gefühl, als läge er irgendwo weit, weit weg von allem. Die Straßen endeten in Bananenpflanzungen und dreckigen *potreros*, auf denen Maultiere dösten. Der Bus rollte weiter nach Süden und legte eine neue Schicht Staub auf das Strauchwerk neben der Straße.

In Valledupar wimmelte es von Jeeps und von Cowboys mit großen Strohhüten und glänzenden Armbanduhren. Das Hotel Comercio – *«ambiente distinguido y familiar»* – bestand aus zwei Reihen kleiner, blau gestrichener Zimmer, die alle an einem schmalen Innenhof lagen. Der Deckenventilator funktionierte, das Bett war bequem, und am Ende des Hofes gab es fließendes Wasser. Das Zimmer hatte kein Fenster, bloß ein Lüftungsloch in Schwertlilienform, das in die Wand gebrochen war. Man mußte die Tür offenlassen, wollte man Licht und Luft haben. Männer, die von der Arbeit zurückkamen, gingen im Unterhemd einer nach dem anderen an die Wasserleitung. Es herrschte eine unbeschwerte und freundliche Atmosphäre. Mit einem Preis von zwei Dollar pro Nacht lag das Hotel mehr oder weniger im Durchschnitt, und es gefiel mir dort sehr viel besser als in manchen Häusern, in denen ich für zweihundert Dollar pro Nacht geschlafen habe.

Die Dämmerung legte sich über die Bars und die billigen Pensionen rund um den Busbahnhof. Die meisten Straßenhändler waren jetzt verschwunden. Eine Unmenge Strichmädchen waren an ihre Stelle getreten – schwarze und weiße, dicke und dünne, *chulitas* und *monitas*, mit Rouge aufgetakelte alte

Karpfen und frische junge Forellen. Sie spazierten vor den düsteren kleinen *residencias* auf und ab, in denen die Nummern der belegten Zimmer auf Tafeln geschrieben wurden, damit die Sache schneller über die Bühne gehen konnte. Die Preise lagen ziemlich hoch für eine Nacht, für eine *ratito*, eine kleine Weile. Die winzig kleinen Räume mit ihren Holzwänden waren kaum groß genug für das Bett. Akkordeonklänge wurden auf die Straßen gespült. Valledupar nimmt für sich in Anspruch, die Heimat des *vallenato* zu sein – die kolumbianische Akkordeonmusik, zu der man je nach Geschmack tanzt, stampft oder singt –, obwohl das von den Guajiros heftig bestritten wird. Das Spiel auf dem Akkordeon ist wohl ein Vermächtnis deutscher Immigranten, deren Instrument man auf die afrikanischen Rhythmen der *costeño*-Musik einstimmt. Der legendäre Meister des *vallenato* war unter dem Namen Francisco El Hombre bekannt. Von diesem Paganini der Quetschkommode sagte man, der Teufel habe ihn einmal zu einem Duell herausgefordert und sei dabei unterlegen.

Am Morgen des nächsten Tages machte ich mich auf den Weg, um meine Passierscheine zu organisieren. Bevor man in die Sierra reist, muß man die Erlaubnis des örtlichen Büros des DAS – Departamento Administrativo de Seguridad – einholen. Die Sierra ist ein «unter Kontrolle» stehendes Gebiet, und jeder, der dort ohne Aufenthaltsgenehmigung angetroffen wird, gerät unter den Verdacht, Beziehungen zu Marihuanapflanzern oder zur Guerilla zu haben. In einer alten Seitenstraße, die vom Hauptplatz abging, schrieb ein hübscher kleiner Mann, der hinter einem Berg aus Formularen und Ausweisen hervorlugte, meine Personalien nieder. Als nächstes machte ich mich auf den anstrengenden Weg zur Casa Indígena, dem Regierungsbüro am Stadtrand, das mit der Verwaltung aller Angelegenheiten betraut war, die mit den Indios in Zusammenhang standen. Man versicherte mir, daß ich ohne Empfehlungsschreiben dieser Stelle keine Chance haben würde, das Territorium der Arhuacos zu betreten. Ich bekam ein Schreiben ausgestellt, das mit seinen schwülstigen sprachlichen Schnörkeln und seinen Förmlichkeiten das von Malcolm sogar noch übertraf. Adressat war der Häuptling der Arhuacos persönlich – Don Luis Napoleón Torres.

Schließlich war ich, wenn auch nur verwaltungstechnisch und nicht geistig, auf die Reise in die Sierra vorbereitet. Von Valledupar aus konnte man mit Lastern oder Jeeps nach Pueblo Bello fahren, in das letzte *mestizo*-Dorf, das auf zwölfhundert Metern Höhe lag. Von dort führte so etwas Ähnliches wie eine Straße zum Hauptdorf der Arhuacos. Auf den Landkarten ist es als San Sebastián de Rábago verzeichnet, doch bei den Arhuacos selbst heißt es Nebusimague.

Die Fahrzeuge mit Ziel Pueblo Bello fuhren von einem kleinen Parkplatz hinter dem Markt los. Ich fand einen Jeep, der dorthin wollte, aber noch auf weitere Fahrgäste wartete. Von einem behenden kleinen Mann kaufte ich ein paar Leguaneier. Aufgefädelt wie die Perlen einer Halskette hingen sie von seinem Obststand. Einzeln sehen Leguaneier aus wie Nüsse oder kleine Knochen. Sie haben eine gebrochen weiße Farbe, sind länglich und werden an beiden Enden etwas dikker. Die Schale ist zäh wie Gummi und schwer zu öffnen. Schneidet man sie mit einem scharfen Messer in der schlankeren Mitte auf, legt man damit an jedem Ende zwei kleine, nahrhafte gelbe Dotter frei. «Die geben Ihnen Kraft, *señor*», versicherte er mir und grinste dabei anzüglich, um anzudeuten, daß sie auch in bezug auf meine sexuelle Tüchtigkeit Wunder wirken würden. Außerdem kaufte ich auf dem Markt ein Brot, einen *paso de bananos* – einen stattlichen Batzen zerdrückte Bananen, der in getrocknete Palmenblättern eingewickelt war –, einige Mangos und krosse, rote, nach Ingwer schmeckende *peritas*.

Als wir schließlich abfuhren, saßen in dem Nissan Patrol auf engstem Raum zehn Fahrgäste zusammengepfercht. Als wir von der Hauptstraße auf die unbefestigte Straße nach Pueblo Bello abbogen, hielt uns ein Mulatte mit einem Strohhut an. Unter allgemeinem Gegrummel zwängte auch er sich noch in den Wagen. Der Fahrer verlangte für die Fahrt nach Pueblo Bello zweihundert Pesos. Für die Hinfahrt rechnete er mit zweitausend Pesos, für die Rückfahrt mit fünfzehnhundert – die zwei Fahrten, die er täglich machte und die hin und zurück jeweils vier Stunden dauerten, brachten ihm einen Umsatz von ungefähr hundert Dollar, von dem bloß das Benzin und der Unterhalt für den Wagen abzurechnen waren. Die Straße hatte Rillen und Schlaglöcher, und wir durchquerten mehrere Furten. Ab und zu konnte man hoch oben blaue Bergspitzen sehen. Die Gespräche drehten sich um Venezuela, das Land des Öls und des Geldes, und um den schwankenden Kurs des Bolivar. Valledupar lag fünf Stunden von der venezolanischen Grenze entfernt, und das war nahe genug, um eine breitgefächerte Palette an Importgeschäften und Schwarzgeldumlauf zu bieten. Der Jeep hatte ein venezolanisches Nummernschild.

Die Ohren des Fahrers ragten unter seiner Baseball-Mütze hervor. Er fragte mich, was mich nach Pueblo Bello führe. «Es gibt dort doch nichts», erklärte er mir. Ich antwortete, daß ich nach San Sebastián wolle.

«Wozu?» fragte er.

Ich tischte ihm die Touristenphrasen auf. *«Para conocer la región.»* Um die Gegend kennenzulernen.

«Ich kenne sie», sagte er und wandte sich an seinen Freund auf dem Rücksitz, der eine Weste mit Troddeln trug und in den *Selecciones de Reader's Digest* las. «Sie ist schrecklich, kann ich Ihnen sagen. *Muy feo.*»

Der *mestizo* hat mit den Indios nur wenig Kontakt und noch weniger für sie übrig. Dahinter steckt die heimliche Angst vor Menschen, die bewußt auf einer zurückgebliebenen Entwicklungsstufe verharren und sich gegenüber den Errungenschaften der Zivilisation gleichgültig verhalten. In jedem Fall beruht dieses Gefühl auf Gegenseitigkeit. Für den Arhuaco ist der weiße Mann *bunaci* – jemand, der den Indios Krankheit und Unglück bringt.

Pueblo Bello, mit dem auf dieser Seite der Sierra Nevada die *mestizo*-Kolonisation ihren Endpunkt erreichte, trug seinen Namen zu Unrecht. Ich stand im Staub der Straße und musterte die paar Häuser, die entlang der einzigen Straße des Dorfes standen. Es war Mittagszeit. Die Türen waren geschlossen, die Straße leer. Eine Hündin pinkelte in den Staub, und zwei Rüden, die mit ihr unterwegs waren, leckten es auf. Die Fahrgäste aus dem Jeep hatten sich alle verstreut. Ich fand eine *tienda* und trank ein paar Bier. Der Besitzer saß auf einen Stuhl gelümmelt und langweilte sich. Schon allein sein Anblick machte mich schläfrig. Von einem Dachbalken hingen Macheten, die in Lederscheiden mit langen Troddeln steckten. Ein

Junge bediente mich. Er fragte mich über England aus. Wieviel hätte sein *moto* – eine 175er Yamaha, die vor dem Haus stand – in England gekostet?

Unser Fahrer hatte mir in blasiertem Ton erklärt, daß ich den täglichen Jeep nach San Sebastián mit Sicherheit verpaßt hatte, doch ich hielt an meinem Glauben fest, daß sich immer irgendeine Möglichkeit auftut, wenn man nur optimistisch bleibt und es probiert. Ich fragte den Jungen, ob er vielleicht von Lastautos wußte, die weiterfuhren. Da er nicht mit einem Nein antworten wollte, sagte er: «Ja, morgen früh.» Kannte er vielleicht jemand, bei dem man Maultiere oder Pferde mieten konnte. Er kannte niemand. Aber er legte mir das Hotel hier im Dorf ans Herz, El Hogar de Mamá. Ich kaufte eine Dose Sardinen und eine halbe Flasche Aguardiente und ging die Straße hinunter. Ich hatte nicht die Absicht, bei Mamá zu wohnen oder irgendwo sonst in diesem bedrückenden kleinen Nest. Ich war wegen etwas anderem in die Sierra gekommen. Wenn mich niemand nach San Sebastián mitnehmen wollte, würde ich zu Fuß gehen. Ich schätzte den Weg dorthin auf ungefähr fünfundzwanzig Kilometer. An der Polizeistation des Dorfes fragte ich nach dem Weg. Zwei junge Soldaten saßen auf der Veranda. Ihre schweren schwarzen Stiefel ruhten auf dem Geländer. Die beiden konnten gar nicht glauben, daß ich wirklich zu Fuß gehen wollte. «Mindestens acht Stunden», erklärten sie mir. Wenn ich keinen Lastwagen anhalten konnte, würde ich unterwegs campieren und am nächsten Morgen den Jeep anhalten müssen.

Ich ließ die letzten schäbigen Gärten, die noch zu Pueblo Bello gehörten, hinter mir. Nachdem ich am Ufer eines Flusses mein Mittagessen aus Brot und Leguaneiern verdrückt hatte, machte ich mich wieder auf den Weg. Die Straße schlängelte sich in die Ferne – ein sandfarbener Weg, der sich durch felsiges Gelände langsam nach oben wand. Die blaßfarbenen Berge wirkten kahl und waren stellenweise mit einem Flaum aus Espartogras überzogen, doch die Wasserläufe, die in den Gebirgsfalten nach unten stürzten, waren von tropischem Grün gesäumt.

Nach kurzer Zeit passierte ich ein großes Schild, das zwischen zwei Betonpfeilern aufgehängt war. «RESERVA TER-

RITORIAL INDIGENA», wurde darauf verkündet. Ab hier befand ich mich im Land der Indios, in dem selbst die Kolumbianer Ausländer sind.

Eine Stunde später saß ich erschöpft auf einem Flecken Gras. Die Sonne stand noch immer hoch über mir. Ich schwitzte heftig, und mein Mund war durch den Staub ganz ausgetrocknet. Ein Blick ins Tal hinunter zeigte mir, daß ich ein ganzes Stück hinter mich gebracht hatte, doch der Weg bergauf war eine ziemliche Schinderei. Überall, wo ich hinschaute, war der Boden hart und ausgedörrt, und die einzigen Stellen, an denen es etwas kühler wurde, lagen an den steil nach unten schießenden Bächen mit ihren vielen Felsbrocken. Dann sah ich eine Frau, die auf einem Maultier in meine Richtung geritten kam. Als sie um die letzte Kehre kam und ich sie endlich deutlich sehen konnte, bemerkte ich, daß es gar keine Frau war, sondern ein hübscher junger Indio mit langen schwarzen Haaren. Er trug die traditionelle Kleidung der Arhuacos – eine weiße Woll-*manta*, das heißt einen Poncho, der an den Schultern mit einer Falte umgeschlagen war und wie eine Tunika fiel. Um die Hüfte wurde er durch einen Gürtel aus *fique*-Fasern zusammengehalten. Er trug Hosen aus demselben rauhen Wollstoff und Ledersandalen. Statt des traditionellen *tutosome* – ein Hut aus Wollstoff, der wie ein verlängerter Fez aussieht – trug er einen schwarzen Cowboy-Hut.

Er blieb stehen, um sich mit mir zu unterhalten. «Gehen Sie nach Nebusimague?» fragte er. Ich sagte ja. Er schaute zur Sonne hoch und meinte, daß es schon zu spät sei, um noch vor dem Einbruch der Dunkelheit anzukommen.

«Ich werde im *monte* schlafen», sagte ich. Er blickte mich ungläubig an. Ich fragte, ob es weiter oben noch Wasser gab. Er sagte, daß es ein paar Bäche gebe, daß bis dahin aber noch ein sehr trockenes Gebiet zu überwinden sei. Er sagte auch, daß er selbst durstig sei, so daß ich meine Wasserflasche holte. Ich sah, wie er beim Trinken angeekelt zusammenzuckte. Es war Flußwasser, und ich hatte ein paar keimtötende Tabletten darin aufgelöst. Der Geschmack war ihm offensichtlich zu streng, doch die Höflichkeit verbot es ihm, etwas zu sagen. Seine Stimme hatte einen freundlichen, rhythmischen Klang. Er sprach fließend

Spanisch, doch verrieten seine Förmlichkeit und seine Sorgfalt in der Setzung der Wörter, daß es nicht seine eigentliche Sprache war. Die befremdlichen raschelnden Klänge des Iki, der Sprache der Arhuacos, hatte ich bisher noch nie gehört.

Nach kurzer Zeit fragte er auf seine höfliche, präzise formulierende Art: «*Quiere usted montar?*»

«Aber das Maultier kann uns doch nicht beide tragen», sagte ich und winkte entschieden ab, obwohl ich nichts lieber getan hätte als zu reiten.

«Nein, Sie reiten», sagte er lachend und kletterte vom Maultier.

Das ist der Geist Kolumbiens. In dem einen Moment hockt man noch mit rotem Gesicht und keuchend auf der Erde, und schon im nächsten sitzt man auf einem Sattel und spürt die kraftvolle Anmut des Maultiers unter sich, während es ausdauernd über den steilen Pfad mit den vielen Querrillen nach oben steigt.

Der junge Arhuaco hieß Victor – man benutzte hier überall kastilische Namen – und war achtzehn. Er hatte in Pueblo Bello Mais verkauft und Nahrungsmittel besorgt. Für eine Maultierladung Mais hatte er tausend Pesos bekommen. Er lief neben dem Maultier her und geriet trotz der Steilheit des Geländes nicht außer Atem. Mir fiel ein, daß er seine Spritzigkeit wohl daher hatte, daß er Koka kaute. Ich fragte ihn danach. Er sagte: «Nein, ich bin nicht verheiratet.»

Da ich annahm, daß er meine Frage falsch verstanden hatte, fragte ich ihn ein zweites Mal. Er erklärte mir, daß ein Arhuaco keine Koka benutze, bevor er nicht verheiratet sei. «Nur Männer dürfen Coca nehmen», sagte er. «Keine Jungen, keine Frauen, keine Mädchen. Nur Männer.»

Wir stiegen immer weiter hinauf. Das Maultier hieß Rosario. Schweißflecken sprenkelten seinen braunen Hals. Victor reagierte auf meine Bemerkungen mit einem lustigen: «*Sí, no?*» Über lange Strecken schwiegen wir, und man hörte nur das regelmäßige Klappern von Rosarios Hufen, das Knarren des Sattels und dazu das kontinuierliche Brummen und Pfeifen, mit dem Victor das Maultier antrieb. Zwischendurch brach er Gerten aus dem Buschwerk neben dem Weg und schlug damit auf Rosarios Hinterteil. Als ich mich einmal umdrehte, war Pueblo Bello nicht mehr zu sehen. Es sah aus, als würden sich die Berge hinter uns wie eine Tür schließen. Wir gingen das Alguacil-Plateau an, mit einer Höhe von fast dreitausendzweihundert Metern der höchstgelegene Punkt auf der Reise nach Nebusimague. So etwas Ähnliches wie eine Schwalbe mit einem außergewöhnlich langen Schwanz flatterte an uns vorbei. Ich fragte Victor, wie der Vogel hieß. Er überlegte sorgfältig. *«Turi»*, sagte er. Später erfuhr ich, daß *turi* das Iki-Wort für Vogel war. Durch eine schattige Schlucht mit hohen Bäumen stiegen wir vom Plateau nach unten und machten auf einer Lichtung Pause. In dem Tal unter uns standen ein paar runde, mit Gras gedeckte Hütten verstreut. Ich griff in meine Tasche und holte das Brot und den *paso de bananos* heraus. Davon ausgehend, daß er sich ein Stück davon abreißen würde, reichte ich die Sachen an Victor weiter. Übers ganze Gesicht strahlend sagte er: «Danke schön!», steckte den Laib Brot in seine *muchilla* und aß den gesamten *paso* auf. Nachdem er mir gegenüber dermaßen freundlich gewesen war, brachte ich es nicht über mich, ihm Einhalt zu gebieten. Anscheinend meinte er, es handle sich um eine Art Bezahlung. «Köstlich», sagte er und warf die leere Blätterhülle fort.

Wir nahmen eine steil nach unten führende Abkürzung, mit der wir den weiten Bogen umgingen, den der Weg hier machte. Rosario rutschte auf den Steinen, und zu Victors Vergnügen verlor ich meinen *campesino*-Hut gleich *zweimal*. Der Himmel präsentierte sich wie mit Rosa ausgemalt. Der Abendstern – *virakoku* auf Iki – tauchte auf. Victor zog eine Fackel aus seinem Beutel. Wir machten halt, um an einem kleinen Tümpel zu trinken. Victor schlug das Wasser mit schnellen Bewegungen seiner flachen Hand zum Mund hoch, während das Maultier den Kopf schnuppernd hin und her bewegte und dabei aussah, als würde es das Wasser durch seine samtene Nase einatmen.

Wir müssen ungefähr noch zwei Stunden in der Dunkelheit unterwegs gewesen sein. Abwechselnd saß einer von uns auf dem Maultier, während der andere auf den Steinen dahinstolperte. Meine Füße schmerzten. Ich hätte am liebsten aufgegeben, doch Victor sagte immer wieder, daß wir *al llegar* waren, das heißt schon fast da. Dann trug uns der Wind das Bellen von

Hunden zu, und ich stellte fest, daß wir neben einer Bruchsteinmauer entlangliefen. Außerdem erstreckten sich neben dem Weg kleine Felder mit Mais und Zuckerrohr, und Victor sagte schließlich: «Wir sind da.» Ich selbst hätte es nicht bemerkt. Ich hatte gewußt, daß es anders sein würde als bei der nächtlichen Ankunft in einem normalen kolumbianischen Dorf – ein beleuchteter Platz, ein paar Bars, Sturmlampen –, doch auf diese absolute Stille war ich nicht vorbereitet gewesen. In der Dunkelheit konnte ich gerade noch die Steinmauer erkennen, die das Dorf umschloß. Niedrige grasgedeckte Hütten duckten sich dahinter. Das Dorf sah aus wie ein Gehege voller buckliger Tiere.

«Wir müssen um das Dorf herum zum anderen Tor», sagte Victor. «Sie sind ein Fremder», fügte er hinzu.

Am Haupttor – das heißt an der Ostseite des Dorfes – trafen wir auf eine Gruppe junger Arhuaco-Männer. Victor sprach mit ihnen auf Iki. Schließlich sagte einer von ihnen zu mir: «Bitte kommen Sie herein.» Das Tor war verriegelt. Es hatte ein kleines grasgedecktes Dach, das mich an alte überdachte Friedhofstore in England erinnerte. Der Weg ins Dorf führte deshalb über einen glatten Baumstamm mit Trittkerben, der gegen die Mauer gelehnt stand. Hinter Victor stieg ich über diese Gangway nach oben und überquerte die Mauer nach Nebusimague.

26 Nebusimague

Im Dorf konnte ich durch manche Türen Feuerschein sehen und Menschen, die in Gruppen zusammenstanden. Alle tuschelten und flüsterten. Durchdringende Geräusche waren keine zu hören. Kein Metall, kein Verkehr, keine Musik. Der Mond hing groß und ziemlich tief über der Flanke eines Berges, und in der Luft lag der Geruch nach Holzrauch.

Wir waren irgendwo in der Mitte des Dorfes. Victor und einige seiner Freunde trieben Späße wie große Kinder. Mich ignorierte er jetzt mehr oder weniger. Es war schon jemand unterwegs, der Häuptling Napoleón holte, denn ich sollte ihm mein Vorstellungsschreiben aus der Casa Indígena in Valledupar überreichen können. Bis dahin war ich wahrscheinlich so etwas wie ein Staatenloser. Wie gern hätte ich jetzt eine Bar gehabt, um mich hineinzusetzen, und etwas Zeit, um mir bei ein paar Bier über die Situation klarzuwerden. Erschöpft ließ ich mich auf den Boden fallen. Ich fühlte mich ungefähr so recht am Platze wie ein Fisch in einem Baum. In diesem merkwürdigen mondbeschienenen Dorf schnatterte und raschelte es überall um mich herum.

Nach kurzer Zeit wurde ich herangewinkt und einem kleinen Mann mit einem Wieselgesicht vorgestellt, dem ein dicker Pfriem Koka die Wange ausbeulte. Er leuchtete mir mit seiner Fackel ins Gesicht. Er war höflich, aber kurz angebunden. Wie ich erfuhr, war er nicht Häuptling Napoleón, sondern einer der Dorfverwalter. Er verlangte mein Schreiben zu sehen und las es im Fackelschein laut vor. Don Napoleón war im Moment nicht abkömmlich, sagte er. Ich würde mich ihm am nächsten Morgen vorstellen müssen. Außerdem gab mir der Mann mit dem Wieselgesicht zu verstehen, daß rechtschaffene und ehrenhafte Menschen nicht wie ich nach Einbruch der Dunkelheit ins Dorf geschlichen kamen.

Mir wurde langsam klar, daß man mich als eine Art Störenfried empfand. Ich hatte nicht erwartet, in Nebusimague ein Hotel zu finden, mir allerdings vorgestellt, daß es dort eine Art Dorfherberge für *viajeros* geben würde. Auf die Frage, wo ich schlafen würde, antwortete ich unbestimmt: «*En El Monte*» und deutete dabei in die Umgebung des Dorfes. Die Menge brach in fröhliches Gelächter aus, als der Mann mit dem Wieselgesicht meine Antwort übersetzte. Ich wollte erklären, daß ich einen Schlafsack dabei hatte, doch ich konnte mich nicht an das spanische Wort dafür erinnern. Recht holprig beschrieb ich ihn als *una bolsa para dormir*. Die Augen des Wiesels verengten sich noch mehr. Nicht genug damit, daß ich mich wie ein Dieb in der Dunkelheit ins Dorf geschlichen hatte, jetzt machte ich auch noch den Vorschlag, die Nacht in einem Sack zu verbringen.

«Zeigen Sie mir diese *bolsa*», sagte er.

Gehorsam zerrte ich meinen scharlachroten Schlafsack hervor. Im Fackelschein wurde er befühlt und genauestens abgeschätzt, als würde auf dem Markt um den Kauf eines Strangs Wolle verhandelt. «Da sind Federn drin», erklärte ich. Das Wort *plumas* flatterte durch die Menge.

Die Situation war jetzt entspannter. Wir gingen in eine der Hütten. Einige Arhuacos setzten und hockten sich rund um eine glühende Holz-*candela* – das Feuer in der Mitte, das in jedem Haus immerzu brennt und diesen Raum völlig verräuchert hatte – und besprachen sich. Man wollte mir ein kleines leeres Haus zuteilen, das vom Dorf aus zu Fuß in zirka zehn Minuten zu erreichen war. Bevor mich vier junge Arhuacos bis zu dem Haus eskortierten, schüttelte mir das Wiesel die Hand und trug mir auf, mich am nächsten Morgen in der *casa de convención* vorzustellen.

Das Gras vor dem Haus war bereits mit Tau überzogen. Im Mondschein aß ich zu Abend – Leguaneier, Dosensardinen und Aguardiente. Danach fiel ich in einen traumlosen Schlaf.

Am folgenden Tag lernte ich Häuptling Napoleón kennen. Außer seinen strahlend weißen Kleidern, die ihn von den cremefarbenen Wollkleidern der anderen abhoben, trug er keine Insignien, die ihn als *cacique* gekennzeichnet hätten. Er selbst war eine ziemliche Enttäuschung – klein, angespannt und finster dreinschauend. Während ihn das Wiesel über mich aufklärte, würdigte er mich keines Blickes. Zum momentanen Zeitpunkt war ich nicht mehr als ein Verwaltungsproblem, ein Punkt auf seiner Tagesordnung.

Wir marschierten hintereinander in die *casa de convención*, ein langes, rechteckiges Gebäude in der Mitte des Dorfes. In seinem Inneren war es dunkel. Entlang der Wände standen Bänke mit Lehnen aus knorrigem Holz. Häuptling Napoleóns Schreibtisch stand unter dem einzigen Fenster in der Ecke. Nachdem er Platz genommen hatte, schob er sich eine Hornbrille auf die Nase. Er sah jetzt aus wie ein Schulmeister. Anstatt des quadratischen Baretts, wie es am College getragen wird, trug er den fezähnlichen *tutosome*. Ein absurdes Wortspiel aus den Begriffen «Tschako» und «Arhuaco» schoß mir durch den Kopf. Das Wiesel überreichte ihm das Schreiben aus der Casa Indígena. Angestrengt atmend, murmelte er beim Lesen die einzelnen Worte vor sich hin, blinzelte hinter seiner Brille hervor und hielt das Papier ins Licht, das durch das Fenster fiel. In diesem kleinen hellen Viereck sah man die Gesichter von Kindern, ein Stück leuchtend blauen Himmel und lederfarbene Hütten aus luftgetrockneten Lehmziegeln. Das Versammlungshaus war jetzt ziemlich voll. Die Männer begrüßten einander und steckten sich gegenseitig kleine Portionen Kokablätter in ihre *mochilas*. Alle Männer hatten ihre Kokautensilien dabei – eine *mochila* voll getrockneter Blätter und einen Flaschenkürbis in der Form eines Stundenglases, der *poporo* genannt wird und der den pulverisierten Kalk enthält, den man braucht, um die stimulierenden Bestandteile des Kokablattes zu aktivieren. Die Arhuacos stellen ihren Kalk aus gebrannten und zerriebenen Meeresmuscheln her. Anderswo in Südamerika bedient man sich anderer Quellen – gebrannter ungelöschter Kalk oder die Asche von Qinoa- oder Carob-Bäumen.

Nachdem er das Schreiben gelesen hatte, hielt Häuptling Napoleón eine Rede über die Übel, die Besucher und Touristen mit sich brachten. «Wir bekommen viele Ansuchen wie dieses zu sehen», sagte er und deutete mit einem seiner Wurstfinger auf das Schreiben. «Die Touristen kommen, um uns anzusehen. Doktoren und Studenten schreiben Berichte über uns. Andere fotografieren uns.» Das Wort «fotografieren» sprach er aus, als handelte es sich dabei um eine Geschlechtskrankheit. «Wir sehen darin keinen Nutzen», fuhr er fort. «Wir gehen leer aus. *El pueblo indígena* bekommt nichts dafür. Die Touristen kommen, nehmen und gehen.»

Mit hinter dem Rücken verschränkten Händen stand ich da wie ein gescholtener Schuljunge, sagte: «Ich verstehe, *señor*, ich verstehe» und versuchte, sie mein freundliches Mitgefühl spüren zu lassen. Der Häuptling psalmodierte über Besucher, die die Berge und die Seen der Sierra entweihten und die Orte, die den Arhuacos heilig waren. Ich protestierte und sagte, daß ich nicht die Absicht hatte, etwas zu entweihen. Langsam spürte ich in mir eine gewisse Gereiztheit aufsteigen. Ich hatte noch kein Frühstück gehabt, der Hunger und die dünne Bergluft machten mich ganz schwindelig, und ich war diese Schikanen leid.

Jetzt ergriff das Wiesel, das auf dem Stuhl vor dem Schreibtisch saß, das Wort: «Wir sind ein friedliches Volk, *señor*. In Ihrem Land gibt es viel Gewalt.» Mit den Fingern seiner Hand formte er eine Pistole und schoß auf mich. «Viele Pistolen, viele Probleme!»

Die schweigenden Teilnehmer an dieser Versammlung, die gelassen ihre Koka kauten, lachten verhalten. Es waren auch ein paar Frauen da – sie trugen weiße Baumwollkleider mit schwarzen Wollgürteln –, doch der Großteil der Zuhörer waren Männer. Ich erklärte dem Wiesel, daß er das falsch sehen würde. In Inglaterra sei alles *muy tranquilo*, ganz und gar nicht so wie in den Estados Unidos. Manchmal muß man es mit dieser Unterscheidung sehr genau nehmen – die Leute wissen nicht immer exakt, wo England liegt, und da die Yankee-Gringos alle *inglés* sprechen, muß jemand, der sich selbst als *inglés* vorstellt, in jedem Fall auch ein Yankee-Gringo sein. Doch an diesem Ort tat das nichts zur Sache. Gewalttätigkeit, Hast und Raubgier werden mit jedem beliebigen weißhäutigen *colono* in Verbindung gebracht, ob er nun Kolumbianer ist oder Gringo.

Gleich nach ihm ließ sich erneut Häuptling Napoleón über das Thema aus. Ich hörte das Wort «Zollgebühr» und schloß daraus, daß wir wahrscheinlich endlich zum springenden Punkt kamen. Meine Vermutung stimmte. «Gemeindebeitrag ... Verwertung ... Unannehmlichkeiten ... *bunaci* ... wir verlangen fünfhundert Pesos *por cabeza.*»

Unter den aufmerksamen Blicken aller Versammelten überreichte ich Napoleón einen Fünfhundert-Peso-Schein. Rasch steckte er ihn in ein altes Hauptbuch, in dem bereits ein oder zwei andere Scheine lagen. Die allgemeine Stimmung entspannte sich spürbar. Napoleón besprach sich noch in ziemlich scharfem Ton mit dem Wiesel, bevor er mit lauter, volltönender Stimme verkündete, daß mir der freie Aufenthalt in Nebusimague für den Zeitraum von acht Tagen gewährt werden sollte. Nach Erledigung bestimmter Formalitäten würde ich mich ungehindert bewegen dürfen und ... Offensichtlich fiel ihm nichts anderes ein, das ich vielleicht hätte tun wollen, weshalb er einfach: «und so weiter» hinzufügte und einen Batzen zerkauter grüner Koka auf den gestampften Fußboden spuckte.

Das Wiesel wurde losgeschickt, um die Verfügung des Häuptlings an den Inspektor der örtlichen Polizei weiterzugeben, einen *mestizo* namens Torres, den ich an diesem Morgen bereits kurz kennengelernt hatte. Mit einer brüsken Handbewegung bedeutete mir Häuptling Napoleón, daß ich mich auf den Stuhl setzen sollte. Er hantierte mit verschiedenen Papieren, die auf dem Schreibtisch lagen. Sein ungezwungener Umgang mit Papier und Feder war in dieser eher analphabetischen Gemeinschaft eine Manifestation seiner Macht. Anscheinend erwartete er, daß ich ein Interview mit ihm machte. Jetzt, nachdem ich einen legitimen Status hatte, war er ziemlich freundlich. Ich erfuhr, daß er bereits seit sieben Jahren *cacique* der Arhuacos war. Diese Stellung war nicht erblich – der Häuptling wurde durch die Stammesversammlung der *cabildos* gewählt. Nebusimague war der Hauptort des Stammes und sein Verwaltungszentrum und hatte ungefähr zweihundert ständige Bewohner. Der Großteil der Arhuacos – der ganze Stamm besteht aus zirka fünfzehntausend Menschen – lebte über das gesamte Stammesgebiet verteilt. Ihre kleinen Dörfer lagen in den Hochtälern der südlichen und östlichen Sierra. Das Stammesgebiet der Arhuacos war in achtzehn Regionen unterteilt, in denen jeweils ungefähr achtzig Familien Nahrung fanden. Regelmäßige Stammesversammlungen und zeremonielle Veranstaltungen werden immer in Nebusimague abgehalten. Die letzte Feier hatte ich gerade knapp versäumt.

«Kommen dazu denn viele Leute?» fragte ich.

Er ließ ein komisches «Ooooh!» hören und spuckte ein zweites Mal auf den Boden. «Viele, viele Leute. Sie kommen aus Atikimakeka, aus Kurakata, aus Nemecina, aus Circuyunka...» Seine Aufzählung wurde durch die Rückkehr des Wiesels unterbrochen. Das Wiesel brachte ein Blatt Papier mit dem in Rot und Schwarz gedruckten Briefkopf «Confederación Indígena Tayrona».

Der bei diesem Stamm übliche Papierkrieg war noch nicht zu Ende. Ich mußte unendlich lange sitzenbleiben, bis Inspektor Torres, ein mürrischer *mestizo* mit einem mächtigen schwarzen Schnurrbart und einem schlimmen Schnupfen, meinen Erlaubnisschein getippt hatte. Noch mehr Förmlichkeiten, noch mehr Konjunktive – man spreche mir ein vorübergehendes Aufenthaltsrecht für diesen Ort zu und die Erlaubnis, durch die Sierra weiterzureisen, und zwar in dem Vertrauen darauf, daß die offiziellen Vertreter der Eingeborenen mit mir zusammenarbeiten würden, um auf diese Weise sicherzustellen, daß meine Reise durch diese Gegend ruhig und sicher verlaufen möge. Die Frucht seiner literarischen Arbeit trug ich zurück in die *casa de convención*, wo der Schein von Häuptling Napoleón, von Comisario Manuel Chaparra und von Cabildo Otoniel Mejia ordnungsgemäß unterzeichnet wurde. Jede einzelne Unterschrift wurde von dem geschäftig hin- und hereilenden Wiesel abgestempelt.

«Jetzt können Sie sich frei bewegen», sagte das Wiesel. «Doch Sie müssen in jedem Fall unsere Gesetze befolgen», sagte er, «denn sonst sperren wir Sie ohne etwas zu essen oder zu trinken in eine Hütte.» Mein Magen meldete sich gurgelnd. «Sind Sie denn stark?» fragte er und packte mich am Arm, um meine Muskeln zu befühlen. Auch jetzt kam aus dem dunklen Raum wieder verhaltenes Gelächter.

Als ich ging, drehte ich mich noch einmal um und sagte zu Häuptling Napoleón und dem Wiesel: *«Hasta luego!»* Als Antwort ertönte ein schallender Chor aus *«Hasta luego!»*-Rufen, an dem sich alle Leute in dem Gebäude beteiligten. Ich war wirklich nicht darauf vorbereitet gewesen, daß aus der Dunkelheit plötzlich wie das Geläut einer großen, tief klingenden Glocke eine Antwort auf meinen Gruß erschallen würde. Alle Mühen, die man mir an diesem Vormittag abverlangt hatte, waren dadurch wie weggewischt. Ich trat hinaus in die saubere Bergluft, hinaus in die Sonne, die von den steinernen Mauern abstrahlte. Der Gedanke ging mir durch den Kopf, daß es mit meinem Passierschein für das Gebiet der Arhuacos wohl deswegen so lange gedauert hatte, weil man damit auch in eine andere Zeit trat.

Von der Rückseite meines Hauses, von der man über eine sumpfige Ebene auf bewaldete Hänge im Süden schaute, konnte ich eine kleine Ansammlung von Hütten sehen. Der Rauch drang langsam durch die grasgedeckten Dächer, so daß es aussah, als würden sie in der Morgensonne dampfen. In einer dieser Hütten lebte Valentín, ein ungefähr dreißig Jahre alter Arhuaco. Er war klein, hatte ein flaches Gesicht und lange, schwarze, glänzende Haare. Im Unterschied zu seinen in sich gekehrten Stammesgenossen unterhielt er sich recht gerne und hatte ein sonniges Gemüt. Er lachte häufig schallend und entblößte dabei seine verfärbten Zähne. Wie es bei den Arhuacos üblich ist, hatten Valentín und seine Familie drei Wohnsitze, zu denen jeweils ein kleines Stück Land von ungefähr einem Hektar Größe gehörte. Eine Hütte lag weiter oben, in der Nähe des *páramo* im Norden von Nebusimague. Dort baute Valentín Feldfrüchte an, die in kalten Lagen gediehen – Kartoffeln, Maniok, Bohnen. Auf der niedriger gelegenen *finca* gab es Zuckerrohr, Bananen, Mais und Koka.

Von Valentín lernte ich ein bißchen was über den Gebrauch von Koka bei den Arhuacos. Sie nennen sie nicht «Koka», wie die spanische Ableitung aus dem Quechua-Wort *kuka* lautet, sondern *hayu*. Wie ich bereits von Victor erfahren hatte, ist es nur verheirateten Männern erlaubt, Koka zu konsumieren. Wenn ein junger Arhuaco kurz vor der Hochzeit steht, unterzieht er sich unter der Führung eines *mame*, eines Priesters, einer Anleitungs- und Initiationsphase. Valentín war nicht bereit, mir darüber mehr zu erzählen, doch ich konnte mir zusammenreimen, daß die Stärke und die Ausdauer, die man sich durch das Kauen von Kokablättern verschafft, die Männlichkeit und Zeugungskraft des erwachsenen Mannes unterstützen sollen. Während einer solchen Zeremonie übergibt der *mame* dem jungen Mann seinen *poporo*, den kleinen, wie ein Stundenglas geformten Flaschenkürbis, in dem er das Kalkpulver aufbewahrt. Der Arhuaco bewacht seinen *poporo* eifersüchtig. Er ist das Symbol für seine Initiation – ein *amuleto*, wie Valentín ihn nannte. Das Einführen des Kalklöffels in den Flaschenkürbis ist eine sexuelle Anspielung und gehört ebenfalls zur Initiation.

Nebusimague liegt auf einer Meereshöhe von beinahe zweitausendsiebenhundert Metern. Mehrmals im Jahr gibt es Nachtfröste, und das bedeutet, daß Kokasträucher dort nicht angebaut werden können. Die Koka gedeiht in den üppigen, heißen, halbtropischen Tälern der *tierra templada*, der mittleren Höhenlage zwischen siebenhundert und zweitausend Metern. Sie kann allerdings auch in den tropischen Ebenen angebaut werden – zum Beispiel wird sie von einigen Stämmen im Amazonasgebiet gepflanzt –, doch im Grunde genommen ist sie ein Berggewächs. In Valentíns Worten ist «das Leben zu einfach» für die Kokasträucher, die in den Ebenen gezogen werden. In dem sehr heißen und feuchten Klima dort unten entwickelt der Kokastrauch dichtes Blattwerk, doch haben diese Blätter nur wenig Kraft. Pflanzungen auf geringer Höhe sind außerdem leichte Beute für einen Schmetterling, den *ulo*, dessen Larven sich von den Blättern ernähren, und für verschiedene zerstörerische Flechten. Nach Valentíns Beschreibung findet der *cocal* die besten Voraussetzungen dort vor, wo er so hoch wie möglich in den Bergen wächst, gleichzeitig aber die notwendige Wärme gewährleistet ist. Ein junger Kokastrauch kann eineinhalb bis zwei Jahre nach dem Pflanzen zum erstenmal abgeerntet werden. Von einem gut gepflegten Strauch, der erst einmal Wurzeln geschlagen hat, heißt es, daß er seinen *coquero* überleben wird.

Ich erinnerte mich, daß ich in den peruanischen Anden Kokasträucher gesehen hatte, die auf schmalen Terrassen an den Hängen – cocales – oder in der Wildnis gewachsen waren. Ein ungepflegter Kokastrauch entwickelt sich bis zu einer Höhe von ungefähr vier Metern, doch für die normale Nutzung wird er im allgemeinen auf einen bis zwei Meter Höhe zurechtgestutzt. Der zurückgeschnittene Strauch wird *pajarito* genannt, kleiner Vogel. Der Kokastrauch – *Erythoxylum coca* – ist eine schlanke, anmutige Pflanze, die kleine cremig-weiße Blüten oder leuchtend rote Früchte trägt, die wie Preiselbeeren aussehen. Die Blätter sind weich und lanzettförmig und je nach Sorte ungefähr zweieinhalb bis fünf Zentimeter lang. Die für die Kokainproduktion gebräuchlichsten Sorten der Koka sind das bolivianische Huanaco-Blatt und das peruanische Trujillo-Blatt. Die Koka, die in der Sierra Nevada angebaut wird, gehört in die Trujillo-Familie und ist eine Unterart der Sorte, die bei Botanikern als *Erythroxylum novogranatense* bekannt ist. Die Blätter dieser Spezies sind klein, und ihr Gehalt an Kokain wird etwas reduziert durch die anderen darin vorhandenen Alkaloide.

Valentín erntete seine Kokasträucher bloß einmal im Jahr ab. Seiner Darstellung nach sind die Blätter dann fertig, wenn sie eine leichte Gelbtönung bekommen haben und so hart geworden sind, daß sie zerspringen, sobald man sie zusammendrückt. Kokasträucher aus dem Anbau in geringerer Höhe können bis zu dreimal pro Jahr abgeerntet werden, doch die meisten Felder, auf denen die Arhuacos die Koka anbauen, liegen an der oberen Höhengrenze für die Pflanze. Obwohl es eigentlich nur eine richtige Ernte gibt, gewinnt man natürlich auch beim Zurückschneiden der Sträucher eine Menge Blätter. Diese Kleinsternte wird humorvoll *la quita calzón* genannt – das heißt wörtlich, daß der Kokastrauch seine Hosen runtergelassen hat. Zur Erntezeit rechnen Valentín und seine Familie damit, daß sie pro Tag eine *arroba* Blätter pflücken. Sie sind beim Pflücken zu fünft, und von jedem wird erwartet, daß er pro Tag ungefähr fünf Pfund Blätter erntet. Die Blätter, die man immer nur eines nach dem anderen pflückt, werden auf Wolldecken gesammelt. Zum Trocknen breitet man sie auf großen Steinplatten in der Nähe des Hauses aus. Sind die Umstände dafür günstig, so ist die Ernte vom frühen Morgen bereits gegen Abend völlig getrocknet. Eine rasche Trocknung schließt die stimulierenden Alkaloide im Blatt ein, und die *coca del dia* ist das Blatt, für das der höchste Preis erzielt wird. Hat man sie erst einmal getrocknet, sind die Blätter spröde und brüchig. Nach dem Trocknen werden sie zu Haufen aufgeschüttet und zwei oder drei Tage lang liegengelassen. Dadurch fangen sie zu schwitzen an, und sie erhalten etwas von ihrer Geschmeidigkeit und Feuchtigkeit zurück. Im Anschluß daran werden sie an der Sonne noch einmal sehr rasch getrocknet und hinterher verpackt. Jeder einzelne Schritt dieser Prozedur ist ein heikles Unterfangen. Wenn die erste Trocknung zu lange gedauert hat, verfärbt sich das Blatt bräunlich und wird feucht. Hat man die Blätter zu lange schwitzen lassen, werden sie grau und muffig und sehen schimmlig aus, haben nach Valentíns Formulierung eine *caspa*, das heißt Schuppen. Zur Aufbewahrung werden die Kokablätter zuerst mit Holzgewichten gepreßt, dann in Bananenblätter eingeschlagen und in Sackleinen oder groben Wollstoff gewickelt. Wurden die Kokablätter richtig getrocknet und verpackt und werden sie anschließend in einer kühlen und trockenen Umgebung aufbewahrt, behalten sie ihre Kraft ein ganzes Jahr lang, und der *coquero* ist bis zur nächsten Ernte versorgt.

Der Arhuaco trägt seinen täglichen Bedarf an Blättern in einer *mochila* mit sich, die ihm normalerweise seine Frau gewebt hat. Er kaut den ganzen Tag über. Das Blatt unterdrückt den Hunger und befreit von Müdigkeit. Wie Valentín es bündig formulierte, macht das Kokablatt eine *«cuida del cuerpo»* – es «kümmert sich» um den Körper dessen, der es kaut. In gewissem Maß befreit es von den Zwängen des Fleisches.

Das richtige Quantum für eine *mascada*, das heißt einen Mundvoll Koka, ist die Menge, die man auf drei Fingern balancieren kann. Diese Menge schiebt man sich in den Mund, durchmischt sie mit Speichel und behält sie in der Wange. Den Kalk fügt man mit Hilfe eines langen dünnen Spatels bei, des *sokane*, den man in den Flaschenkürbis mit dem Kalkpulver schiebt. Das Pulver klebt am befeuchteten Ende des *sokane* fest und wird gegen den Kokabatzen in der Wange gedrückt. Wenn der Spatel aus dem engen Hals des Flaschenkürbis gezogen wird, berührt er jedesmal dessen Rand. Mit der Zeit bildet sich an diesem Rand eine schüsselartige grünlichgelbe Kruste. Valentín nannte diese Kruste *la calavera*, den «Schädel» des *poporo*. Wenn dieser Schädel zerbröckelt oder einreißt, ist das ein Omen für den Tod oder für nahe bevorstehende Schande.

Ich fragte Valentín, ob er mir ein paar Kokablätter verkaufen würde. Damit legte ich ein dermaßen schlechtes Benehmen an den Tag, daß er so tat, als hätte er mich überhaupt nicht gehört. Eines Abends schenkte er mir jedoch ein kleines Häufchen Blätter und etwas Pulver. Damit erwies er mir eine Freundschaftsgeste, die von den konventionelleren Arhuacos mit Sicherheit mißbilligt worden wäre. Er entschuldigte sich dafür, daß es nicht gerade die besten Blätter waren. Die feinsten Blätter sind olivgrün und fast glänzend, und sie haben eine weiche, leicht schwammähnliche Oberfläche. Die Blätter, die ich geschenkt bekam, waren allerdings blasser und trockener, doch sie rochen gut – ein irgendwie metallischer, aber weicher und aromatischer Geruch, der mich stark an den von Tee erinnerte.

Wenn man Kokablätter probiert, schmecken sie bitter. Je höher der Anteil an Kokain – für gewöhnlich ungefähr ein Prozent des Gesamtgewichts –, desto intensiver schmeckt das Blatt. Der erste Eindruck, den man beim Genuß von Koka hat, ist eigentlich das unangenehme Gefühl, daß man sich eine Handvoll getrockneter Blätter in den Mund stopft. Doch hat man sie erst einmal eingespeichelt, verbinden sie sich zu einem Pfriem, der angenehm zwischen Kiefer und Wange paßt. Da ich keinen *sokane* hatte, mußte ich ein gewöhnliches Holzstück verwenden, um den Kalk in den Mund zu schieben. Der Kalk hatte auch keinen besonders angenehmen Geschmack. Die Wirkung einer *mascada* setzt ganz langsam ein, und man bemerkt sie kaum, bevor man nicht gelernt hat, ihre Anzeichen zu erkennen. An der Stelle, wo der Pfriem sitzt, ist der Mund taub, und man produziert eine Menge Speichel. Nach einer Weile ist man weder hungrig noch durstig, noch müde. Man ist gelassen und meint zu schweben. Wenn man Koka kaut, ist das nicht so, wie wenn man «high» ist. Man macht keine «Drogenerfahrung», sondern hat eher das Gefühl, als wäre man von einer Last befreit. Valentíns Formulierung paßte genau – die Koka «kümmert sich» um den Körper. Man könnte die Wirkung der Koka vielleicht mit der einer Tasse starken schwarzen Kaffees vergleichen, doch der Kick, den man durch die andere Art der Aufnahme bekommt, verläuft sanfter, kontinuierlicher und dauert länger als der, den Koffein bewirkt. Ungefähr nach einer halben

Stunde ist die Kraft eines Pfriems erschöpft – man wiederholt den Prozeß und schiebt sich eine neue Handvoll Blätter in den Mund. Ein Arhuaco konsumiert vielleicht sechzig Gramm Kokablätter pro Tag. Bemessen an der Kraft der Blätter, entspricht das ungefähr einem viertel bis einem halben Gramm reinen Kokains pro Tag.

27 Medizin für die Reise

Für die Rückkehr nach Valledupar gab es zwei Möglichkeiten. Die erste und einfachste war die, auf dem gleichen Weg wieder zurückzukehren, auf dem ich gekommen war – über Pueblo Bello. Als zweites bot sich mir der Weg durch die Berge nach Chemesquemena, ein anderes *mestizo*-Dorf ungefähr vierzig Kilometer nordöstlich von Nebusimague. Wie man mir glaubwürdig versicherte, konnte man dem Weg nach Chemesquemena leicht folgen, und außerdem sollte er sehr schön sein. Man brauchte sich bloß an die Flüsse zu halten – den San Sebastián flußaufwärts, den Los Mangos entlang bis zu seinem Zusammenfluß mit dem Guatapuri, dann in Richtung Norden und dem Guatapuri bis Chemesquemena folgen. Nichts einfacher als das!

Eines späten Nachmittags entschied ich mich recht spontan zur Abreise. Die Nacht über würde ich in der Nähe von Nebusimague campieren und mich am folgenden Morgen auf den Weg machen. Ich verabschiedete mich von Valentín. Er meinte, daß ich binnen zwei Tagen in Chemesquemena eintreffen würde. Die erste Nacht verbrachte ich unter einem riesigen Caracoli-Baum am Ufer des San Sebastián. Nach den Regenfällen der vorangegangenen Tage war der Fluß angeschwollen und trübe. Ich schlief unruhig und träumte von vertrauten Menschen. Als ich vor diesem ungewohnten, gezackten Horizont aufwachte, das Rauschen des Flusses hörte und den Mond in seinem Lauf betrachtete, konnte ich kaum glauben, daß das meine Wirklichkeit war und die vertrauten Leute nur im Traum um mich gewesen waren. Bei Sonnenaufgang frühstückte ich mit Brot und *panela*, und nach einem einstündigen steilen Aufstieg stand ich hoch oben auf der Wasserscheide. Ich blickte auf das atemberaubende Panorama des Tales, über dessen Boden sich dichter, dunkler Regenwald zog und dessen höher gelegene Hänge mit gelbbraunem *ico*-Gras bewachsen waren. Hier und da duckten sich kleine grasgedeckte Hütten an den unteren Rand der Hänge, und die ganze Südseite des Tales entlang konnte ich den Weg verfolgen, der sich Kilometer um Kilometer Richtung Osten in den Morgennebel zog.

Der Pfad schlängelte sich durch den Regenwald – schmale silberfarbene Wasserfälle, üppige Hängepflanzen, blaue *morpho*-Schmetterlinge in der Größe von Fledermäusen, Pirole und Prachtmeisen, die hoch oben in den Zweigen umherflitzten. Als ich mich zu einer Rast hinsetzte, sah ich weiter hinten einen Zug Maultiere, die gerade mit dem Abstieg begannen. An der Spitze ging ein alter Mann, hinter ihm kamen drei Maultiere, von denen eines ein kleines Mädchen trug, dann ein junger Arhuaco mit einem Gewehr und zuletzt die Frauen, die hier immer hinter den Männern gingen. Die Männer grüßten mich in rauhem Ton und bestätigten mir, daß ich auf dem richtigen Weg nach Chemesquemena war. Die Frauen hoben nicht einmal den Blick, sondern erwiderten bloß meinen Gruß: «*Buenos días!*» Ihre flötenhellen Stimmen zitterten leicht. Alle trugen sie ein Bündel auf dem Rücken, dessen Tragegurt um ihre Stirn lag. Das dunkle, finstere Aussehen, das zu den Arhuaco-Männern so dermaßen gut paßt, bekommt den Frauen überhaupt nicht, denn die sind häufig plump und untersetzt. Später traf ich einen Jungen und seine Schwester, die aus der Gegenrichtung kamen. Ihr Maultier trug Netzsäcke voller Orangen, die sie aus der *tierra templada* nach Nebusimague brachten. Nachts hatten die beiden am Wegrand geschlafen. Der Junge sagte, er sei zwanzig, doch er sah nicht älter aus als zwölf.

Schon nach kurzer Zeit führte der Weg aus dem Baldachin des Urwalds hinaus und wand sich den Hang entlang. Unterhalb toste der Fluß. Auf diesem Wegstück war es sehr heiß und steinig, und ich war froh, als der Weg schließlich wieder unter den Schatten der Bäume führte. Ich schwamm ein bißchen, aß ein wenig zu Mittag und überquerte dann den Los Mangos auf einer gut begehbaren Brücke aus Beton und Holz. Die Signatur des Erbauers – Jorge Los Rios, Jorge vom Fluß – war in den Beton gekratzt. Ich sammelte noch ein paar Mangos ein, die auf den Boden gefallen waren, und ging dann mein Nachmittagspensum an.

Im Verlauf des Nachmittags bekam der Tag langsam einen

anderen Charakter. Ach, man hüte sich bloß vor überheblicher Selbstgefälligkeit! Wenn ich mir vorgestellt hatte, nichts als einen interessanten Spaziergang durch eine atemberaubende Landschaft zu unternehmen, so machte die Sierra sich daran, mich vom Gegenteil zu überzeugen. Als erstes fiel mir auf, daß der Weg immer anstrengender wurde, obwohl er einigermaßen eben war. Ich fing an zu keuchen und wurde immer schlapper. Ich machte häufig Pausen, um Wasser zu trinken und Obst zu essen, doch jeder neue Aufbruch wurde beschwerlicher als der letzte. Außerdem war ich etwas verunsichert, ob ich vielleicht mittlerweile in die falsche Richtung lief. Nachdem ich den Rio Los Mangos überquert hatte, war ich der Meinung gewesen, ich würde den Guatapuri entlang direkt nach Norden wandern, doch bei einer Überprüfung mit dem Kompaß fand ich heraus, daß ich immer noch in Richtung Osten unterwegs war. Da der Weg, auf dem am Vormittag wenigstens ein bißchen Betrieb geherrscht hatte, jetzt völlig verlassen dalag, hatte ich auch keine Anhaltspunkte, ob ich richtig war.

Verhältnismäßig rasch wurde mir klar, warum ich mich dermaßen schwach fühlte. Über den lederfarbenen Bergen ballten sich schwere graue Wolken zusammen. In den kleinen Waldstücken, die sich die Nebenflüsse entlangzogen, war es merkwürdig still. Es konnte keinen Zweifel geben – ein Sturm braute sich zusammen. Ich hörte, wie der Donner von den Berghängen zurückgeworfen wurde. Die ersten dicken Tropfen spritzten auf den staubigen Weg, und schon ein paar Sekunden später stand ich – und das inmitten eines Platzregens – auf einem hochgelegenen ungeschützten Abschnitt des Wegs. Weder konnte ich mich irgendwo unterstellen, noch hatte ich einen Regenschutz dabei, und bis ich die nächsten Bäume erreicht haben würde, wäre ich bereits klatschnaß gewesen. Ein paar Minuten lang hockte ich mich unter Büsche, doch der Regen war zu heftig und prasselte ungehindert durch das Blattwerk. Da es keinen Sinn hatte, dort hocken zu bleiben, ging ich weiter. Der Weg hatte sich in einen kleinen Fluß voller Schlamm und Blätter verwandelt. Die Nebenflüsse, die noch kurz zuvor zwischen den Steinen dahingeplätschert waren, flossen jetzt schneller und lauter. Und außerdem lief mir das Wasser über die Hutkrempe. Ich fluchte, daß ich auf so etwas nicht vorbereitet gewesen war.

Plötzlich sah ich vor mir am Wegrand einen kleinen Hund herumtollen. Als er links einen bewaldeten Hang hinunterlief, ging ich ihm nach. Ich war der Meinung, er müßte mich irgendwo hinführen, vielleicht zu einer Hütte, in der ich mir Schutz erbitten konnte, bis das Unwetter wieder aufgehört haben würde. Doch dann war der Hund genauso plötzlich verschwunden, wie er aufgetaucht war, und ich stand schwankend am Rand einer Schlucht, in der zwanzig Meter weiter unten die brodelnden Fluten des Los Mangos vorbeistürzten. Durch den Schlamm rutschend, arbeitete ich mich mühsam den Hang wieder hoch und ging auf dem Weg weiter. Es blieb mir gar keine andere Möglichkeit, als weiterzugehen. Der Weg schlängelte sich den Hang hinunter auf hohe, dichte Bäume zu, verschwand jedoch an einer Stelle völlig unter den Fluten eines angeschwollenen Nebenflusses. Unsicher blieb ich stehen. Ich wußte, daß es unter dem Wasser Trittsteine geben mußte – an allen Nebenflüssen, die ich bisher hinter mich gebracht hatte, hatte es irgendeine Art Furt gegeben. Ganz behutsam tastete ich nach dem ersten Stein, doch das schnell dahinfließende Wasser zog meinen Fuß mit sich, und ich stürzte. Einen Augenblick lang fürchtete ich, mitgerissen und wie eine weiche Tomate gegen einen der Felsblöcke geschleudert zu werden, doch es gelang mir, mich ein Stück nach hinten fallen zu lassen und mich an ein paar Steinen festzuhalten. An den wenigen Stellen, die der Regen noch nicht erreicht hatte, war ich jetzt ebenfalls klatschnaß. Ich krabbelte aus dem Fluß und blieb zitternd am Ufer liegen. Der Weg war versperrt, es wurde zusehends dunkler, und es sah nicht so aus, als würde der Sturm sich in absehbarer Zeit legen.

Dann erblickte ich in einer Senke im Wald etwas, nach dem ich schon die ganze Zeit Ausschau gehalten hatte – eine Höhle. Als ich sie erreichte, sah ich, daß es eigentlich keine Höhle war, sondern bloß ein Haufen aus mehreren Felsblöcken, doch darunter war Platz genug, damit sich eine halb ertrunkene Ratte wie ich dort verkriechen konnte. Ich zog meine nassen Kleider aus und schlüpfte in den Schlafsack. Es war ein recht kärgliches Quartier, in dem ich da eingezwängt zwischen naßkalten Felsen halb saß und halb lag. Inzwischen war es völlig dunkel. Ich nahm ein paar Schluck Aguardiente, da mir eine lange und harte Nacht bevorstand.

Ich kann nicht sagen, wie lange ich dort saß – wahrscheinlich nicht viel länger als eine Stunde. Ich hörte dem Tosen des Flusses zu. Mit den wirkungslosen Flüchen gegen die Elemente, die ich ausstieß, kam ich mir vor wie King Lear. Ich wünschte mir, ich wäre wieder zurück in Santa Marta und würde im El Molino Schnapperfisch essen. Dann hörte ich plötzlich ein neues, leise plätscherndes Geräusch. Einen Augenblick lang hatte es etwas Beruhigendes an sich, beschwor es doch eine Kindheitserinnerung herauf an Wasser, das in ein Steinbecken lief. Doch in welches Becken lief es hier? Natürlich in die Höhle. Als ich mich umdrehte, sah ich, daß ein Stück weiter hinten unaufhörlich Wasser eindrang. Und es plätscherte schon seit einiger Zeit! Die gesamte Höhle stand unter Wasser. Mir war nichts aufgefallen, und mein Schlafsack hatte sich bereits mit Wasser vollgesogen. Da die Höhle zu klein war, als daß ich darin hätte aufstehen können, robbte ich in meinem Schlafsack wie eine schwerfällige Meerjungfrau ins Freie. Ein paar Meter von der Höhle entfernt erhob sich ein großer, buckeliger Felsen – auf diese höher gelegene Stelle mußte ich es schaffen. Ich zerrte ein paar von meinen Besitztümern aus der Höhle und ging auf den Felsen zu. Prompt versank ich bis zu den Hüften in einem Morast aus Schlamm und Blättern. Meine Schnürsenkel waren offen, und als ich mich durch dieses schlammige Gemisch kämpfte, blieb einer meiner Stiefel darin stecken. Nachdem ich diese Reise dreimal hinter mich gebracht hatte, saß ich umgeben von meinem Hab und Gut auf dem Felsen. Glücklicherweise funktionierte die Taschenlampe noch. Alles andere war in einem bedauernswerten Zustand – Brot, Obst und *panela* zu einem Eiweißmatsch zerquetscht, die Zigaretten und die Zündhölzer zu nichts mehr zu gebrauchen, der Schlafsack mit Wasser vollgesogen. Meine Welt war auf kleine und primitive Maßstäbe zusammengeschrumpft – die Höhle, der Morast, der Felsen.

Zwar tropfte immer noch Wasser von den Bäumen, doch es hatte zu regnen aufgehört. Ich überlegte, welche Möglichkeiten mir jetzt noch blieben. Ich war völlig durchnäßt und zitterte und konnte in keinem Fall länger auf dem Felsen bleiben. Doch auch den angeschwollenen Fluß konnte ich nicht überqueren. Als einziges blieb mir die Möglichkeit, auf dem Weg zurückzugehen in der Hoffnung, daß ich einen Unterschlupf finden würde. Ich hatte Schwierigkeiten, meine Sachen wieder in der Tasche unterzubringen. Außerdem wog sie jetzt wohl fast doppelt soviel wie vorher. Meine abgewetzten alten Wanderstiefel hatten sehr gelitten. An dem Stiefel, der im Morast steckengeblieben war, hatten sich die Nähte gelöst, so daß er während des Gehens an mehreren Stellen auseinanderklaffte.

Als ich mich wieder auf den Weg machte, war ich verblüfft, wie rasch der Boden das viele Wasser aufgesogen hatte. Die Krume war nur dünn, die Pflanzen waren durstig, und die Flüsse hatten breite Betten. Das Land hatte das Wasser weggetrunken, und der Weg war jetzt an den meisten Stellen genauso trocken und hart wie am letzten Nachmittag. Der Sturm war aufgezogen und hatte sich wieder gelegt. Ich war auf diesem Berghang alleine gewesen und hatte mich als unfähig erwiesen, mit dem Wetter fertig zu werden.

Nach ungefähr einer halben Stunde erkannte ich das Waldstück wieder, in das ich dem kleinen Hund gefolgt war. Vielleicht gab es ja hier in der Nähe *doch* ein Haus oder eine Hütte. Ich nahm den gleichen Seitenweg, über den ich am Vortag hinuntergerutscht war, und stieß dabei auf eine Gabelung, die mir bis dahin verborgen geblieben war. Diesem Weg, der mehr oder weniger parallel zum Hauptweg den Hang entlangführte, von dort aus aber nicht zu sehen war, folgte ich ein Stück. Schon nach ein paar Minuten kam ich auf eine kleine, grasbewachsene Lichtung. Dort entdeckte ich einen kleinen Bauernhof mit dem runden, mit Gras gedeckten Buckel eines Arhuaco-Hauses, das vor mir in einer mondbeschienenen Bodensenke lag.

Unentschlossen blieb ich am Gatter stehen. Alles war still. Das einzige Geräusch war das Tosen des Flusses unten in der Schlucht. Ein abgestorbener Schweinepflaumenbaum stand auf dem Hof. Nur ein kleines Stück neben dem Eingang der Hütte lag etwas, das aussah wie ein Haufen alter Decken. Als ich näher herantrat, erkannte ich, daß unter diesen Decken zwei Menschen schliefen – der Größe nach zu schließen Kinder. Der Mond strahlte hell, und der staubige Hof war in genau der gleichen geheimnisvollen Art trocken geworden wie der Weg. Ich ging auf die beiden zu und klopfte der einen Person auf die Schulter. Sie schreckte hoch. Es war kein Kind, sondern ein kleiner, dicker, überaus häßlicher Mann mit verfilzten Haaren, dem man jedes Alter zwischen Vierzig und Vierhundert abgenommen hätte.

Stotternd brachte ich meine Bitte vor. Ich sei vom Sturm überrascht worden, ich brauche einen Unterschlupf, und ich würde mit Freuden dafür bezahlen.

«Sie sind ja ganz naß», sagte er in grobem Spanisch. Er weckte die Frau neben sich und sagte auf Iki etwas zu ihr. Widerwillig wickelte sie sich aus den Decken und schlurfte ins Haus. «Sie können hier schlafen», sagte der kleine Mann. Er meinte, ich solle meine nassen Sachen auf die Querstangen des Pferchs hängen. Im Haus fing ein Hund zu kläffen an, wurde aber rasch zum Schweigen gebracht.

«Wird es noch einmal regnen?» fragte ich.

Er schüttelte den Kopf. «Der Regen ist weitergezogen», sagte er und deutete nach Osten. Einige Zeit blieben wir schweigend stehen. Man hörte es auf dem Hof rascheln, und ein Nachtvogel schrie. Ich hätte ihn gerne gefragt, warum er im Freien schlief, doch ich hatte das Gefühl, daß das unschicklich war. Er sagte: «Der Regen kommt immer, wenn Vollmond ist.»

Beschämt darüber, daß mir das nicht aufgefallen war, blickte ich hoch. Vollmond in der Sierra.

Wenn man auf der Suche nach Läuterung war, dann fand man sie hier bestimmt!

Zwischen Schweinen und Kröten schlief ich nackt auf dem Hof. Unter mir hatte ich eine Matte aus Kuhfell, über mir eine Wolldecke. Die Decke roch intensiv nach einer Mischung aus Holzrauch, Pferdeschweiß und alten Kleidern. Ein kleines scheckiges Schwein, das im Schlaf schnüffelte und sich herumwälzte, lag auf der Erde. Die Nähte der Matte zwickten mich in den Rücken, und überall sonst bissen mich die Flöhe, doch ich hatte mich noch nie zuvor in meinem Leben dermaßen geborgen gefühlt. Ich war voller Dankbarkeit für den kleinen Bauern, der – als wäre er ein gutmütiger Zwerg aus einem Märchen der Brüder Grimm – einem Fremden, der sich im Sturm verirrt hatte, seine bescheidene Gastfreundschaft angeboten hatte.

Als der Morgen heraufdämmerte und der alte, asthmatische Hahn krähte, hörte sich das an, als würde eine alte Tür mit rostigen Angeln aufgedrückt. Im Osten tauchte die Sonne die Berggipfel in glitzerndes Rosa, im Westen war der Mond immer noch deutlich und hell zu sehen. Ich sah aber auch, daß das kleine Schwein während der Nacht gestorben war. Es hatte sich im Kampf mit dem Fieber heftig bewegt, und rund um den Körper hatten seine Füße einen Kreis in den Boden gearbeitet.

Auf meinen schmutzigen Sachen, die auf dem Zaun hingen, glänzte der Tau. Der kleine Bauer kam den Weg entlang. Das Maultier, das er führte, trug zwei *cestas* Mais auf dem Rükken. Die beiden wollten an diesem Tag nach Nebusimague gehen. Der kleine Mann winkte mich in seine dunkle, verrauchte Hütte. Dort fächelte seine Frau der *candela* Luft zu. Ein rußgeschwärzter Topf stand im glühenden Holz. Ein dikker grauer Eintopf köchelte langsam vor sich hin. Zum Frühstück aß ich eine Schüssel voller Schleimsuppe, die nach kaum etwas anderem schmeckte als den Lagen schwarzer Holzkohle, die sich um die Schüssel gelegt hatten. Zweifellos war das Mais. Die Kinder starrten mich an, die Hunde knurrten mich an, und der kleine Mann und seine Frau beugten sich über das Holzgeschirr und schöpften sich die Schleimsuppe mit der Hand in den Mund. Gesprochen wurde nichts. Ich verstaute meine feuchten Sachen in der Tasche. Der alte Arhuaco stand da und schaute mir zu, während sein Maultier auf Zukkerrohrstücken herumkaute. Bevor die beiden nach Nebusimague aufbrachen, erklärte er mir eingehend, woran ich die Stelle erkennen mußte, an der ich den Los Mangos überschreiten konnte, um von der anderen Seite aus den Weg zu nehmen, der den Guatapuri entlang nach Norden führte. Als ich meine durchnäßten Kleider sortierte, stieß ich auch auf den Beutel mit Kokablättern, die Valentín mir geschenkt hatte. Sie boten einen traurigen Anblick, waren sie doch ganz schwarz und breiig geworden und klebten an den Seitenwänden des Beutels fest. Der Fetzen Zeitungspapier mit dem Kalkpulver hatte sich aufgelöst.

«Sie brauchen Koka», meinte der Bauer. Er sagte, ich solle mein Handtuch ausbreiten. Dann faßte er in seine *mochila* und streute etliche Blätter auf das Handtuch. «Sie brauchen *yotinwe.*» Ich fand ein Stück Papier, und darauf streute er ein kleines Häufchen des cremig-weißen Pulvers aus seinem Flaschenkürbis. «Sie haben eine Reise vor. Sie brauchen Medizin für Ihre Reise.»

Ich dankte ihm überschwenglich. Er lachte und sagte etwas Unverständliches auf Iki. Ich sagte: «Ich verstehe kein Iki.»

Er übersetzte es in sein grobes Spanisch. «Nicht mir danken, Gott danken. Gott schenkt es.»

Ich bot ihm Geld an und machte deutlich, daß es nicht für die Koka, sondern für seine Gastfreundschaft gedacht war. Ich drängte ihn und sagte, daß er für diese Nacht mein «Hotel» gewesen sei, doch er schien dieses Wort nicht zu kennen. Gemeinsam mit ihm ging ich hoch bis zum Hauptweg. Die Luft war völlig klar und trug das Tosen des Flusses zu uns herauf.

Wir schüttelten uns die Hand. Er zog nach Westen, ich zog nach Osten. Ich bedankte mich noch einmal ganz herzlich. Er sagte: «Die *bunaci* werden für mich das gleiche tun, wenn ich verloren bin.»

«Das hoffe ich.»

Ich marschierte auf dem Weg dahin. Der eine meiner Stiefel hatte etliche offene Stellen – wie bei einem Landstreicher in alten Stummfilmen. Eineinhalb Tage war ich unterwegs, ernährte mich von Mangos, kaute die Koka des alten Mannes und spuckte grünen Speichel aus. Am dritten Tag nach meinem Aufbruch aus Nebusimague machte ich gegen Mittag, zur Stunde der Eidechse, einen letzten Anstieg über ein Felsstück und gelangte von dort auf eine richtige, ungeteerte Straße mit richtigen Reifenspuren, die auf eine richtige Brücke zuliefen – keines von diesen Flechtwerken aus miteinander verknüpften Holzteilen, wie die Arhuacos sie bauen und die aussehen, als wären sie auf die andere Flußseite hinübergewachsen, sondern eine aus richtigem, glattem Stahl. Auf der anderen Seite, wo die Sonne von den Blechdächern reflektiert wurde, lag Chemesquemena.

Mit dem morgendlichen Lastwagen ging es nach Valledupar hinunter, und dann brach ich zu der langen und heißen Reise in den Süden nach Bogotá auf. Weil ich müde und unachtsam war, verlief die Reise für die Blätter schlecht. Sie kamen in der heißen Zone ins Schwitzen, und als ich sie in Bogotá auspackte, rochen sie wie Kompost. Außerdem konnte man bereits die ersten Schimmelflecken auf ihnen sehen. *Coca caspada*. Es war ganz so, als würden sie um die Sierra weinen. Das erschien mir plausibel. Aber mir erschien inzwischen sowieso alles plausibel.

Ich war drauf und dran, sie wegzuwerfen, tat es dann aber doch nicht. Sie waren ein Geschenk, eine Erinnerung, der Beweis, daß ich nicht geträumt hatte.

Jetzt liegen sie auf dem Schreibtisch des Zollbeamten. Sie sind das, worum sich in dieser Geschichte alles dreht. Hinter all der Habgier und der Gewalt, der Notwendigkeit, Gesetze zu erlassen, und dem Drang, diese zu brechen, steckt bloß diese Handvoll Blätter, Medizin für die Reise.

Nachwort des Autors

Viele Personen haben zu dieser Geschichte beigetragen, einige wissentlich, andere unwissentlich. Fast allen, die in dieser Geschichte auftauchen, habe ich einen anderen Namen gegeben, und aus nachvollziehbaren Gründen würden einige es als schlechten Dank empfinden, gäbe ich hier ihren Namen preis.

Für ganz besondere Hilfe und Ermutigung vor, während und nach meiner Reise nach Kolumbien, die 1983 stattgefunden hat, möchte ich mich bei folgenden Personen bedanken – Luz Marina Vallejo, Dario, Raúl, Jaime und Estella Vallejo, Ana Rita und Juan Contreras, Nydia und Kevin Scanlan, Luis Murcia, David Godwin, Andrew Baldwin, Tony und Blanca Hutchings, Mary Ensor, Elena Vitterli, Giovanni, Alejandra Duarte, José und Olivia aus Los Idolos, Omar Parodi, Jaime Conde Danies, Marc Gerstein, Chuck Pinsky, Garman Daza, Harvey und Clavia Aronson und Alastair Macdonald.

Die Erwähnung dieser Personen deutet in keiner Weise darauf hin, daß sie irgend etwas mit dem Kokainhandel zu tun haben oder diesen gutheißen. Dieses Buch ist weder ein Traktat für noch eines gegen den Handel mit Drogen. Es erzählt bloß eine Geschichte.

Ich weiß, daß die Einwohner Kolumbiens von mir eine Art Entschuldigung erwarten dürfen, denn so wie viele andere erzähle ich vor allem von ihrer *mala fama*. Es bleibt mir nichts anderes zu sagen, als daß dieses Buch – wenn auch aus einem etwas merkwürdigen Blickwinkel – aus meiner Liebe zu Kolumbien und aus meiner Liebe zur Wärme, zum Witz und zur Redlichkeit seiner Bewohner entstanden ist.

A·N·D·E·R·S·R·E·I·S·E·N

LÄNDER

Jürgen Humburg/Conrad Lay/
Michaela Wunderle
Italien (7515)

Rainer Karbe/Ute Latermann-Pröpper
Kreta (7569)

Roland Motz/Gaby Otto
Mexico (7574)

Norbert Ropers (Herausgeber)
Osteuropa (7524)

Helmuth Bischoff
Spanien (7567)

Hubertus Knabe
Ungarn (7584)

Till Bartels (Hg.)
USA
(7586)

sachbuch rororo

C 1089/20 d